Rainer Kah (Hg.)

Seiltänze

Reihe »edition psychosozial«

Rainer Kah (Hg.)

Seiltänze

Beiträge zur Idee, Geschichte und Praxis der
"Alternativen Bewegung" am Beispiel Gießens

Psychosozial-Verlag

Dieses Buch ist gewidmet Angelika Dostal, Karl-Otto Milles, Heimer Muser und Uwe Merten.

Der Herausgeber dankt Allen, die zur Entstehung dieses Buches beigetragen haben. Insbesonder gilt der Dank dem Oberhessischen Geschichtsverein, der Universitätsstadt Gießen/Kulturamt, Siegfried George sowie dem Kreisverband Bündnis 90/Die GRÜNEN für die finanzielle Unterstützung.

Bibliografische Information der Deutschen Nationalbibliothek
Die Deutsche Nationalbibliothek verzeichnet diese Publikation
in der Deutschen Nationalbibliografie; detaillierte bibliografische Daten
sind im Internet über http://dnb.d-nb.de abrufbar.

© 2000 Psychosozial-Verlag
E-Mail: info@psychosozial-verlag.de
www.psychosozial-verlag.de
Satz und Scans: Gunter Klug, Gießen
Umschlagfoto: Rainer Kah
Umschlaggestaltung: Ateliers Warminski, Büdingen
ISBN 978-3-89806-007-3

Inhaltsverzeichnis

Vorwort

Als die Idee zu diesem Buchprojekt entstand, vor der Neuwahl der neuen Bundesregierung unter Gerhard Schröder, hatte sich wie ein Film eine Atmosphäre von politischem Überdruß, politischer Ideenlosigkeit und Stagnation in der politischen Szene ausgebreitet. Das „anything goes" der Postmoderne war nicht zuletzt schon durch das Verschwinden der DDR ad absurdum geführt. Das Ableben dieser sozialpolitischen „Alternative" war allerdings mehr als überfällig, Reste davon wie z.b. die DKP oder die PDS halten sich gleichwohl immer noch als postkommunistische und neokonservative Identitätsinseln im „linken" Bewußtsein. Schon zu Zeiten der Existenz des „realen Sozialismus" war dieser als entwicklungsunfähig desavouiert. Mit dem Umbruch im deutschen Osten ist diese Entwicklungsunfähigkeit im unabhängigen progressiven politischen Spektrum allgemein geworden. Es herrscht gleichsam das Empfinden, daß mit dem Verschwinden des „real existierenden Sozialismus" auch andere „alternative" Ansätze politischen Denken und Handelns mit von der politischen Bühne verschwunden sind. Wenn offensichtlich nicht mehr „Alles geht", muß jedoch als Folge davon nicht zwangsläufig die Reduktion und Beschränkung auf das Bestehende resultieren. In dieser „Besten aller Welten" sind nicht die gesellschaftlichen Fragen verstummt, sondern die Antworten selbstbezogen geworden und erhalten ihre Dynamik ausschließlich durch sich selbst. Die Entwicklung von („alternativen") Perspektiven scheint zu einer eher marginalen Angelegenheit geworden zu sein, obwohl unverkennbar ein Bedürfnis danach besteht. Welche produktive Kraft in der Fähigkeit des Antizipierens steckt, soll hier für die jüngste Vergangenheit am Beispiel der Alternativen Bewegung gezeigt werden.

Der „alternativen Bewegung", schon vor dem ostdeutschen Umbruch durch eine Anzahl von Faktoren geschwächt, zu nennen sind hier insbesondere die Institutionalisierung und Etablierung großer Bereiche dieser Bewegung wie etwa der GRÜNEN, ist aber insbesondere ihrer Meinungsführerschaft und Definitionsmacht von sozialen Problemen verlustig gegangen. Wichtige Inhalte der „alternativen" Bewegung sind durch ihre Verallgemeinerung in das öffentliche Bewußtsein gedrungen und somit Allgemeingut geworden. Heute wird niemand ernsthaft die Notwendigkeit ökologischen Handelns, die Gleichberechtigung der Geschlechter, die Sinnhaftigkeit von Frieden, die Existenz von ausreichendem Wohnraum oder die

Gefährlichkeit von Atomkraftwerken anzweifeln. Die Protagonisten dieser Ideen sind allerdings nicht zuletzt durch ihren Erfolg und der damit einhergehenden Verflachung dieser Ideen in ihrer politischen Existenz bedroht.

Letztlich geht es nicht um die Einbindung der „alternativen" Problemstellungen in dichotome Fragestellungen wie richtig oder falsch. Darin steckt die implizierte Aufforderung des Schweigens, wenn man keine „richtigen" Antworten parat hat. Es geht um die Definition oder die Möglichkeit des Anderen. „Aber von der Welt noch etwas zu erwarten, ist die Bedingung dafür, sie zu begreifen. Die Postmoderne erwartet nichts mehr von ihr. Sie ist die Verzweiflung der vollen Bäuche." (Christoph Türcke: Rückblick auf das Kommende. Ffm. 1998, S. 59)

Das Begreifen der Gegenwart setzt eine gewisse Kenntnis der vorangegangenen Entwicklungslinien voraus. In dem Begreifen eingeschlossen ist immer eine relative Parteilichkeit. „Der Historiker auf Seiten der Sieger ist leicht geneigt, kurzfristig erzielte Erfolge durch eine langfristige ex-post-Teleologie auf Dauer auszulegen. Anders die Besiegten. Sie geraten ... in eine größere Beweisnot, um zu erklären, warum etwas anders und nicht so gekommen ist, wie gedacht." (Eric Hobsbawm: Wieviel Geschichte braucht die Zukunft? Ffm. 1998, S. 302). Eine zweite mögliche Form, das Bewußtsein von der Gegenwart durch die Deklination der Vergangenheit zu formen und zu beeinflussen, liegt in dem unbewußten oder auch gewollten Verschwinden von Geschichte. Was geschieht, wenn die Geschichte des antizipierenden alternativen politischen Handelns vergessen wird? Verschwindet mit der Erinnerung an die Möglichkeit, direkt in Politik sinnvoll und erfolgreich eingreifen zu können, diese Option aus dem kollektiven Gedächtnis?

Während der Planung und Vorbereitung dieses Projektes ist weiterhin ein eher unerwartetes Problem aufgetaucht. Einige der angeschriebenen ehemaligen oder noch bestehenden Projekte oder Personen sahen sich nicht in der Lage, ihre eigene Geschichte innerhalb dieses Buchprojektes zu formulieren. Im ersten Gießener Stadtbuch aus dem Jahr 1981 wurden eine Vielzahl Gießener Alternativer Projekte beschrieben. Im Bereich Ökologie und Stadtentwicklung waren es beispielsweise sieben Projekte, im Bereich „Dritte-Welt-Gruppen" fünf Projekte. Neben der verständlichen zeitlichen Belastung, die ein eigener Beitrag erfordert hätte, scheint es jedoch besonders schwierig zu sein, sich bewußt mit der eigenen Geschichte auseinanderzusetzen. Von dem Selbstbewußtsein, das sich ironisierend in der

Widmung zu dem ersten Gießener Stadtbuch ausdrückt: „In grenzenloser Bewunderung unseres Schaffens widmen wir dieses Buch uns selber", ist nachgerade ein kläglicher Rest geblieben.

Dieses Buchprojekt soll einen Beitrag leisten zu einer Versicherung der Geschichte des selbstorganisierten politischen Handelns und soll damit zu einer Neuformulierung einer Perspektive politischen Handelns beitragen. Voraussetzung dafür können Beiträge über konkrete vergangene oder existente „alternative" Projekte sein. Kriterien der „Alternativen" oder „Neuen sozialen Bewegungen" waren die persönliche Betroffenheit, die Unmittelbarkeit des Handelns, gering ausgeprägte Hierarchien und die Selbstorganisation.

Die sog. Alternative Bewegung entstand direkt im Anschluß an die 68er Bewegung. Anhand dieses Buchprojektes soll nachvollzogen werden, welche politischen Fragen im Anschluß thematisiert und praktisch umgesetzt wurden. „Alternativ" ist hier in einem umfassenderen Sinn zu verstehen: oft wird übersehen, welche Themenstellungen und Entwicklungen von den „Alternativen" ausgegangen sind und welche Auswirkungen sie hatten. Manchmal, wie z.B. bei der Entwicklung der GRÜNEN, ist damit regelrecht eine „Erfolgsstory" verbunden, (im Sinne des Erwerbs politischer Macht), während andere Bereiche immer noch weitgehend randständig sind. Manche der im Buchprojekt behandelten Beiträge können zudem überraschende Aktualität erlangen, wie z.B. (durch den Kosovo-Konflikt) die Friedensbewegung und die neu diskutierte Rolle der Grünen. Einer der Untersuchungsbereiche ist demnach auch u.a. die Aktualität der angesprochenen Themen unter Berücksichtigung der Besonderheit des jeweiligen politischen Ansatzes.

Dies Buchprojekt hat mehrere geographische und inhaltliche Ebenen:
1. zunächst eine Gießen-orientierte regionale Ebene. Hier soll durch die Darstellung der verschiedenen „alternativen" Gruppen, Organisationen und Denkansätze in Gießen zunächst einmal an deren Existenz und Bedeutung erinnert werden. Einige alternative Ansätze werden heute nicht mehr mit diesem politischen Hintergrund verbunden. Die „Erinnerungsarbeit" soll durch die Darstellung von ehemaligen AkteurInnen besonders lebendig werden. Durch die zeitliche Distanz und den Blick zurück können die verschiedenen Beiträge durchaus eine neue Qualität erhalten.

2. Neben dieser Erinnerungsarbeit sollte ein weiterer Aspekt in die verschiedenen Beiträge einfließen, der Versuch einer abschließenden Zusammenfassung. In diesem Zusammenhang wichtig ist die Frage nach den spezifischen Fragen und Antworten, die die jeweiligen Gruppen entwickelt haben.

3. Neben dem bloßen Erinnern, das dieses Buchprojekt zu einem „Gießener Buch" machen würde, geht der perspektivische Aspekt darüber hinaus. Es ist anzunehmen, daß die vielfältigen Gießener Antworten auf die Gießener Verhältnisse auch andernorts in ähnlicher Weise gemacht wurden und werden! Die politische Szene in Gießen war zwar relativ klein, dennoch sehr lebendig und thematisch umfangreich. Gerade durch die Überschaubarkeit der „Szene" in Gießen lassen sich hier allgemeine Aspekte politischer Entwicklungen besonders gut verfolgen.

Im ersten Beitrag dieses Bandes schreibt Gunter Klug eine kleine Geschichte der Gegenöffentlichkeit. Anhand der alternativen Zeitschrift „Elephantenklo", über einen Zeitraum von 10 Jahren erschienen, schildert Gunter Klug in einer auch als Chronologie der alternativen Bewegung in Gießen zu lesenden lockeren Weise, wie sich die alternative Bewegung in Gießen seit dem Ende der 60er Jahre entwickelte. Im Blickfeld seiner Ausführungen stehen auch immer redaktionelle Diskussionen und Themen, so daß der Leser einen Einblick in den alternativen Diskurs erhält.

Der folgende Beitrag von Gunter Klug und Rainer Kah beschäftigt sich mit der sogenannten „Scherbennacht bei Sommerlad". Während des Höhepunktes der sogenannten „Wohnungskämpfe" im Frühjahr 1981 rückte die „Möbelstadt Sommerlad" in das Zentrum des kommunalpolitischen Interesses. Im Flutgraben, ehemals eine Wohnstraße Gießens, wurde im Rahmen der Erweiterung der Möbelstadt „Irrtümlich" ein bewohntes Haus von einem Bauunternehmen niedergelegt. Die darauf folgenden Protest-Demonstrationen waren von einer bisher nicht gekannten Militanz geprägt und führten schnell zu einer emotionalisierten Atmosphäre in Gießen. Mit Originalzitaten und Berichten wird versucht, diese Spannung in einem Beitrag einzufangen.

Reimer Hamann, langjährig in verschiedenen Positionen bei den Gießener Grünen, beschäftigt sich mit der Entwicklung der Gießener Grünen von den chaotischen, wenig professionellen Anfängen bis zur Übernahme von kommunaler Verantwortung. Interessant sind seine Ausführungen insbesondere bezüglich des Prozesses der schrittweisen Etablierung der Grünen und der sich verändernden Verantwortungsstruktur.

Der Beitrag Hajo Köppens führt die LeserIn in die Welt der „informatisierten" Gesellschaft. Er beschäftigt sich mit den Entwicklungen der computerisierten Lebensumwelt und den beklemmend vielfältigen Überwachungs- und Nutzungsmöglichkeiten der modernen Computertechnologie. Köppen beschreibt des weiteren den Umschwung einer anfänglich kritischen Haltung gegenüber den möglichen Folgen des Mißbrauchs unserer Datensammlungen und Erfassungen zu einer oftmals freiwilligen Digitalisierung und benennt deren Auswirkungen.

Psychiatriereform und gemeindenahe Psychiatrie werden wohl im allgemeinen Bewußtsein kaum mit der alternativen Bewegung in Bezug gesetzt. Rainer Kah verfolgt die Ursprünge dieser speziellen sozialpolitischen Richtung bis zu den sog. 68ern. Erste theoretische Grundlagen für diesen Teil der „neuen sozialen Bewegung" wurden dort im Rahmen einer (Anti-) Psychiatrie- und Krankheitsdebatte gelegt und später in Initiativgruppen und Vereinen praktisch und erfolgreich umgesetzt.

In den folgenden zwei Beiträgen von Hans-Jürgen Wirth und Horst Eberhard Richter werden in durchaus unterschiedlicher Weise verschiedene Aspekte der Friedensbewegung beleuchtet. Der Artikel von Hans-Jürgen Wirth beschäftigt sich mit dem friedenspolitischen und damit verknüpften ökologischen Engagement und zeigt gangbare Wege aus offizieller Politik und damit verbundenen Ohnmachtsgefühlen auf. Insbesondere wird die Geschichte der „Gießener Bürgerinitiative Friedenspolitik" nachgezeichnet. Horst Eberhard Richter formuliert in seinen Lebenserinnerungen, hier von dem Herausgeber unter friedenspolitischen Aspekten neu zusammengestellt, einen individuellen Weg zu persönlichem und integrem Umgang mit Kriegserlebnissen und Kriegsgefahr. Durch die unterschiedlichen Ansätze beider Artikel können evidente Bestandteile und Gefühlslagen der Friedensbewegung in verschiedenen Bezügen neu thematisiert werden.

Der Beitrag über den Kommunistischen Bund Westdeutschland (KBW) beschäftigt sich mit einer Spielart dogmatisch verstandenen Politikverständnisses, die auch in anderen Ausprägungen im Verschwinden begriffen ist. Ursprünglich aus der antiautoritären Bewegung stammend, beschreibt der Autor die Wendung des Projektes KBW durch Machtwillen, „revolutionäre" Ungeduld und mangelnde Kenntnis zu sich rasch formierender hierarchischer „Entgleisung".

Der hier gemachte Rückblick verdeutlicht die Aktualität der „Alternativen" und deren politischen Beiträge zu unserer aktuellen Lebenswelt. Am Beispiel der Stadt Gießen wird der soziale Widerspruch zwischen Utopie und Realität zum alternativen Seiltanz.

Rainer Kah

Gunter Klug

Wer Gießen überlebt, stirbt nicht
Die Geschichte der alternativen Stadtzeitung Elephantenklo

Dreißig DIN A4-Seiten auf grauem, nach 20 Jahren ziemlich vergilbtem, dünnem Papier, das hintere und vordere Blatt hellgelb, der Rücken schwarz geleimt, ein rasches Überblättern offenbart eine durch wild verstreute Comics nur mäßig aufgelockerte „Bleiwüste" aus diversen Schreibmaschinentypen wie Pica, Courier und Univers, auf Seite 5 prangt das einzige, kaum erkennbare Foto: ein paar langhaarige Menschen an einem Stand (?), dahinter ein Transparent, dessen Text so schlecht reproduzierbar war, daß er offensichtlich auf dem Abzug mit Filzstift nachgebessert wurde - so präsentierte sich die Nullnummer einer Zeitschrift, die in den nächsten zehn Jahren eine mehr oder minder große Rolle in der linksalternativen Szene Gießens spielen sollte. Erst das Impressum auf der Rückseite offenbart das Erscheinungsdatum: man schrieb den 6. November 1977.

Auf zur Basis

Die Entstehungsbedingungen

1977: Die Generation der 68er hatte abgewirtschaftet. Viele ihrer Protagonisten sahen sich inzwischen genötigt, für ihren Lebensunterhalt zu sorgen. Die meisten der Parteien, die das K im Namen führten, steuerten auf ihre Auflösung zu oder werkelten in irgendeiner abgelegenen Sektiererecke vor sich hin. Die Rote-Armee-Fraktion (RAF), radikalster Ableger der 68er, hatte ihre bis dahin schwerste Niederlage erlitten: Gudrun Ensslin, Andreas Baader und Jan-Carl Raspe starben in ihren Zellen im Hochsicherheitstrakt von Stuttgart-Stammheim. Die Geiselbefreiungsaktion von Mogadischu hatte gezeigt, daß der Staat ohne Rücksicht auf Verluste bereit war, die militärische Herausforderung anzunehmen, und kaum jemand konnte ernsthaft glauben, daß er in dieser Auseinandersetzung unterliegen würde. Die Sozialdemokratie hatte bewiesen, daß sie in der Lage war, das kapitalistische Gesellschafts- und Wirtschaftssystem aufrecht zu erhalten; Notstandsgesetze, Berufsverbote, die sich im Zuge der Terrorismusbekämpfung immer mehr verstärkende Tendenz zur Kriminalisierung jedweder linken kritischen Öffentlichkeit zerstörten die letzten Reste der Atmosphäre der politischen Wende von 1969, Willy Brandts „mehr Demokratie wagen" hatte sich längst ins Gegenteil verkehrt. In diesem politischen Trümmerfeld agierten diejenigen, die 1968 noch zu jung waren, politisch aktiv zu sein, gleichwohl aber die Ideen aufnahmen und in den 70ern versuchten, Elternhaus, Schule und Universität zu revolutionieren. Ihnen war klar, daß weder das Hoffen auf die parteipolitische Durchsetzung sozialistischer Ideen noch der militärische, marxistisch-leninistische Größenwahn der RAF irgendetwas in ihrem Sinne verändern würde. Das große Zauberwort hieß „Basis". Es galt, „vor Ort", „an der Basis" zu arbeiten. In jedem Betrieb, jeder Schule, jeder Universität entstanden oder sollten linksalternative Gruppen entstehen. Ihre Themen waren vielfältig: Internationalismus, Anti-AKW, linke Gewerkschaftspolitik, Basisdemokratie, Hochschulreform, autonome Jugendzentren, Wohnraumpolitik und Stadtentwicklung, „Bürgerinitiativen", alternative Lebens- und Wirtschaftsweisen, mediale „Gegenöffentlichkeit", antiautoritäre Kindererziehung. Diese unzähligen Aktivitäten geschahen zumeist unfreiwillig im Verborgenen - die bürgerliche Öffentlichkeit schwieg sich darüber aus, oder, wenn sie mal berichtete, erging sich in Diffamierungen. Damit begann die Blütezeit der sogenannten „Alternativzeitungen".

Gegenöffentlichkeit

Bereits Ende der 60er beschränkte sich die „Neue Linke" mit ihren Veröffentlichungen nicht lediglich auf Flugblätter, Bücher und Wandzeitungen, sondern versuchte auch, mittels periodisch erscheinender Zeitungen Gegenöffentlichkeit herzustellen. Diese Periodika erhoben jedoch meist weniger den Anspruch, nach außen hin aufklärerisch zu wirken, sondern repräsentierten entweder bestimmte politische Gruppen, transportierten die aktuellen Diskurse innerhalb der Linken (z.B. „Links" vom Sozialistischen Büro Offenbach) oder drückten einfach radikal eine andere politische Kultur aus (wie z.B. die „Agit 883", Berlin); und natürlich brauchte Anfang der 70er jede kommunistische Partei, die etwas auf sich hielt, ihr Zentralorgan (z.B. „Roter Morgen"). Etwa Mitte der 70er wird das Bedürfnis, die vielfältigen und verstreuten alternativ-linken Gruppen und Grüppchen zu vernetzen und das Totschweigen durch die bürgerlichen Zeitungen zu durchbrechen, am besten verdeutlicht durch das Entstehen des „Informationsdienst zur Verbreitung unterbliebener Nachrichten" in Frankfurt, kurz „ID" genannt. Zur gleichen Zeit entstanden in den großen Städten die ersten Stadtzeitungen wie etwa das „Blatt" (München) oder der „Pflasterstrand" (Frankfurt), kleinere Städte (z.B. „Kasseler Stadtzeitung") und die Provinz folgten mit der üblichen Zeitverzögerung. Und so landen wir nach diesem schnellen Rundumschlag in Gießen.

Gießener Vorgeschichte

Die Aktivitäten der Neuen Linken in Gießen waren in der ersten Hälfte der Siebziger noch vorwiegend universitär geprägt, wobei der von Jusos dominierte Allgemeine Studentenausschuß (AStA) und sein regelmäßig erscheinendes „AStA-Info" eine zentrale Rolle spielten. Daneben gab es die obligatorischen K-Gruppen, hier ist insbesondere der „Kommunistische Bund Westdeutschland" (KBW) zu erwähnen, der, in der Abschwungphase der K-Gruppen erst spät entstanden, auch in Gießen kurzzeitig einen beträchtlichen Zulauf verzeichnete. Viele Angehörige der „Basisgruppen" der späten 70er hatten eine mehr oder weniger kurze KBW-Mitgliedschaft vorzuweisen. Wie überall in der BRD existierte (und existiert) darüberhinaus auch in Gießen eine, wie es einem scheint, von Raum und Zeit abgelöste DKP-Ortsgruppe mit einem Mitgliederpotential aus Altkommunisten und der DKP-Studentenorganisation MSB Spartakus angehörenden StudentInnen. Das „Gießener Echo", lokale Zeitung der DKP, kommentiert das aktuelle Zeitgeschehen auch auf kommunaler Ebene nun schon seit vielen Jahren eher spärlich und mit Blick durch die Parteibrille, stellt allerdings mittlerweile die einzige linke Stimme in Gießen dar.
Die bürgerliche mediale Öffentlichkeit in Gießen wurde und wird seit Kriegsende von zwei Tageszeitungen bestimmt. Auf die längste Tradition blickt der „Gießener Anzeiger" (GA) zurück, nach 1945 erwächst dem zuvor nationalsozialistisch orientierten Blatt Konkurrenz durch die „Freie Presse", die zunächst antifaschistisch linksliberal die Gießener Nachkriegsszene beleuchtet. Später erfolgt nach skandalösen Auseinandersetzungen ein Wechsel in der Redaktionsleitung, die „Gießener Allgemeine" (AZ) entsteht. Will man die beiden Zeitungen politisch grob einordnen, könnte man den GA als „regierungsfreundlich", d.h. in Gießen (rechts-)sozialdemokratisch orientiert und die AZ als CDU-freundliche konservative Opposition bezeichnen (die Obrigkeitszugehörigkeit wechselte allerdings zwischen

1977 und 1985, als nach Jahren der Filzokratie die SPD/FDP-Koalition in Gießen von der CDU abgelöst wurde). Aktivitäten der linken Szene wurden in der Regel ignoriert, war dies (Besetzungen, Demonstrationen) nicht möglich, lappte der Tonfall insbesondere bei der AZ ins Diffamierende und manchmal sogar schlicht Hetzerische.

1974 erschien in Gießen die erste Ausgabe einer Zeitung, die man in einigen Punkten durchaus als Vorläufer des „Elephantenklo" bezeichnen könnte. Der „Gießener Anzünder" repräsentierte eine politische Strömung, deren Angehörige man als „Spontis" (von „Spontaneismus") bezeichnete. Ihre politischen Wurzeln lagen, bezogen auf ihre Ablehnung, sich als Linke in einer Partei o.ä. zu organisieren, zum einen im Anarchismus, zum anderen in den Schriften italienischer Theoretiker wie Mario Tronti und in Gruppen wie der italienischen linksrevolutionären „Lotta Continua" oder der deutschen „Revolutionärer Kampf" sowie in der Ablehnung eines „orthodoxen" Kommunismus, wie er auf der einen Seite durch den „real existierenden Sozialismus" der UdSSR und ihren Satellitenstaaten und auf der anderen Seite durch die zahllosen trotzkistisch oder marxistisch-leninistisch orientierten KPD- bzw. 4. Internationale-Neugründungen (Motto: „Einen Studenten kann man brechen, fünf Studenten sind eine Partei") repräsentiert wurde.

Der „Gießener Anzünder" hatte sich, ebenso wie später das Elephantenklo, zunächst auch den Anspruch ins Blatt geschrieben, über lokale linke Initiativen zu berichten und „Gegenöffentlichkeit" zu den beiden bürgerlichen Tageszeitungen herzustellen. Schon bald jedoch entwickelte sich der „Anzünder", entlang den Bedürfnissen und der Lebenswirklichkeit seiner meist studentischen MacherInnen, zu einem mehr theoretisch orientierten Blatt mit unregelmäßiger Erscheinungsweise und thematischen Schwerpunkten wie „Wohngemeinschaften" oder „Lebensperspektiven". Die zeitlichen Abstände zwischen den Veröffentlichungen wuchsen, und nach 8 Ausgaben (davon zwei „Doppelnummern") schlief das Projekt ein. Die 9. und letzte Ausgabe wurde von einer anderen Redaktion gemacht und thematisierte die „Basisgruppen", die sich inzwischen als Versuch der Vernetzung verschiedener linker Initiativen konstituiert hatten und deren universitärer Zweig große Erfolge bei der Wahl des Gießener Studentenparlaments feierte und bald darauf auch den AStA-Vorsitz übernahm.

Die Zeit war reif, den diversen lokalen politischen Aktivitäten ein neues Sprachrohr zu verschaffen.

Gelbe Seiten: Oktober 1977 - Oktober 1978

Die Nullnummer erscheint

Nachdem die zukünftige Redaktion des Elephantenklo ihr Projekt im Oktober 1977 mit einem Infoblatt der mehr oder weniger interessierten Öffentlichkeit vorgestellt hatte, ging es an die Namensfindung. Zunächst sollte das Blatt in Anlehnung an einen Wolf Biermann-Song „Hundeblume" getauft werden, doch der Plan, einen lokalpolitischen Bezug herzustellen getreu dem Motto, „vor Ort" politisch tätig zu sein, gab den Ausschlag, die Zeitung „Elephantenklo" zu nennen und damit programmatisch am Beispiel der grandios mißratenen „Fußgängerplattform Selterstor" auf die städtebauliche Misere Gießens hinzuweisen (das etwas abgehoben wirkende „ph" war lediglich ein Gag, dessen Ursprung nicht überliefert ist). Ein nicht unbedingt hochbegabter Künstler steuerte den grafischen Entwurf des Kopfes bei. Am 7. November 1977 erschien die Nullnummer, versehen mit dem Untertitel *„Nachrichten von unten".* Was die Zeitung bezwecken wollte, stand im Vorwort: *„Liebe Leser!* Was *wir schon lange vorhatten, wird nun endlich möglich: eine Zeitung in Gießen herauszugeben, in der drinsteht, was so alles in Gießen läuft und was von den normalen Zeitungen, wie Gießener Anzeiger, Gießener Allgemeine Zeitung oder Wetzlarer Neue Zeitung einfach nicht berichtet wird (...). In den normalen Zeitungen haben die Nachrichten von oben viel zu viel Übergewicht, das sind die Nachrichten von denen, die uns jeden Tag am Zeug flicken wollen (...). NACHRICHTEN VON UNTEN, das sind Nachrichten von denen, die von den*

Das Titelbild der Nullnummer

finanziellen Kürzungen und politischen Angriffen betroffen sind (...). Das ist natürlich nicht alles. Wir haben festgestellt, daß wir die vielen Gruppen, die es alle in Gießen gibt, z.B. die vielen Jugendgruppen, gar nicht alle kennen. Das finden wir schade. Denn es ist doch so, wenn wir alle nur alleine arbeiten, wenn wir nichts voneinander wissen, daß wir dann nicht so viel erreichen, als wenn wir zusammenarbeiten. Wir denken uns, daß eine Zeitung, in der Ihr alle auch selbst schreibt, und wo wirklich Eure Erfahrungen, Erlebnisse und Gedanken drinstehen, uns helfen kann, besseren Kontakt untereinander herzustellen. (...) Wir, das sind Leute, die in den verschiedensten Bereichen in Gießen arbeiten, z.B. im Sozialbereich, im Schulbereich, an der Universität, in Bürgerinitiativen und in einzelnen Gewerkschaften.
Wichtig!: Die Zeitung kann den Namen ELEFANTENKLO (sic!) - NACHRICHTEN VON UNTEN nur dann berechtigt verwenden, wenn Ihr auch Nachrichten verfaßt, wenn Ihr kleine oder große Artikel schreibt oder in der Redaktion mitarbeitet. Wir brauchen ständig Eure Artikel, denn wir wollen sie nicht alle selber schreiben, dann sind es nämlich - ehe wir uns versehen - wieder Nachrichten von oben, weil es dann keine Zeitung mehr von Lesern für Leser ist." (Hervorhebungen, auch in den folgenden Zitaten, im Original.)

Fassen wir die Fakten zusammen: Eine Redaktion, die kein Redaktionsbüro hatte, journalistischen Ansprüchen weder gerecht werden konnte noch wollte, plante, alle 14 Tage zum Preis von 50 Pfennig in Gießen eine Zeitung zu veröffentlichen, ohne dafür eine bereits existierende Druckerei zu bemühen. Da wundert es kaum, daß nach nicht einmal einem Jahr die erste schwere Krise kam.

Nachrichten von unten - Das Selbstverständnis der Anfangsjahre

„Unsere Zeitung ist (noch!) eine 'zielgruppengerichtete' Zeitung, sie ist (noch! lange?) keine Stadtzeitung. Wo ist da der Unterschied? Eine Stadtzeitung richtet sich an die Bürger einer Stadt im allgemeinen (...). Sie ist eine Möglichkeit, dem herrschenden Pressemonopol entgegenzutreten. (...) Um für so viele Leute eine gute Gegeninformation regelmäßig rauszubringen, brauchen wir sehr viele Schreiber (...), die aus möglichst vielen Bereichen kommen und so aus eigener Anschauung berichten können, wie es in Gießen wirklich ist. In der Redaktion sind wir (noch) in der Mehrzahl Student(inn)en. (...) Das Elephantenklo soll gerade den Nicht-Studenten, also den Jugendlichen, den Arbeitslosen, den Bewohnern der sog. sozialen Brennpunkten, Jungarbeitern, Lehrlingen, kurz allen, die hierzulande am beschissensten dran sind; das Elephantenklo soll gerade ihnen zur Verfügung stehen. Sie sollen (...) an dieser Zeitung beteiligt werden,

sie sollen sie weitgehend selbst in die Hand nehmen. Dazu gehört eine einfache Produktionsweise. Das Elephantenklo ist so gestaltet, daß jeder an der Erstellung der Zeitung mitmachen kann. (...)" (Elephantenklo Nr. 4, 1.1.78)
Was hier wie auch bereits im Vorwort der Nullnummer in nicht ganz einwandfreier Grammatik, aber dennoch dezidiert dargetan wurde, lief in der Redaktion bald unter dem Stich-, aber vor allem in späteren Jahren auch Reizwort „Betroffenenberichterstattung". Wie sich rasch zeigte, genügte diese oft weder, die Zeitung zu füllen, noch erfüllte sie häufig genug selbst den geringsten Informationsanspruch. Seltene Ausnahmen bestätigten lediglich die Regel. Die gut geschriebene Reportage eines jungen Mannes, der über seine erschreckenden Erlebnisse als Lehrling in einem noch heute existierenden Gießener Feinkostladen unter dem Titel *„Jede Menge Mängel"* erzählte, diente den härtesten Verfechtern der „Betroffenenberichterstattung" in der Redaktion noch jahrelang als herausragendes Beispiel, aber er blieb eine Ausnahme. Eher die Regel waren schlechte, im Flugblattstil verfaßte Kurz-Artikel, bei denen oft nicht klar wurde, warum man, statt hintergründig zu informieren, Leute von einer politischen Einstellung überzeugen wollte, die eh derselben Meinung waren; ganz zu schweigen von stilistischen und grammatikalischen Artikulationsproblemen. Bald erwies es sich als notwendig, das zu tun, was eine Redaktion dem Namen nach zu tun hat: zu redigieren. Das nun wiederum fiel schwer: wo war die Grenze zur Zensur? Aus diesem Dilemma führten nur zwei Wege: Artikel zu Themen, die einem wichtig waren, selbst zu schreiben; und, mit den AutorInnen, die mit ihren Artikeln in die Redaktion kamen, zu diskutieren. Diese Diskussionen waren oft ein einziger Eiertanz, der quälend viel Zeit beanspruchte: schließlich freute man sich, daß „Betroffene" „berichten" wollten, aber wie erklärte man ihnen, daß die Form der Berichterstattung zu verbessern war, ohne sie vor den Kopf zu stoßen? Dieses Problem stellte sich selbstverständlich auch bei Beiträgen aus der Redaktion, aber hier brauchte man weniger Rücksicht zu nehmen, was schon mal dazu führte, daß ein Redakteur, bereits mitten in der Nacht und während der Endproduktion, viele schon mäßig angetrunken, wütend seinen Beitrag zerriß, der so recht nicht auf Gegenliebe stieß. So manches Elaborat landete schließlich wider besserem Wissen im gedruckten Endprodukt, weil man auf das Thema einfach nicht verzichten konnte und keine Alternative greifbar war. Der Zeitdruck der vierzehntägigen Produktionsweise verstärkte dieses Problem.

Die „Layout-Tasche" - Frühe Produktionsbedingungen des Elephantenklo

Es ist heute kaum mehr vorstellbar, unter welchen Bedingungen das Elephantenklo in den ersten Jahren hergestellt wurde. Den ersten produktionstechnischen Anschub gab der damalige AStA, der noch im Otto Eger-Heim residierte. Hier war die erste Redaktionsadresse, und sie bestand in der Praxis aus einem Briefkorb, in den die an die Redaktion gerichtete Post gelegt wurde. Zum Tippen der Druckfahnen lieh man der Redaktion eine IBM-Kugelkopfschreibmaschine. Die weiteren Utensilien wie Filzstifte, Letraset-Bögen mit Anreibebuchstaben, Farbbänder, Scheren, Klebstoff, Papier, Lineale etc. fanden in einer großen roten Reisetasche Platz (und verbanden sich darin immer wieder mit Hilfe ausgelaufenen Klebstoffs zu kaum identifizierbaren Klumpen), die alle vierzehn Tage zum freitäglichen Layout-Abend transportiert wurde, welcher zunächst in der Evangelischen Studentengemeinde in der Henselstraße stattfand. In einem Kellerraum stand hier auch die DIN A 4-Offset-Druckmaschine, die ein Redakteur angeschafft hatte und auf der er die Anfangsgründe des Druckerhandwerks lernte.

Diesen Umständen entsprach das optische Erscheinungsbild des Elephantenklo. Das Layout enstand in 12- bis manchmal 16-stündigen Sitzungen ab Freitagnachmittag. Ästhetische oder grafische Ansprüche gab es zunächst kaum. Auf mechanischen Schreibmaschinen mit ausgetrockneten Farbbändern getippte Artikel wurden mit den auf der Kugelkopfschreibmaschine getippten zusammen aufgeklebt und fotomechanisch reproduziert. Zur Illustration dienten ein „Schnippelbuch" mit Minicomics und grafischen Elementen (heute heißt das „Clipart") oder die allgegenwärtigen Gerhard Seyfried-Comics, Fotos gab es selten und die Qualität der gedruckten Rasterbilder war katastrophal (um die Raster herzustellen, mußte der Drucker in der ersten Zeit alle 14 Tage samstags zu einem technisch besser ausgestatteten Kollegen nach Wetzlar fahren). Überschriften wurden zunächst in 10-Punkt-Schrift mit Großbuchstaben getippt, später zeitweise mit Rotring-Schriftschablonen, Letraset-Schriften oder ganz schlicht und rasch von Menschen mit lesbarer Handschrift mit Hilfe von Filzstiften erzeugt. Oft war im fertigen Heft erst auf den zweiten Blick oder gar nur durch intensive Lektüre zu ermitteln, wo welcher Beitrag begann oder aufhörte. Die Gestaltung der Titelseiten erwies sich immer wieder als Problem, vielfach fehlten zündende Ideen oder einfach das Material, solche zu realisieren. Häufig wurden sie am frühen Samstagmorgen nach langem

Hin und Her improvisiert. Die Inhaltsverzeichnisse konnten immer erst geschrieben werden, wenn alle Seiten geklebt waren und die Reihenfolge feststand. Zum einen stellte sich nun vielleicht heraus, daß der dafür freigelassene Platz nicht ausreichte, zum anderen wurde es dann in der Regel Samstagmorgen 3, 4 oder gar 5 Uhr früh, und so entstanden schon mal Inhaltsverzeichnisse, die sich etwa folgendermaßen lasen: „Soziales - Seite 8. Schule - Seite 12. Frauen - Seite 18" oder ähnlich. Nie hat sich ein Leser oder eine Leserin darüber beschwert.

Die Redaktionssitzungen der ersten Zeit fanden in einem Studentenzimmer im Unterhof statt, wo eine der Redakteurinnen wohnte. Später wurde aus Platzgründen für Redaktionssitzungen, aber auch für die langen Layout-Nächte wechselnd die Gastfreundschaft verschiedener Wohngemeinschaften strapaziert, und zeitweilig fanden Redaktionssitzungen im damaligen neuen Jugendzentrum am Kanzleiberg statt.

Ein wesentlicher Bestandteil der Redaktionsarbeit waren die sogenannten Wochenendseminare, eine Art Redaktions-Trainingslager. Zu Beginn zweimal, später nur noch einmal im Jahr begaben sich - meist in voller Besetzung - alle MitarbeiterInnen von Freitag bis Sonntag in ein Tagungshaus (im Lauf der Jahre nach Wetzlar, Bad Hersfeld, Stangenrod, Arnshain, Neu-Anspach und Bessunger Forst), um dortselbst diejenigen Punkte der Zeitungsarbeit zu diskutieren, für die in den wöchentlichen produktionsorientierten Redaktionssitzungen selten Zeit blieb. Hier wurden dann allgemeine inhaltliche Schwerpunkte diskutiert, und die für die ökonomische und technische Weiterentwicklung des Elephantenklos wesentlichen Entscheidungen (Preiserhöhungen, Geräteanschaffungen etc.) wurden auf solchen Tagungen beschlossen. Nicht zu unterschätzen war überdies der Einfluß dieser Treffen auf die Interaktion der Gruppe (damals gerne als „Gruppendynamik" bezeichnet) und die Identifikation der Einzelnen mit ihrer Zeitung.

Ein pflichtbewußter Redakteur hatte für jede Ausgabe zwei Redaktionssitzungen zu absolvieren, alle 14 Tage die „Layout-Nacht", Sonntagnachmittag war die Auflage fertig gedruckt und mußte zusammengetragen und geleimt („gelumbackt") werden, über Nacht trocknete der Stapel und Montagmorgen mußten die zunächst 800 - 1000 Exemplare in einzelne Hefte auseinandergeschnitten und an die Verkaufsstellen wie Kioske, Kneipen, Buchläden etc. ausgeliefert werden. Darüberhinaus war an den ersten ein oder zwei Tagen nach Fertigstellung in der Mittagszeit „Direktverkauf" vor der Mensa sowie abends in mehreren Kneipen, und dazu ein Mindestmaß an Buchführung und ähnlichen organisatorischen

Dingen zu gewährleisten. Überschlägig bedeutete das pro Person einen Zeitaufwand von 25 bis 30 Stunden in einem Zeitraum von 14 Tagen. Dem hielt auf Dauer weder die studentische Lebensweise noch der größte Enthusiasmus stand, und trotz einer anwachsender Zahl von RedakteurInnen dünnte sich die Anwesenheit im Lauf der Zeit langsam aus.

Die „Ferien-Nummern"-Affäre

Im Sommer 1978 wurde die Personalnot kritisch. Die Semesterferien standen vor der Tür, und ein Teil der Redaktion beabsichtigte, sich in südlichen Gefilden zu verlustieren. Zum erstenmal stellte sich die Frage, ob die 14tägige Erscheinungsweise über das ganze Jahr hinweg durchzuhalten war, und neben dem Mangel an Redakteurinnen und Redakteuren zeichnete sich auch thematisch ein Sommerloch ab. Schließlich gelang es der in Gießen verbleibenden Restredaktion, den skeptischen Reisewilligen glaubhaft zu versichern, man werde die Kontinuität der periodischen Erscheinungsweise aufrechterhalten. In Minimalbesetzung wurden im August und September 3 Ausgaben produziert, denen man sowohl inhaltlich als auch optisch ansah, daß die Zeitung auf dem letzten Loch pfiff. Die Titelseiten von Nr. 19 und Nr. 20 enthielten den Hinweis „1. und 2. Feriennummer" und darüberhinaus außer auf die Schnelle entstandenem handschriftlichen Blabla keinerlei inhaltliche Information. Dafür prangte auf dem Cover von Nr. 21 die Abbildung des Aufklebers einer iranischen Gruppe, auf dem unter Zuhilfenahme eines Hakenkreuzes

Zeitung „light": Der Titel der ersten „Feriennummer"

u.a. „Nieder mit dem BRD-Faschismus u. -Imperialismus" gefordert wurde. Auf den restlichen 11 mageren Seite fehlte der bis dahin obligate Veranstaltungskalender. Das Impressum verkündete flapsig und mit Filzstift hingekrakelt: „(...) 1000 *dieser schwachsinnigen Zeitung werden gedruckt, verkaufte Exemplare 5 an die Redaktionsmitglieder! Inhalt: Der gleiche Krampf wie in den letzten 20 Ausgaben! Na dann bis zu eurer nächsten 50 Pfennig Invesitition! Die Ferien-Red."*.

Die mittlerweile aus dem Urlaub zurückgekehrte Restredaktion, im Gegensatz zur „Ferienredaktion" fast alles Gründungsmitglieder des Elephantenklo, blickte entsetzt auf das, was von ihrem mit großem Anspruch gestarteten Zeitungsprojekt übriggeblieben war. Heftige Auseinandersetzungen wurden geführt, und in der Folge verließen zwei der „Ferienfreaks" die Redaktion verärgert auf Nimmerwiedersehen. *„Eine unverzügliche Selbstkritik"* in der Ausgabe 22 versuchte zu retten, was zu retten war: „(...) *Es war für Euch Leserinnen und Leser sicher nicht schwer, festzustellen, daß das ELEPHANTENKLO sich mit den Feriennummern nicht von der besten Seite gezeigt hat. (...) Das ELEPHANTENKLO muß wieder besser werden! (...)".* Zentraler Kritikpunkt war der Inhalt des abgebildeten Aufklebers, der als Illustration zu einem Artikel über die polizeiliche Kontrolle eines iranischen Genossen aus Gießen dienen sollte. Dies war jedoch lediglich einer ausführlichen Lektüre des besagten Beitrags zu entnehmen; wer den nicht las, konnte vermuten, daß das Elephantenklo die BRD für einen faschistischen Staat hielt - was ausweislich einer Monate zuvor im Blatt geführten Diskussion nicht der Fall war. In Ausgabe 23 wehren sich die Kritisierten mit einer eher technischen Begründung: „Woran *lag's? (...): an der Anzahl der Redakteure. (...) Die Artikel sind meist undiskutiert abgedruckt worden. (...) Überdies war auch dann zweimal kein Titelbild vorhanden, was bei der Nr. 19 zu einer vierstündigen Diskussion geführt hat. (...) Daß man bei dieser Streß-Situation um Mitternacht sich auf dem Papier austobt, ist logo."* Da mangels vollständiger Anwesenheit der Redaktion nicht ein die Beiträge formender Diskussionsprozeß stattgefunden habe, sei *„nur ein Teil aus den Redakteurköpfen zu Papier gekommen, meinetwegen der chaotischere. (...) Wären andere dagewesen, wäre die Zeitung wahrscheinlich anders schlecht gewesen: vielleicht zu trocken und langweilig. (...)."* Die Entscheidung, keine Sommerpause einzulegen, wird verteidigt: „Wenn *hier in diesem Studentennest im Sommer schon alles brachliegt, so kann sich das EK anrechnen, dies durchbrochen und eine Brücke vom SS zum WS geschlagen zu haben, an der in Gießen schon viele Gruppen und Projekte gescheitert sind. Damit wird (...) das EK auch ein Stück weit seinem Anspruch gerecht, eine Stadtzeitung zu sein."* Und eine kritisierte Ferienredakteurin wehrt sich: „(...) *Mit den schmolligsten Grüßen an die, die aus den mannigfaltig-*

sten Gründen nicht da waren. Wir fanden die Ausgaben nie in ihrer 'Seriosität' beeinträchtigt (...)".

Merkwürdigerweise war dies das erste und letzte Mal, daß das Thema „Feriennummern" diskutiert wurde: In den restlichen acht Jahren seines Bestehens erschien das Elephantenklo durchgehend und pünktlich - auch in den Semesterferien.

Ökonomie contra Chaos

Die ökonomischen Grundlagen des Elephantenklo waren von vornherein klar: Die Zeitung hatte keinerlei Ambitionen, Gewinne zu machen. Das Projekt war ein rein politisches, und als solches interessierte es sich für die ökonomische Seite des Zeitungmachens nur insofern, als daß genug Geld hereinkam, um die nächsten Ausgaben zu sichern. Und dies funktionierte - zumindest in den ersten Jahren - nur, weil von verschiedenen Seiten regelmäßig gespendet wurde. Größere regelmäßige Unterstützung erhielt das Elephantenklo u.a. vom AStA und auch von verschiedenen besserverdienenden Einzelpersonen. Den wesentlichsten Anteil am finanziellen Überleben hatten jedoch die gesamten 10 Jahre über die Drucker. Die Zeitung wurde von ihnen zum Selbstkostenpreis gedruckt, Lohn wurde nicht eingerechnet. Im Gegenzug waren die RedakteurInnen verpflichtet, die „Weiterverarbeitung" (zusammenlegen, kleben bzw. später heften, schneiden) der Zeitung, später auch in den Räumen der Druckerei, in Eigenregie zu erledigen. Auf diese Weise lag der Herstellungspreis grob geschätzt bei der Hälfte dessen, was er normal ausgemacht hätte. Dies erst ermöglichte den „politischen" niedrigen Verkaufspreis der ersten Jahre, und sorgte in späteren Jahren bei sinkenden Verkaufszahlen schlicht für das Weiterleben.

Eine weitere, in der Praxis nicht so ergiebige Unterstützung war die Einrichtung eines „Förderabos": Wer die Zeitung über den normalen Kauf hinaus unterstützen wollte, erhielt die neueste Ausgabe per Post für 2,- pro Exemplar (statt 50 Pf. im sog. „Direktverkauf"), für 3,- DM erhielt man 2 Exemplare (zum Auslegen, Weitergabe), und das „Institutionenabo" - *„für alle, die's aus anderen Taschen zahlen"* - kostete soviel wie das 3,- DM-„Doppelabo". Um den „Direktverkauf" aus der Hand der Redakteure zu fördern, aber auch, um Zwischenhandels-Prozente zu finanzieren, kostete das Elephantenklo im Handel (Kioske, Läden) 1,- DM pro Exemplar (worüber sich Leser zu Recht beklagten). Wer weit außerhalb wohnte, also sich weder im Handel noch an der Mensa oder in Kneipen ein Exemplar sichern konnte und darüberhinaus finanziell schlecht gestellt war, erhielt auch ein Abo per Post für 1,- DM pro Ausgabe (bei 60 Pf. Portokosten). Der Verkauf vor der Mensa, in den Kneipen, sowie die Belieferung der Verkaufsstellen wurde von den RedakteurInnen erledigt. Das dabei einkassierte Geld war dann auf Treu und Glauben beim „Hauptkassierer" der Redaktion abzuliefern, und im Laufe der Zeit wuchs die Liste der redaktionsinternen Schuldner immer mehr an. Das wurde schließlich sogar Thema eines Wochenendseminars, und nur eine Mischung aus Bitten, Betteln und Drohungen bewirkte immer mal wieder einen Ausgleich der Salden. Noch heute gibt es Menschen, die dem Elephantenklo Geld schulden (und in Protokollen, die zeitweise von den frühen Redaktionssitzungen angefertigt wurden, namentlich erwähnt sind) - die unter dem Bett gestapelten, nicht verkauften Exemplare, deren Abrechnung sie schuldig blieben, dürften wohl längst beim Altpapier gelandet sein.

In diesem allgemeinen Chaos halbwegs den Überblick behalten zu haben, ist das Verdienst akribischer Finanzverwalter, die ihren Mitmenschen zeitweise heftig auf den Wecker fielen, aber ein strenges Regiment über die Kasse führten und auch damit die Zeitung finanziell am Leben erhielten.

Neben den Einnahmen aus dem Verkauf von ca. 800 - 900 Exemplaren pro Ausgabe gab es noch ein kleines Kontingent von Inseraten, in der Regel von Kneipen und Läden, die entweder selbst einen politischen Anspruch hatten oder deren Inhaber das Projekt Alternativzeitung gut fanden. Die Anzeigenakquisition beschränkte sich quasi auf einen Appell an die Solidarität der Anzeigenkunden; und über ein solches Mauerblümchendasein kam dieser Sektor der Elephantenklo-Herstellung auch in späteren Jahren selten hinweg: Werbung war äh-bäh, bestenfalls ein notwendiges Übel, und so manches Anzeigengeschäft kam nie zustande, weil man das beworbene Produkt oder den Auftraggeber auf der anderen Seite der politischen Barrikade ansiedelte.

Die chronische Finanznot des Elephantenklo führte bereits im Frühjahr 1978 zur ersten Debatte über eine - in der Redaktion immer umstrittenen - Preiserhöhung. Die gegensätzlichen Positionen waren immer die gleichen: die Zeitung als politisches Organ sollte so billig wie irgend möglich sein (und wäre, hätte man einen großzügigen Sponsor gehabt, sicher umsonst verteilt worden) und damit größtmögliche Verbreitung erreichen; die andere Position argumentierte ausschließlich pragmatisch mit Blick auf die leere Kasse und dem Wunsch, dem Blatt mit einer technisch und finanziell besseren Ausstattung einen größeren Handlungsspielraum zu verschaffen.

Wie die Finanzen des Elephantenklo im ersten Jahr aussahen, belegt eine veröffentlichte Bilanz in der Ausgabe zum einjährigen Bestehen. So betrugen die gesamten Einnahmen bis September 1978 etwa 11.100 DM, demgegenüber standen Ausgaben fast ausschließlich für Druckkosten von ca. 11.400 DM. Eine Aufschlüsselung der Einnahmen existiert nur für den Zeitraum von Februar bis September 78 in Höhe von knapp 7.000 DM. Demnach entfielen auf die Einnahmen aus dem Verkauf DM 3.580, auf Aboeinnahmen DM 1.800, auf Spenden DM 530 und auf Einnahmen von Inseraten etwa 1.000 DM.

Nimmt man das Defizit von 300 DM, betrachtet dazu die Tatsache, daß der Drucker zum Selbstkostenpreis arbeitete, daß 530 DM gespendet wurden, daß außer Druckkosten keine Ausgaben getätigt werden konnten, kann man ungefähr ermessen, in welch prekärer Finanzlage das Projekt steckte.

„Professionalisierung"

All die offensichtlichen Unzulänglichkeiten des Elephantenklo in räumlicher, personeller, finanzieller, journalistischer und grafischer Hinsicht legten schon bald den Grundstein zu einem innerredaktionellen Debatten-Dauerbrenner unter dem Stichwort „Professionalisierung". Neben dem oben beschriebenen Zwiespalt zwischen inhaltlicher und journalistischer Redaktionsarbeit und „Betroffenenberichterstattung" waren Dauerthemen immer wieder: Wie kann das grafische und drucktechnische Aussehen verbessert werden? Wie kann ein festes Redaktionsbüro finanziert werden? Wie können die regelmäßig und zuverlässig zu organisierenden immer gleichen Verwaltungsaufgaben erledigt werden?

Eine wunderliche Debatte zum Thema Professionalisierung erlebte die Redaktion, als im Frühjahr 1978 ein neues Redaktionsmitglied mit journalistischer Ausbildung auftauchte. In grotesker Verkennung der Entstehungsgeschichte und des politischen Anspruchs des Elephantenklo versuchte der durchaus wohlmeinende Kollege, sein gelerntes Handwerk an die Redaktion weiterzuvermitteln. So erhielten die journalistischen Nobodys der Redaktion unerwünschte Nachhilfe, wie man professionell Artikel schreibt („zu Beginn des Artikels stehen die großen 'W' - wer, was, wann, wo, wie, warum") und weitere Einblicke in die Produktionsweise der bürgerlichen Konkurrenz. Dies widersprach nun ganz und gar dem Wunsch, „Nachrichten von unten" nicht von oben zu formulieren, sondern das „unten" selbst sprechen zu lassen, quasi die Leser ihre Zeitung selbst machen zu lassen. Die Redaktion verstand den Journalisten nicht, und der wiederum nicht die Redaktion, und so endete das Rendezvous zwischen

Professionalismus und erwünschtem Dilettantismus schon recht bald. Am Rande gehört hier noch her, daß der Journalist nicht verstehen konnte, warum Artikel im Elephantenklo nicht mal mit einem Kürzel gezeichnet wurden, sondern - außer wenn sich eine politische Gruppe äußerte - in den ersten Jahren immer, und später häufig anonym erschienen. Für diese Praxis gab es mehrere Gründe. Zum einen verstand sich die Redaktion als Kollektiv, jeglichem Persönlichkeitskult abhold, und zum anderen war da die allgegenwärtige Sorge um Big Brother, der das Treiben des Elephantenklo von Anfang an aufmerksam beobachtete (was selbstverständlich alle vermuteten und sich später auch als zutreffend erweisen sollte).

Außerredaktionelle Aktivitäten

Es war Teil des politischen Anspruchs der Redaktion, nicht nur Vermittler von Nachrichten und Informationen zu sein, sondern als Gruppe auch selbst politisch aktiv zu werden (daneben arbeiteten viele RedakteurInnen ohnehin in anderen Initiativen mit). So beteiligte sich das Elephantenklo vor allem in den ersten Jahren als Mitorganisator von Veranstaltungen. Zu den größeren Projekten gehörte dabei im Frühjahr 1978 das erste „Lahnwiesenfest" unter dem Thema „Fußball und Folter" zur Fußball-WM in Argentinien, einem Land, das damals von einer Militärjunta regiert wurde. An drei Tagen traf sich eine vierstellige Zahl von Besuchern in und vor einem großen Zelt auf den Wiesen unterhalb der Lahnstraße zu einer Mischung aus politischer Veranstaltung, Konzert, Party und Fußballturnier. Noch zuvor im April des selben Jahres lud das Elephantenklo zur Vorführung des in Berlin entstandenen Films „Der Umsetzer" über die Praktiken von „Entmietern" ein. Über 200 Besucher drängten sich in den Veranstaltungsraum des „Wienerwald", um den Film zu sehen und im Anschluß mit u.a. Vertretern der Fa. Sommerlad (der Abriß der Häuser im Flutgraben war bereits in der öffentlichen Diskussion) und Stadtbaurat Bergmann heftig und lautstark zu diskutieren. Im Sommer unterstützte das Elephantenklo das dreitägige „Jugendzentrumsfestival im Steinbruch Laubach" mit zwei Ausgaben eines an Ort und Stelle produzierten „Festivalblättche", in dem die Besucher „ad hoc" ihre Eindrücke und Ansichten über die Veranstaltung zum Besten geben konnten.

Inhaltliche Schwerpunkte 1977 - 1978

Liest man die Ausgaben der ersten Jahre des Elephantenklo zusammenhängend, erhält man einen recht guten Überblick über die politischen Themen der undogmatischen Linken jener Zeit. Unter der Überschrift „Inhaltliche Schwerpunkte" werden hier und jeweils in den folgenden Kapiteln die Dauerbrenner der Berichterstattung des behandelten Zeitraums erwähnt.

Von Anfang an begleitete das Elephantenklo die Diskussionen um das kurz zuvor neu eingerichtete Jugendzentrum am Kanzleiberg. Waren die Versuche des JZ, eine autonome Selbstverwaltung einzurichten, bereits unter der Ägide des SPD-geführten Magistrats immer wieder abgeschmettert worden, so geriet das JZ nach dem Machtwechsel bei den Kommunalwahlen 1977 als Ganzes unter politischen Beschuß. Von Beginn an versuchte der CDU-Magistrat, das ungeliebte SPD-Vorzeigeobjekt wieder loszuwerden.

Weitere immer wiederkehrende Themen waren Wohnungsnot und Wohnraumzweckentfremdung, bis zum endgültigen Abriß 1981 vor allem im Zusammenhang mit den Sommerlad-Expansionsplänen im Flutgraben und den Plänen zum Bau des Parkhauses in der Westanlage.

Auch eine der am kontinuierlichsten arbeitenden Gruppen in Gießen hatte ihren angestammten Platz auf den Seiten des Elephantenklo: die Anti-AKW-Gruppe versorgte die Leser mit Informationen über regionale und bundesweite Aktivitäten.

Andere Artikel beschäftigten sich regelnäßig mit der „Gemeinwesenarbeit" in den „Sozialen Brennpunkten" der Stadt, insbesondere die „Projektgruppe Margaretenhütte" nutzte das Elephantenklo zur Öffentlichkeitsarbeit.

Nur in den ersten Jahren wurde gewerkschaftliche Arbeit gewürdigt. So berichtete das Elephantenklo unter anderem mehrfach über den Druckerstreik 1978.

Ausführlich befaßte sich das Blatt 1978 mit dem u.a. vom Sozialistischen Büro Offenbach mitinitiierten Russell-Tribunal über politische Unterdrückung in der Bundesrepublik.

Auch der „Internationalismus" fand Platz auf den Seiten des Elephantenklo: 1978 wurden vor allem der Iran, Argentinien sowie Chile (fünf Jahre nach dem Militärputsch gegen die sozialistische Allende-Regierung) zum Thema.

Wachstumsperiode: November 1978 - August 1980

Eine erste Bilanz

Das einjährige Jubiläum feierte die Redaktion mit einer 42seitigen Doppelnummer, wohl auch, um Raum zu schaffen für eine ausführliche Selbstbespiegelung. Zum ersten Mal war die Zeitung selbst Titelthema: ein großformatiges Foto zeigt eine Redakteurin und einen Redakteur umgeben von den dazu notwendigen Utensilien beim Layout. Unter der Überschrift „1 Jahr Elephantenklo - Grazie auf dem Hochseil; Zwischen Gruppenforum, Scene-Blatt und Stadtzeitung" verabschiedete sich die Redaktion in einem Anfall von Selbsterkenntnis der eigenen Klassenzugehörigkeit ein klein wenig vom hehren Ziel der „Betroffenenberichterstattung": „(...) Unser erstes Flugblatt trug dann den Namen ELEPHANTENKLO und darunter 'Informationsdienst und Diskussionsforum für eine Gießener Gegenöffentlichkeit' - womit so ziemlich alles

umfaßt war. Die Jugendlichen im JZ reagierten aber anders auf diesen Untertitel: 'Versteht ja kein Mensch, 3 Fremdwörter in einem Satz - sagt doch einfach von unten, Nachrichten von unten.' (...) Dieser Untertitel handelte uns eine Menge Diskussionen ein - bis heute. 'Was ist eigentlich unten? (...) Schreiben Hauptschüler, Arbeiter, Bewohner von Obdachlosensiedlungen (sic!) in dieser Zeitung?' Nein, tun sie nicht; und darauf werden wir wohl auch noch ein paar Jahre warten müssen. (...) Wenn selbst an der Uni, wo sich diejenigen rumtreiben, die am längsten Zeit gehabt haben, sich ein politisches Bewußtsein zu bil-

Titelbild zum 1jährigen Jubiläum

den, das politische Analphabetentum derartige Triumphe feiert, wie soll es dann 'unten' besser sein? Vom schreibenden Leser (...) haben schon andere Klassiker geträumt. Das einzige, was zur Zeit zu leisten ist, ist ein kleiner Schritt in diese Richtung. (...)". Die Gratwanderung zwischen der Dienstleisterfunktion des für Alle offenen Forums und dem Selbstverständnis der Gruppe als Zeitungsredaktion wird weiter unten beschrieben: *„Gruppenbeiträge (...) bleiben meist undiskutiert, weil wir den Gruppen nicht in ihre Arbeitsweise reinpfuschen können und wollen. Die anderen Beiträge - ob sie von einzelnen aus der Redaktion oder von Leuten 'außerhalb' kommen - werden von allen diskutiert. Einige Stichworte dazu: Aktualität, Bezug auf Gießen, für wen interessant?, Informationen, Betroffenheit... Oft kommen neue Ideen dazu, wird was verständlicher formuliert, werden die Artikel mit Informationen, die Außenstehende brauchen, um die Sache kapieren zu können, versehen... Wir haben selten in diesem Jahr erlebt, daß Leute, die Artikel geschrieben haben, diese Diskussionen als unwichtig oder gar lästig empfunden hätten. (...)".* Aber es gab auch andere Beispiele: *„(...) Im letzten Jahr mußten wir uns gezwungenermaßen mit unserer 'Zensur' auseinandersetzen. Da kam dann ein kurzer Artikel zur RAF in die Redaktion geflattert - (nicht persönlich vom Schreiber vorbeigebracht). Wir hatten damals alle das ungute Gefühl, man wolle uns auf die 'linke Probe' stellen - 'Entweder Ihr schreibt, daß die RAF die einzig richtige Strategie hat - oder ihr seid Ärsche' -. (...)".* Das Themenspektrum des Elephantenklo im ersten Jahr wird auch kritisch beleuchtet: *„(...) Noch fallen ganze Bereiche raus, die eine Stadt und das Leben (soweit noch möglich) in ihr prägen. Kaum Berichte aus der Welt der Fabriken, wenig über das Leben in den Dörfern um Gießen, keine Knastberichte (trotz Knast hier selbst und Butzbach und Rockenberg im näheren Bereich), dies alles ist Ausdruck einer Zeitung, die bisher noch mehr Ausdruck der studentischen Scene war und auch von dieser Seite ihre Impulse und letztlich die bestimmenden Inhalte bekam. (...)".* Betrachtet man das Elephantenklo aus der heutigen Perspektive, muß man sich über diese Einschätzung wundern. Oder anders formuliert, werfen diese Sätze ein bezeichnendes Licht auf die Radikalität des Anspruchs der Elephantenklo-MacherInnen: man staunt im Nachhinein, wie wenig hochschultypische Themen im Blatt behandelt wurden, und das oben zitierte „politische Analphabetentum" der Studenten läßt gar auf eine gewisse Hochschul- und Studentenfeindlichkeit schließen. Wenn auf der nächsten Seite der Jubiläumsnummer mehr Berichte über „Alltagserfahrungen" eingeklagt werden, wird dies nochmal deutlicher: *„(...) Demgegenüber stand bisher eine recht geringe Zahl von Artikeln, hinter denen die konkreten Personen irgendwie sichtbar wurden (...). Ich meine hier hauptsächlich die über Arbeitsalltag erschienen Berichte. Da war die satirisch hervorragend gestaltete Serie über den Alltag eines (Aushilfs-)-Briefträgers (...), der Fabrikbericht über die Arbeit in einer Buchbinderei, die Beschrei-*

bung von Arbeitsalltag in Gießener Krankenhäusern. Diese sich mit (...) unserer realen Lebenserfahrung beschäftigenden Erscheinungen aber nehmen zu geringen Raum im EK ein. (...)". Von Erfahrungen aus der Universität ist nirgends die Rede, obwohl am Beispiel des „(Aushilfs-)Briefträgers" deutlich wird, daß hier kein festangestellter Postler, sondern ein Student über seine Erfahrungen mit der Semesterferien-Arbeit geschrieben hatte - dies dann als Alltag auszugeben, bedarf schon einer gewissen Chuzpe. Daß erst die studentische Zeitbudgetierung und die akademische Vorbildung beim größeren Teil der Redaktion das ehrenamtliche Schreiben und nebenberufliche Herstellen einer Zeitung ermöglichten, wird auch nicht thematisiert. Einen kleinen Einblick in die damalige Zusammensetzung der Redaktion lieferte ebenfalls die Eigenberichterstattung der Jubiläumsausgabe: „(...) *Wir haben Lehrer, Ersatzdienstleistende, Studenten, Studiumverweigernde, Arbeitslose und Arbeiter. Wir haben Anhänger des Punk, der Panik-Partei, glauben je nachdem an die Anarchie, die neue spontaneistische Bewegung, sind Ökologen und/oder Anhänger des Sozialistischen Büros. Kurz: wir sind der Sumpf, der vielleicht Gießens Herrschende zum Verschwinden bringen wird. (...)"*.
Zunächst jedoch verschwand erstmal etwas anderes.

Ein neues Gewand

Als die LeserInnen am 4. Dezember 1978 das fällige neue Elephantenklo kaufen wollten, forschten manche zunächst vergeblich. Erst auf den zweiten Blick entdeckten sie das Gesuchte: Verschwunden war das gelbe Umschlagpapier, und das Format war sehr zum Leidwesen der peniblen Abhefter auf 33 mal 23 Zentimeter angewachsen. Kein Elefant thronte mehr auf seinem „Klo", nur noch der Schriftzug prangte - bunt und neugestaltet - auf dem Kopf der nunmehr zweifarbigen Titelseite. Das Heft war nicht mehr geleimt, sondern gefalzt und geheftet und sah im Ganzen erst jetzt wie eine (Stadt-)Zeitung aus. Die inhaltlich weitgehendste Änderung offenbarte sich erst auf den dritten Blick: Die „*Nachrichten von unten*" waren „*Nachrichten für Gießen und Umgebung*" gewichen, und bereits in der nächsten Ausgabe erfolgte eine weitere Korrektur des Untertitels, der dann bis zum Ende beibehalten wurde - das Elephantenklo firmierte nun als „*Zeitung für Gießen und Umgebung*". Auch der Geldbeutel mußte weiter geöffnet werden - ab sofort kostete ein Exemplar 1,- DM. Seltsamerweise wurde im Vorwort lediglich auf die Preiserhöhung ausführlich eingegangen. Die redaktionsintern nicht unumstrittene Änderung des Untertitels schien in der vorigen Ausgabe ausreichend behandelt, ohne daß sie dort etwa angekündigt wor-

ELEPHANTEN
KLO Nr: 32 1.= Mark

Zeitung für Giessen und Umgebung

Montag, den 15.1.1979   erscheint vierzehntägig

Keine Nachrichten mehr von unten - der neue Zeitungskopf

den wäre. Auch das neue äußere Erscheinungsbild wird mit keiner Silbe erwähnt (daß gleichzeitig auch nicht mehr auf Umweltschutzpapier, sondern auf die ähnlich billig aussehende Qualität „mittelfein" gedruckt wurde, hatte der Drucker ebenfalls in der vorigen Ausgabe einleuchtend begründet, ohne die Änderung anzukündigen). Ein Blick ins Impressum gibt einen Anhaltspunkt zur geänderten drucktechnischen Herstellung. Der Drucker hatte sein Hobby inzwischen zum Beruf und sich selbständig gemacht. Statt „Eigendruck" oder später „Druck: Kurt Walker, Gießen" hieß es nun: „Druck: Walker-Kleinoffset Gießen". Damit verbunden war die Anschaffung einer DIN A3-Überformat-Druckmaschine, die es ermöglichte, vom geleimten A4-Format wegzukommen. Bald darauf schloß sich der bisherige alleinige Elephantenklo-Drucker mit zwei Kollegen zusammen, die ebenfalls eine Druckerei gestartet hatten, und das heutige Druckkollektiv entstand. An der Zusammenarbeit mit dem Elephantenklo änderte sich nichts, nach wie vor wurde die Zeitung zum Selbstkostenpreis unter Verzicht auf Lohn gedruckt, und die Redaktion besorgte die Endfertigung auf den Geräten der Druckerei eigenhändig.

Die im Zusammenhang mit der in der vorigen Ausgabe erschienenen Bilanz bereits angekündigte Preiserhöhung wird erneut begründet und enthält auch einen Wunschzettel der Redaktion, wofür das Geld ausgegeben werden soll: „Wir brauchen im Verlauf des nächsten Jahres mindestens zwei IBM-Kugelkopf-Maschinen und eigene Redaktionsräume (...). Folgendes muß also bezahlt werden: Lay-Out-Kosten (...); Eigenfinanzierung der Telefonkosten; Rühren der Werbetrommel, z.B. für kostenlose Sondernummern vor den Schulen und Betrieben; Zuschüsse für minderbemittelte ELEPHANTENKLO-Redakteure bei ELEPHANTENKLO-Seminaren; Erstattung der bislang privat getragenen Fotokosten (...)."

All die Änderungen hatten die Gestalter der neuen Titelseite offenbar derart erschreckt, daß es nie ein Elephantenklo Nummer 29 gab. Stattdessen mußte die Leserschaft ein zweitesmal mit Nummer 26 vorlieb nehmen. Optisch wartete die folgende Ausgabe neben dem nun endgültig neu gestalteten Zeitungskopf mit dem gleich darauf wieder eingestellten Experiment eines noch größeren Formats auf. Als Unikat von 35 mal 25 Zentimetern versuchte Nummer 30, irgendwie noch zeitungsartiger zu wirken. Allerdings gaben die Druckfolien nicht so viel an bedruckbarer Fläche her, sodaß lediglich der Rand breiter wurde. Auch die Verkaufsstellen hatten ihre Mühe mit dem Ungetüm, und so blieb es ab Nummer 31 wieder erstmal bei 33 x 23 cm.

Die Redaktion eignet sich ihre Zeitung an

Mittlerweile hatte sich trotz der nach wie vor widrigen Produktionsbedingungen der Alltag und eine gewisse Routine ins Zeitungsmachen eingeschlichen. Die Leserschaft hatte das Produkt angenommen, an Beiträgen schien kein Mangel zu herrschen. Da bröckelte es eher auf Seiten der personellen Besetzung. In Ausgabe 39 von Ende April 1979 stimmte ein frustrierter Redakteur oder eine frustrierte Redakteurin ein Klagelied an: *„Am letzten Sonntag mußte mal wieder eine Redaktions-Sitzung ausfallen, weil nicht genügend Leute da waren. Ein unmöglicher Zustand überhaupt und erst recht angesichts der Tatsache, daß wir massenweise Artikel geschickt bekommen, die es verdient hätten diskutiert zu werden. (...) Schon jetzt (...) sehe ich keine (demokratische) Entscheidungsstruktur mehr im ELEPHANTENKLO. Unglaublich viele Teile der Zeitung kommen ohne jede Diskussion rein oder zwei oder drei Leute bestimmen darüber (...), weil einfach nicht mehr da sind. (...) Mir geht es wirklich nicht darum, Formalia einzuklagen. Aber ich finde (...) diese Art und Weise, wie die Zeitung inzwischen gemacht wird, wirft ein Licht auf unsere inhaltliche Arbeit. Die inhaltliche Arbeit hat nichts mehr mit einem kollektiven Prozeß zu tun. Ohne Kollektivität ist aber die Qualität des ELE-PHANTENKLO im Eimer. (...) Hätte die Stimmung und die Art und Weise der Arbeit, die augenblicklich das Bild bestimmt, nach den ersten drei Monaten in der Redaktion geherrscht, ich bin sicher, die Zeitung wäre nicht länger erschienen. Im Augenblick erscheint die Zeitung, weil sie eben alle zwei Wochen erscheint. Ein Selbstlauf, den wir ungerne anhalten wollen. (...)"*. Dieser Selbstlauf wäre auch kaum anhaltbar gewesen. Es gab Bedarf für die Zeitung, und sie rollte schlicht über die Köpfe ihrer MacherInnen hinweg. Drohte ein Problem zur ernsthaften Krise zu werden, standen Leute bereit, das Problem zu lösen, das Loch zu stopfen. Es wird sich niemand mehr konkret an die Situation erinnern, aber man kann getrost davon ausgehen, daß der zitierte, im Original mehr als eine Seite einnehmende Text aus Nr. 39 seine Wirkung nicht verfehlte und die Anwesenheitsdisziplin der Redaktion für einen gewissen Zeitraum wieder verbesserte.

Schlecht verbessern ließ sich jedoch die Disziplin von Artikelschreibern außerhalb der Redaktion. Immer wieder kam es vor, daß ein Großteil der angekündigten Beiträge erst am Freitag des Layouts vorlag. Auf diese Weise wurde ein Großteil der eigentlich zur technischen Herstellung vorgesehenen Zeit mit der Diskussion von Artikeln verbracht („Könnt Ihr mal bitte alle mit dem Tippen aufhören!"). Daß diese Texte anschließend ebenfalls noch getippt werden mußten, vergrößerte den Streß bei den RedakteurInnen immer mal wieder derart, daß dann frühmorgens entsprechend wutentbrannte Kommentare in die letzten freien Stellen des Layouts eingerückt wurden und unter der Rubrik „In eigener Sache" in der darauffolgenden Ausgabe ein ums andere Mal gedroht wurde, „ab sofort" nur noch Artikel zu berücksichtigen, die vor dem dienstäglichen Redaktionsschluß vorlägen. Dies galt auch für Artikel aus der Redaktion, deren Selbstdisziplin in diesem Punkt auch nicht immer den eigenen Ansprüchen genügte. Aber: es gab diese Beiträge, und sie nahmen an Häufigkeit zu. Im Verlauf der ersten beiden Jahre der Existenz des Elephantenklo hatte die Redaktion irgendwann einmal entdeckt, daß sie eine Zeitung machte, daß man mit dieser Zeitung Öffentlichkeit herstellte, daß man selbst schreiben und seine Meinung äußern konnte, und vor allem, daß man selbst auch etwas zu sagen hatte. Das lag unter anderem daran, daß nach und nach neue MitarbeiterInnen dazu gestoßen waren, deren Interesse am Zeitungmachen nicht hauptsächlich darin bestand, anderen Gruppen und Einzelpersonen ein Sprachrohr zu verschaffen, sondern sich höchstselbst äußern wollten. In gewisser Weise hatte sich das Zeitungsprojekt verselbständigt, aus dem Organ, welches sich politische Initiativen und Gruppen in Gießen geschaffen hatten, war nun selbst eine Gruppe geworden, und deren politische Arbeit bestand eben darin, eine linksalternative Zeitung zu produzieren. Dies war der entscheidendste Umbruch in der Geschichte des Elephantenklo, erst dieser Umbruch ermöglichte der Zeitung, so lange und damit auch so manche Initiative zu überleben, die einst das Projekt mitbegründet hatte. Das merkwürdige daran ist, daß dieser Umbruch von niemandem als solcher wahrgenommen wurde oder werden wollte. Er vollzog sich quasi schleichend über einen langen Zeitraum hinweg und nie gab es eine Situation, in der diese beiden grundlegend unterschiedlichen Zeitungskonzepte in solcher Klarheit in der Redaktion kontrovers diskutiert wurden.

Gleichzeitig wuchs allerdings das Interesse der Leser, selbst mal was zu schreiben, immer weiter an. Aus finanziellen und arbeitstechnischen Gründen war es jedoch nicht möglich, mehr als maximal 32 Seiten zu drucken. Letztendlich lief es darauf hinaus, daß die Zahl der Beiträge aus der Redaktion nicht so hoch war, wie sie vielleicht hätte sein können. Immer häufiger beklagte man sich, daß man sich „instrumentalisiert" vorkomme und nur noch „Dienstleistungsbetrieb" sei. Besonders drastisch kam dies in Ausgabe Nr. 70 im Juli 1980 zum Ausdruck: *„Jeder, der uns einen Text zuschickt, sei es aus Klein-Linden oder aus Dortmund, aus Wieseck oder aus München, meint, sein Text müßte unbedingt im ELEPHANTENKLO erscheinen. Bislang geht jeder dieser Texte durch die kollektive Redaktionsdiskussion. Viele der Texte werden problematisiert. Die Redaktion, sprich wir 10 oder 15 Individuen, die die Zeitung 'machen', verkommen zu einem Papierkorb, einem Schrotthandel. Wir kommen nicht mehr dazu, eigene Artikel zu recherchieren und zu schreiben und damit auch nicht mehr dazu, das politische Bild der Zeitung inhaltlich mitzugestalten."*

Außerhalb der Produktionsroutine

Eine Besonderheit trug das Elephantenklo zu den Brandplatzfesten Ende Mai 1979 und Anfang Juni 1980 bei: Die Zeitung wurde an einem langen Stand öffentlich zusammengetragen, geheftet und frisch verkauft - diese ungewöhnliche Art der Selbstdarstellung erweckte jede Menge Interesse beim Publikum.

Inzwischen steuerte das Elephantenklo (ohne größere Blessuren durch die zweite Ferienzeit seiner bisherigen Geschichte im Sommer 79) auf sein zweites Jubiläum zu: die 50. Ausgabe im Spätsommer 1979. Auf dem erstmals mehrfarbigen Cover frißt der böse Atomdrache den Landkreis Lüchow-Dannenberg, und die Redaktion lud (gemeinsam mit dem AStA-Info und Uni-Press) zum „Pressefest" im September 1979 ein. Zwei Bands traten auf, darunter die „erste Punkband Deutschlands", die „Straßenjungs" aus Frankfurt. Der sagenhaft günstige Eintrittspreis von DM 2,- wurde, in guter alter AStA-Tradition, über den Getränkepreis subventioniert. Ein knapper halbseitiger Rückblick auf die Fete in Nr. 51 verrät nicht viel über den Verlauf, offenbar hatte es den meisten Spaß gemacht. Ein (Neben-)Ziel verfehlte die Veranstaltung aber wohl: *„(...) Nur genügend finanzielles Plus hat gefehlt, um das ganze noch amüsanter zu machen. So wird wohl die Anschaffung einiger Maschinen und Räumlichkeiten für das E-Klo flachfallen. (...)".* Diese Vorhersage stimmte - unabhängig von den Feteneinnahmen - jedoch nicht, wie sich bald herausstellte.

Einen Gag, der selbst in der Redaktion zunächst kaum jemand auffiel, leistete sich ein Layouter der Nr. 52 in den frühen Morgenstunden der Produktion dieser Ausgabe: Der Titel-Schriftzug mutierte - täuschend ähnlich nachgemacht - von „Elephantenklo" zu „Elepannenklo", der Preis betrage „trotzdem" 1,- DM. Ob auch dies ein Protest gegen die häufig chaotische Produktionsweise war, läßt sich nicht mehr ermitteln. Der Gag blieb unkommentiert.

Im Frühjahr 1980 bot der Hessische Rundfunk in Gestalt des Redakteurs Wolf Lindner dem Elephantenklo die Möglichkeit an, sich und seine Arbeit in einer zweiteiligen Radiosendung darzustellen. Ein Teil sollte im Rahmen des damaligen „HR 3-Infoladen" als Tonbandkonserve gesendet werden, als zweiten Teil sah das Konzept ein Live-Interview in der darauffolgenden Woche vor. Innerhalb und außerhalb der Redaktionssitzungen entspann sich daraufhin eine heftige Diskussion, ob man dieses Angebot wahrnehmen solle. Die Maxime „any promotion is good promotion" kam nicht in Frage: Mit der ihr eigenen Radikalität vermutete die Redaktion (zu Recht), daß man im HR nicht alles sagen dürfe, was man zu sagen hätte. Nach ermüdenden Debatten setzten sich diejenigen durch, die das Angebot wahrnehmen wollten. Zur Begründung führte man an, daß die Arbeit der linken Redakteure im HR unterstützt werden müsse, auch wenn diese gezwungen wären, Kompromisse zu schließen; und ein gewisser Werbeeffekt war auch nicht zu verachten. Die geringeren Kopfschmerzen bereitete der Elephantenklo-Redaktion die erste Sendung, in der es um die allgemeine Vorstellung der Zeitung und deren Ziele sowie um die Produktionsweise ging. Dies war der Text von Wolf Lindner, und man selbst nur Objekt der Betrachtung. Heiß hin und her wogte jedoch die Diskussion darüber, wer zur Live-Sendung nach Frankfurt fahren solle, was diejenigen sagen oder nicht sagen sollten, ob man eine Zensur provozieren oder Selbstzensur üben oder gar die Live-Sendung doch noch platzen lassen sollte, indem man schlicht darauf verzichtete. Von vornherein hatten die HR-Redakteure klar gemacht, daß bestimmte Dinge aus Gründen der öffentlich-rechtlichen „Ausgewogenheit" nicht beim Namen genannt werden durften, unter Androhung, mißliebige Äußerungen notfalls auf der Stelle durch Musikeinspielung abzuwürgen. So war es z.B. nicht opportun, von „bürgerlicher" Presse zu reden, Begriffe wie „links" o.ä. seien möglichst zu vermeiden. Trotz alldem setzte sich der Teil der Elephantenklo-Redaktion durch, der die Live-Sendung machen wollte, und so ging diese am 23.4.1980 über den Äther. Wie zu erwarten, fiel sie reichlich lau und uninteressant aus, und kein Feedback gleich welcher Art erreichte das Elephantenklo. Dennoch hatten die beiden entsandten Redakteure bei ihrem Tun derart Bauch-schmerzen, daß in der folgenden Ausgabe ein ausführlicher Bericht unter dem Titel *„Zensur im Rundfunk - ein Lehrstück exclusiv für und mit dem Elephantenklo"* erschien. Hier ein kleiner Aussschnitt: *„(...) Wir sitzen mit der Redakteurin* (Moderatorin, Anm. d. Verf.) *im Studio. Von uns durch zwei Glasscheiben getrennt sitzen die Chefregisseurin und die Regieassistentin (macht die Technik, Musik u.ä.). Unhörbar aber sinnbildlich: Die Redakteurin, mit der wir das Gespräch führen, hat einen Kopfhörer auf. Die Schnur dieses Kopfhörers geht in das Studiopult rein und hinter den Glasscheiben bei der Chefregisseurin wieder raus. Die quatscht der Redakteurin in den Kopfhörer, wenn sie was 'falsch' macht. Die Chefregisseurin hat die Redakteurin regelrecht an der Leine. Wird die sog. Ausgewogenheit verletzt, kriegt die Redakteurin Anweisung, diese wieder herzustellen. Sagen wir Studiogäste etwas 'Unausgewogenes', dann muß die Redakteurin so lange nachhaken, bis die Ausgewogenheit jedem Hörer regelrecht aus den Ohren trieft. (...)"*.

In eigenen Räumen

Mittlerweile hatte sich ein lang gehegter Traum der Redaktion erfüllt: Am 1. März 1980 bezog das Elephantenklo endlich eigene Redaktionsräume. Zu verdanken hatte die Redaktion dies dem 1977 gegründeten „Verein zur Förderung von Kultur und Kommunikation" (VFKK), der sich auf die Fahnen geschrieben hatte, ein „Kulturzentrum" in Gießen aus der Taufe zu heben. Gemeint war damit ein Ort der Begegnung für die linke Szene, mit Veranstaltungssaal, Übungsräumen für Musiker sowie Büros und Sitzungsräumen für linke Gruppen. Dazu kam es jedoch nie, und immer scheiterten die Anläufe dazu am erforderlichen finanziellen Aufwand. So blieb es bis heute (der Verein existiert immer noch) bei der kleinen Lösung: Der VFKK mietete quasi als Dachverband Räumlichkeiten um die 100 bis 200 Quadratmeter und vermietete sie unter an verschiedene Gruppen (im Laufe der Zeit u.a. Wissenschaftsladen, Bund Deutscher Pfadfinder, Kurdischer Verein, Anti-AKW-Gruppe u.v.m.), die nicht in der Lage waren, alleine eigene Räume zu finanzieren.

Das erste Domizil des VFKK und damit des Elephantenklo befand sich in der Südanlage 17, direkt über den damaligen Räumen des Druckkollektivs, über dessen Vermittlung der VFKK Kontakt zum Vermieter bekam. Nach zweieinhalb Jahren kam die Redaktion nun erstmals über den technischen Status einer Briefkastenfirma hinaus. Das Layoutmaterial und die damals vielleicht zwei eigenen elektrischen Schreibmaschinen mußten nicht mehr in Gießen und Umgebung umhergefahren werden, und Briefe, Kleinanzeigen und andere Post brauchten nicht mehr im AStA bzw. später im „Buchladen Kleine Freiheit" vor jeder Redaktionssitzung eingesammelt zu werden. Nach Beendigung des Layouts irgendwann in der Nacht von Freitag auf Samstag konnten die fertigen Klebevorlagen direkt um die Ecke im Briefkasten des Druckkollektivs zur weiteren Verarbeitung deponiert werden.

Die Lösung des einen Problems zog freilich neue nach sich. Nicht nur suchte die Redaktion per Aufruf im Elephantenklo gebrauchte Büromöbel, sondern auch Sponsoren für die nun fällige monatliche Raummiete in Höhe von 265,- DM. Dazu kamen Telefonkosten, die zuvor in der Regel privat getragen wurden.

Wen er sich da als Mieter ins Haus geholt hatte, ahnte der Grundstücksbesitzer nicht, als er den einigermaßen seriös wirkenden Vereinsvorständen den Mietvertrag in die Hand gedrückt hatte. Zwar störten ihn alsbald die Langhaarigen, die da in seinem Hof manchmal auch nächtens ein- und ausgingen, aber bis auf ein paar Unstimmigkeiten wegen der Parkplätze verlief das Mietverhältnis zunächst ruhig.

Inhaltliche Schwerpunkte 1978 - 1980

Als thematischer Dauerbrenner erwies sich erneut das Gießener Jugendzentrum, und dies nicht nur im positiven Sinn. Systematisch wurde diese Einrichtung vom neuen Magistrat unterminiert und ausgehöhlt. Neben direkten politischen Angriffen (z.B. Entfernenlassen mißliebiger Plakate) drehten die CDU-Kommunalpolitiker dem ungeliebten Stiefkind nach und nach den Geldhahn zu, wodurch die Zahl der hauptamtlich beschäftigten JZ-Mitarbeiter von zunächst vier auf zuletzt einen sank. Immer mehr Angebote mußten gestrichen werden. Das Ziel der Salamitaktik war offensichtlich: die gesamte Einrichtung stand auf der Abschußliste.

Weitergeführt wurde im Sozialbereich auch die Berichterstattung über die Gemeinwesenarbeit in den Sozialen Brennpunkten der Stadt.

Fortgesetzt wurden im Elephantenklo ebenso die Berichte zum Themenbereich Stadtentwicklung. Die Auseinandersetzung zwischen Sommerlad und den Bewohnern des Flutgraben 4 und ihren Unterstützern spitzte sich weiter zu. Ein weiterer Kulminationspunkt tat sich in der Westanlage auf, wo der Bau des heutigen Parkhauses auf der Planungsliste des Magistrats stand und Bewohner sowie dazukommende Besetzer vergeblich versuchten, den Abriß des Hauses Westanlage 44 zu verhindern. Neu auf der amtlichen Projektliste stand die Neubebauung des Brandplatzes. Auch hier versuchten Anwohner auf die Planungen Einfluß zu nehmen. Anfang 1980 wurde eine leerstehende Wohnung in dem ursprünglich wegen des Baus einer „Hochstraße" über den Bahnübergang Frankfurter Straße zum Abriß bestimmten und der Bundesstraßenverwaltung gehörenden Gebäude Alicenstraße 18 besetzt. Das aus dem gleichen Grund leerstehende und dem gleichen Besitzer gehörende Haus Südanlage 20 blieb vorerst unangetastet. Verschärft wurden die Auseinandersetzungen durch die vom Magistrat beantragte Herausnahme der damaligen „Stadt Lahn" aus dem Geltungsbereich des Verbots der Wohnraumzweckentfremdung.

Regelmäßig berichtete das Elephantenklo weiterhin über die Aktivitäten der Anti-AKW-Gruppe, die damals eine vielbeachtete Initiative „Stromzahlungsboykott" startete. Dabei überwiesen die Boykotteure einen dem Anteil des Atomstroms entsprechenden Prozentsatz ihrer Stromrechnung auf ein Sperrkonto. Die Aktion verlief zwar unmittelbar erfolglos, erfreute sich jedoch einer recht hohen Teilnehmerzahl mit demgemäßer Öffentlichkeitswirkung und erreichte damit zumindest ihre propagandistischen Ziele. Weitere Schwerpunkte der Anti-AKW-Bewegung waren die Unterstützung der Bürgerinitiative in Gorleben via jährlich stattfindender Sommercamps, und die Veröffentlichung von Plänen mit möglichen AKW-Standorten ließ ein paar Gemeinden in unmittelbarer Nachbarschaft Gießens in den Mittelpunkt des Interesses rücken (z.B. Kirchhain).

Den größten Raum im Themenbereich Internationalismus nahm, auch bedingt durch die Vielzahl iranischer Oppositionellengruppen in Gießen, das ehemalige, inzwischen von islamischen Fundamentalisten regierte Persien (bzw. seitdem „Iran") ein. Häufiger tauchte auch die Türkei auf den Seiten des Elephantenklo auf, und ein Foto sandinistischer Rebellen auf dem Bett von Nicaraguas Ex-Diktator Somoza fand zur Schlagzeile „Sandinistas: Sieg!" gar den Weg auf die Titelseite (Juli 1979, das Veröffentlichungsrecht kaufte die Redaktion ganz im Gegensatz zu den sonstigen Gepflogenheiten für 50 DM bei der dpa).

Den der Redaktion immer noch wichtigen Anspruch der „Betroffenenberichterstattung" erfüllten, wenn auch nicht alle ausschließlich von „Betroffenen" formuliert, mehrere Artikel über die „Arbeitswelt". Die Themen waren: Entlassungen bei der Verpackungsfirma Rovema im Industriegebiet Fernwald, ausführliche Berichte über die Arbeitsbedingungen bei der Fernmeldeauskunft, im Uni-Klinikum, dem US-Depot und dem Feinkosthandel Mengel im Wartweg. Diese Texte gehörten meist zu den Highlights des Elephantenklo, und der letztgenannte erfuhr gar mehrere Nachdrucke, u.a. in der neuentstandenen „Tageszeitung" (taz). Im Winter 1979/1980 veröffentlichte die Zeitung eine längere Serie zum Thema Psychiatrie. Zu den jährlich wiederkehrenden Ereignissen, über die im Elephantenklo berichtet wurde, zählten auch die Treffen der „Angehörigen und Freunde des Jagdgeschwaders Immelmann" am „Immelmann-Denkmal" in Staufenberg. Dies war ein häßlicher Betonpfahl, an dem stilisierte „Sturzkampfbomber" („Stukas") befestigt waren. Die Versammlung von alten und neuen Nazis zog auch jährlich eine größere Zahl von Gegendemonstranten an, die zunächst weniger erfolgreich versuchten, diese Treffen zu verhindern. Ein Bericht über das Treffen 1979 kostete das Elephantenklo 600 Mark: Im Text war der inzwischen in die ewigen Jagdfliegergründe eingegangene Altnazi Hans-Ulrich Rudel, der an den Treffen der „Immelmänner" auch teilnahm, als „Nazi-Verbrecher" tituliert worden, und seine Anwälte, die offenbar alle Veröffentlichungen über die Auftritte ihres Mandanten sichteten, forderten eine Unterlassungserklärung. Nach juristischer Beratung beschloß die Redaktion, die Kosten eines eventuellen Zivilverfahrens mit ungewissem Ausgang nicht zu riskieren und stattdessen Unterlassungserklärung und Anwaltskosten hinzunehmen. Das Problem: Rudel war nie als Kriegsverbrecher verurteilt worden, gegen die Formulierung „Nazi" alleine hätten die Rudel-Anwälte wohl nie einen Prozeß riskiert. Zähneknirschender sind kaum jemals irgendwelche Anwaltskosten gezahlt worden, denn abgesehen vom erniedrigenden Umstand, daß das Geld bei dem dummen Nazi-Arschloch Rudel landete, riß dies auch ein erhebliches Loch ins geringe Budget. Nazischwein, blödes (Sorry, ich bin immer noch sauer). Irgendwann später führten Unbekannte die Flugzeuge am Denkmal ihrer Bestimmung zu, nämlich abwärts, und entsorgten somit die Staufenberger Gemeindeoberen, denen der jährliche Aufruhr längst ein Dorn im Auge war. Die „Immelmann"-Treffen fanden dann woanders oder auch nicht mehr statt, und inwischen dürfte die meisten Alt-Teilnehmer der Teufel oder sonstwer geholt haben.

1979, vor den anstehenden Kommunalwahlen, gruben sich die Vorläufer der „Grünen" ihre Startlöcher. Die Landesversion hieß damals „Grüne Liste Hessen" (GLH), und in Gießen konstituierte sich die „Grüne Alternative Gießen" (GAG). Der größte Teil der Elephantenklo-Redaktion stand dem ablehnend gegenüber, was sich in entsprechend parlamentarismuskritischen Beiträgen niederschlug. Unter anderem wurde der neuen Gießener Grünengruppe vorgeworfen, nicht aus örtlichen Initiativen und deren Wunsch nach parlamentarischer Vertretung heraus entstanden zu sein, sondern parlamentarische Arbeit an sich als politisches Ziel zu deklarieren. Die Kritik schien sich als berechtigt zu bestätigen, als VertreterInnen der entstehenden Partei bei Gießener Gruppen hausieren gingen, um diese einzuladen, ein Parteiprogramm zu erarbeiten. Auch der Vorwurf der Schwächung existierender Gruppen wurde erhoben. Im Elephantenklo Nr. 50 (Sept. 79) war unter der Überschrift *„Es gibt viele schlechte gute Gründe zu wählen"* neben anderem zu lesen: *„(...) Da wird inzwischen die dritte 'Grüne Frauengruppe' gebildet, obwohl die Frauengruppe so recht kein Bein vor's andere kriegt. (...)"*. Auch die Sozialdemokratie bekam ihr Fett weg, und anschließend wurde die Redaktion mit erbosten Leserbriefen der Kritisierten bombardiert. Die Grünen hatten das Elephantenklo danach als potentiellen Bündnispartner weitgehend abgeschrieben (was der Redaktion nur recht war), es wurde erst wieder interessant, als versucht wurde, innerparteiliche Konflikte über das Blatt auszutragen. Dazu später mehr.

Einen weiteren Sturm der Entrüstung, diesmal im orthodox-kommunistischen Lager, löste das Elephantenklo aus, als in Nummer 55 (Dez. 79) ein Autor unter dem Pseudonym *„Vic van Achtern"* eine Chile-Solidaritätsveranstaltung unter der Überschrift *„Quilapayun und die Volksfront im Audimax"* satirisch-kritisch kommentierte: *„(...) auftritt eine adrett gekleidete Frau um die 50 (mutig, altes Mädchen! - könnte man denken), die sich sofort als eine etwas tüddelige Volksfrontkindergärtnerin erweist und der Veranstaltung den diskreten Charme eines FDJ-Nachmittags aufbügelt. Da werden dann große Vorsitzende und kleinere begrüßt, alle Demokraten, Christen, Kommunisten und der kleinen Gabi vom MSB gedankt, weil sie ihre Bluse gebügelt hat und den Jusos, weil sie jemanden gedrückt haben und dem chilenischen Volk, weil es das Grundgesetz in Chile durchsetzen will, genau wie die DKP. (...)"*. Die Wut der solcherart Angepinkelten erregte vor allen Dingen die *„Volksfrontkindergärtnerin"* - dies war niemand anderes als Ria Deeg, und das war dann sogar der Redaktion (die das nicht wußte) etwas peinlich, denn Ria genoß und genießt Respekt auch in politisch anders orientierten Lagern.

Auf dem Höhepunkt:
September 1980 - Herbst 1981

Perverse raus

„(...) Jetzt, da das 4. ELEPHANTENKLO-Jahr bald anbricht, stehen wir erneut vor der Notwendigkeit, den Preis zu erhöhen. (...)". Eine ganze Seite benötigte die Redaktion, um in Nr. 75 (September 80) die zweite Preiserhöhung in der

Geschichte der Zeitung zu begründen. Statt 1,- DM kostete das E-Klo ab
Nr. 76 fürderhin 1,50 DM. Die neuerliche Erhöhung wurde zunächst mit
dem Erfolg der vorigen Erhöhung begründet: Die damals angekündigten,
mit der Preiserhöhung verbundenen Ziele wie Anschaffung zweier elektri-
scher Schreibmaschinen sowie die Anmietung von Räumen waren inzwischen erfüllt, mithin schien die erste Erhöhung sinnvoll und das gute Geld
der LeserInnen nicht vergeudet gewesen zu sein. Allerdings war der
Kostenanstieg gerade durch das Büro höher als zunächst berechnet.
Darüberhinaus waren die Druckkosten um ca. 20% gestiegen, und *"die übliche, nie ganz abzustellende Schlamperei und Unverbindlichkeit"* der E-Klo-
Direktverkäufer bescherten der Zeitung *"ständige Außenstände zwischen 800,-
und 1.000,- DM".* Daß der gleiche Text in der folgenden, erstmals 1,50 DM
teuren Nummer erneut vollständig abgedruckt wurde, zeigt, welch ein sen-
sibles Thema Preiserhöhungen nicht nur innerhalb der Redaktion waren.
Herbst 1980 und Winter 1980/81 schienen, betrachtet man die Ausgaben
dieser Monate, ziemlich langweilig gewesen zu sein. Die Zeitungsarbeit
begann wieder in Routine zu erstarren. Die störte dann jedoch der
Vermieter der VFKK-Räume in der Südanlage, indem er dem Verein die
Räume mit Ablauf des Mietvertrages kündigte. Der Grund: Zwei der unter
dem Dach des VFKK tagenden Gruppen waren dem Herrn nicht genehm.
Die eine war ein kurdischer Verein, der sich regelmäßiger gut besuchter
Treffen erfreute, und die andere war die Gießener Schwulengruppe, die
zwar nicht so regelmäßig und gut besucht tagte, dafür aber immer wieder
mal durch gute Öffentlichkeitsarbeit auf sich aufmerksam machte - die
hatte sogar den vermutlich nichtschwulen Vermieter erreicht. Ein Zurück
zum alten Zustand - wieder ohne Räume - gab es weder für den VFKK noch
für die ihn nutzenden Gruppen, und auch das Elephantenklo wollte sich
dies nicht antun. Verstärkt bemühte sich der VFKK daher erneut um den
großen Traum "Autonomes Kulturzentrum", aber Zeit und Geld waren
knapp, und letztendlich blieb es wieder bei der "kleinen" Lösung, wobei die
diesmal räumlich größer und doppelt so teuer als zuvor wurde. Ab dem 1.
April 1981 residierte das Elephantenklo gemeinsam mit den anderen
Büronutzern und Gruppen im Hinterhaus der Alicenstraße 4.
Doch nicht der Umzug der Redaktion war es, der die verschlafene Gießener
Alternativscene und ihre Zeitung aufschreckte.

„Eins, zwei, drei..."

...titelte das Elephantenklo auf seiner Ausgabe 88 vom 16.3.1981. Gemeint war die dritte Hausbesetzung in Gießen, und diesmal war nach der (inzwischen geräumten und bis auf den Stock mit den legalen Mietern leerstehenden) Westanlage 44 und einem Stock der Alicenstraße 18 das schon länger leerstehende Haus Südanlage 20 an der Reihe. Doch das war erst der Auftakt zu einer Kette von Ereignissen, welche die „Uni-Basisgruppen" geradezu prophetisch in Elephantenklo Nr. 83 vom 5. Januar unter der Überschrift „1981 - Jahr der Wohnraumkämpfe" vorweggenommen hatten. Der nächste Akt des heißen Frühjahrs 81 ging nach der Besetzung der Südanlage 20 von der anderen Seite der Barrikade aus. Schon seit Jahren versuchte das Möbelhaus Sommerlad im Rahmen einer krakenhaften Expansion im Bereich mittlere Bahnhofstraße, die Mieter im Flutgraben 4, schräg gegenüber dem Sommerlad-Haupteingang gelegen, aus dem Haus zu bekommen. Der Flutgraben 4 war das letzte Haus, welches einem geplanten Parkhausneubau (daß hier lediglich ein Parkhaus entstehen würde, war Sommerlads öffentlichen Äußerungen damals nicht zu entnehmen) noch im Weg stand, Haus Nummer 6, 8 und eine Haushälfte der Nummer 4 bereits leergekündigt. Am Morgen des 24.3.81, einem Dienstag, rollten Bagger in den Flutgraben. Die Krofdorfer Firma Schleenbecker begann, Haus Nummer 6 und 8 niederzulegen. Damit nicht genug: gegen Mittag fing der Bagger an, die linke, leerstehende Hälfte von Nummer 4 abzureißen. Der eilig herbeitelefonierte Rechtsanwalt der Bewohner erklärte dem persönlich anwesenden Juniorchef der Baufirma, daß die rechte Haushälfte noch legal vermietet sei und nicht angetastet werden dürfe. Vergeblich: Der Bagger begann die Wand zum in der Hausmitte gelegenen Treppenhaus aufzureißen. Der Anwalt ahnte, was passieren würde, rief die Polizei an und eilte zum Gericht, um eine einstweilige Verfügung zu beschaffen. Als er zurückkam, war das Treppenhaus bereits abgerissen, ein Zugang zu den Wohnungen nicht mehr möglich. Zwar gab es nun eine einstweilige Verfügung, doch es war zu spät. Mit Unterstützung des Magistrates wurde das Haus später für baufällig erklärt, der endgültige Abriß genehmigt und auf diese Weise die illegale Aktion belohnt.
Die Gießener Szene schäumte vor Wut. Bereits am Abend des ersten Tages fand um 23 Uhr, eine frühere Mobilisierung war nicht möglich, eine erste Demonstration mit ca. 500 Leuten statt. Möbelhaus-Scheiben gingen zu Bruch, Buttersäure wurde im Geschäft versprüht, mit quergestellten Autos die Zufahrt zum Flutgraben via Bahnhofstraße versperrt, Feuer brannten

auf der Straße, immer wieder flogen Feuerwerkskörper. Die Polizei versuchte sich in Deeskalierungstaktik und hielt sich zurück. Zu diesem Zeitpunkt war noch nicht bekannt, ob man den Flutgraben 4 noch retten konnte. Als dann am Donnerstag zwei Hundertschaften Bereitschaftspolizei, u.a. aus Wiesbaden, den gesamten Flutgraben abriegelten, wurde klar, daß das letzte Stündlein des beschädigten Hauses geschlagen hatte. Die Demonstranten versammelten sich auf der Kreuzung Bahnhofstraße/Westanlage, blockierten den Verkehr und lieferten sich kleinere Scharmützel mit der Polizei sowie Bagger-, LKW- und Busfahrern. Den ganzen Nachmittag über wurden überall in der Stadt kurzfristig Kreuzungen blockiert, demonstriert und Flugblätter, darunter ein Elephantenklo-Extra, verteilt, während im Flutgraben der Bagger arbeitete. Für 23 Uhr war erneut zur Demonstration aufgerufen, zu der diesmal ca. 1.000 Leute erschienen. Es wurde eine „Blitzdemo". Im Laufschritt ging's durch die Stadt, die Polizei kam nicht so recht mit. Bei Sommerlad wurden fast alle Scheiben eingeschlagen, und auch etliche Bankenschaufenster überlebten die Nacht nicht. So kurz die Demo war, so schnell löste sie sich auf, und niemand wurde verhaftet. Die Zeitungen tobten, „auswärtige Krawallmacher" wurden geortet, und am Freitag trafen weitere Hundertschaften und Wasserwerfer in der Stadt ein, um das Trümmerfeld im Flutgraben zu bewachen.

Zwar bei weitem nicht so drastisch, wie es die Tagespresse schilderte, so befand sich die Stadt in diesen Wochen doch in latentem Aufruhr. Die 23-Uhr-Demonstrationen (Versammlungsort: Riegelpfad) fanden, mit abbröckelnder Teilnehmerzahl, eine tagelange Fortsetzung, diesmal jedoch schärfstens von der

Sonderausgabe zum Abriß im Flutgraben

Polizei bewacht, die ständig in Alarmbereitschaft war. Auch wurden nachträglich Leute verhaftet und im Zusammenhang mit der „Scherbennacht" des Landfriedensbruchs beschuldigt.

Da ging fast unter, daß am 1. April, wenige Tage nach den Ereignissen im Flutgraben, aber gleichwohl von ihnen befördert, eine weitere Hausbesetzung in der Frankfurter Straße 60 stattfand.

Das Elephantenklo kam mit der Berichterstattung kaum nach, nutzte aber u.a. mit einer Sonderausgabe geschickt die Situation für Eigenwerbung. Das Impressum jener Zeit erwähnt es nicht, aber die Auflage der ersten Ausgabe (Nr. 89) nach der „Scherbennacht" war mit ca. 1.400 Exemplaren die höchste in der Geschichte der Zeitung, um dann langsam wieder zurückzugehen.

Der nächste Akt im 81er Häuser- und Wohnungsdrama in Gießen folgte Anfang Juli. Am 1.7.81 verkaufte die alteingesessene Firma Samen-Hahn ihr Grundstück und Betriebsgebäude am Reichensand an den Kaufmann Habibollah Shobeiri. Noch am selben Tag wurde Shobeiri eine Abrißgenehmigung erteilt, und am 2.7. rückten Bagger an, um das Gelände im Dreieck Bahnhofstraße/Reichensand/Westanlage abzuräumen. Der Überraschungscoup war gelungen: Noch ehe irgendjemand was merkte, war von den vier Häusern auf dem Gelände, darunter eines der wenigen übriggebliebenen Gießener Gebäude im Biedermeier-Stil, nur noch Schutt übrig. Denkmalschützer hatten vergeblich versucht, den Abriß zu verhindern. Als Begründung für das unglaubliche Tempo, mit dem die Baubürokratie hier arbeitete, führte der damalige OB Hans Görnert (CDU) an, man habe eine mögliche Besetzung der leerstehenden Gebäude verhindern müssen. Lediglich das Eckhaus Bahnhofstraße 35 blieb stehen, und so steht es noch heute, vermutlich, bis es von selbst zusammenfällt. Es folgten weitere Demonstrationen, doch die Erfahrung aus dem März veranlaßte die Polizei, die Umzüge schwerstbewaffnet in Schach zu halten. Ganze 11 Tage später fielen in der Grünberger Straße 57 - 63 mehrere Häuser mit 12 Wohnungen dem Baggerzahn zum Opfer, um einer Vergrößerung des Autohändlers VW-Michel Platz zu schaffen. Die letzte Hausbesetzung des Jahres 1981 in Gießen fand Anfang Oktober am Kirchenplatz statt.

Der Grund für die Abrißwut 1981 lag darin begründet, daß die Stadt Lahn erfolgreich beantragt hatte, aus dem Geltungsbereich des Gesetzes zum Verbot der Zweckentfremdung von Wohnraum herausgenommen zu werden. Jetzt war die Gebietsreform rückgängig gemacht worden, Gießen wieder Gießen und das Gesetz trat erneut in Kraft. Da mußten zuvor Tatsachen geschaffen werden, um langwierigen Ausnahmegenehmigungen und

Auflagen zur Schaffung von Ersatzwohnraum aus dem Weg zu gehen. Dieser Gießen-spezifische Umstand traf sich mit der Entwicklung einer bundesweiten Wohnungskampf-Welle. Nicht nur in Berlin wurden hunderte von leerstehenden Häusern besetzt, und die neue Generation von Aktivisten war bunt und militant - Anarchy in the BRD. Die radikalsten unter ihnen wurden bald als „Autonome" bekannt, und auf Demos fürchtete die Polizei den „Schwarzen Block".

Das Elephantenklo füllte sich mit neuem Leben und neuen Inhalten, wenn auch keine Vertreter der neuen Wilden in der Redaktion mitarbeiteten. Dafür begannen sich so manche RedakteurInnen der ersten Generation alt zu fühlen. Klassische Themen wurden von neuen abgelöst, neben ersten Anzeichen der kommenden Friedensbewegung tauchte die Startbahn West als Brennpunkt neuer politischer Auseinandersetzungen auf, wobei zunächst das Bürgerbegehren im Vordergrund stand, um dann mit der Räumung des Hüttendorfs im Oktober (und einer darauf folgenden Besetzung des Gießener FDP-Büros) einen ersten Höhepunkt zu erleben.

Daß neues Leben in der Redaktions-Bude war, zeigte sich unter anderem daran, daß über einen längeren Zeitraum kaum mehr Introspektion betrieben wurde. Die Seite-2-Rubrik „In eigener Sache" suchten Elephantenklo-Leser zunächst meist vergeblich, keinerlei Redaktionskrise schien berichtenswert. Das Jubiläum der hundertsten Ausgabe wurde etwas kärglich mit einem Doppeltitel (auf der Rückseite ein zweites, um 180 Grad gedrehtes Titelbild) in Silberdruck gefeiert. Doch im Herbst kündigten sich einschneidende Neuerungen an.

Inhalte September 1980 - Herbst 1981

Neben den vorstehend erwähnten 81er-Hauptthemen „Wohnungskampf" und „Startbahn West" beschäftigte sich das Elephantenklo in diesem Jahr zunehmend mit den US-Militäreinrichtungen in Gießen. Der „NATO-Doppelbeschluß" läutete eine neue Phase im „Kalten Krieg" ein, und die militärischen Aktivitäten in und um Gießen verstärkten sich. Raketenstellungen wurden ausgebaut, logistisch wichtige Straßen und Brücken mit Sprengschächten ausgerüstet (um einen eventuellen gegnerischen Vorstoß zu bremsen), und die alljährlichen Manöver, Militärparaden und deutsch-amerikanische Volksfeste rückten ins öffentliche Interesse und in die Seiten des Elephantenklo. Schon bald wurde auch der gemeinen Bevölkerung deutlich, daß der nächste Krieg im Herzen Europas, mitten in der BRD und besonders auf hessischem Boden („Ground Zero") ausgetragen werden würde.

Mehrfach ausführlich thematisierte das Elephantenklo Anfang 1981 die bekannt gewordenen Pläne, die Rabenau als eventuellen Standort für ein Atommüll-Lager oder gar eine Wiederaufbereitungsanlage ins Auge zu fassen, und die Gorleben-Unterstützer fuhren im Sommer wieder auf ihr jährliches Sommercamp im Wendland.

Internationalistische Themen waren neben der Fortsetzung der Berichterstattung über die Militärdiktatur in der Türkei und Kurdistan El Salvador sowie Nicaragua. Breiten Raum nahmen zwei Serien ein, die sich zum einen ausführlich mit der Situation im Iran nach dem Ende der Schah-Herrschaft und zum anderen mit den Befreiungskämpfen am Horn von Afrika (Äthiopien, Eritrea, Sudan) befaßten.

Von Anfang an hatte das Elephantenklo etwas, das auch verschämt als „Serviceteil" bezeichnet wurde. Neben kostenlosen Kleinanzeigen, in der Regel ein bis zwei Seiten, und einer in regelmäßigen Abständen eingerückten „Gruppentreff"-Seite mit Terminen und Kontaktadressen linker Gießener Gruppen bestand dieser „Serviceteil" hauptsächlich aus dem 14tägigen Veranstaltungskalender, der gerne mal von den „Redaktionslehrlingen" oder anderen Außenseitern fröhlich-chaotisch gestaltet werden durfte, eine Art Idiotenwiese und damit nicht unähnlich der Praxis bei der „bürgerlichen Presse", auf deren „Feuilletonseiten" auch mal Abseitiges stehen darf, was ernsthafte Politik-Redakteure in ihren Abteilungen nie zulassen würden. In der Anfangszeit gab es auch schon mal Bestrebungen, mit einer „Konsumkiste" alternativen Verbrauchern Einkaufs-, Koch- und andere Tips zu geben, doch das schlief bald wieder ein. Kultur gab es sporadisch immer dann, wenn es um explizit politische Kultur ging: Lyrik und Prosa von Bert Brecht und Erich Fried, Filme von Yilmaz Güney, Musik von Wolf Biermann und den Schmetterlingen sind ein kleiner Auszug aus diesem Spektrum. Zwar sah sich auch jeder mal gerne „unpolitische" Filme an, guckte Fernsehen, hörte Rock, Punk, New Wave, las Krimis und Science Fiction, doch dies kam im E-Klo der ersten Jahre eher selten aufs Papier. 1981 begann sich langsam so etwas wie ein „Kulturteil" zu entwickeln, am auffälligsten zunächst in Form regelmäßiger Plattenbesprechungen, die ein musikbesessener und plattensammelnder Redakteur als gute Quelle kostenloser Rezensionsexemplare aufgetan hatte. Ebenso häufte sich die Zahl der Filmbesprechungen infolge der Aktivitäten des rührigen „Filmclubs im VFKK". Von den am Elephantenklo als ein in erster Linie politisches Organ interessierten Redaktionsmitgliedern wurden diese Aktivitäten milde lächelnd zunächst akzeptiert, manchmal vielleicht etwas stirnrunzelnd, als ahnte man, welche Laus man sich damit inhaltlich und personell in den

Pelz gesetzt hatte. Die „Kulturdebatte" sollte die Redaktion in den folgenden Jahren noch heftigst beschäftigen.

Das Elephantenklo wird erwachsen: Herbst 1981 - Dezember 1982

„Volle Arbeitskraft für's Elephantenklo"

Auf einem Wochenendseminar im Spätsommer 1981 hatte die redaktions-
interne Diskussion um eine „Professionalisierung" der Zeitung zu folgenden
Ergebnissen geführt: *„Auf dem letzten ELEPHANTENKLO-Seminar haben wir
beschlossen, zukünftig, ab 1.11., einen Hauptamtlichen und ab Anfang nächsten
Jahres zwei Hauptamtliche zu beschäftigen, d.h. zu bezahlen. 4 Jahre haben wir uns
dagegen gewehrt, daß auch nur irgendjemand an dieser Zeitung auch nur einen
Groschen dran verdient. (...) Bei dem kurz angedeuteten Alltagsstreß kommen wir
kaum noch zu Recherchen, können wir kaum noch den Inhalt und damit die Qualität
der Zeitung selbst bestimmen. (...) Wir wollen dem Übel entgegenwirken durch Leute,
die sich mit ihrer vollen Arbeitskraft fürs ELEPHANTENKLO einsetzen, und die müssen wir bezahlen. Und die können wir nur bezahlen, wenn wir die Zeitung teurer ver-
kaufen, und zwar ab Nr. 105 für 2,- DM. (...)"* (Elephantenklo Nr. 104,
26.10.81).
Ganz offensichtlich war es zumindest Teilen der Redaktion peinlich, weil
eventuell politisch nicht korrekt, daß jemand am Elephantenklo Geld verdienen könnte - oder wie anders soll man die mehrfache und stilistisch
falsche Verneinung im zweiten Satz dieser *„In eigener Sache"*-Rubrik interpre-
tieren? Und in der Tat, die beiden Personen, die fortan ihre „volle
Arbeitskraft" für die Zeitung hergeben sollten, gingen ihren Job unter dem
moralischen Druck an, nunmehr für das sauer verdiente Geld der Leserschaft eine adäquate Gegenleistung erbringen zu müssen. Und sie würden
dieses Geld für ihren Lebensunterhalt verbrauchen, statt daß es direkt in
die sozialistische Revolution flösse - die schwere Bürde, nunmehr eine Art
„Berufsrevolutionär" zu sein.
Diese tiefgreifende strukturelle Änderung in der Konzeption und Arbeitsweise des Elephantenklo wird in den folgenden Ausgaben nicht weiter
kommentiert, auch nicht im Frühjahr 1982, als, wie geplant, der zweite

Hauptamtliche zur Arbeit antritt. Die Bezahlung war recht spärlich, etwa auf Bafög-Niveau, die Arbeitszeiten frei wählbar, d. h. es wurden keine Stunden gezählt, sondern ein Arbeitspensum war zu erledigen. Folgende Aufgaben hatten die Hauptamtlichen zu bewältigen: Anwesenheit bei allen allgemeinen Arbeitsterminen (Redaktionssitzungen, Layout-Abende, Endfertigung in der Druckerei, Wochenendseminare); Herstellung der Satzfahnen (d.h. Tippen der Artikel); Handverkauf (Kneipen, Mensa, Seltersweg); Belieferung und Abrechnung der Verkaufsstellen; Aboverwaltung und -versand; Kassen- und Buchführung; Anzeigenakquisition; Wahrnehmung der öffentlichen Büro-

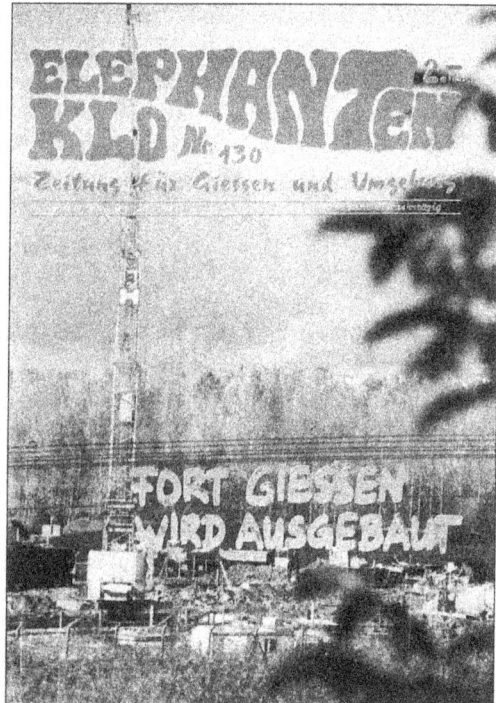

„Endlich wie eine Stadtzeitung": randloses Titelbild und DIN A 4-Format (1982)

zeiten; allgemeine Büroarbeiten und Materialbeschaffung; Vorbereitung außerredaktioneller Aktivitäten (z.B. Elephantenklo-Feten, Veranstaltungen, Anmietung neuer Redaktionsräume); und last not least erwartete die Redaktion natürlich auch journalistische Arbeit, d. h. Artikelschreiben, Interviews, Fotos machen und ähnliches.

Zum Start in die neue Ära gab es auch ein weiteres Facelifting. Das Druckkollektiv hatte eine DIN A2-Druckmaschine sowie eine Falzmaschine angeschafft. Statt des Lagenfalzes aus zusammengetragenen A3-Bögen gab es jetzt 8-Seiten-Falzbogen und die zusammengelegte Zeitung mußte daher einen Dreiseitenbeschnitt bekommen. Das bot die Möglichkeit, randlos bedruckte (angeschnittene) Titelseiten zu erstellen. Diese Chance, dem Elephantenklo einen magazinartigen Charakter zu geben, ließ sich die Redaktion nicht entgehen. Dadurch kehrte das Blatt wieder zum ursprünglichen A4-Format zurück und sah jetzt endlich wie eine Stadtzeitung aus.

Auch das Layout wurde zunehmend aufgemöbelt. Im Lauf des Jahres 1982 kaufte sich eine Redakteurin privat eine Olivetti-Typenradschreibmaschine mit Proportionalschrift und stellte sie der Redaktion zur Verfügung. Das verhalf dem Elephantenklo zu einem einheitlicheren Aussehen. Mehr und mehr setzte sich auch die von ästhetisch und grafisch interessierten Mitarbeitern geforderte Praxis durch, Artikel mit einer großen (immer noch mit Edding handgefertigten) Überschrift sowie einem Untertitel zu versehen (obwohl das amateurhafte, in der Regel von grafischen Dilettanten produzierte Klebelayout immer wieder Ausreißer verursachte). Im Lauf des Jahres 1982 fand das (nicht immer abgedruckte, weil vergessene) Impressum einen festen Platz auf Seite 3 und wurde nicht mehr für jede Ausgabe mal schnell neu (und immer verschieden aussehend) in die Tastatur gehauen. Eine Zeitlang, sofern es der Platz erlaubte, wurden die Mittelseiten zum Herausnehmen mit einem Plakat oder ähnlichem bedruckt, und wenn die Drucker einverstanden waren, auch schon mal mehrfarbig.

„Irgendwie die letzte Klammer"

Nun sollte es doch weiter bergauf gehen. Als das Elephantenklo im Herbst 1982 sein fünfjähriges Bestehen feierte, klang die Bilanz aber eher pessimistisch: „(...) Lese ich mir die 5 Jahre alten Konzepte durch, kann ich sagen, es war ein realistisches Konzept, von dem das meiste verwirklicht wurde. Allerdings hätte ich das so auch schon vor 3 Jahren schreiben können, und da frage ich mich, warum sind wir nicht weiter, als wir jetzt sind? (...) Auf jedem unserer vielen E-Klo-Redaktions-Wochenend-Seminare entwickelten wir Phantasien, wie wir qualitativ besser werden könnten. Übrig blieben jeweils die Sicherstellung des Erscheinens der Zeitung, und - meist vorübergehende - kleine Verbesserungen in der Berichterstattung, im lay out, in der allgemeinen Organisation (Verkauf, Schuldeneintreiben, Büro). Ein qualitativer Sprung von der Szene-Zeitung zur Stadtzeitung ist uns nie gelungen - wir habens auch (realistischerweise) nie versucht. 5 Jahre Zeitungmachen in Gießen heißt zuallererst: 5 Jahre Streß. (...) Bei den tausenden unserer Leser (...) bedanken wir uns herzlich für ihre Aufmerksamkeit, die sie sicher unserer Kleinanzeigenseite immer wieder neu widmen. Diese Idee mit den Kleinanzeigen war sicher genialer als jeder hehre Anspruch, eine politische Zeitung sein zu wollen. Und so hat sich immer wieder eben dieser fade Nachgeschmack beim Zeitungmachen eingestellt: Wir kommen aus dem eigenen Sumpf nicht raus. Unser politischer Anspruch auf Gegenöffentlichkeit zu den herrschenden Gießener Medien (...) konnte nie eingelöst werden. (...) Die Scene lebt mehr von den Aktualitäten als von der Kontinuität. So ist unsere Zeitung ein (Ana)Chronismus, wenngleich ein nützlicher: Irgendwie die letzte Klammer um eine Linke, die auseinan-

derstrebender und diffuser denn je ist. (...) Derzeit ist die Redaktion auf ein festes Team von vielleicht 10 Menschen geschrumpft, die routiniert das Erscheinen sicherstellen. Der Streß hat sich dadurch nicht vermindert und Verbesserungen in der Berichterstattung sind jeweils dem immer nochmal zusätzlich verstärkten Einsatz der Redakteure zu verdanken. Serien, die sich meiner Meinung nach sehen lassen können, sind von Redaktionsmitgliedern gemacht worden: US-Bastion Gießen, die Drogen-Serie, die Internationalismus-Berichterstattung. Außer diesen herausragenden Beispielen bleibt eine Zeitung übrig, die vom Mittelmaß und der Randständigkeit lebt. (...)". Verfaßt wurde diese etwas deprimierende Bilanz von einem der wenigen Redaktionsmitglieder der ersten Stunde, der damals nur noch sporadisch mitarbeitete. In einer kurzen Einleitung dazu wird hingegen kontrapunktisch beschworen, daß es doch auch die *„Freude über einen gelungenen Text"* oder ein *„aussagestarkes"* Titelbild gebe, dazu enthalte die Zeitung *„immer noch keine bunte Marlboro-Reklame"* und *„eine (grüne) Parteizeitung"* sei sie *„auch immer noch nicht. Zum Beispiel."* (Elephantenklo Nr. 132, 23.11.82). Abgesehen von der für die aktiven RedakteurInnen recht herben Kritik ihres Produkts und der Spitzen gegen das Kleinanzeigen konsumierende Leserpublikum enthält die 5-Jahres-Bilanz einen zentralen Gedanken, dessen Richtigkeit erst in den kommenden Jahren offensichtlich werden sollte: Die Funktion des Elephantenklos als *„letzte Klammer um eine Linke, die auseinanderstrebender und diffuser denn je ist".* Hatten die Ereignisse des Jahres 1981 die Widersprüche innerhalb der Gießener Linken noch überdeckt und die Zahl ihrer Sympathisanten vergrößert, so war der Katzenjammer danach umso größer. Aller Widerstand hatte nichts genutzt, ob Sommerlad-Expansion, ob Parkhausbau in der Westanlage, ob Shobeiris Spekulantenaktivitäten, ob Zerschlagung des Jugendzentrums: die Zahl der Niederlagen wuchs und das Jahr 1982 wurde zum Jahr der Abrechnung. Ein Gerichtsprozeß löste den anderen ab, es hagelte Verurteilungen wegen Widerstands, Landfriedensbruchs, Sachbeschädigung, Aufrufs zur Gewalt; soviel, daß sich eine Rechtshilfegruppe (Bunte Hilfe) konstituierte. Die linke Scene begann, sich in immer mehr vor sich hin wurstelnde Teile zu zerlegen. Hier bot die grüne Partei, inzwischen ins Kommunalparlament eingezogen, Identifikationsmöglichkeiten; dort engagierte sich eine immer größere Zahl in der Friedensbewegung, angesichts der bevorstehenden Stationierung von Mittelstreckenraketen auf deutschem Boden ging die Angst vor der Bombe um; der radikalere Teil der Linken beschäftigte sich mit den Aktivitäten der dritten RAF-Generation und den Hungerstreiks ihrer im Knast schmorenden Vorgänger. Gleichzeitig hatten die älteren Semester den Punkt erreicht, wo sie sich um ihre weitere Lebensplanung kümmern mußten, während die nachrückende

Generation an der Universität immer häufiger, schon durch schulische Konkurrenz und Numerus Clausus leistungsorientiert geprägt, ihre Karriere anging.

Diese Widersprüche beeinflußten zunehmend auch das Elephantenklo. Wirkten die Ausgaben der ersten Jahre thematisch und politisch noch relativ homogen, so verband sich die wachsende formale Homogenität der Zeitung in späteren Jahren mit einer immer bunteren Themenvielfalt. Dies mag vordergründig positiv klingen, aber da es dem Blatt nur selten gelang, alle diese Themen ansprechend, lesbar, informativ und kritisch aufzubereiten, wurde es vom Publikum auch immer selektiver gelesen; Artikel, deren Themen nicht die waren, für die man sich gerade interessierte, wurden als langweilig empfunden. Leider waren sie das auch häufig. Dies verlieh dem sogenannten Serviceteil des Elephantenklo (Gruppentermine und -adressen, Veranstaltungskalender, Kleinanzeigen, Plattenbesprechungen) ein immer größeres Gewicht bei den Kaufargumenten. In der Redaktion sickerte langsam die Erkenntnis durch, daß man nicht mehr nur einen politischen Anspruch trug und der Kauf eines Exemplars solidarische Verpflichtung war, sondern, daß man ein Produkt herstellte, das sich auf einem, wenn auch recht speziellen, Markt behaupten mußte. Der erste Versuch, in Gießen ein gebrauchswertorientiertes und werbefinanziertes Blättchen für die irgendwie alternative Scene zu etablieren („Zeitdruck"), machte das umso deutlicher. Willkommen im Kapitalismus.

Inhalte Herbst 1981 - Dezember 1982

Zu den herausragenden Themen dieser Zeit gehörte der verstärkte Ausbau militärischer Anlagen in Mittelhessen, insbesondere auch des Gießener US-Depots. Unter dem Titel „US-Bastion Gießen" veröffentlichte das Elephantenklo eine siebenteilige Serie, in der recht detailliert die diversen Aktivitäten dokumentiert wurden. Am 12.12.82 setzte die regionale Friedensbewegung einen ersten Höhepunkt, als 1.000 Demonstranten das amerikanische Atom-Depot in Daubringen blockierten.

Die Ausgabe 131 vom November 82 erschien mit dem Titel „Prozeßflut in Gießen". Nachdem im Lauf des Jahres bereits etliche Prozesse wegen diverser Demonstrationen der vergangenen Monate und Jahre stattgefunden hatten (Störungen der NATO-Parade u.a.), fand nun auch - über eineinhalb Jahre später - ein Prozeß gegen den Sommerlad-Geschäftsführer Stein und den Bauunternehmer Schleenbecker wegen des illegalen Flutgraben-Abrisses statt. Die Angeklagten wurden zu geringen Geldstrafen verurteilt.

Über mehrere Ausgaben zog sich eine Debatte über die und zwischen den Gießener Alternativ-Ökonomen hin, ausgelöst durch die Gründung eines zweiten Ökoladens (nach „Ökotopia" jetzt auch „Klatschmohn"), die allerdings außer konkurrenzgetriebenen Animositäten wenig erhellende Inhalte transportierte. An der Diskussion beteiligten sich neben den Ökoläden auch der Buchladen Kleine Freiheit sowie die „Alternaiv GmbH" (Quadratmeter, Zapfhahn). Zum Streit zwischen der „WG Bärlein Unlimited" und dem VFKK kam es im Spätsommer 1982, als die Erstgenannten die ehemalige Gaststätte „Lahnlust" (neben den Lahnwiesen) kauften und dem VFKK vorschlugen, dort sein geplantes „autonomes Kulturzentrum" einzurichten. Nach Inaugenscheinnahme des Anwesens und einer Diskussion mit den Käufern entschied sich der VFKK gegen das Projekt. Die Räumlichkeiten waren nicht größer als die bereits angemieteten, und die geplante Einrichtung eines Cafés hätte bedeutet, daß der bisherige Gruppenzusammenhang aus der Weserstraße nicht vollständig hätte umziehen können. Dazu kamen notwendige erhebliche Aufwendungen für Renovierung bzw. Aus- und Umbau mit kaum abzusehenden finanziellen Folgen. Die Initiatoren, die mit dem kurzfristigen Kauf vorgeprescht waren und zur Finanzierung des Projekts auf den VFKK gehofft hatten, reagierten sauer und warfen dem Verein vor, andere auszugrenzen. Unter dem Titel *„Lahnlust - ein Big Deal scheitert"* berichtete das Elephantenklo (Nr. 127, September 82) und löste damit eine heftige Leserbriefschlacht aus.

Im Mai 1982 feierte die Justus Liebig-Universität ihr 375-jähriges Jubiläum, zu dem auch der damalige Bundespräsident Karl Carstens, gerade wegen seiner NS-Vergangenheit in der öffentlichen Diskussion, seine Aufwartung machte. Das Elephantenklo trug zur Feier eine Ausgabe bei, deren thematischer Schwerpunkt sich mit der ungefeierten Vergangenheit dieser Institution befaßte (Nationalsozialismus, Studentenbewegung), illustriert mit Bildern von der 300-Jahr-Feier 1907 (Nr. 118 und 119, Mai 82).

Die Anti-AKW-Bewegung befaßte sich nach wie vor mit Gorleben und der offiziellen Standortsuche für eine Wiederaufbereitungsanlage. Auf der hessischen Liste stand nach der Rabenau neben Frankenberg eine Zeitlang auch Merenberg, 34 km von Gießen entfernt, nordwestlich von Weilburg im Westerwald gelegen. Es gründeten sich dort prompt örtliche Bürgerinitiativen, Demonstrationen wurden organisiert, allein in Frankenberg im August mit 10.000 Teilnehmern (Nr. 114, März 1982 und Nr. 124, August 82).

Hochgelobt wurde eine dreiteilige Serie zum Thema „Drogen", die politische, kulturelle, soziale und ökonomische Hintergründe des Drogengebrauchs erhellte und unter anderem mit der Geschichte der Morphine die historische Rolle der deutschen Chemiekonzerne bei der Entwicklung z.B. von Heroin (ein Bayer-Patent) aufzeigte (Nr. 125 - 127, Sommer 82).

Der Internationalismus fand neue Themenfelder. Hervorzuheben ist die Beschäftigung mit dem Thema Polen, wo sich inzwischen die Gewerkschaft „Solidarnosc" gegründet hatte. Eine Gießener Gruppe knüpfte persönliche Kontakte, man stattete sich gegenseitige Besuche ab. Eine längere Artikelserie im Elephantenklo unter dem Titel „*Quo vadis Solidarnosc*" reflektierte die Entwicklung in Polen (ab Winter 1982).

Agitprop-Blatt oder Stadtillustrierte: Januar 1983 - Dezember 1984

Von der Alicenstraße in die Weserstraße

Auffällig wenige „In eigener Sache"-Kolumnen findet man in den Elephantenklo-Ausgaben dieser Zeit. Offensichtlich hatte die Einstellung zweier hauptamtlicher Redakteure eine gewisse Kontinuität in die Zeitungsproduktion gebracht. Auch optisch begann sich das Blatt zu stabilisieren. Zwar war das Handgestrickte unübersehbar geblieben, aber immerhin gab es inzwischen ein paar gleichbleibende Faktoren im Layout. Dazu gehörte leider auch der wiederholte Versuch, dem Bleiwüstenhaften längerer Texte mangels Fotos mit Hilfe von optischen Gags zu begegnen. So kam es immer wieder vor, daß die (Papier-)Satzfahnen auf einen Untergrund grafischer Muster (Linienraster, Strichzeichnungen u.ä.) geklebt wurden, was den Seiten einen gewissen chaotischen Anstrich verlieh und die Lesbarkeit stark minderte.

Im Gegensatz zum in dieser Zeit scheinbar kontinuierlichen Fluß der Zeitungsproduktion kehrte bei der räumlichen Situation keine Stabilität ein. Nach einem Jahr Alicenstraße 4 sah sich der VFKK im Frühjahr gezwungen, das Mietverhältnis fristgerecht zu kündigen, da sich in der Finanzierung eine Deckungslücke von 500,- DM monatlich auftat. Hauptsächlich lag dies daran, daß zwei der diversen Untermieter-Gruppen aufgrund ihrer zähen Entscheidungsstrukturen nicht wußten, ob sie ihren Mietanteil weiter aufbringen konnten. Als dann der Auszug vor der Tür stand, stellte sich heraus, daß es eigentlich hätte weitergehen können - aber da war es zu

54

spät. Eine preiswertere Alternative zu finden gelang dem Verein nur schwer, da ein Umzug immer auch bedeutete, das große Ziel des VFKK, nämlich ein „autonomes Kulturzentrum" zu gründen, immer wieder in Konflikt mit den realen Möglichkeiten (Finanzierbarkeit) und Bedürfnissen der beteiligten Gruppen (schnelle Ersatzräume) geriet. So lebte die Redaktion ab Anfang Juli 83 mal wieder für 14 Tage aus dem Koffer, ehe der VFKK in einem ehemaligen Ladenlokal in der Weserstraße 5 ein neues, wesentlich kleineres Domizil bezog. Letzterer Umstand bedeutete auch, daß nicht mehr alle Gruppen einen Unterschlupf fanden. Eineinhalb Jahre später wäre man allerdings froh gewesen, noch soviel Platz zu haben. Doch dazu mehr im nächsten Kapitel.

Zwei Besonderheiten aus den Jahren 1983 und 1984 sind noch festzustellen: Im September 1983 öffnete in Lich das Kino Traumstern seine Pforten. Nicht nur personell (ein ehemaliger Redakteur gehörte zu den Gründern) zeigte sich das Elephantenklo dem Kino-Kollektiv verbunden, und so lag dem Blatt von nun an regelmäßig der aktuelle Programmfalter des Traumsterns bei, verbunden mit anfangs regelmäßigen Filmbesprechungen im redaktionellen Teil.

Die zweite optisch wahrzunehmende Veränderung geschah im Sommer 1984. Ohne dies weiter zu kommentieren, wurden ab Nr. 171 sämtliche Kurzartikel im vorderen Teil des Elephantenklo (die „Meldungen") journalistisch korrekt mit Quellenangabe versehen (in einer Klammer am Anfang des Textes), wobei die von der Redaktion formulierten Beiträge mit „E-Klo" gezeichnet waren. Längere Beiträge (in der Redaktion „Artikel" genannt) blieben jedoch nach wie vor meist ungekennzeichnet, außer eine Gruppe oder Initiative zeichnete verantwortlich. Dies begann sich erst zu ändern, als regelmäßige Gastkolumnen (insbesondere im „Kulturteil") Einzug hielten. Deren Schreiber besaßen schon mal das Selbstbewußtsein, zumindest mit einem Pseudonym zu unterzeichnen. Vor allem im letzten Jahr der Zeitung waren dann fast alle Artikel namentlich gezeichnet.

Im April 1984 veranstaltete die Redaktion ohne besonderen äußeren Anlaß („zum 6 1/2-jährigen Bestehen") eine weitere öffentliche Großfete im Otto Eger-Heim.

Nix als Verdruß

Im Juni 1984 fand der bereits oben beschriebene Prozeß der Aneignung der Zeitung durch die Redaktion auch einen organisatorischen Ausdruck: *„Ab der nächsten Nummer werden wir das ELEPHANTENKLO etwas umstrukturieren:* 1.

Der bisherige Sonntags-Redaktionstermin wird auf Freitag vorverlegt. 2. Mit Artikeln von Personen oder Gruppen, die sich nicht zum Redaktionskollektiv zählen, werden wir uns nur noch am Dienstag (Redaktionsschluß) befassen. 3. Um lange Diskussionen unstrittiger Artikel zu vermeiden, werden wir recht pragmatisch für oder gegen Abdruck entscheiden; soweit möglich, soll auch das Vorlesen solcher Artikel wegfallen. 4. Den so entlasteten Freitagstermin wollen wir nutzen, um: kontinuierliche inhaltliche Diskussionen zu führen (z.b. grüne Kommunalpolitik); langfristig inhaltliche Schwerpunkte gemeinsam zu entwickeln (z.b. neue Technologien); Artikel und Vorhaben einzelner Redakteurinnen und Redakteure zu besprechen und uns besser als bisher gegenseitig zu unterstützen. (...) Hintergrund: Das ELEPHANTENKLO entstand als Ausdruck der Gießener Basisgruppen-Bewegung. Es war eine Zeitlang ihr Forum. In der Redaktion arbeiteten Leute aus unterschiedlichen Gruppen, wodurch Informationen, politische Zusammenhänge und Auseinandersetzungen der Initiativen den Inhalt wesentlich bestimmten. Diese Verbindung des ELEPHANTENKLO gibt es nicht mehr. Während allerlei alte und neue Initiativen recht isoliert voneinander an den einzelnen Problemen herumbasteln, entsteht das ELEPHANTENKLO in weiten Teilen als Reaktion auf die von außen herangetragenen Informationen. Wir hoffen, daß wir durch die genannte Umstrukturierung von dieser technischen Zeitungsarbeit entlastet werden und uns stattdessen aktiv mit uns interessierenden Inhalten auseinandersetzen können." (Elephantenklo Nr. 172, 19.6.84)

So klar wie nie zuvor wurde hier kurz und knapp beschrieben, was als kontinuierlicher Prozeß schon lange zuvor begonnen hatte: Weg von Verlautbarungsorgan verschiedener Initiativen und Gruppen, hin zum Redaktionskollektiv, das die Inhalte seiner Zeitung selbst bestimmt; die Produktion einer linken Zeitung als politische Arbeit an sich zu begreifen. Letzteres bezog sich in den Köpfen jedoch immer eher auf die Inhalte der Zeitung und weniger auf den journalistischen Teil der Zeitungsarbeit: Zeitung machen um der Zeitung willen war kein Thema.

An dieser Stelle erklärt sich, warum das Elephantenklo plötzlich dazu überging, zumindest im „Meldungsteil" die Quelle der Beiträge zu benennen: Hier sollte deutlich unterschieden werden, was die Redaktion produzierte und was von außen hereingetragen wurde und dann auch meist undiskutiert und unredigiert abgedruckt wurde, quasi als Service für die Initiativen und Gruppen.

Zur steigenden Eigenproduktion an Artikeln trugen, wie geplant, auch die hauptamtlichen Redakteure bei. Dazu gehörte eine wachsende Zahl an mehrteiligen Artikeln, die verschiedene Themen ausführlich beleuchteten (z.B. Waldsterben, 1983; 35-Stunden-Woche, 1984) oder auch eine regelmäßige Berichterstattung über kommunalpolitische Ereignisse (z.B.

Sitzungen des Stadtparlaments).

Unter dem Stichwort „Kulturdebatte" entspannen sich Mitte 1984 teilweise heftige Auseinandersetzungen in der Redaktion. Neben dem regelmäßigen Veranstaltungskalender und sporadischen Beiträgen über Filme und Bücher zierte zunächst eine kontinuierlich erscheinende Plattenkritik-Seite sowie eine dann und wann erscheinende kulturkritisch-satirische Kolumne unter dem Titel „Gießener Kulturbrause" die hinteren Seiten des Elephantenklo. Derlei Ergüsse trafen in der Redaktion nicht unbedingt auf ungeteilte Zustimmung, wurden jedoch von denjenigen, denen das zu unernst und unpolitisch war, als eine Art Irrenspielwiese akzeptiert - nicht unähnlich dem Status, den manche „Feuilleton"-Seiten in der „bürgerlichen" Presse einnehmen. Parallel dazu entwickelte sich in den frühen Achtzigern eine teilweise aus England importierte Strömung, die unter dem Motto „mixing pop and politics" kulturelle, politische und philosophische Diskurse miteinander verquickte und in der Bundesrepublik ihren Ausdruck u.a. in der Kölner Zeitschrift „Spex - Musik zur Zeit" mit Autoren wie Diedrich Diederichsen fand. Den Soundtrack dazu lieferten New-Wave-Bands wie Gang Of Four („To hell with poverty"), Wire, Joy Division, Heaven 17 („We don't need that fascist groove thang") oder Re-Flex („The politics of dancing"), um nur ein paar zu nennen. Derart unterfüttert, verbunden mit ätzender Satire und Angriffen auf die Denkverbote der ewig gleichen politischen Latzhosenkultur so mancher Beiträge im Elephantenklo, fanden einige Kolumnen unter dem Titel „Nix als Verdruß" ihren Weg auf die Seiten des Blattes. Kurz zuvor hatte sich darüberhinaus bereits ein Team anderer kulturinteressierter Artikelschreiber unter dem Titel „Bert Projekt" eingefunden, um in loser Folge verschiedene kulturelle Ereignisse in Gießen zu rezensieren. Als auch die in der Kolumne „Nix als Verdruß" ihr Fett abbekamen (obwohl sie in den Köpfen mancher RedakteurInnen irgendwie in die gleiche Kulturecke zu gehören schienen), war das Maß voll. Teile der Redaktion sahen politischen Gehalt und Glaubwürdigkeit des Elephantenklo bedroht und begannen, die „Nix als Verdruß"-Beiträge heftigst in Frage zu stellen. Als dann auch noch der Abdruck eines seiner Artikel abgelehnt wurde, hatte der Autor genug und stellte seine Mitarbeit wieder ein, was in der Redaktion zu Auseinandersetzungen zwischen Sympathisanten und Gegnern der „Nix als Verdruß"-Kolumne führte. Die Diskussionen fanden gar ihren Weg auf die Titelseite: Unter dem hilflos nichtssagenden Titel „Kultur und Politik" (Nr. 168) versuchte die Redaktion, die Debatte nach außen zu tragen und die Leser zu beteiligen. Dazu wurde am Sonntag, dem 13.5.84 ein gesonderter Diskussionstermin („Jour Fixe") anberaumt: „(...)

Gibt es zuwenig/zuviel Kultur im E-Klo? Gibt es eine Trennung zwischen Kultur und Politik, wenn ja, warum, und wie wäre sie aufzuheben? Ist das E-Klo ein Kampf- und Agitprop-Blatt oder sollte es zur Stadtillustrierten werden? Wer möchte gerne was lesen, welche Ansprüche werden an 'Kulturseiten' gestellt? 'Kultur', was ist das eigentlich? (...)". So viele Fragen, so wenig Antworten: Ob dieser Termin je stattfand und was dabei herauskam, ist nicht schriftlich überliefert - im Elephantenklo wurde er nicht mehr erwähnt. Auch die „Bert-Projekt"-Artikel wurden nach und nach weniger und schliefen dann ganz ein, die kulturelle Aufbruchsstimmung schien erstmal vorbei.

Alternative Trüffelschweine

Im Laufe des Jahres 1984 zeigten sich die ersten Auswirkungen grüner Politik auf einer Ebene, mit der viele nicht unbedingt gerechnet hatten: Geld. Der Einzug in die Parlamente, insbesondere das Landesparlament, bescherte dem linken Lager unerwartete Geldquellen. Das kam so: Die grünen Landtagsabgeordneten verpflichteten sich, einen Teil ihrer Einkünfte abzutreten. Da die Partei durch Wahlkampfkostenerstattungen ohnehin über ausreichende Finanzen verfügte, kam dieses Geld in einen Topf, aus dem linke Projekte finanziert werden sollten („Ökofonds"). Parallel dazu tat sich die Möglichkeit auf, staatliche Kredite aus einem hessenweit aufgelegten Programm für „Alternativbetriebe" zu erhalten, auch dies von den Grünen angeleiert. Wer konnte nun wie an dieses Geld kommen? Die interessierten Organisationen und Einrichtungen schlossen sich zum „Projektrat Mittelhessen" zusammen und begannen, über Verteilungskriterien, aber auch darüber zu diskutieren, ob man überhaupt „Staatsknete" nehmen solle. Das Elephantenklo betraf diese Entwicklung in dreifacher Weise: Zum ersten dadurch, daß die Zeitung auch „Staatsknete" erhalten sollte (mehr dazu im nächsten Kapitel); zum zweiten durch drohenden Konkurrenzdruck, da der Frankfurter Pflasterstrand plante, mit Hilfe der Staatsknete-Töpfe in Richtung Mittelhessen zu expandieren (was dann aber doch nicht stattfand); und zum dritten wurde diese Entwicklung logischerweise mit Artikeln kommentiert. Dabei kam es im Juni 84 zu einer denkwürdigen Eskalation.

Bei einer Sitzung des „Projektrates Mittelhessen" im Mai dieses Jahres hatte der Vertreter einer Gruppe namens „Autonome Jobber, Arbeitslose und Sozialhilfeempfänger" ein Flugblatt verteilt, in dem die Staatsknete-Interessenten unter Nennung von Namen als „ideologische Trüffelschweine" bezeichnet wurden. Diesen „Geschäftsführern des alternativen Konzerns 'Besser leben für wenige Auserwählte'" wurde „geraten aufzupassen, (...) ihre Machenschaften nicht zu weit zu treiben", da sonst „statt Sommerlad alternative Gangster in unserem Visier sind". Zentrale Forderung des Flugblattes war statt staatlicher Subventionierung von Alternativbetrieben „1.500 DM Existenzgrundlage für alle ohne sinnentleerte Maloche". Das Flugblatt zeitigte regelrecht hysterische Reaktionen bei einem sich materiell und körperlich bedroht fühlenden Gießener Projekt. Dessen Initiator, auch Mitglied der Grünen und im „Jobber"-Flugblatt namentlich genannt, verdächtigte die Redaktion des Elephantenklo als Drahtzieher hinter diesem Flugblatt aufgrund einer Diskussion, die zwei Jahre zuvor im Elephantenklo geführt worden war (siehe „Inhalte Herbst 81 bis Dezember 82"), verlangte kategorisch von der Redaktion die Preisgabe des Namens des Flugblatt-Autors und drohte mit gerichtlichen Schritten. Die Diskussion erstreckte sich über mehrere Ausgaben des Elephantenklo und zog Kreise bis in die grüne Partei, in der der erregte „alternative Geschäftsführer" offenbar auch nicht unumstritten war. Dies fand seinen Niederschlag in einer Comicserie unter dem Titel *„Unser alternatives Trüffelschwein - Die Kneteabenteuer"*, die dem Elephantenklo aus dem grünen Umfeld anonym auf Umwegen zugeleitet und ab Nr. 175 in vier Folgen abgedruckt wurde. Die fünfte Folge wurde wegen einer „sexistischen Darstellung" von der Redaktion abgelehnt und der Zeichner (über die erwähnten Umwege) gebeten, den Comicstrip abzuändern. Der jedoch lehnte dies zu Recht als Zensur ab, und damit endeten Trüffelschweins Kneteabenteuer für die LeserInnen leider mit Folge 4. Nun ist es aber an der Zeit, den damaligen Fehler wiedergutzumachen und wenigstens die nie veröffentlichte Folge 5 doch noch zu drucken - weitere sind nicht mehr gezeichnet worden (siehe nächste Seite).

Inhalte Januar 1983 - Dezember 1984

Neben den bereits erwähnten Themen standen besonders 1983 mal wieder die besetzten Häuser im Mittelpunkt. Das Land, mittlerweile für Alicenstraße 18 und Südanlage 20 zuständig, wollte die Häuser veräußern. Zunächst stand die Stadt Gießen als Käufer auf dem Plan, und die CDU-Stadtoberen ließen keinen Zweifel, daß dies die Räumung bedeuten würde. Der Deal kam jedoch nicht zustande.
Ein Hauptthema bildete über den gesamten Zeitraum hinweg weiterhin die Diskussion über den NATO-Doppelbeschluß, die Friedensbewegung und ihre Demonstrationen sowie die damals jährlich stattfindende „NATO-

Parade" in Gießen. Heftige Auseinandersetzungen wurden vor allem darüber geführt, ob die Anwendung von Gewalt bei z.B. Blockaden politisch richtig sei. Zum Thema wurde dies vor allem, weil große Teile der Friedensbewegung Wert auf völligen Gewaltverzicht legte, was den radikaleren Militarismusgegnern blauäugig vorkam. Deren zeitweilige Militanz wiederum bescherte dem Elephantenklo regelmäßige Berichte über Prozesse, sei es wegen Ereignissen bei der NATO-Parade, einer Besetzung des Ausländeramtes aus Protest gegen den Tod von Cemal Altun, Graffitisprühen und dergleichen mehr.

Einen weiteren Schwerpunkt 1983-1984 bildete die Berichterstattung über die langsame finanzielle und politische Austrocknung sozialer Einrichtungen in Gießen durch den CDU-Magistrat. So traf es z.B. die Projektgruppe Margaretenhütte, deren Arbeit vom eigens gegründeten Sozialen Hilfsdienst (SHD) übernommen werden sollte; oder das ehemalige SPD-Vorzeigeobjekt Jugendzentrum Kanzleiberg, das auf Sparflamme geschraubt als „Jugendzentrum Jokus" in die Ostanlage 25 verfrachtet wurde, während die alten Räume zugunsten einer Neubebauung 1984 dem Baggerzahn zum Opfer fielen.

Hervorzuheben bleibt auch eine dreiteilige Artikelserie von Götz Eisenberg, der unter dem Titel „Hör mal, ob Dein Herz noch schlägt" „Thesen zur Jugendbewegung" aufstellte. Eine Kuriosität stellte die Kolumne „Der Karl hat geschriwwe" dar, die ab Februar 1984 in hessischer Mundart insbesondere soziale Themen in eher flapsiger, teilweise auch regelrecht peinlicher Weise thematisierte, bis ein wütender Leserbrief („Hat der Euch irgendwie in der Hand?") die Redaktion aufschreckte und den Spuk beendete.

Internationale Themen waren neben der Türkei und wiederum dem Iran insbesondere Nicaragua, das zeitweise kurz vor einer US-Intervention zu stehen schien (und einem Elephantenklo-Fotografen zwecks Herstellung eines passenden Titelbildes für Nr. 183 Gelegenheit gab, bei McDonald's etliche Hamburger zu erstehen, um damit schön regressiv herumzumatschen, sehr zum Leidwesen eines hungrigen Kollegen). Eher ungewöhnlich war eine Artikelserie des Gießener Osteuropa-Komitees, die sich mit der (nichtoffiziellen) DDR-Friedensbewegung auseinandersetzte (1984).

Mehrfach aufs Titelbild schaffte es jedoch ein Themenkomplex, der das Elephantenklo noch länger beschäftigen sollte. Zunächst ging es um die für 1983 geplante, dann aber auf später verschobene Volkszählung, bald gefolgt von einer Auseinandersetzung mit der Verkabelung Gießens: Das Thema Neue Technologien (später: Neue Medien) war geboren. Selbstredend stand die Alternativszene dem höchst kritisch gegenüber, hatte man doch gerade hautnah mitbekommen, wie der „Überwachungsstaat" ausgebaut wurde: das BKA hatte Betriebe, Personen und Wohngemeinschaften im Raum Gießen im Zuge der RAF-Fahndung mit Hilfe von versteckten Videokameras ausspioniert. Dies wurde ruchbar, als ein BKA-Techniker zum Aussteiger wurde und sein Wissen darüber (teilweise) preisgab. Und der VFKK (und damit auch das Elephantenklo) erhielt eine höchst offizielle Mitteilung darüber, daß sein Telefonanschluß zeitweise abgehört worden war. Zu allem Überfluß entdeckte Anfang 1985 eine Gießener WG durch puren Zufall eine Wanze in ihrer Wohnung, diskret in einer Tischsteckdose versteckt. Bei der Suche nach einem UKW-Sender hörten sie plötzlich ihre eigenen Geräusche aus dem Radiolautsprecher (Nr. 191, 19.3.85).

Das Ende kommt in Sicht: Januar 1985 - Oktober 1986

1985: Krisen ohne Ende

Nachdem sich das Elephantenklo in den vergangenen eineinhalb Jahren von den äußeren Umständen her eher in ruhigem Fahrwasser bewegt hatte, wurde es ab Januar 1985 ziemlich unruhig. Auch das Domizil Weserstraße 5 mußte geräumt werden (der Vermieter wollte es so), und es gelang dem VFKK zunächst nicht, adäquaten Ersatz zu finden. Eine Zeitlang fand das Elephantenklo Unterschlupf in der Medienwerkstatt des VFKK, um dann für ein paar Monate zusammen mit dem vor sich hindümpelnden Projekt „Naturschutzzentrum Gießen" in einem alten Ladenlokal in der Steinstraße auf engstem Raum zu hausen. Nachdem ein weiterer Versuch des VFKK (diesmal recht knapp) scheiterte, endlich ein Kulturzentrum einzurichten, dauerte es bis September, ehe die Gruppen unter dem Vereinsdach endlich ein neues Domizil am Kirchenplatz beziehen konnten - in der Geschichte des VFKK das bisher größte.

Bis dahin tat sich auch allerhand weiteres. Im Juli 1985 feierte das Elephantenklo mit dreifarbig (darunter Goldfarbe) gedrucktem Titelblatt die 200. Ausgabe, wobei der Schriftzug erstmals auf ca. 70 % seiner ursprünglichen Größe eingedampft in die linke obere Ecke rückte. Seltsamerweise schwoll er bei Nummer 204 und 205 nochmal zur vollen Breite an, um dann ab

Nummer 206, verbunden mit einer Preiserhöhung auf 2,50 DM, wieder kleiner zu werden (und ab dann so zu bleiben). Die Preiserhöhung wurde dreifach begründet: „*Zum einen ist die Zahl der verkauften Exemplare seit dem Frühjahr um ca. 10 - 25%, je nach Verkaufsstelle, gesunken. Damit ist wahr geworden, was wir mit dem Erscheinen eines kostenlosen Anzeigenmagazins befürchtet haben: einige Leser, die das ELEPHANTENKLO in erster Linie wegen Kleinanzeigen und Veranstaltungskalender gekauft haben, sind abgesprungen. (...) Zum anderen haben wir uns (...) eine Setzmaschine, sprich Composer, zugelegt. Zum großen Teil ist das Gerät aus dem Öko-Fonds finanziert worden, dennoch müssen wir noch 3000 DM Kredit zurückzahlen. Für Reparaturen bzw. einen Wartungsvertrag haben wir zur Zeit überhaupt kein Geld (...).*" (Nr. 206, 15.10.85) Zuletzt wurden noch allgemeine Preiserhöhungen angeführt sowie der Umstand, daß der Verkaufspreis fast vier Jahre stabil geblieben war.

Die beiden ersten Begründungen verdienen eine nähere Betrachtung. Bei dem „*kostenlosen Anzeigenmagazin*" handelte es sich um die Gießener Filiale des irgendwie linksliberalen Marburger Anzeigenblättchens „Express", die im Frühjahr 1985 in Gießen eröffnet worden war. Einige Wochen vorher erhielt die Elephantenklo-Redaktion Besuch vom damaligen „Express"-Chefredakteur Richard Laufner, der eine Good-Will-Tour durch Gießen unternahm, um für den „Express" nützliche Kontakte anzuknüpfen. Das Gespräch fiel, wenig überraschend, recht eisig aus und nahm ein rasches Ende, ehe es zum Austausch von Beleidigungen kam. Fürderhin ignorierte man sich tunlichst gegenseitig, ein bissiger Kommentar im Elephantenklo mit einer darauffolgenden (und auch abgedruckten) Replik der „Express"-Geschäftsführung war alles, was zum Thema noch gesagt wurde. Inhaltlich betrachtete das Elephantenklo den „Express" mit seinen weichgespülten Artikeln, die in der schieren Menge vielleicht 10 % des Inhalts einer durchschnittlichen E-Klo-Ausgabe ausmachten, nicht als Konkurrenz. Eher beim Anzeigenaufkommen kam man sich theoretisch etwas ins Gehege, in der Praxis ließ sich das jedoch nicht feststellen. So blieb der Effekt, der in Nr. 206 beschrieben wurde und der nichts anderes besagte, als daß die potentielle Klientel des Elephantenklo im Lauf der Jahre geschrumpft war. Mit anderen Worten: Das Elephantenklo verlor zusehends sein politisches Umfeld. Gleichzeitig war die Zeitung weder von ihrer Geschichte, ihrem Anspruch noch von ihren MacherInnen her in der Lage und willens, sich diesem Umstand anzupassen, wie es z.B. der Pflasterstrand (später spöttisch auch „Plastikstrand" genannt) letztendlich vergeblich versucht hat. Das Elephantenklo hatte nie eine Chance, zur „Stadtillustrierten" zu werden, vierfarbig mit Marlboro-Reklame hintendrauf. Das hätte ökonomisch nicht funktioniert, und die beiden unterbezahlten Hauptamtlichen wären angesichts der Perspektiven nie auf die Idee gekommen, ihre Arbeitsplätze um jeden Preis zu erhalten, während den Ehrenamtlichen der verlegerische Ehrgeiz fehlte, eine Zeitung als Selbstzweck zu produzieren.

Im Oktober 1985 lud die Redaktion zu einer öffentlichen Krisendebatte unter dem Motto „Die Zukunft des E-Klo". Viel scheint dabei nicht herausgekommen zu sein, der Elephantenklo-Bericht über das Treffen ironisierte die Diskussionen, die sich offenbar eher um den politischen Werdegang eines anwesenden Grünen-Mitglieds drehten. Der einzige meßbare Effekt war die Konstituierung einer „Lustredaktion", die sich abseits vom Produkti-onsstreß um verbesserte Inhalte der Zeitung bemühen wollte. Auch dies ohne Folgen, womit sich mal wieder bestätigte, daß Krisensitzungen in diesem politischen Umfeld als Konsequenz maximal weitere Sitzungstermine zu produzieren vermochten.

Der letzte Ausweg: Professionalisierung

Die Redaktion versuchte alles, ihre verbliebene Leserschaft zu halten. Das Zauberwort hieß weitere Professionalisierung. Dabei schreckte man nicht davor zurück, sich unter die „alternativen Trüffelschweine" zu mischen und den Ökofonds um die Finanzierung eines Satzgerätes anzugehen. Zum Preis von 12.000,- DM wurde ein IBM-Composer angeschafft, eine Art Super-Kugelkopfschreibmaschine, die mit variablem Schrittmotor und eingebautem 8000-Zeichen-Arbeitsspeicher ausgerüstet eine Art mechanischen Schriftsatz aufs Papier bringen konnte (später kam sogar noch ein zweiter dazu - wesentlich billiger, denn diese Technik war im Aussterben begriffen). Ein Titelsatzgerät von Letraset produzierte die Überschriften, Filzstifte waren passé. Großformatige Fotos - inzwischen war die Druckerei auch in der Lage, brauchbare Rasterbilder anzufertigen - sollten die Optik verbessern, eigens wurde eine Dunkelkammer zur raschen Produktion aktueller Fotoabzüge eingerichtet. Nicht nur optisch, auch inhaltlich wurde aufgepäppelt, zumindest bei der Textmenge: *„Durch den Composersatz sparen wir fast 1/3 Platz beim Text, aber die Zeitung ist nicht etwa dementsprechend dünner geworden, sondern wird im Gegenteil (...) in der Regel vier Seiten mehr als früher haben."* (Nr. 206)

Schon kurz darauf wurde das allgemeine Facelifting weiter fortgesetzt: Erstmals erhielt das Elephantenklo ein Inhaltverzeichnis, das diesen Namen auch verdiente. Auf ca. einer halben Seite wurden die Titel der enthaltenen Beiträge genannt, und ein bis zwei kurze, teils recht flapsige den jeweiligen Inhalt beschreibende Sätze sollten das Interesse des Lesers wecken. Veranstaltungskalender, Kleinanzeigen und die meisten Werbeinserate wanderten als „Serviceteil" auf einen achtseitigen Innenbogen aus farbigem Papier (ab Nr. 207). Der Umschlag wurde auf stärkeres und weißes Papier gedruckt, damit die Fotos besser herauskamen und sorgte nebenbei für die oben erwähnte Steigerung der Seitenzahl von 32 auf 36 Seiten.

Auf den Umstand, daß die Leserschaft zum Teil bequemer geworden, zum Teil aus Gießen weggezogen war, reagierte das Elephantenklo mit einem verbilligten Abo. Dies wurde dadurch möglich, daß die Zeitung zum Postzeitungsvertrieb angemeldet wurde und die Versandkosten daher pro Exemplar von bisher 1,10 DM Drucksachenporto auf ca. 20 Pfennig sanken (ab April 1986). Erst der Composersatz schuf dafür die Voraussetzungen, da mit Schreibmaschine getippte Artikel die rigiden Bedingungen der Zulassung zum Postzeitungsvertrieb nicht erfüllten. Zwar waren Anmeldeprozedur und der Verpackungsaufwand beim Versand bürokratisch äußerst aufwendig, doch es lohnte sich: die Zahl der Abonnenten stieg erheblich - allerdings auf Kosten des Direktvertriebs.

Nr. 214 lag gar ein Fragebogen bei, um - auf anonymer Basis freilich - ein Leserprofil zu ermitteln. Die damit gewonnenen „Mediadaten" sollten dazu dienen, weitere Inserate hereinzubekommen. Außer einem launigen Artikel kam dabei jedoch nichts heraus: „(...) der ideale E-Klo-Kunde ist männlich, 30 Jahre alt und im öffentlichen Dienst tätig, also vermutlich Pädagoge. Er ist ledig, wohnt in einer WG, bevorzugt den 'Spiegel' und wählt die GRÜNEN. Seinen Namen wollen wir an dieser Stelle verschweigen, schließlich war die Umfrage anonym (...)". Zumindest wurde auch hier nochmal deutlich, wie sich die Struktur der ursprünglich studentischen Leserschaft verändert hatte, und der Nachwuchs blieb aus. Der Artikel erwähnt dies nicht.

Doch die Zeitung verlor nicht nur peu á peu ihre Leserschaft, sondern auch ihre Redaktion. Mehrfach finden sich in den Ausgaben 1985 und 1986 Aufrufe zur Mitarbeit. Zeitweise schrumpfte die Zahl der Redakteurinnen und Redakteure auf ein halbes Dutzend, wobei mittlerweile der größte Teil der Artikel von der Redaktion selbst verfaßt wurde.

Im Herbst 1986 waren die finanziellen, vor allem aber auch die Produktionsbedingungen an einem Punkt angekommen, an dem klar war, daß es so nicht weitergehen konnte. Die vielen äußerlich sichtbaren Verbesserungen hatten die Krise der Zeitung nur vorübergehend übertünchen können, die zeitweise spürbare Aufbruchsstimmung war längst verflogen.

Inhalte 1985 - 1986

Im Rahmen der verstärkten Bemühungen der Redaktion, die kommunalpolitische Berichterstattung zu verstärken, deckte das Elephantenklo mittlerweile regelmäßig die Sitzungen des Stadtparlamentes ab. Dazu kamen nach der Übernahme der Stadtregierung durch eine rot-grüne Koalition 1985 etliche Beiträge über die Politik der Gießener Grünen inclusive einiger Interviews, wobei insbesondere die Berichte über die heftigen Auseinandersetzungen innerhalb der Partei über die „offene Liste" zur Kommunalwahl 85 hervorzuheben sind. Die Zerissenheit der Redaktion zwischen Parlamentarismus-Kritik und „Chronistenpflicht" begleitete das Elephanten-klo fortan bis zum Ende.

Der Versuch, eine „alternative" Geschichte der Stadt Gießen zu schreiben, endete trotz eines guten Starts im Frühjahr 85 bereits nach der ersten Folge. Andererseits förderten die Bemühungen, die Stadtentwicklung intensiver kritisch zu reflektieren, auch mal für Elephantenklo-Verhältnisse geradezu hervorragend recherchierte Artikel wie etwa über den Wohnbau-Skandal um das Hochhaus Marburger Straße 112-114 zutage.

Die Hungerstreik-Aktionen der RAF-Gefangenen 1985 fanden ebenfalls ihren Niederschlag in den Seiten des Blattes. Dabei setzte sich die Redaktion gerne zwischen alle Stühle: Die Erklärungen der politischen Gefangenen wurden ebenso der Kritik unterzogen wie auch die staatlichen Reaktionen. Dafür wurde das Blatt von den Unterstützern verdammt und von den Staatsschützern unter Beobachtung genommen; die BKA-Akte des Pressegesetzverantwortlichen füllte sich mit Einträgen über (dann aber eingestellte) Ermittlungsverfahren wegen Unterstützung terroristischer Vereinigungen und Befürwortung von Gewalt, und das Gießener K 14 (politisches Kommissariat) observierte die Auslieferer des Elephantenklo.

Eines der Hauptthemen war und blieb die Atomenergie. Neben der Planung der deutschen Atommüll- Wiederaufbereitungsanlage in Wackersdorf und dem geplanten Atommüllendlager in Gorleben beherrschte ab dem Frühsommer 1986 der GAU von Tschernobyl und dessen Folgen die Berichterstattung im Elephantenklo.

Weitere mehrfach vorkommende Themenschwerpunkte dieser Zeit waren unter anderem die aufkommende AIDS-Debatte, die Arbeit von Pro Familia (u.a. eine dreiteilige Serie); international befaßte sich das Blatt hauptsächlich zum einen dank einer rührigen Gießener Anti-Apartheid-Gruppe mit Südafrika und später, befördert durch die sich anbahnende Städtepartnerschaft zwischen San Juan und Gießen, mit Nicaragua.

Auffällig ist etwa ab Herbst 1985 das Anwachsen des „Kulturteils". Das Elephantenklo füllte sich mit Beiträgen z.B. über Konzerte, wobei der Blick sich über den Gießener Tellerrand hinaus vorzugsweise auch nach Frankfurt in die „Batschkapp" richtete. Diese Entwicklung machte, zum Ärger manch altvorderer Hardcore-Linker, nicht mal vor dem Titelbild Halt (Nr. 208, Dez. 85, „Test Department in der Batschkapp"). Gleichzeitig kehrte der umstrittene „Nix als Verdruß"-Autor (s.o.) auf die Seiten des E-Klo zurück und mit ihm manch Gleichgesinnte, die hier ihr Forum entdeckten. Unter allerlei mehr oder minder witzigen Pseudonymen schreckte man unter dem Titel „Scene-Sucht" nicht mal vor Klatsch und Tratsch zurück. Der finanzielle und personelle Druck, unter dem das Elephantenklo stand, machte es möglich: „Anything goes" schien das neue Motto zu sein. Freilich nicht ohne derlei Aufweichungen der ehemals streng politischen Linie der Zeitung auch immer mal wieder in anderen Beiträgen zu geißeln – die eine oder andere sich daraus entwickelnde Auseinandersetzung brachte jedoch Leben in die Bude und manche dieser Artikel lassen sich auch heute noch vergnüglich lesen, auch wenn sich deren Hintergrund nicht immer leicht erschließt.

Insgesamt fällt an den Ausgaben der letzten Jahre auf, daß sich die Redaktion bzw. die Autorinnen und Autoren zunehmend um Lesbarkeit und Verständlichkeit bemühten, statt platter Agitation im Flugblattstil waren ausführlichere Hintergrundinformationen angesagt. Doch all dies sollte das Elephantenklo nicht retten.

Das letzte Jahr kündigt sich an: Oktober 1986 bis April 1988

„Solange die Krisensitzungen andauern, wird das E-Klo weiterbestehen"

„(...) Im Lauf der Jahre (...) schrumpfte die Zahl der Produzentinnen und Produzenten des ELEPHANTENKLO nahezu ebenso kontinuierlich ein wie die Zahl der Leserinnen und Leser. Die Übriggebliebenen mutierten zu Feierabendprofis, und dem Druck einer sich zerfasernden und auflösenden politischen 'Scene', aus der das Projekt heraus geboren wurde, versuchten wir mit dem Schlagwort 'Professionalisierung' zu begegnen. (...) Wenn immer weniger Leute auf der Redaktionssitzung anwesend sind (...), stehen vor-

wiegend organisatorisch-technische Fragen auf der Tagesordnung (...). Inhaltliche Probleme (...) geraten aus dem Blickfeld, und das in einer Zeit, in der es für Linke mehr Fragen als Antworten gibt. (...) Klar scheint nur, daß wir (...) die Schraube 'Krise - Professionalisierung - weitere Krise - weitere Professionalisierung', d.h. die Beantwortung aller Schwierigkeiten mit ausschließlich technisch-pragmatischen 'Lösungen' nicht (...) weiterdrehen können (...). Über Sinn und Zweck einer linken Gießener Stadtzeitung anno 1986 soll vom 28. bis 30. November (...) auf einem Wochenendseminar debattiert werden. (...)" (Nr. 231, Oktober 86)

Auf das Elephantenklo, das regulär nach diesem Wochenende am 9.12.86 erscheinen sollte, warteten die Leser und Leserinnen zunächst vergeblich. Es erschien mit einwöchiger Verspätung als „Doppelnummer". Das in schwarz gehaltene Cover zierte ein Foto, auf dem ein Klograffiti *„Wer Gießen überlebt, stirbt nicht"* verkündete. Was war geschehen? Unter dem Titel „Alles im Griff auf dem sinkenden Schiff" widmete die letzte Ausgabe 1986 ganze 8 Seiten den Geschehnissen und Konsequenzen der Krisentagung: *„Am Wochenende vom 28.11. bis 30.11. versammelten sich (...) die Redaktion des ELE-PHANTENKLO und etliche Menschen des 'Unterstützerkreises', um über die Zukunft dieser Zeitung zu diskutieren. Um es vorwegzunehmen: was Entscheidungen über die künftige Erscheinungsform und -weise des E-Klos angeht, hätten wir uns die Debatte sparen können. Es gab, verkürzt beschrieben, zwei Positionen: a) die Zeitung sofort einzustellen, eine 'Denkpause' einzulegen und über die Möglichkeiten von Gegenöffentlichkeit in Gießen heute zu diskutieren, b) das E-Klo weitererscheinen zu lassen. Für das Weitererscheinen votierten die Redakteurinnen und Redakteure (...) sowie Menschen aus dem UnterstützerInnenkreis, während andere Leute aus dem UnterstützerInnen- und Dunstkreis der Redaktion vehement die Einstellung der Zeitung fordern, darunter zwei Drucker des E-Klos (...). Die Positionen waren am Ende des Seminars unverändert. (...)"* (Nr. 235/236, Dez. 86)

Die BefürworterInnen eines weiteren Erscheinens setzten sich durch, allerdings erfuhr die Zeitung nun den größten Umbruch ihrer Geschichte. Das Elephantenklo sollte ab Januar nur noch monatlich erscheinen, mit vergrößertem Umfang und zum erhöhten Preis von 4,- DM. Gleichzeitig wurden die „Hauptamtlichen" abgeschafft, d.h. niemand wurde mehr für die Herstellung der Zeitung bezahlt. *„(...) Dies bedeutet neben einer Reihe von organisatorischen Nachteilen aber auch, daß Abhängigkeiten zwischen Zeitung und bestimmten Personen abgebaut werden, das E-Klo wird offenere Strukturen haben, der Produktionszwang um jeden Preis fällt weg: natürlich wird das E-Klo damit auch 'offener' für eine Einstellung (...)."* Kritisch wird angemerkt: *„(...) wir haben damit nicht die Ideallösung gefunden, sondern dieser (Rück)Schritt ist eine Reaktion auf die verschlechterten Produktionsbedingungen des E-Klos."*

Daß die Diskussionen der Krisentagung bitter und hart waren, läßt sich nur zwischen den Zeilen des Artikels lesen. Die vehemente Forderung von Teilen des „Unterstützerkreises" („*Aus dem 'Unterstützerkreis' des E-Klo wurde der 'Killerkreis'*"), die Zeitung einzustellen, stieß besonders bei der Redaktion auf Unverständnis - so weit war man noch nicht. Zum einen wurde eine klare Begründung für die Einstellungsforderung vermißt: „*(...) tiefgreifende Kritik klang zwar an, wurde jedoch nicht konkret, d.h. an erschienenen Artikeln, belegt.*" Zum anderen vermißte die Redaktion die Legitimation der Forderung, denn für das weitere Erscheinen votierten die Menschen, „*die zur Zeit immer noch das Entstehen jeder Ausgabe vom Diskutieren, Schreiben bis hin zum Ausliefern der neuen Nummer gewährleisten*". Da mit den beiden auf dem Krisenseminar anwesenden Druckern zwei Personen die Einstellung forderten, die - zwar außerhalb der Redaktion - ebenfalls die Zeitung (nach wie vor zum Selbstkostenpreis) mitproduzierten, wurde auf dem Thema „Legitimität der Einstellungsforderung" nicht allzu deutlich herumgeritten. Der Ärger der Redaktion saß zunächst dennoch tief. Das drohende Ende der Zeitung und die Abschaffung des Hauptamtlichen-Status wirkte auf die davon direkt Betroffenen zusätzlich existenziell belastend, ganz zu schweigen davon, daß es hier besonders für die langjährigen Macher immerhin um eine Sache ging, die viele Jahre in ihrem Lebensmittelpunkt stand.

Ein Gründungsmitglied des Elephantenklo, mittlerweile Kinomacher geworden, startete einen Aufruf zur Rettung der Zeitung. Die Ergebnisse der Krisentagung lehnte er ab, mit prophetischer Gabe auch den Plan, die Zeitung nur noch monatlich erscheinen zu lassen: „*(...) Danach wird es die Zeitung bald garnicht mehr geben (...). Eine totale politische Infragestellung des ELE-PHANTENKLO, wie sie offensichtlich vom größeren Teil der Redaktion selbst, wie auch vom Druckkollektiv und Buchladen 'Kleine Freiheit' vorgebracht wird, ist meiner Meinung nach eine totale Fehleinschätzung und wird die linke Infrastruktur in Gießen so zersplittern, daß sie als solche für niemand mehr erkennbar sein wird. (...) Die Position, die durch das E-Klo in Gießen für linke Politik immer noch gehalten wird, sollte auch weiterhin erhalten bleiben!! Ich fordere alle, die darin mit mir übereinstimmen, auf, bis zum 10. Januar 1987 dem ELEPHANTENKLO (...) schriftlich zu erklären, daß sie 1. für den Erhalt des E-Klo als zweiwöchige politische Zeitschrift sind und 2. dafür einen entsprechenden monatlichen Beitrag zu zahlen bereit sind (...). Die Redaktion selbst hat nicht mehr den Willen, dieses Geld bei ihren Lesern einzufordern. (...) Wenn dieser (...) Aufruf (...) den gewünschten Erfolg hat, dann müßte die Redaktion nochmal mit sich reden lassen. (...)*" (Nr. 235/236, Dez. 86)

Endspiel

Ende Januar 1987 startete das Elephantenklo in sein letztes Jahr. Der Spendenaufruf hatte - wie die Redaktion schon im Dezember befürchtete und daher diesem Rettungsversuch mit eher gemischten Gefühlen gegenüberstand - nur geringe Resonanz gezeitigt, und so blieb es bei den angekündigten Änderungen. Zum Preis von 4,- DM enthielt das Blatt jetzt 64 Seiten. Im Lauf des Jahres gab es noch weitere kosmetische Neuerungen. Die „Meldungen" hießen fortan „Magazin", und ab Mai erhielt der Kopf einen letzten neuen Schliff. Das Inhaltsverzeichnis nahm jetzt zusammen mit dem Impressum grundsätzlich eine ganze Seite in Anspruch. All dies zusammengenommen war das Elephantenklo mittlerweile optisch zur „Stadtillustrierten" mutiert.

Ungeachtet der dennoch nach wie vor desolaten Finanz- und Personalsituation starteten ab Mitte des Jahres die Vorbereitungen zur 10-Jahres-Fete, die dann gut besucht am 27.11.1987 im Otto-Eger-Heim über die Bühne ging. Nur die Redaktion wußte, daß dies der letzte große Auftritt war - das Blatt ersparte sich und den Leserinnen und Lesern weitere öffentliche Krisendebatten.

Und so kam es dann doch für viele überraschend, als auf Seite 2 der Ausgabe Dezember 1987 lapidar und flapsig unter dem Titel „Endspiel" verkündet wurde: „Das war's. Nach 10 Jahren, 245 Ausgaben, über 7.500 bedruckten Seiten verabschiedet sich das ELEPHANTENKLO. Die Gründe, die jetzt zur Einstellung führen, sind in dieser Zeitung schon häufig genug breitgetreten worden: es lohnt sich nicht, nochmal im Detail drauf einzugehen. Zu wenig Geld, zu kleine Redaktion - all dies begleitet das E-Klo nun schon seit Jahren. Daß die Dauerkrise dem Projekt irgendwann den Garaus machen würde, war abzusehen. Die Redaktion hat sich lange gegen das drohende Aus gewehrt, es gab Stimmen, die uns bereits vor einem Jahr zur Beerdigung bitten wollten. Die neue Konzeption - monatliches Erscheinen, mehr Seiten - ließ sich zwar gut an, doch die ökonomische Schwäche der Zeitung wurde durch das monatliche Erscheinen - absehbar - weiter verschärft. Die Zeit 'alternativer Stadtzeitungen' scheint vorbei, andere hat es bereits lange vor uns erwischt, seien es ' Tauwetter', 'Basalt', 'Lahn-Dill-Bote' und viele mehr aus der ganzen BRD. Der Blätterwald der Scene wird von Hochglanzumschlagvierfarbanzeigenmagazinen beherrscht, bei denen das Verdienen meist weit vor inhaltlichen Ansprüchen rangiert. Eine Mutation, die z.B. aus der 'Marburger Zeitung' über 'Paroli' den 'Express' werden ließ, blieb dem Elephantenklo erspart. Der Preis für's hehre Durchhalten ist jetzt zu entrichten. (...) So, und jetzt machen wir schön winke-winke. Tschüß! die Red.".

Erneut waren es die Drucker, die - wie schon bei der Krisendebatte ein Jahr zuvor - sauer reagierten. In einem Kasten gleich neben der Erklärung der Redaktion formulierten sie - handschriftlich, bevor die Zeitung in die Maschine kam - ihren Ärger: „Wie wir nebenstehend erfahren - mit einigen wenigen Sätzen - wird also eingestellt. Nach 10 Jahren und aufgelaufenen Schulden von 15.000 DM (Materialpreis!) wären vielleicht auch ein paar Worte mit uns zu wechseln. Aber nach der Dürftigkeit der nebenstehenden Erklärung ist das wohl zu viel erwartet." Und so kam die Ex-Redaktion auch nicht umhin, im Januar nochmal ein Treffen abzuhalten, in dem eine letzte Debatte zur Einstellung der Zeitung geführt wurde. Über deren Ergebnisse - so es welche gab - ist nichts überliefert. Vielleicht war es dort, wo beschlossen wurde, nochmal eine „Solidaritätsfete" zu veranstalten, um die Schulden abzutragen. Am 22.4.1988 fand dieser letzte öffentliche Auftritt statt. Es gelang den Liquidatoren des Elephantenklo, durch konsequentes Eintreiben aller Außenstände, den Verkauf von ein paar Produktionsmitteln und mit Hilfe der Erlöse der Fete den größten Teil der Schulden bei der Druckerei zu begleichen.

Inhalte 1987

Viele Artikel der letzten 11 Ausgaben des Elephantenklo zeichneten sich durch die Bemühung aus, dem äußeren Magazincharakter durch ausführliche Behandlung der Themen zu entsprechen und etwas von der Tagesaktualität wegzukommen. Die Beiträge zum Büchner-Jahr (aus Anlaß des 150. Todestages von Georg Büchner ausgerufen) im Januar 87 z.B. erstreckten sich immerhin über 14 Seiten und nochmals 10 Seiten in der folgenden Ausgabe. Ebenso tiefschür-

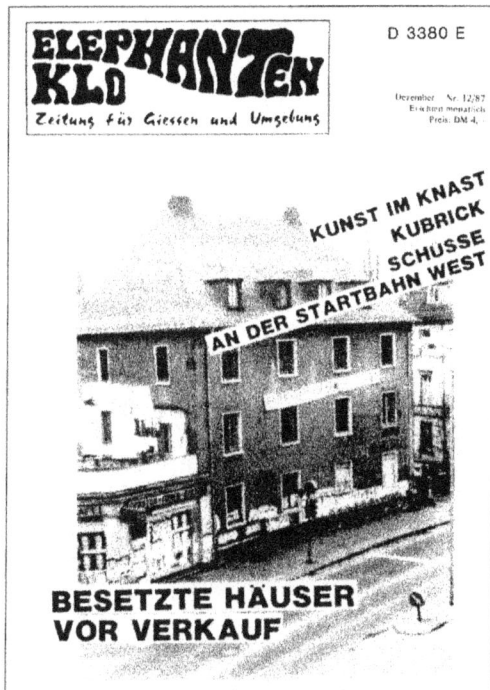

Das letzte Elephantenklo

fend befaßte sich die Zeitung mit dem für 1987 anstehenden zweiten Anlauf zur Volkszählung, nachdem der letzte gestoppt wurde, weil die Bundesregierung nicht mit derartig vehementem Widerstand gerechnet und dementsprechend schlecht vorbereitet war.

Die Titelstory zum Thema AIDS im April 87 nahm ebenfalls einen großen Teil des Heftes ein. Vier Beiträge von verschiedenen Autoren informierten über den offiziellen Umgang mit der AIDS-Angst in Gießen, die privaten Ängste Einzelner und die Behandlung des Themas in der Gießener „Scene", die gesellschaftliche Relevanz von AIDS und AIDS-Angst sowie den Stand der AIDS-Forschung, der einer kritischen Betrachtung unterzogen wurde.

Auch die eigene Geschichte kam nicht zu kurz: 20 Jahre 2. Juni 1967 war dem Elephantenklo eine ausführliche Betrachtung wert.

In der zweiten Jahreshälfte ließen die interessanten Artikel wieder nach und gipfelten in einem selbstironisch auf den Barschel-Selbstmord anspielenden, aber gleichwohl inhaltslosen Titelbild im November 87. Die Kraft der Redaktion, ehrenamtlich und als Feierabendzeitungsmacher noch für Qualität zu sorgen, war am Ende. Zuletzt noch etwa 400-500 verkaufte Exemplare markierten den Endpunkt eines ausgebrannten Projektes, und die letzten verbliebenen Redakteurinnen und Redakteure hatten endgültig die Nase voll.

Gießen, im Januar 1999

Der Autor dankt folgenden Personen für ihre unfreiwilligen Beiträge zu dieser Chronik: Burkhard Scherer; dem unbekannten Zeichner der „Trüffelschwein"-Abenteuer; dem Urheber des Klo-Graffiti (aus der Oktave, ca. 1986), welches den Titel dieses Beitrages lieferte - ich hoffe, er hat Gießen überlebt; und natürlich allen Ex-Redakteurinnen und -Redakteuren, insbesondere denen, die im Text anonymerweise zitiert werden.

"

Rainer Kah / Gunter Klug

Stadtsanierung in Gießen oder „Sommerlads Gangsterstück"

Der Abriß des Flutgraben 4 im Jahr 1981

Einer der Kulminationspunkte des Gießener „Wohnungskampfes" war 1981 der illegale Abriß des Wohnhauses Flutgraben 4 im Auftrag des Möbelhauses Sommerlad. Seit vielen Jahren befand sich Sommerlad auf Expansionskurs mitten in der Stadt. Um die Erweiterungen abzusichern, kaufte Sommerlad im Lauf der Jahre fast das gesamte Areal rechts der Bahnhofstraße zwischen Westanlage und Wieseckbrückchen. Bis zur Eigennutzung blieben Wohn- und Geschäftsräume jedoch anderweitig vermietet. Als Sommerlad dann Ende der 70er sein Parkhaus im Flutgraben errichten wollte, begann das Unternehmen, die Mieter der Häuserreihe Flutgraben 4 - 8 rauszuwerfen. Eine große Wohngemeinschaft in der rechten Hälfte von Haus Nummer 4 blieb jedoch hartnäckig und widerstand den teilweise rustikalen Versuchen der „Möbelstadt", die Häuser leerzubekommen. Nachdem Sommerlad wohl keine Zeit hatte, den langwierigen legalen Weg zu gehen und bereits erste Prozesse für das Unternehmen verloren gegangen waren, griff der Möbelhändler zu schwererem Geschütz.
Die Chronologie der Ereignisse schilderte die Alternativzeitung „Elephantenklo" in ihrer Ausgabe Nr. 89 vom 30. März 1989 so:

Sonntag, 22.3.81

Aus gewöhnlich gut informierten Kreisen sickert durch, daß in den nächsten Tagen die bereits leerstehenden Sommerlad-Häuser im Flutgraben abgerissen werden und dabei das noch legal bewohnte Haus Flutgraben 4 so beschädigt werden soll, daß ein endgültiger Abbruch auch der Nr. 4 unvermeidlich ist. Auf diese Weise soll die dritte Gerichtsverhandlung im Mai überflüssig gemacht werden, in der Sommerlad seine Räumungsklage gegen die Bewohner des Flutgraben 4 durchsetzen will (zwei Verhandlungen blieben für das Möbelhaus erfolglos). Die Information erscheint so unglaublich, daß sie keiner ernst nimmt.

Dienstag; 24.3.81

Vormittag: Die Baufirma Schleenbecker beginnt mit dem Abriß der Häuser Flutgraben 6 und 8. Als die Hausbewohner von Arbeit oder Einkauf gegen Mittag eintreffen, reißt der Bagger gerade die linke Hälfte der Nummer 4 ab. Die Bewohner rufen einen Rechtsanwalt. RA Roth trifft gegen 12 Uhr ein und erklärt dem selbst anwesenden Juniorchef Willi Schleenbecker, daß im rechten Hausflügel zwei Mietwohnungen sind, die nicht abgerissen werden dürfen. Der Bagger beginnt mittlerweile, die Wand zum Treppenhaus aufzureißen. RA Roth ruft die Polizei und beantragt beim Gericht eine einstweilige Verfügung. Als er zurückkommt, ist das Treppenhaus bereits eingerissen. Eine Untermieterin aus dem Erdgeschoß wird mit einem Wasserschlauch vom Bauunternehmer am Betreten ihrer Wohnung gehindert. Die Polizei trifft ein, der Abriß ist mittlerweile unterbrochen.

14.30 Uhr: RA Roth überreicht im Verwaltungsgebäude der Fa. Sommerlad eine einstweilige Verfügung, in der es heißt: „Den Antragsgegnern wird untersagt, das Haus Flutgraben 4 weiter zu zerstören. Für den Fall der Zuwiderhandlung wird Ordnungsgeld bis zu 500.000,- DM oder Ordnungshaft bis zu 6 Monaten angedroht." Da der Bewohner des zweiten Stocks nicht mehr in seine Räume kann (das Treppenhaus ist völlig demoliert, der Mieter hat unter

Im Schatten der Möbelstadt: Der Flutgraben vor den Abrissen

24.3.: Der Rechtsanwalt der Bewohner (2. v. l. auf dem Trümmerberg) versucht den Bagger zu stoppen. Quelle: Gießener Anzeiger

anderem seine Examensarbeit dort liegen), heißt es weiter: „Den Antragsgegnern wird aufgegeben, dem Antragsteller den Zugang zu seiner Wohnung im Haus Flutgraben 4, 2. Stock, wieder zu verschaffen." Und: „Die Antragsgegner tragen die Kosten des Verfahrens."

Nachmittags: Die Feuerwehr sichert die Ruine des Hauses mit Stützbalken ab, herabhängende Teile des Daches werden entfernt. Baustatiker Ebelein vom Bauordnungsamt sagt RA Roth, daß das Haus nicht baufällig sei. Er sichert zu, daß die baupolizeiliche Räumungsverfügung, die mittlerweile auch existiert, nur für die Zeit der Absicherung gelte. Unterdessen tauchen immer mehr Leute im Flutgraben ein, um die Bewohner zu unterstützen. Flugblätter werden gedruckt: „Sommerlad das Schwein, setzt heut Bagger gegen Menschen ein" ist die Überschrift. Für 23 Uhr wird eine Demonstration geplant.

23 Uhr: Die Demonstration beginnt im Riegelpfad. Ca. 500 Leute ziehen mit Fackeln und Wut im Bauch durch den Flutgraben, ein paar Sommerlad-Scheiben gehen zu Bruch. In der Ludwigstraße bleibt die Demonstration stehen und bröckelt langsam ab. Bis zwei Uhr stehen noch Leute auf der Straße, diskutieren, wärmen sich an einem Feuer. Zwei Polizeiwagen mit Besatzung bewa-

chen das Ganze, als die letzten gehen, kommt die Feuerwehr und löscht das kleine Lagerfeuer, das auf der Straße vor sich hin kokelt. Während der Nacht suchen Unbekannte den Sommerlad-Fuhrpark in Krofdorf auf und sprühen die Windschutzscheiben der Auslieferungs-LKW's zu.

Mittwoch, 25.3.

Tagsüber: Ständig stehen Leute vor dem Flutgraben 4, um die Reste des Hauses vor dem endgültigen Abriß zu schützen. RA Schmidt erreicht beim Amtsgericht eine neue einstweilige Verfügung gegen Sommerlad: „1. Den Antragsgegnern wird aufgegeben, (...) durch Sicherungsmaßnahmen dafür zu sorgen, daß das Haus (...) Flutgraben 4 nicht infolge der Schäden, die es bei Abbrucharbeiten erlitten hat, abgerissen werden muß." Die Zeitungen berichten vom Vortag. Im GA erklärt Sommerlad-Geschäftsführer Stein, die Beschädigung der Nr. 4 sei ein Versehen und stellt die Firma als professionellen Zimmervermieter an

Das zerstörte Treppenhaus kurz vor dem endgültigen Abriß

Studenten dar. Die „Wetzlarer Neue Zeitung" schreibt in einem fetten Aufmacher auf der Titelseite, an dem nur die Buchstaben stimmen, in Gießen sei es in der Nacht „zu Strassenschlachten" gekommen. Die Demonstranten hätten „an einigen Stellen Feuer gelegt". Die AZ weiß: „Abbruchunternehmer irrte".

Gegen 17.30 Uhr betreten ein paar Leute die Ladenräume von Sommerlad. Buttersäuregeruch umschwebt die Möbel. Als die Leute wieder rausgehen, wird sofort das Scherengitter am Haupteingang geschlossen. Gegen 18 Uhr wird bekannt, daß das Bauordnungsamt die Räumung des Hauses wegen Einsturzgefahr angeordnet hat. Da eine Polizeiaktion zu befürchten ist, sammeln sich immer mehr Men-

76

schen im Flutgraben. Als die ersten Blaulichtwagen auftauchen, wird eine Barrikade errichtet. Zur Bahnhofstraße hin wird der Flutgraben mit quergestellten Autos blockiert. Am Abend findet ein Straßenfest statt. Als auf der Straße ein kleines Lagerfeuer zum Aufwärmen entzündet wird, taucht plötzlich die Feuerwehr mit Blaulicht, Sirene und drei Löschwagen auf. Unter großem Hallo wird ein Schlauch entrollt, und ein dünner Wasserstrahl löscht unter dem Beifall der Zuschauer die Flammen. Dies passiert im Lauf des Abends ein zweitesmal. Bis spät in die Nacht stehen Leute vor dem beschädigten Haus, die eine oder andere Fensterscheibe geht noch zu Bruch, ab und zu explodieren Feuerwerkskörper. Die Polizei übt sich in Zurückhaltung und diskutiert mit den Demonstranten. Als ein Sommerlad-Mitarbeiter auf Anweisung der Polizei eine beschädigte Scheibe ganz herausschlägt, um mögliche Verletzungen zu vermeiden, wird er von Demonstranten im Glauben, er sei einer von ihnen, angemacht: „Hör doch auf, keine Provokationen!" Allgemeine Heiterkeit, auch bei der Polizei. Gegen zehn, halb elf sieht ein Zeuge, wie ein Angehöriger der Wach- und Schließgesellschaft (die schon seit Dienstagabend bei Sommerlad Sondereinsatz schieben) in der Bahnhofstraße erst seine Pistole durchlädt, ehe er den Flutgraben betritt, Django läßt grüßen.

Donnerstag, 26.3.81

Inzwischen sind zwei Hundertschaften Bereitschaftspolizei aus Wiesbaden und anderswo in Gießen eingetroffen - übrigens die einzigen von auswärts Angekarrten an diesem Tag. Sie belagern den Schulhof der Goetheschule.
Aus ihrer Anwesenheit schließen die Bewohner des Flutgraben 4, daß ihre Wohnungen nun endgültig geräumt und abgerissen werden sollen. Eine Entscheidung des Landgerichts über den Widerspruch der Rechtsanwälte gegen die Räumungsverfügung vom Bauordnungsamt liegt allerdings noch nicht vor. Der Spruch des Gerichts wird erst im Laufe des Tages erwartet. Bis dahin mindestens gilt es Zeit zu schinden. Per Telefon werden Leute zusammengetrommelt. Nur wenigen gelingt es jedoch, noch bis zum Haus zu gelangen. Bereits um 11 Uhr sind alle Zugänge von den Uniformierten weiträumig abgeriegelt. Die Bahnhofstr./Ecke Alicenstr., die Ecke Westanlage, der Zugang vom Schulhof, der Bahndamm. Die Tore der Hinterhöfe der Westanlage sind verschlossen. Immer mehr Leute versammeln sich auf der Kreuzung Westanlage, einige ziehen um 11.30 Uhr los, hocken sich auf die Kreuzung unterm

Elefantenklo, werden aber recht bald von einem Bereitschaftstrupp unsanft bei-
seite geräumt, eine kleine Demonstration läuft daraufhin durch die Stadt,
kommt an der Bahnhofstraße wieder an, durchbricht die Polizeisperre, wird
jedoch von nachrückenden Bereitschaftlern wieder aufgehalten. Gegen 13 Uhr
rollt ein Bagger in der Westanlage an, die dort Versammelten stellen sich ihm in
den Weg, der Baggerführer fährt trotzdem drauflos - mit Zuspruch der Bepos,
die einen, der sich vor das Fahrzeug gelegt hat, gerade noch in letzter Sekunde
vor den Ketten des Baggers wegreißen. Die Beamten - einer stellt sich als
Helmut Schmidt vor - lehnen eine Anzeige mit der Feststellung ab „Wir sind
nicht wegen des Baggerfahrers, sondern wegen Ihnen hier". Als um 14 Uhr die
bereits zwei Tage vorher geplante Demo vom Marktplatz her eintrifft, sinds
dann etwa 500 Leute, die die Westanlagenkreuzung sperren, um der Gießener
Geschäftswelt zu demonstrieren, daß der Verkehr nicht nur so fließen kann, wie
sie es gerne haben will. Einer der Demonstranten steigt in einen Bus und fragt,
ob die Fahrgäste wissen wollten, warum der Verkehr lahmliegt. Er wird vom
Busfahrer rausgeschmissen, der dann die Tür schließt, noch während sich der
Rausgeschmissene halb dazwischen befindet. Ein Lastwagenfahrer, gegen dessen
Fahrzeug sich bestimmt 50 Leute von vorne gelehnt haben, fährt plötzlich an,
man versucht ihn daran zu hindern, doch da gibt er erst recht Vollgas, wobei es
ca. 10 Leuten nur ganz knapp gelingt, noch zur Seite zu springen. Erst der
Verkehr und mehrere Demonstranten, die wiederum hinterher rennen, bringen
ihn zum Stillstand, die Polizei, die dazukommt, nimmt diesmal nur auf
Drängen der Betroffenen die Personalien des Mannes auf.

In der Zwischenzeit hat das Landgericht sich zum Lokaltermin in den Flutgraben begeben, zu dem RA Schmidt von den Polizeisperren in der Bahnhofstraße
nicht zugelassen wird, was die Kammer nicht daran hindert, ihren Spruch:
„Das Haus muß wegen Baufälligkeit geräumt werden" zu fällen.
Die nun Obdachlosen räumen ihre Wohnungen. Um 16 Uhr demonstrieren wir
dann in der ganzen Stadt, versuchen auf der Straße, den zu erwartenden
Zeitungsberichten, die von den Gründen unserer Empörung so gut wie nichts
verbreiten werden, unsere eigene Information und Wut entgegenzusetzen. Wieder
werden Kreuzungen kurzzeitig besetzt, immer wieder andere, immer wieder
Amokfahrer, mit denen wir zu rechnen haben. Aber die Gießener Presse weiß
am nächsten Morgen von keinen „nennenswerten Zwischenfällen".
Um 23 Uhr noch 'ne Demo, diesmal mit 1000 Leuten - all zu schnell wollen

wir unsere Gemüter nicht wieder beruhigen müssen. Unsere Parolen, Knallfrösche und Pfiffe im Takt zum Gerenne sind wieder in der ganzen Stadt zu hören – ganz lustig ist, wie die in ihrer steifen Uniform immer neben uns herhoppeln und in den Seitenstraßen ständig irgendwelche Mannschaften á 50 Grüne rumrennen, ohne so recht zu wissen wohin. Mehrere Mannschaften bewachen immer noch die Ruinen vor Sommerlad, mit Wasserwerfern und allem bewaffnet – wie lange noch?

Freitag, 27.3.81

Die Zeitungen überschlagen sich: „Maskierte und vermummte Gestalten ließen in der Nacht Pflastersteine fliegen" (WNZ), „2000 Demonstranten stürmten um Mitternacht durch die Stadt"... „Stahlkugeln durchschlugen die Fenster von Banken..." (GA). Tagsüber bleibt es ruhig. Abends treffen Meldungen ein: Mannschaftswagen und Wasserwerfer auf dem Weg nach Gießen. Mittlerweile (Mitternacht) stehen die Grünen vor Sommerlad, behelmt und beschutzschildet und harren der Dinge, die heute Nacht noch kommen könnten... und wenn sie nicht gestorben sind, dann stehen sie am Montag wohl auch noch da...

In einer auf den Demonstrationen verteilten Sonderausgabe schildert das „Elephantenklo" auch die Vorgeschichte zum „irrtümlichen" Abriß des Flutgraben 4:

„Möbelstadt Sommerlad walzt demnächst auch Dein Haus platt"

Unter diesem vorausschauenden Titel hatten Bewohner des Flutgraben 4 im E-Klo Nr. 53 (vom 5.11.79) über die Schikanen und Machenschaften des Gießener Möbelimperiums informiert, die Mieter aus den Häusern im Flutgraben rauszuschmeißen. Schon ab 1974 wurden Sommerlads Pläne offenkundig, die inzwischen von ihm erworbenen Wohnhäuser Flutgraben 4, 6 und 8 abzureißen und an ihrer Stelle ein 3000 qm großes Mitnahmecenter sowie eine Tiefgarage zu bauen. Zu Hilfe kam Sommerlad die Gründung der Stadt Lahn, durch die Gießen aus den Bestimmungen (gemeint: der Geltungsbereich

GEGEN DIE STADTSANIERUNG
DES MAGISTRATS

Flugblatt der Flutgraben-
Bewohner 1979

Unterstützt die Bewohner des Flutgraben 4
und die von geplanten Parkhäusern Be-
troffenen!

**Kommt zu den Räumungsprozessen am 28.3.79
im Amtsgericht (Gutfleischstr.) um8.30 bzw.9.30Uhr, Raum 100**

„Wie geht man gegen die Stadtsanierungspolitik des Magistrats vor"
Treff: 28.3., 18Uhr im Flutgraben 4, 1. Stock re.

die Bewohner d. Flutgraben 4

des Gesetzes gegen ..., Anm. d. Hrsg.) *für Wohnraumzweckentfremdung
(das ist eine Rechtsverordnung, die verhindern soll, daß man Wohnraum
leerstehenläßt, willkürlich zerstört oder in Geschäftsraum umwandelt) heraus-
fiel. Doch die Mieter wollten nicht so leicht aus den günstig gelegenen und
preiswerten Innenstadtwohnungen weichen und legten gegen Sommerlads*

*Kündigung (Begründung: „Eigenbedarf") Einspruch ein. Bis zum Herbst 1979
waren erst 3 der 7 Mietparteien (in den drei Häusern) durch Prozeßdrohungen
bzw. durch eine Räumungsklage zum Auszug gezwungen worden. Sommerlad
hatte aber auch schon damals nicht nur „auf dem Rechtsweg" versucht, die
Mieter aus den Wohnungen rauszuekeln. Der Sommerlad-Prokurist Stein, der
nach eigenen Angaben im Krieg „schon mit ganz anderen Leuten fertiggewor-
den ist", rief des öfteren bei Eltern von jüngeren Mietern an und versuchte,
diese zu bewegen, die Bengels und Lausbuben doch endlich zur Vernunft zu
bringen. Im Dachgeschoß eines Hauses, das nicht mehr bewohnt war, ließ
Sommerlad bewußt bei jedem Wetter die Fenster offen stehen: schon im Oktober
1979 vermuteten die Mieter zu Recht, „daß uns nicht nur die Gerichte vertrei-
ben sollen, sondern auch der Versuch, das Haus allmählich unbewohnbar zu
machen, gemacht werde". Die Gerichte taten indes Sommerlad so leicht den
Gefallen nicht - wie auch, wo die Kündigung selbst nach unseren bestehenden
Gesetzen unrechtmäßig war. Die Bewohner des Flutgraben 4 jedenfalls wollten
ihre Wohnung nicht aufgeben.*

*Bei den Prozessen vor dem Gießener Amtsgericht versuchte Sommerlad-
Staranwalt Kirschstein-Freund die Mieter vom Flutgraben 4 zu diffamieren und
beantragte, einem von ihnen das Armenrecht zu verweigern - was den
Betroffenen die materielle Grundlage für einen Rechtsstreit mit dem Krösus
(„Wenn's einer hat, dann Sommerlad") entzogen hätte. In dieser Zeit trug
Kirschstein-Freund auch zur Verbreitung des E-Klo bei, indem er Fotokopien der
Flutgraben-Berichterstattung an alle Beteiligten (und wer weiß an wen sonst
noch) schickte.*

*Alle Tricks der konzertierten Sommerlad-Aktionen halfen zunächst wenig: im
Dezember 1979 verlor Sommerlad in erster Instanz alle gegen Bewohner des
Flutgraben 4 geführten Räumungsprozesse. Das Amtsgericht hatte dabei klargestellt: erstens mußte Sommerlad die nach Möbelstadt-Rechtsauffassung
„unberechtigten Personen, die sich in den Besitz von Wohnungen gesetzt haben"
als Mieter behandeln, wenn sie schon ausziehen sollen, und zweitens haben
damit diese, wenn sie schon ausziehen sollen, das Recht auf stichhaltig begründete, rechtskräftige Kündigungen - welche Sommerlad auszusprechen bezeich-
nenderweise bislang nicht in der Lage war. Auch die Berufungsverhandlung vor
dem.Landgericht (Februar 1980) erbrachte im wesentlichen keine anderen
Ergebnisse: die Mieter durften im Flutgraben 4 wohnen bleiben.*

Während die Bewohner vom Flutgraben 6 und 8 letztlich hinausgeekelt wurden, hielten die Leute vom Flutgraben 4 bis zuletzt auch alle Schikanierungsversuche Sommerlads aus. Sie befinden sich noch immer, so makaber das klingen mag, im Besitz eines rechtsgültigen Mietvertrages, während ihre Wohnung mittlerweile dem Erdboden gleichgemacht ist.

Weshalb hatte Sommerlad es plötzlich so eilig? Der nächste Prozeßtermin wegen der Räumungsklage sollte am 6. Mai 81 zur Verhandlung kommen und es besteht begründeter Verdacht, daß Sommerlad und Magistrat der Schnelligkeit des Rechtswegs nicht mehr so recht trauten. Schließlich hatte der Magistrat gerade einen ähnlich gearteten Räumungsprozeß gegen die Mieter der Westanlage 44 verloren (vgl. dazu Meldung in diesem E-Klo).

Wo der Rechtsweg mühsam ist, müssen Fakten her: schon einige Tage vor dem Abrißunternehmen war aus dem Gießener Magistrat die Absicht durchgesickert, die Häuser Flutgraben 6 & 8 abzureißen und dabei das bewohnte Haus Flutgraben 4 so zu beschädigen, daß es nicht mehr zu bewohnen ist. Die Information schien so ungeheuerlich und unglaublich, daß nicht rechtzeitig auf das illegale Abrißunternehmen reagiert wurde.

Die Pläne von Sommerlad und Magistrat, vollzogen vom Krofdorfer Bauunternehmer Willi Schleenbecker, der die Aktion persönlich leitete, sind aufgegangen.

Am Tag nach der „Scherbennacht" vom 26. auf den 27.3. machte GA-Lokalredakteur Dieter Th. Hesse in bester Springer-Presse-Manier auswärtige „Rollkommandos" für die Ereignisse verantwortlich:

GA, 27.03.1981

2000 Demonstranten stürmten um Mitternacht durch die Stadt

Gießen (dth). In der vergangenen Nacht glich die Gießener Innenstadt einem Hexenkessel. Gegen 23 Uhr setzten sich etwa 600 teilweise vermummte und mit Latten und Steinen bewaffnete junge Leute im Riegelpfad in Marsch in Richtung Stadtzentrum. Der Zug, der schnell auf etwa 1000 Teilnehmer anschwoll, durchkreuzte im Laufschritt die Fußgängerzone. Die ersten Scheiben gingen zu Bruch. Wenige Minuten vor Mitternacht formierte er sich neu in der

Südanlage und startete - wiederum - mit mittlerweile annähernd 2000 Teilnehmern - zu einem Zick-Zack-Lauf durch den City-Bereich. Stahlkugeln durchschlugen die Fenster von Banken. Unterdessen verstärkte die Polizei ihre Einsatzkräfte rund um den Flutgraben und ließ auch einen Wasserwerfer auffahren. Um 1 Uhr war der Demonstrationszug über die Ludwigstraße wieder im Riegelpfad angekommen. Nach einem kurzen Stop dort ging es im Laufschritt über die Liebigstraße in Richtung Bahnhofstraße und weiter zu Sommerlad. - Über die weiteren Ereignisse dieser Nacht berichten wir ausführlich in unserer morgigen Ausgabe.

Soweit die Meldung, und hier Dieter Th. Hesses Kommentar:

GA, 27.3.1981

Sternfahrt ohne Sternstunde

Gießen erlebte gestern einen Tag, wie es ihn in der Geschichte dieser Stadt noch nicht gegeben hat und hoffentlich auch nicht wieder geben wird. Zwei Fronten standen sich unversöhnlich gegenüber - ein Hausbesitzer oder auch Eigentümer der von drei Gebäuden übriggebliebenen Trümmer und junge Leute, die es nicht hinnehmen wollten, daß ihr Wohnraum zerstört wird. Der eine hatte zur Unterstützung seiner Interessen Gerichtsbeschlüsse und die Polizei, die anderen holten sich Verstärkung für ihr Anliegen, wo immer sie diese kriegen konnten. Sie wollten auf ihre Situation aufmerksam machen und hofften auf mehr Verständnis bei der Bevölkerung, doch ihre Rechnung ist nicht aufgegangen. Zersplitterte Scheiben, beschmierte Autos, das Werk ihrer Helfer von außerhalb, sie mögen schon in der ersten stürmischen Nacht nicht mehr ins Konzept der eigentlich Betroffenen gepaßt haben. Das, was danach kam, die Demonstration gestern, die eigentlich ja nur noch mehr Aufmerksamkeit für ihr Anliegen erzeugen sollte, haben jedoch die Beobachter eher erschreckt. Der Auftritt der aus allen Himmelsrichtungen angereisten Protestierer hat den Flutgraben-Leuten sicherlich wenig neue Sympathisanten beschert. Sie, die ja schon seit Jahren - gelegentlich mit harten Bandagen - um diese Objekte kämpfen, hatten schließlich in der Vergangenheit mehrfach bewiesen, daß Diskussionen durchaus ihr Metier und friedliche Lösungen möglich sind. Wo Gespräche stattfanden, wuchs die Bereitschaft zum Miteinander, hörte der vielzitierte Mann von der Straße auch auf Untertöne und nahm Argumente auf.

In den letzten Tagen und Nächten konnte davon jedoch nur noch selten die Rede sein. Leute, die hier nichts zu verlieren haben, waren nach Gießen gekommen, um „Randale" zu machen. Übermorgen sind sie vielleicht in Göttingen oder Freiburg zu Gange...
Es wäre besser gewesen, die jungen Leute aus dem Flutgraben hätten auf die Rollkommandos von außerhalb verzichtet.
Dieter Th. Hesse

Derlei Rabulistik zog das „Elephantenklo" genüßlich durch den Kakao:

Aftermath - Erinnerungen an das Gießen von einst

Je gellt, so kannten wir unser Gießen, als großzügig-menschenfreundliches Einkaufszentrum, aufgebaut in jahrzehntelanger mühsamer Kleinarbeit von stolzem Bürgersinn unter Anleitung weitsichtiger Politiker, gelobt für Bilka, Horten und Kerber bis in die Weiten Anatoliens. Ja, so kannten wir es, so war es: unser Gießen. Bis gestern nacht. Dann passierte es. 2000-Latten-Laufschritt-Zick-Zack-Steine--Anschwellung-Mitternacht--Scheibenbruch-Aus-Vorbei-Gießen-Ade!
Der Seltersweg heute morgen, 10 Uhr: rauchende Trümmer, verzweifelte Menschen, die nach Angehörigen und Sonderangeboten suchen, Panik in den Augen, über allem ein höllischer Gestank. Wo einst die Commerzbank erstrahlte: nur noch ein Gewirr aus Steinen, gefälschten Banknoten und Kontoauszügen. Nur die benachbarte kärgliche Köhlerhütte haben die Chaoten verschont, der Köhler ist gleichwohl verzweifelt: All seine Kohle liegt im Tresor der Bank, bis er da drankommt, kann es Jahre dauern, und schon morgen sollte die Hochzeit seiner Tochter Liesel mit einem satirebegabten Journalisten sein, der obendrein das dritte Gesicht hat: er kann packende Artikel schreiben über Ereignisse, die so nie waren und auch nicht sein werden, den Leser aber doch immer wieder bestricken durch die Homogenität ihres Schwachsinns und ihre subtile Perfidie. Aber was halten wir uns - bei diesem Ausmaß des Grauens - bei Einzelschicksalen auf, wenn nur 50 Meter weiter Karstadt-Puppen hinter zerschlagenen Fensterscheiben an den Brustwarzen frieren, weil geile Krawallweiber ihnen die gepunkteten Bikinioberteile entrissen. Das gepflegte Pflaster,

das früher zum gemütlichen Schlendern einlud: aufgerissen von Protestierern,
die noch immer nicht begriffen haben, daß die Behauptung, darunter läge der
Strand, lediglich eine Lüge von infamen Konfliktpädagogen ist. Und da: wieder
zersprungenes Glas. Auf einem Kinoplakat. Agatha Christie: Mord im Spiegel.
Selbst Spiegel auf Kinoplakaten werden von diesen marodierenden Horden nicht
geschont, jetzt sind sie kaputt, kaputt wie die Phantasie von Dieter T. (tickt
nicht mehr richtig?) Hesse, der diese Tartarenmeldungen erfand (im Zick-Zack
zur Schreibmaschine) und mich in einem zweiten Artikel gleich zu einem aus-
wärtigen Rollkommando aufwertet, weil mein erster Wohnsitz in Osnabrück ist
(wen außer mir kann er gemeint haben?) nicht einsehenwollend, daß diese
„Kommandos" - so es sie gibt - anderswo genug zu tun haben und daß die
Gießener Verhältnisse durchaus genügen, hier 1a Jugendkrawalle ohne auswär-
tige Einpeitscher entstehen zu lassen. Nämlicher Hesse war es auch, dem die
Köhlerliesel versprochen war, aber daraus wird jetzt wohl nichts mehr (s.o.),
drum muß er weiterschreiben, armes altes Gießen.

Der Gießener Anzeiger beschäftigt sich am 27.3.1981 passend zu den
Ereignissen in Gießen in einem ganzseitigen „politischem Interview" vom
27.3.1981 ausführlich mit den Ursachen der sog. „Jugendkrawalle". Die
Psychologin Christa Meves aus Uelzen gab besorgten Fragen von Alfons
Sarrach Antwort und bescheinigt der geplagten Jugend neben Angst auch
eine gewisse Vitalität. Ursache politischen Handelns und Kritik gerät allerdings bei ihr gänzlich auf eine individualisierte und fehlgeleitete Trieberfül-
lung, wird gleichsam pathologisiert.

„Frage: ... Wo sehen Sie den Kern des Problems?
Die Schwelle für Aggressivität bei vielen Menschen - und vor allem bei jungen
Menschen - wird immer niedriger. Die Ursache liegt sicher darin, daß man -
natürlich ohne es zu wollen oder es zu wissen, vermehrte Aggressivität in der
jungen Generation geradezu gezüchtet hat. Man hat nämlich bei ihr im frühen
Kindesalter die lebensnotwendigen Antriebe behindert. Wenn diese Urantriebe -
etwa nach Selbstbehauptung, nach Bindung, nach Nahrungsaufnahme behin-
dert werden, entsteht im Kind Angst und daraus bei kraftvoller Vitalität
Aggressivität. Diese Verfassung haben wir in den Kindern in unserem künstli-
chen, mobil gewordenen Leben gezüchtet, indem wir ihnen nicht mehr genug

Bindung und Geborgenheit vermitteln. ....
Frage: Kann sich diese Aggression auch gegen die eigene Gruppe richten?
Nicht selbstverständlich. Das Gesetz heißt: Der Feind wird bekämpft. Solange
außen noch etwas zum Feind zu machen ist (z.B. die Polizei) hält die Gruppe
intensiv zusammen und auf diesen Feind wird die Aggressivität geballt gerichtet.
Gibt es ihn nicht mehr, ist er siegreich beseitigt oder in die Flucht geschlagen,
dann kann die Revolution anfangen, ihre Kinder zu fressen."
Unter einem Foto zur Illustration (abgebildet ist eine Demonstration mit
einem Transparent mit dem Text „Stop dem Bullenterror und Willkürlichen
Hausdurchsuchungen") findet sich folgende Bildunterschrift des GA:
„*Lebensnotwendige Grundbedürfnisse in der frühen Kindheit nicht erfüllt."*

Stadtsanierung in Gießen
Schlaglichter und Momentaufnahme im Frühjahr 1981

Im März 1981 wurde ein Widerspruch zweier divergierender Betrachtungs-
weisen der städtebaulichen Entwicklung, mithin der Besetzung des alther-
gebrachten Begriffs „Heimat" und der städtischen Identität, evident.
Die Stadt Gießen erlebte in Folge der Vorgänge im Flutgraben ihre „Scherbennacht", hatte ihr „Gewalterlebnis" und konnte sich seitdem, analog
zahlreicher größerer Städte im Bundesgebiet, „Bewegungsstadt" nennen.
(Dies taten die Gießener Offiziellen freilich mitnichten). Nach Berlin, Köln,
Stuttgart, Bremen, Bielefeld, Frankfurt und Düsseldorf, konnte Gießen,
gleichauf mit Kiel und Essen im April 1981 drei besetzte Häuser als studentische Antwort auf die Wohnungsnot vermelden (Sachschaden, TAZ-Journal
Nr. 3, Frankfurt 1981, S.78).

Unter der Überschrift „*Was lange währt, wird endlich gut",* wandte sich
Oberbürgermeister Görnert (CDU) in den Mitteilungen der Stadtverwaltung
Gießen (in einer Beilage der Gießener Allgemeinen Zeitung vom 10.3.1981)
an die Gießener Bevölkerung: „*Verehrte Mitbürgerinnen, verehrte Mitbürger, was*
lange währt, wird endlich gut! Ich glaube, wir können an diesen Satz anknüpfen, weil
Parlament, Magistrat und Sanierungsträger, das ihnen Mögliche unternommen haben,
damit ein weiteres Kernstück unserer Innenstadt saniert worden ist. ... Für die zukünf-
tige kommunale Entwicklung bleibt es uns ein wesentliches Anliegen, Gießen in und
aus seiner Substanz heraus zu stärken und modernen Entwicklungen anzupassen. Wir

müssen das Alte bewahren, wo es sinnvoll ist, und zugleich das neue bewältigen, wo es geboten erscheint."
Über die verschiedenen Möglichkeiten der Bewahrung des Alten und der Bewältigung des Neuen in Gießen gab es gleichwohl gravierende Meinungsunterschiede. Nicht zuletzt in Bürgerinitiativen (BI) wie der BI Mühlstraße/Schanzenstraße, der BI „Was soll aus dem Brandplatz werden", der BI „Gegen ein Parkhaus in der Roonstraße" oder der BI gegen ein geplantes Parkhaus am Oswaldsgarten setzten sich betroffene BürgerInnen streitbar gegen Sanierungs- und Neubaumaßnahmen in Gießen zur Wehr. Auch der erste Einzug der GRÜNEN in das Stadtparlament im März 1981 dürfte der Unzufriedenheit eines nicht unbeträchtlichen Teils der Gießener Bevölkerung mit der Stadtentwicklungspolitik geschuldet gewesen sein.
Der Spitzenkandidat der Gießener GRÜNEN Siegfried Kaus schrieb im Juni 1980 im Vorwort der von ihm herausgegebenen Broschüre *„Giessen in Bildern und schönen Sprüchen"* über die Veränderungen in der Stadt Gießen: *„Von Fortschritt, Wachstum, Aufbau, von Gewinn für unsere Stadt, Strukturverbesserung, Stärkung der Lebenskraft war die Rede und wer weiß von was noch. In Wahrheit erfolgte häufig die Zerstörung von Werten, die uns Gießenern etwas bedeuten. Die Verantwortlichen schmücken sich mit Ehren, Verdienstkreuzen und Titeln oder bereichern sich; die Bürger fühlen sich in ihrer Heimatstadt nicht mehr wohl".*

Gleichzeitig wurden obskure Vorschläge zur Stadtsanierung und Verkehrsberuhigung öffentlich, schien in Gießen vieles möglich zu sein. Prof. Fischer-Schlemm bspw. referierte über Möglichkeiten der Verkehrsberuhigung und schlug eine Tiefgarage unter dem Berliner Platz vor (GAZ vom 28.3.1981). Die beiden ehemals besetzten Häuser Südanlage 20 und Alicenstr. 18 indes lagen im Bereich einer geplanten Hochstraße und standen aus diesem Grunde jahrelang leer.
In einer neuen Werbekonzeption *„Punkt für Punkt ein Mittelpunkt - Programm mit Ausstrahlung"* wurde Gießen als *„Eine Serie von buntgemischten Zuckerseiten"* (vergl. GA vom 18.3.1981) vorgestellt. In der Broschüre hieß es: *„Das Stadtbild Gießens zu Beginn der 80er Jahre eröffnet Perspektiven."*

Diese Perspektiven, resp. oben beschriebene „Bewältigung des Neuen" wurden in Gießen folgendermaßen genutzt:
Das Gebiet südlich der Linie Löwengasse - Mühlstraße waren von den Zerstörungen im 2. Weltkrieg kaum betroffen, d.h. das im Gebiet Seltersweg/Bahnhofstraße durchaus alte Bausubstanz und ein gewachsenes Wohnviertel vorhanden waren. Vor allem der Baubeginn des Kaufhauses

Horten 1975 und der Baubeginn des City-Centers 1977 (vergl. Beilage der GAZ vom 10.3.1981) veränderten nachhaltig den Charakter der Gießener Innenstadt. Der sogenannte „Modernisierungsbereich" Schanzenstraße, der den Bau der Tiefgarage Mühlstr./Schanzenstraße (erst in späterer Planung mit Sozialwohnungen) mit sich brachte, wurde zur dritten Großbaustelle. Hier wurde schon gebaut, als noch unklar war, ob die Einfahrt zur Tief-garage überhaupt realisiert werden konnte. Die Mieterin des Hauses West-anlage 44, auf diesem Grundstück war die Einfahrt geplant, gewann insgesamt sieben von der Stadt Gießen angestrengte Räumungsprozesse. Im März 1981 konnte der 20. Zivilsenat des Oberlandesgerichts Frankfurt feststellen, daß keine gewichtigen Vorteile für die Allgemeinheit durch den geplanten Mehrzweckbau auszumachen waren (GAZ, 20.3.1981).

Die Erweiterung des Möbelhauses Sommerlad im Flutgraben fügt sich gewissermaßen in diese Nutzung der perspektivischen Gestaltung des Gießener Stadtbildes harmonisch ein. In ähnlicher Weise erlebte Gießen die Niederlegung des vorletzten Biedermeier-Ensembles auf dem Samen-Hahn-Gelände in der Bahnhofstraße im Sommer 1981. 14 Stunden nach einem Besitzerwechsel wurde vom Oberbürgermeister Görnert eine Abriß-genehmigung ohne jegliche Bauauflage gegen den Willen des Bezirks-Denkmalpflegers des Landes Hessen zugestellt und vollstreckt (vergl. Klaus Frahm: Die Hausbesetzungen in Gießen - Eine Antwort Wohnungssuchen-der auf die Wohnraumpolitik. In: U. George, C. Haug, R. Kah: Die andere Perspektive. Ein hist. Rückblick auf Gießen im 20. Jhd. Gießen 1997, S. 249f).

*

Reimer Hamann

Die Grünen - Von der Parole „Friede den Hütten - Krieg den Palästen" zur Verwaltung der Stadt

Sommer 2000. Seit gut 15 Jahren befinden sich die Grünen in der Stadt Gießen in einer Koalition mit den Sozialdemokraten. Seit 15 Jahren bestimmen sie also die Geschicke dieser Stadt mit. Von ihnen wurde nach der Kommunalwahl 1985 als Bau-, Planungs- und Umweltdezernent der parteilose Ekkehard Damann in die Stadtregierung entsandt. Als er nach der Kommunalwahl 1997 seinen Rückzug aus der Politik erklärte, folgte ihm Karin Hagemann als Bürgermeistern und Dezernentin für Stadtentwicklung, Umwelt, Frauen und Aufsichtsratsvorsitzende der städtischen Wohnungsbaugesellschaft, der Wohnbau GmbH nach. Sie ist die erste Bürgermeisterin in der Geschichte der Stadt Gießen.

Obwohl diese Koalition von Anfang an immer wieder heftigste Krisen durchlebte und obwohl die Gießener Tageszeitungen mehr als einmal ihr bevorstehendes Ende beschworen, so hält sie doch immer noch. Allerdings wird sie immer häufiger von Oberbürgermeister Manfred Mutz unterlaufen, der seit seiner Direktwahl im Herbst 1997 unter ständiger Selbstüberschätzung leidet, Absprachen nicht einhält und unzuverlässig ist. Die Fraktion der SPD setzt ihm nichts entgegen, meistens versteckt sie sich hinter ihm.

Den Grünen in Gießen ist das Kunststück gelungen, ihr Profil zu bewahren. Eine nicht geringe Leistung - vor allem, wenn man den atemberaubenden Identitätsverlust der Partei in der Berliner Koalition und in den Landesregierungen, an denen sie beteiligt sind, in Rechnung stellt. Dies belegen auch die bisherigen Resultate der Kommunalwahlen seit 1985. Damals erreichten die Grünen gut acht Prozent, seit der Wahl 1989 liegen die Ergebnisse immer zwischen 13 und 15 Prozent.

Gründung

Von der Gründungsversammlung der Grünen nahm kaum jemand Notiz - offenbar nicht einmal die Partei selber. Denn, trotz intensiver Bemühungen ist es nicht gelungen, ein Gründungsprotokoll oder eine Satzung aus jenen Tagen aufzufinden. So bleibt das genaue Datum auch im Dunklen. Auch dem damals wöchentlich erscheinenden Elephantenklo war die Gründung der neuen Partei keine Zeile wert. Immerhin war sie die Zeitung für „*Gießen und Umgebung*", die hauptsächlich von den Linken gelesen wurde und immer Augen und Ohren auf die Entwicklung innerhalb der damals sehr vielfältigen und zahlreichen „linken Szene" gerichtet hatte. Damals ahnte niemand, daß die Partei innerhalb von nur fünfeinhalb Jahren zu einem wichtigen politischen Faktor in der Stadt werden sollte.

Einzig die Ausgabe der Gießener Allgemeinen vom 22. Dezember 1979 gibt in einem Artikel mit dem Titel: „'*Grüne' gründeten Kreisverband in Gießen - Organisatorisch gesehen noch keine Partei*" Auskunft. Darin wird offenbar eine Presseerklärung der Gründerinnen und Gründer wiedergegeben. In ihr ist zu lesen, daß es nun seit einigen Tagen auch in Gießen einen Kreisverband gebe, und daß man sich nach der neuen Satzung organisatorisch noch nicht als Partei verstehe. Man wünsche sich die baldige Gründung einer Bundespartei, die alle bestehenden grünen Parteien und ökologisch-politischen Gruppen vereine. Programmatisch habe man sich auf die vier Grundsäulen der Grünen „*ökologisch, basisdemokratisch, sozial und gewaltfrei*" geeinigt. Einem Teilnehmer der damaligen Veranstaltung ist vor allem haften geblieben, daß stundenlag debattiert wurde, ob es denn sinnvoll ist, eine Partei zu gründen und ob der Zeitpunkt richtig gewählt ist. Die Überschrift in der Gießener Allgemeinen bringt die Bauchschmerzen, die die Aktiven der ersten Stunde bei der Parteigründung hatten, auf den Punkt.

Ähnliche Debatten hatten auch die Versammlung zur Gründung des hessischen Landesverbandes der Grünen beherrscht. Sie war am 14. Dezember in Leihgestern vor den Toren Gießens über die Bühne gegangen und ist von beiden Gießener Zeitungen in ihren Ausgaben vom 17. Dezember dokumentiert worden. Laut Gießener Anzeiger strebt die Partei „*...eine enge Verbindung zu unabhängigen Bürgerinitiativen, Frauen-, Friedens- und Dritte-Welt-Gruppen sowie sozialen Initiativen*" an. „*Unterschiedliche Motive des jeweiligen Engagements toleriert die Satzung ausdrücklich, um die Offenheit, Lebensnähe und Vielfalt der grünen politischen Alternative zu bewahren*". Weiter heißt es in dem

Artikel, daß die Mitglieder der neuen Partei überzeugt sind, daß „*es zur Durchsetzung einer neuen Politik neben der aktiven Arbeit in Bürgerinitiativen einer Organisation bedarf, die sich an Wahlen beteiligt und in Parlamenten vertreten ist. Sie betrachten die parlamentarische Arbeit als ein wichtiges Mittel der Politik*".
Ende der siebziger und Anfang der achtziger Jahre eine durchaus umstrittene Aussage, die offenbar auch dazu diente, sich selbst zu bestätigen, den richtigen Schritt getan zu haben. Innerhalb der Linken in Gießen jedenfalls wurde diese Meinung nur von einer Minderheit geteilt, wenn man den Artikeln des Elephantenklos aus jener Zeit folgt.

Kommunalwahl in der ehemaligen Stadt Lahn 1979

Im Oktober 1979 fanden in Gießen, Wetzlar und weiteren Gemeinden an Lahn und Dill Kommunalwahlen statt. Ein Testlauf für eine „grüne Liste"? Diese Kommunalwahl kam nur deshalb zustande, weil die Lahnstadt, ein im Zuge der Gebietsreform durch Zusammenschluß von Gießen, Wetzlar sowie ihren Umlandgemeinden geschaffenes Monstrum, wieder aufgelöst worden war - am hartnäckigen Widerstand der Bevölkerung gescheitert. Diese neue mittelhessische „Metropole" - von den Technokraten der SPD-geführten Landesregierung in Wiesbaden ersonnen und durchgesetzt - verbannte die SPD, die Gießen jahrzehntelang regiert hatten, auf die Oppositionsbänke, die erklärten Lahnstadtgegner aus der CDU übernahmen das Kommando. Schließlich ließ die SPD ihr unpopuläres Projekt wieder fallen.

So wie sich auf der Linken - hauptsächlich der studentischen - vielerlei Gruppen und Organisationen tummelten, von denen sich viele nicht sonderlich „grün" waren, so hatte sich auch in der grünen Szene einiges getan, Gruppen von links bis rechts hatten sich gebildet. Die Anstrengungen, eine „grüne" Liste zur Kommunalwahl aufzustellen, führte zu Gesprächen zwischen der Grünen Liste Hessen (GLH), der Grünen Liste Umweltschutz (GLU) und den Vorläufern der Grünen. Trotz einiger Schwierigkeiten und ohne daß es zu einem wirklichen Zusammenschluss gekommen wäre, trat dann zur Kommunalwahl die „*Grüne Alternative Gießen - Wählergemeinschaft für eine menschengerechte Stadt (GAG)*" an.

Zu einem öffentlichen Treffen zwischen Grünen und GLH im Vorfeld der Kommunalwahl wurde sogar im Elephantenklo vom 2.7.1979 aufgerufen. Begleitet wurde dieser Aufruf von einem „*Kotz-Bekenntnis eines GLH-Mitglie-*

des", der es verdient, hier wiedergegeben zu werden. Der Autor oder die Autorin ist leider anonym geblieben:

„Kommunalwahlkrampf in Gießen! So oder so ähnlich bezeichnet manch liebe/r Genossin/Genosse den schon einmal gescheiterten Versuch der GLH, (gemeint ist eine Veranstaltung im Vorfeld der Landtagswahl 1978, bei der sich große Teile der Linken sehr schnell von der GLH distanzierten, Anm. d. Verf.) in eine Diskussion darüber einzusteigen. Ein wirklich trauriges Kapitel in der kurzen Geschichte der undogmatischen Gießener Bierszene!
Sind es Berührungsängste auf dem Trip nach Innen oder läßt die eigene engagierte Arbeit keinen Freiraum mehr zu? Oder schließen man/frau sich selber in der Basis des Elfenbeinturms ein, um sich dem Gefühl des Befriedigtseins hinzugeben: wir machen die Basisarbeit und die andern machen son abgehobenen Scheiß. Und jetzt wollen wir auch noch an den Kommunalwahlen mitmachen. Da machen wir den Laden dicht! -Peng!
Ich kann nur sagen, wir wollen nicht auf Teufel komm raus bei den Kommunalwahlen einsteigen: wir wollen vielmehr offen mit euch darüber diskutieren mit allem Für und Wider, Wenn und Aber. Wir sind uns selber noch nicht im Klaren und wollen gerne miteinander darüber reden: So offen solltet ihr schon mal sein und dies nicht einfach in eine abschließbare Schublade schieben. Ich finde, das hat mit der vielgepriesenen Basisorientiertheit nur sehr wenig zu tun! Worüber durchaus auch einmal zu diskutieren wäre." (Elephantenklo vom 2.7.79)

Und obwohl viele der linken Gruppen und der Bürgerinitiativen wußten, daß sie mit ihrer Politik an Grenzen gestoßen waren und niemand so recht eine Idee hatte, welche Strategie in der Zukunft eingeschlagen werden könnte, verhallte dieser Hilfeschrei ungehört.

Im Gegenteil, unmittelbar vor der Kommunalwahl am 7. Oktober 79, befasste sich ein/e U.H.M im Elephantenklo vom 24. September 1979 mit eben dieser Wahl. *„Es gibt viele schlechte gute Gründe zu wählen. - Aber vom Hocker reißt mich da nichts - Ergo: Bleib ich am 7. Oktober zu Hause."* In dem Artikel wird unter anderem ausgeführt:
„Wie hier eine GAG zustande gekommen ist, ist der Hohn. Da sind keine ständig arbeitenden Gruppen integriert, (und das wäre meiner Meinung nach unbedingt notwendig und vermutlich auch der Wunsch der GAG) sondern Einzelpersonen, die dann zwei Monate lang 'Wahlkrampf' machen. Wenn auch mit vielen Parolen und Vorstellungen, die ich teile. Da mußten meine grünen Freunde einzelne Gruppen anfragen, wie ihre Forderungen zur Wahl heißen, weil anscheinend keine Gruppe es für nötig, wichtig, interessant hält, von sich aus mitzumachen."

An anderer Stelle:

„Was soll dann so ein armer ins Parlament gewählter GAGler (wir glauben allerdings nicht, daß von unseren Freunden einer da rein kommt) dort machen? Dort, wo die Politik im wesentlichen im Magistrat, in der Bürokratie oder bestenfalls noch in den Ausschüssen gemacht wird, kommt unser vereinzelter GAGler nicht rein, oder wenn er in einem Ausschuß tatsächlich drinsitzt, kann er außer ein paar kluge Fragen stellen auch nichts verhindern oder besser machen. Und die Möglichkeit, die ihm zugänglichen Informationen uns mitzuteilen, wird auch keine Kommunalpolitik wesentlich verändern. Z.B. bezüglich gerade der Sachen, die uns am Herzen liegen, also der Sozial-, Wohnungs- oder Verkehrspolitik. Oder glaubt denn jemand im Ernst, daß ein Grüner im Parlament - immer vorausgesetzt, er käme da überhaupt hinein - ohne die Basis, auf die er sich stützen könnte, als aktiv arbeitende Gruppen und nicht nur Wähler das Parkhaus verhindern könnte? Verhindern könnte, daß ein Parkhaus nicht in der Schanzenstraße/Bahndamm, dafür auch nicht am Brandplatz, sondern nirgendwo hinkommt, die Projektgruppen in „sozialen Brennpunkten" nicht vielleicht um 20.000 DM sondern vielleicht nur um 10.000 Mark gekürzt werden, was das Problem aber auch dann nur um weniges verschiebt...Aus all diesen Gründen - und ich könnte noch sehr viel mehr benennen - kann ich auch diesmal nicht wählen. Das kann sich in Zukunft ändern, wenn auch in Gießen (ähnlich wie in Hamburg, Bremen oder Berlin) tatsächlich ein Zusammenschluß der in den einzelnen Bereichen arbeitenden Gruppen, die der herrschenden Kommunalpolitik überdrüssig, weil von ihr betroffen, entsteht."

Ein Teufelskreis, könnte man meinen. Der Hilferuf an die damals sehr vielfältige Landschaft der Bürgerinitiativen, Initiativgruppen und Interessenverbände verhallte ungehört, und trotzdem mußte sich die GAG den Vorwurf der fehlenden Basisnähe gefallen lassen. Hinzu kommt die grundsätzliche Distanz zum Parlamentarismus. Man war sich einig, daß eine parlamentarische Vertretung nicht die Form ist, in der sozialistische Veränderungen durchgesetzt werden können.

Die Frage, inwieweit die repräsentative Demokratie tatsächlich zu tiefgreifenden gesellschaftlichen Veränderungen in der Lage ist, bleibt in der Tat bis heute offen. Offen bleibt bis heute auch die Frage, ob die Partei tatsächlich die richtige und angebrachte Organisationsform ist, um eine effektive Interessenvertretung sicherzustellen. Oder ob nicht Anpassungsdruck, Parteidisziplin und Karrieredenken eine erfolgreiche Partei immer weiter von ihrer ideologischen Basis entfernt, während eine erfolglose Partei hingegen ins Sektierertum versinkt.
Überraschenderweise kommt noch das Eingeständnis hinzu, daß man

offenbar nicht, wie anderswo, bereit ist, sich zusammenzuschließen, weil man der herrschenden Kommunalpolitik noch nicht überdrüssig ist.
Einschub:
Nicht jeder wird es wissen und einige können sich vielleicht nicht mehr erinnern: Das im Artikel angesprochene Parkhaus Schanzenstraße, für dessen Einfahrt in der Westanlage ein altes Wohnhaus abgerissen wurde, ist auch durch die „Bewegung" in Gießen nicht verhindert worden. Weder eine Besetzung des Hauses, an der der Autor dieser Zeilen selbst aktiv beteiligt war, noch eine sehr aktiv arbeitende Bürgerinitiative im Quartier konnte letztlich den Abriß des Hauses verhindern.

Der GAG gelang dann am 7. Oktober trotzdem ein Achtungserfolg. Rund tausend Stimmen brachten ihr drei Prozent ein. Sie verfehlte damit zwar den Einzug ins Stadtparlament, aber erstmals war in der Gießener Kommunalpolitik ein deutliches „grünes" Zeichen gesetzt worden. Ihre besten Ergebnisse erreichte die GAG übrigens in jenen Wahlbezirken der Innenstadt, die sich später als Hochburgen der Grünen entpuppen sollten.

Der Kreisverband

Nur kurz nach der Gründung trat der neue Kreisverband erstmals in durchaus bemerkenswerter Art und Weise an die Öffentlichkeit. Gemeinsam mit dem ASTA der Universität, mit den Basisgruppen von Universität und Fachhochschule sowie der Juso-Hochschulgruppe erschien in der Gießener Allgemeinen vom 3.1.1980 eine Traueranzeige zum Tode Rudi Dutschkes. In der Anzeige heißt es:
„Sein Andenken 'in Ehren zu bewahren' heißt, auf Brecht zurückzukommen:
Unsere Niederlagen nämlich beweisen nichts,
als daß wir zu wenige sind,
die gegen die Gemeinheiten kämpfen;
und von den Zuschauern erwarten wir,
daß sie wenigstens beschämt sind!"

In dieser Anzeige demonstriert der noch sehr junge Kreisverband, daß er sich in der Tradition der Studentenbewegung sieht, daß er eine andere Gesellschaft will, die gerechter, demokratischer, friedlicher ist und nicht zuletzt den Raubbau an der Natur und an deren Ressourcen verhindern will. Die Partei verortet sich innerhalb der linken Szene in Gießen. Das ist

Heute wird unser Freund und Genosse

Rudi Dutschke

der am 24. Dezember 1979 an den Spätfolgen eines Attentates starb, in
Berlin beerdigt.

»Soll das heißen, daß wir uns bescheiden
und »so ist es und so bleibt es« sagen sollen?
Und, die Becher sehend, lieber Dürste leiden,
nach den leeren greifen sollen, nicht den vollen?

Soll das heißen, daß wir draußen bleiben,
ungeladen in der Kälte sitzen müssen,
weil da große Herren geruhn, uns vorzuschreiben,
was da zukommt uns an Leiden und Genüssen?

Besser scheint's uns doch, aufzubegehren
und auf keine kleinste Freude zu verzichten
und die Leidenstifter kräftig abzuwehren
und die Welt uns endlich häuslich einzurichten!«

- Die Natur nicht als Objekt gewinnorientierter Verwertung, sondern als
  Grundlage menschenwürdiger Aneignung zu betrachten,
- die Arbeit nicht zu Erniedrigung und Ausbeutung, sondern zur Selbst-
  verwirklichung zu entwickeln,
- die Organisation von Leben und Arbeit nicht zur Organisierung von
  Unterdrückung des Menschen durch den Menschen verkommen zu
  lassen,

so hat Rudi Dutschke Brechts Aufforderung »die Welt endlich häuslich
einzurichten«, verstanden, und dafür hat er gekämpft. Dabei entsprach
Rosa Luxemburgs Satz »Die Freiheit ist immer die Freiheit des Anders-
denkenden« seinem Verständnis von zivilisierter politischer Kultur.

Er übte radikale, an die Wurzel des Übels gehende Kritik an den gesellschaftlichen Verhältnissen in West und Ost und setzte sich damit in
Widerspruch zu all denen, die Freiheit wie ein Morgengebet im Munde
führen, aber nichts anderes meinen als Unfreiheit und Gewinnstreben.

Sein Andenken in »Ehren zu bewahren« heißt, auf Brecht zurückzukommen:

»Unsere Niederlagen nämlich beweisen nichts,
als daß wir zu wenige sind,
die gegen die Gemeinheiten kämpfen;
und von den Zuschauern erwarten wir,
daß sie wenigstens beschämt sind!«

AStA der JLU, Juso-Hochschulgruppe,
Basisgruppen der Uni und FH, »Die Grünen« (Kreisverband Gießen)

Wir bitten um Spenden für Rudis Familie in ihrer ungesicherten Lage.
Helmut Gollwitzer, Sonderkonto Nr. 84 588 241 / 01,
Bank für Handel und Industrie, 1000 Berlin 37.

Von den Grünen mitunterzeichnete Dutschke-Traueranzeige (AZ, 3.1.80) nicht selbstverständlich und in der Partei gibt es erhebliche Auseinandersetzungen, welcher Kurs in Zukunft eingeschlagen werden soll. Kein Wunder, denn dazu sind diejenigen, die sich dort zur Parteigründung gefunden haben, auch viel zu unterschiedlich.

Ihre politischen Wurzeln waren beispielsweise konservativ naturschützerisch, in Gießen vertreten durch die Grüne Aktion Zukunft (GAZ). Sie kamen aus dem Umfeld von CDU und CSU und waren enttäuscht, weil sich die bürgerlich konservativen Parteien nicht der Umweltpolitik und dem Naturschutz öffneten und - gemeinsam mit SPD und FDP und gegen immer breitere Bevölkerungsschichten - auf die Atomenergie bestanden und alle Einwände als unbegründet und Panikmache vom Tisch wischten. Menschenrechte, Minderheitenschutz, Frauenrechte und Kapitalismuskritik war ihre Sache nicht.

Hinzu kamen gemäßigte, teilweise der SPD - Linken nahestehende (einige hatten bereits enttäuscht der SPD den Rücken gekehrt, der Trend sollte sich in den folgenden Jahren verstärken), die erkannt hatten, daß von der abgewirtschafteten sozial-liberalen Bundesregierung nichts mehr zu erwarten war. Diese stand auf Gedeih und Verderb an der Seite der Atomindustrie (damals noch allgemein Atommafia genannt) und fütterte sie mit Subventionen und Steuergeschenken, während in der Bevölkerung der Widerstand gegen die Atomenergie wuchs und keineswegs auf Studenten und Linke beschränkt blieb. Gleichzeitig verfolgte Bundeskanzler Schmidt unbeirrbar und unbelehrbar die Umsetzung des sogenannten Nato-Doppelbeschlusses. US-Atomsprengköpfe der neuesten Generation sollten in der Bundesrepublik stationiert werden. Dies brachte nicht nur der Friedensbewegung neuen Schwung, auch viele Sozialdemokraten konnten mit dieser Politik nichts anfangen. Nicht genug damit, begann die Bonner Koalition auch unter dem Eindruck steigender Arbeitslosenzahlen über viele Jahre erkämpfte soziale Rechte in Frage zu stellen. Die ersten Kürzungen bei Arbeitslosen und Sozialhilfeempfängerinnen führte diese Regierung durch.

Linke aus dem basisdemokratischen Lager, die die repräsentative parlamentarische Demokratie mit einiger Skepsis betrachteten und Aktivistinnen aus lokalen Bürgerinitiativen, in Gießen beispielsweise aus der Bürgerinitiative Mühlstr./Schanzenstraße, die sich unter anderem gegen den Bau des Parkhauses in der Westanlage wendeten, Frauen aus der Frauenbewegung und Friedensbewegte rundeten das Bild ab.

Gemeinsam war ihnen aber allen, daß sie eine Partei neuen Typus wollten. Sie sollte nicht von Profis beherrscht werden, die in die Parlamente gingen und dann den Kurs der Partei bestimmten, unter ständigem Anpassungsdruck stehend. Mit Erschrecken hatten sie festgestellt, wie wenig die Parteimitglieder den Kurs der Altparteien noch beeinflussen konnten. Basisdemokratie war das Zauberwort, die Trennung von Amt und Mandat eines der wichtigsten Elemente. Rotation wurde propagiert. Niemand sollte über Jahre hinweg in die Parlamente gehen. Ein zweifelhaftes Mittel, wenn man sich doch gleichzeitig in den Parlamenten behaupten, die Fallstricke der Geschäftsordnung umgehen und sachlich und fachlich kompetenter als die anderen sein wollte. Vor allem auf kommunaler Ebene war die Personaldecke viel zu dünn, um ständig rotieren zu können. In Stadt und Kreis Gießen verzichtete man denn auch auf die Rotation. Die Grünen gründeten sich als Partei, mit dem Selbstverständnis einer Antipartei, die auf keinen Fall so werden wollte, wie die alten, sei es in Gießen oder anderswo. Die Trennung von Amt und Mandat bleibt bis heute - zumindest auf Bundesebene - für die Mitglieder des Bundesvorstandes bestehen. 1999 scheiterte als einer von unzähligen der bisher letzte Versuch, diese Regel zu Fall zu bringen.

Wie unterschiedlich die ideologischen Wurzeln der Mitglieder der Grünen in Gießen war, wird auch durch die Selbstdarstellung der Partei deutlich, erschienen im Stadtbuch vom März 1981.
„Natürlich haben auch wir unsere Schwierigkeiten ...... und, wir wollen, egal wie die Kommunalwahl am 22. März ausgeht, in jedem Fall daran arbeiten, uns noch besser kennen zu lernen, da wir ja auch weltanschaulich und politisch recht verschieden 'beheimatet' sind", hieß es da.
Das Stadtbuch, herausgegeben von einer Projektgruppe Stadtbuch, gab Gießener Organisationen und Initiativen Gelegenheit zur Selbstdarstellung und belegt eindrucksvoll, wie lebhaft, zahlreich und vielfältig die politischen Aktivitäten 1981 in dieser Stadt waren.

Die ersten Jahre im Parlament

Trotz alledem, die Grünen hatten es in der linken Szene in Gießen weiterhin sehr schwer. Sie wurden skeptisch und von der Mehrheit mit gehöriger Distanz beobachtet. Und die Geschichte wiederholte sich doch. Denn im Vorfeld der Kommunalwahlen 1981 gab es wiederum einen Versuch, die

Linke für eine Beteiligung an der Kommunalwahl zu gewinnen. Es gab Diskussionen, es gab Annäherungsversuche, aber am Ende blieb man sich fremd. Die Linke schlug die Möglichkeit erneut aus, eine kommunalpolitische Kraft zu werden:

„Der Kreis von Leuten, der an dem Versuch beteiligt war (gemeint ist ein Treffen zwischen Grünen und Basisgruppen im Juni 1980, Anm. d. Verf.), *war nicht groß genug. Zu Semesterbeginn, als die Wohnungsprobleme und der Mittelkürzungsstreik viel Energie und Arbeitskraft banden, war bei uns die Luft raus. Was übrig blieb, hat nicht ausgereicht, um anstrengende und zeitraubende Gespräche mit weiteren Gießener Gruppen führen zu können."*

So liest es sich im Elephantenklo vom 19.3.81. Und ein weiteres Zitat aus diesem Artikel belegt, daß auch bei den Grünen die Vorbehalte wuchsen.

„Im November 1980 fiel bei einer Mitgliederversammlung der Grünen die Entscheidung: Wir hatten trotz der vorhergegangenen Probleme den Vorschlag gemacht, auf einer größeren Veranstaltung die Wahlbeteiligung und ihre Form noch mal zu diskutieren. Das wollten die Grünen aus folgenden Gründen nicht: Eine Grundsatzdiskussion, beginnend am Nullpunkt wäre von Dezember bis März niemals zu Potte gekommen. Das ist aus unserer heutigen Sicht auch möglich. Dann wollten die Grünen unter ihrem Namen 'Die Grünen' kandidieren. Leider ging`s bei diesem Punkt nur vordergründig um den Namen, dahinter steckten u.E. Ressentiments gegen Linke, die eine ‚seriöse' (?) Politik sabotieren könnten. Darüber zu reden, gelang nicht."

Der anonyme Autor, offenbar aus den Basisgruppen kommend, räumt ein, daß eine Chance verspielt wurde, um über eine Beteiligung an der Wahl ins Stadtparlament einzuziehen und damit eine Verbesserung der linken Infrastruktur zu erreichen.

Die lag in Gießen wirklich darnieder. Die einzelnen Gruppen wurstelten in ihren Arbeitsbereichen vor sich hin, jede war sich selbst genug, jede achtete eifersüchtig auf ihre Autonomie. Gemeinsame Diskussionsforen gab es nicht. Aber die Linken zeigten den Grünen erneut die kalte Schulter und die distanzierten sich auch.

„Grüne: Nicht rechts oder links, sondern vorn", so betitelte bereits der Gießener Anzeiger vom 28.10.80 die Berichterstattung über das Kommunalwahlprogramm der Partei, in dem diese Verkehrsberuhigung sowie ein Fahrradwegenetz forderten, sich gegen weitere Parkhäuser aussprachen und Begegnungsstätten für jung und alt verlangten. Sie wollten kommunales Kino und kommunale Theatergruppen fördern und wünschten sich mehr kommunale Selbstbestimmung und Bürgerbeteiligung. Selbsthilfegruppen

(Frauenhaus) sollten unterstützt werden. Alternative Energieversorgung, aber auch aktiver Umwelt- und Landschaftsschutz.

Obwohl erneut aus der Linken in Gießen bestätigt wird, daß das Wahlprogramm gar nicht so schlecht ist, wird erneut die Distanz betont, die grundsätzliche Kritik am Parlamentarismus erneuert und den Grünen abgehobene Vertreterpolitik vorgeworfen.

Die Linke in Gießen unterschätzt sträflich das Potential, das grüne Politik mittlerweile nicht nur in Gießen zu mobilisieren vermag, selbst wenn sie sich gegen eine weit verbreitete Ablehnung eben der Linken und deren Wahlabstinenz zu behaupten hatte.

Der oben bereits erwähnte Artikel im Elephantenklo vom 19.3.81 (drei Tage vor der Kommunalwahl) endete mit folgenden Sätzen:
„Ohne Häme. Ich wünsche ihnen (den Grünen, Anm. d. Verf.) trotzdem, daß sie kriegen, was sie kriegen können. Ob's für 5% langt, wird man sehen."

Und die Grünen bekamen, was sie kriegen konnten. Nicht nur in Gießen, sondern in ganz Hessen. *„CDU und 'Grüne' haben die Kommunalwahl für sich entschieden"* befand der Gießener Anzeiger vom 23.3.81 lakonisch auf der Titelseite zum Ergebnis der Kommunalwahlen in Hessen.
Und Gießen bildete da keine Ausnahme. Während die CDU ihre absolute Mehrheit auf 52,5 Prozent ausbaute, die SPD noch einmal 5,7 Prozent abgab und mit 33,7 Prozent tief gesunken war, erreichten die Grünen zu aller Überraschung 6,8 Prozent und zogen mit vier Vertretern (nur Männer) ins Stadtparlament ein. Die gemeinsame Stellungnahme der vier zum Wahlergebnis endete laut Gießener Allgemeine vom 23.3.81 mit den Worten: *„Die Grünen ließen sich übrigens nicht in ein Schema wie links oder rechts pressen".*

Auch die Gießener Linke sollte bekommen, was sie verdiente. Ob aus Engstirnigkeit, ob aus Überheblichkeit, ob aus Überzeugung - sie hatten die einmalige Chance verpaßt, sich in die Gießener Kommunalpolitik einzumischen.

Die Liste zur Wahl hatten sie nicht mit beeinflußt. Und drei der vier Abgeordneten hatten mit der Linken tasächlich nichts am Hut. Ihnen ging es eher darum, die Gemeinsamkeiten mit den anderen Fraktionen zu suchen.

Vernünftige Politik machen, nennen sie es. Bereits im Elephantenklo vom 28.12.82 liest sich das in der Berichterstattung zur Stadtverordnetenversammlung resignierend so: *„Wer hat diese Leute eigentlich ins Stadtparlament gewählt"*?

Auch in der Partei greift langsam aber sicher das Entsetzen über diese Fraktion um sich, zumal die sich auch untereinander immer stärker streitet und die Auseinandersetzungen schnell persönlich werden. Im Frühjahr 1984 bringt eine Anzeige der Fraktion in der Presse das Faß zum Überlaufen. Sie erschien kurz vor einer Landesmitgliederversammlung, auf der die hessischen Grünen vor der Entscheidung standen, auf Landesebene mit der SPD zusammen zu arbeiten. Die Anzeige forderte dazu auf, in die Grünen einzutreten, um auf dieser Landesmitgliederversammlung für die Zusammenarbeit mit der SPD zu stimmen. In ihr war unter anderem zu lesen:

„Stadtverordnetenfraktion Die Grünen Gießen Ja! Zur ökologischen Wende in Hessen und zur Zusammenarbeit mit der SPD.

Am 18./19. Mai auf der alles entscheidenden Mitgliederversammlung der Grünen in Hessen wollen völlig realitätsferne Kräfte ('Fundamentalos') die Zusammenarbeit mit der SPD verhindern. Wie Kinder wollen die Fundamentalos alles auf einmal.

Wenn Sie den Fundamentalos eine deutliche Abfuhr erteilen wollen, werden Sie umgehend Mitglied bei den Grünen!"

Stadt- und Kreisverband vollzogen den Bruch mit der Fraktion öffentlich und mit deutlichen Worten:

„Diese Art der Mitgliederwerbung entspricht nicht unserem Selbstverständnis und bewegt sich jenseits von den Grundsätzen grüner Politik.

Das Niveau der in der Anzeige wiedergegebenen innerparteilichen Diskussion entspricht nicht grüner Realität und wird Konsequenzen nach sich ziehen" (Elephantenklo vom 22.5.84).

Damit war klar, diese Stadtverordneten hatten keine Chance mehr, noch einmal für die Grünen kandidieren zu können. Im Frühjahr 1984 stand die Tür für eine neue Liste, für eine veränderte Politik der Grünen weit offen. Wer würde hineingehen?

Während sich die Grünen aller Orten in Hessen damit beschäftigten, sich der SPD zu öffnen, ging es in Gießen darum, neben der Programmatik auch in der praktischen Alltagspolitik erst einmal eigenständige Positionen zu beschreiben.

Im Elephantenklo schlägt sich das jedoch nicht nieder. Im Gegenteil. Auf einen Artikel (17.7.84) der verschiedenen Arbeitsgruppen der Grünen, der sich kritisch mit dem Entwurf des Flächennutzungsplans (planerische Grundlage für die Stadt) des CDU Magistrats auseinandersetzte und der mit der Aufforderung endete: „Wer auf den Geschmack gekommen ist, sich mehr um die Zukunft Gießens zu kümmern auf diesem Gebiet, ist herzlich zu einer der verschiedenen Arbeitsgruppen eingeladen. Dort wird in der Regel sehr konkret an einzelnen Planungsvorhaben gearbeitet", setzt es eine unbarmherzige Antwort. Die Grünen sind politisch und fachlich inkompetent, sie haben offenbar vergessen, daß Kapital- und Profitinteressen den Plan bestimmen, werden sie von einem anonymen Autor in einer Antwort am 14.8.84 abgekanzelt. Der Artikel endet mit den Worten: „Bei näherer Betrachtung der 'grünen' Einwände gegen den Magistrats-Flächennutzungsplanentwurf bleibt festzustellen, daß die Zukunft unseres Lebens und Lebensbereichs in der Stadt Gießen zu wichtig sind, um sie dilletantischen 'scheinbar unpolitischen' Grünen zu überlassen".

In Gießen also weiterhin nichts Neues. Die Einladung, durch die weit geöffnete Tür einzutreten, wird ignoriert. Die Grünen gehören nicht zu den Linken, basta. Eine Einschätzung der Lage, die auch im Nachhinein noch richtig weh tut. Statt dessen formierte schon im Frühjahr 1984 eine Friedensliste. Sie bildete sich aus der Friedensbewegung heraus, die die Raketennachrüstung der Bundesregierung bekämpfte und das erklärte Ziel hatte, zur Kommunalwahl am 10.März 1985 anzutreten. Entsprechende Probleme, kommunalpolitisch Standpunkte einzunehmen und einzugreifen, da das Thema vor allem bundespolitisch besetzt war, ließen aber von Anfang an Zweifel an den Perspektiven dieser Liste aufkommen. Da sie aber auf der Linken anzusiedeln war und im Wählerreservoir der Grünen fischte, wurde die Luft für die Partei immer dünner.

Die Zäsur

Und dann passiert doch etwas. Eine kleine Gruppe aus der Linken erkennt, daß mit den Grünen ein kommunalpolitisches Potential brachliegt, das man einfach beackern muß, wenn man sich wirklich mit Erfolg in die Entwicklung dieser Stadt einmischen will. Und dabei Aussicht auf Erfolg haben will. Weder eine Diskussion innerhalb der Linken in Gießen noch eine erneute Debatte im Elephantenklo über Sinn und Unsinn des Parlamentarismus oder der Grünen bewirkte diese Entscheidung; es war der

„einsame Entschluß" einiger weniger. Und sie wurden von gut der Hälfte der Gießener Grünen erleichtert empfangen.

Der Streit entzündete sich an der Person, die bis heute die Entwicklung der Partei in Gießen entscheidend mitbestimmt hat und mit der die Geschichte der Grünen in Gießen eng verknüpft ist. Zu den „Neuen" gehörte die jetzige Bürgermeisterin Karin Hagemann. Sie war politisch erfahren, als ASTA-Vorsitzende der Fachhochschule und Sprecherin der Landesastenkonferenz hatte sie sich in politischen Auseinandersetzungen zu behaupten gelernt. Sie wohnte in der Alicenstraße 18, einem Haus, das besetzt worden war, weil es einer Hochstraße weichen sollte, die quer durch das Viertel geschlagen werden sollte, um die Bahnschranken in der Frankfurter Straße zu überwinden. Sie galt als eine der Schlüsselpersonen der Gießener Hausbesetzerszene.

Aber an Karin Hagemann schieden sich die Geister. Sie war der personifizierte Wechsel der Partei hin zu einer eigenständigen Politik und weg von einem Kurs, der Anerkennung bei der politischen Konkurrenz sucht und eigene Positionen auch vernachlässigt, um bei den „bürgerlichen Parteien" akzeptiert zu werden. Sie stellte selbstbewußt den Anspruch auf einen aussichtsreichen Platz auf der Liste der Grünen zur Kommunalwahl 1985. Sie nahm damit die Partei, die sich für eine offene Liste ausgesprochen hatte, beim Wort und holte die Partei damit ein. Und nach einer harten Auseinandersetzung mit drei Wahlgängen setzte sie sich schließlich mit einer Stimme Mehrheit durch und schaffte Platz vier auf der Liste.

Jetzt brach ein Scherbengericht über sie und die Partei herein. Einige Stadtverordnete setzten ihre ganze Energie ein, um die Partei, die Liste und vor allem die Person Hagemann anzugreifen und für nicht wählbar zu erklären. Ein gefundenes Fressen für die Gießener Lokalpresse und die anderen Parteien. Die Sozialdemokraten erklärten sofort, daß man mit diesen Grünen in der Stadt nicht koalieren kann.

Bei einer Parteiversammlung in Rödgen sprach sich Stadtrat Lothar Naujoks eindeutig gegen eine Zusammenarbeit mit dieser Gruppierung aus. *„Diese Liste müßte jeden Wähler in Gießen davor zurückschrecken lassen, ihr seine Stimme zu geben. Es darf nicht angehen, dass ab März 1985 Kommunisten und Hausbesetzer, neben Fundamentalisten die Gießener Stadtpolitik mit beeinflussen"* (Gießener Anzeiger v. 18.12.84).

Eine Aussage, die nicht besonders mutig war. Zu diesem Zeitpunkt glaubte niemand, die Mehrheit von CDU und FDP brechen zu können.

Ein öffentlicher Brief eines der Stadtverordneten auf Abruf, die in der Folge nach und nach die Partei verließen (nur einer blieb, er war auch während der Legislaturperiode mit der Politik seiner Kollegen nicht einverstanden), macht die politische Einstellung noch einmal besonders deutlich:

„Die Arbeit der alten Fraktion war von der Haltung bestimmt, den anfänglichen Vorwürfen des Chaotentums keine Nahrung zu geben. Dies wollten wir durch streng sachliche Arbeit und strikte Vermeidung von irrationalen Aktionen erreichen. ... Sie (die Kandidatenliste) ist Ausdruck der gesellschaftlichen Isolation der Gießener Grünen und sie bewirkt eine Konkurrenz unserer Partei im politischen Abseits mit anderen Außenseitern, anstatt sich mit personellen und inhaltlichen Alternativen Wähler von den bürgerlichen Parteien zu holen. ... Ich möchte klarstellen, daß es mir nicht um die Personen auf der Liste geht. Ich kenne die meisten zu wenig und setze voraus, daß sie integre Personen sind. Auf einer offenen Liste sollen aber nur Personen kandidieren, die so kompetent und attraktiv sind, daß man sie unseren eigenen Leuten vorziehen muß. Ich habe nichts gegen Schwule, ja ich halte eine weitere Liberalisierung des Themas für wünschenswert. Nehmen wir das Thema ins Programm, aber lassen wir den schwulen Kandidaten von der Liste. Es gibt kaum Themen für ihn in der Kommunalpolitik, aber er verprellt uns Wähler, die wir für wichtigere Themen dringend benötigen. Setzen wir uns für die Hausbesetzer ein, aber lassen wir die Hausbesetzerin von der Liste. Sie liefert Munition für die CDU und die Presse und schadet unserem Ansehen in der genannten Wählerschaft. ... Wenn wir uns für die Penner wirkungsvoll verwenden wollen, würden wir auch keinen Penner auf unsere Liste nehmen, genauso wenig wie wir Psychopathen ins Parlament schicken würden, wenn wir die psychiatrische Behandlung verbessern wollten".

Dieses beeindruckende Schreiben des Stadtverordneten Dr. Siegfried Kaus ist nachzulesen im Elephantenklo vom 22.1.1985 und beschreibt mehr oder weniger gewollt den politischen Horizont der meisten in der Fraktion und den Ekel, den diese „bürgerlichen Seelen" verspüren. Die politische Strategie lautet: Wir setzen uns für etwas oder jemanden ein, Hauptsache es merkt keiner.

Ein anderer Stadtverordneter sprach der Liste jegliche Sachkunde ab. Die Probleme einer Stadt wie Gießen seien von einer solchen Komplexität, dass sie *„nicht von Hinz und Kunz gelöst werden können"* (Elephantenklo vom 18.12.1984).

Im Elephantenklo fand diese Auseinandersetzung bei den Grünen, die in Wirklichkeit eine Richtungsentscheidung war, breiten Widerhall. Bereits direkt nach der Listenaufstellung, in der Ausgabe vom 18.12.84, wurde ein Interview mit Angela Gülle (Spitzenkandidatin auf der Liste) und Karin Hagemann abgedruckt. Dieses Interview machte deutlich, daß auch für die Linke in Gießen und ihre Zeitung das Leben anfing, komplizierter zu werden. Der Kurswechsel war so einschneidend, so tiefgreifend, daß die einfache Analyse nicht mehr ausreichte. Die Grünen da, wir hier; so ließ sich die Gießener Welt jetzt nicht mehr beschreiben. Und die grundsätzliche Kritik am Parlamentarismus stand plötzlich vor der Nagelprobe des kleinen Gießener Kosmos. Die Initiative einiger entschlossener Personen hatte die ganze heile Welt richtig durcheinander gewirbelt. Ein Auszug aus dem Interview mag zur Verdeutlichung dienen:

E-Klo:
„Sind die Leute, die nicht bei den Grünen sind, denn auch stimmberechtigt bei Entscheidungen?"
Angela:
„Formal nicht. Der Stadtverband ist ein Stadtverband der Grünen und da sind Grüne stimmberechtigt."
E-Klo:
Das würde ja dann möglicherweise aber heißen, daß die, die nicht bei den Grünen sind, trotzdem aber Sachen ausführen müssten oder abstimmen müssten oder Anträge stellen müssten, was der Grüne Stadtverband beschließt per Stimmabgabe und wo sie nicht mitstimmen dürften?"
Angela:
„Formal ist es erst mal ein Wunschtraum, daß der Stadtverband immer darüber entscheidet, wie die Fraktion sich zu verhalten hat. ... Und formal ist es auch so, daß Abgeordnete ein imperatives Mandat von der Bevölkerung haben und nicht vom Stadtverband. Bei den Grünen ist es so, daß man sich doch gebunden fühlt an sowas. Und wenn jemand von den Leuten, die über offene Listen darein gewählt wurden, sich nicht in der Lage sieht, mit der Fraktion abzustimmen, dann tut ers eben nicht ... Es besteht Konsens, daß die Fraktion geschlossen abstimmen sollte, aber sie muß ja nicht..."
Karin:
„Ja, würd ich genauso sehen."
E-Klo:
„Haben die Unabhängigen auf der Liste den Anspruch, sowas wie außerparlamentarische oder alternative Szene in Gießen zu vertreten?"

Karin:

„Mein Anspruch ist nicht, die alternative Szene zu vertreten, das kann die selber. Ich kann höchstens dafür sorgen, daß sie mehr Gehör kriegen..."

E-Klo:

„Glaubst du, daß die Leute, die den Grünen bisher kritisch gegenüberstanden - Autonome, Alternative usw. - eher, weil Du kandidierst, die Grünen wählen werden?"

Karin:

„Das glaub ich nicht, weil ... die haben ihre Überzeugung, die wählen halt nicht die Grünen, bloß weil ich dabei bin, warum eigentlich?"

Angela:

„Ich denk, die wählen sowieso grün? Was wählen die denn? CDU?"

E-Klo:

„Gar nicht."

Karin:

„Also wichtig ist das auch oft nicht, was in den Parlamenten läuft ... ich denk, wenn, dann liegt es an uns, ob das Parlament wichtig wird oder nicht, ob wir wirklich die Interessen vertreten, die wichtig sind und da anderen Gruppen auch mal wirklich Gehör verschaffen. Oder ob wir brav unsere Hausarbeiten erledigen und uns den Kopf zerbrechen, wie irgend ne Straße heißen soll."

Etwas kleinlaut klingt das „Gar nicht" des Elephantenklo-Interviewers schon. Auffällig ist denn auch, daß diesmal kurz vor der Kommunalwahl kein Aufruf erscheint, nicht zur Wahl zu gehen. Eine liebgewordene Tradition findet ihr Ende. In der Öffentlichkeit aber spitzen sich die Auseinandersetzungen zwischen alter, abgewählter Garde und neuer Liste zu. Im Mittelpunkt immer das „Schreckgespenst" Karin Hagemann.

Die Grünen antworteten auf ihre Weise. Erstmals erstellten sie ausführliche Fachprogramme zur Kommunalwahl. Beispielsweise zu Verkehr, Umwelt, Frauen, Soziales, Ausländer, Energie mit zum Teil sehr detaillierten Forderungen. Die Grünen in der Stadt Gießen zeigten sich als Programmpartei. Im Programm findet sich auch die folgende machtpolitische Aussage: „Die Grünen werden unter den Bedingungen öffentlicher Verhandlungen und einer inhaltlichen Einigung einem SPD-Oberbürgermeister zustimmen, aber nicht koalieren."

Das Trommelfeuer der Anfeindungen hielt bis zur Wahl an. Und auf der Linken trat ja noch die Friedensliste an. Die Wahl wurde zu einer Schicksalswahl für die Gießener Grünen. In mehrfacher Hinsicht.

Rot-Grün

Was niemand erwartet hatte, trat ein. Die CDU brach bei der Kommunalwahl am 10. März 1985 ein, verlor über neun Prozent und blieb dennoch
stärkste Partei vor der SPD, die 40,3 Prozent schaffte. Aber regieren konnte
die CDU nicht mehr. Die FDP mit ihren drei Sitzen war zu schwach.
Die Grünen aber hatten den Umständen getrotzt. 8,4 Prozent und fünf
Sitze - und das, obwohl die Friedensliste mit 2,8 Prozent mehr als achtbar
abschnitt, allerdings mit leeren Händen dastand. 30 Sitze für Rot-Grün und
29 Sitze für Schwarz-Gelb.

Der Kurswechsel bei den Grünen wurde noch einmal deutlich gemacht.
Karin Hagemann wurde - zunächst für ein Jahr - zur Fraktionsvorsitzenden
gewählt. Sie sollte es bleiben, bis sie im Herbst 1997 Bürgermeisterin
wurde.

Bei den Sozialdemokraten aber gab es kein Halten mehr. Sie wollten regieren. Kommunisten, Hausbesetzer, Fundamentalisten - alles vergessen.
Öffentliche Verhandlungen, eine Qual. Aber nicht zu vermeiden. Schließlich
winkte der Posten des Oberbürgermeisters, und nicht nur der. Der Kandi-
dat, Manfred Mutz, trat noch am Wahlabend mit der bemerkenswerten
Aussage in Erscheinung „Als Oberbürgermeister Gießens würde ich mich für eine
stärkere Mitsprache des Parlamentes einsetzen, denn das ehrenamtliche Engagement
sollte stärker in die Kommunalpolitik eingebracht werden" (Gießener Anzeiger vom
11.3.85).
Die Grünen taten sich da - erwartungsgemäß - schwerer. Tolerierung, Koalition, darüber wurde in der Partei immer wieder diskutiert. Und vorerst nicht
entschieden. Man wählte eine Verhandlungskommission und traf sich mit
der SPD.

Gleichzeitig war auch den Grünen im Landkreis Gießen erstmals der Sprung
in den Kreistag gelungen. Und auch sie konnten mit der SPD eine Kreis-
tagsmehrheit vorweisen. Und auch sie begannen Gespräche mit der SPD.
Nicht nur für die Grünen, für die gesamte Gießener Linke war das Tempo
atemberaubend und auch die Redakteure des Elephantenklo rangen um
Fassung.

Die Berichterstattung über die ersten Verhandlungen nahmen breiten Raum
ein. Da sie öffentlich waren, wußten die Berichterstatter auch einiges zu

berichten, und waren nicht auf Presseerklärungen und Informationen aus zweiter Hand angewiesen. Und es geschah durchaus Erstaunliches. Eine Städtepartnerstadt mit einer Stadt in Nicaragua wurde beschlossen, Giessen sollte zur Atomwaffenfreien Zone erklärt werden und Militärparaden sollten in der Stadt auch nicht mehr stattfinden. Das waren schon Dinge, die das Herz eines Linken höher schlagen ließen.

I. Übel, der öfters mit Kommentaren im Elephantenklo in Erscheinung trat, fand schnell seine Fassung wieder und brachte in der Ausgabe vom 2.4.1985 die Welt wieder in Ordnung.

„Klar ist erstmal, daß Engagement in 'kommunalen Fragen' keine revolutionäre Politik ist - mal ziemlich egal welche Forderungen da überhaupt gestellt werden", kühlt er in seinem Kommentar *„In Giessen regieren die Grünen!"* die Gemüter. *„Es gibt aber schon Dinge, die die Situation für revolutionäre Politik positiv beeinflussen können: Etwa: Geld und sonstige Verbesserung der Arbeitsbedingungen für 'subversive' Gruppen; tendenziell subversiv sind dabei auch all die, wo Menschen ihre Interessen selber vertreten, aktiv in die Gestaltung ihrer Umwelt eingreifen, sind im Prinzip auch die, die 'Aufklärung' betreiben, sind letztlich auch die Gruppen der alternativen Kulturszene."*
Und da findet der revolutionäre I. Übel einige Punkte bei den Grünen, die ihm gefallen.
Aber, bevor Unsicherheit aufkommt, wird wieder klargestellt:
„Der Rest der Punkte, die die Grünen mit der SPD verhandeln wollen, ist eigentlich egal - es sind reformistische Forderungen. ... Wir wollen nicht den Innenanstrich von einem Haus ausbessern helfen, wenn wir wissen, daß das Haus eingerissen werden muß und ein neues gebaut! Oder: Viele Grüne erinnern mich an eine Gruppe weißer Jugendlicher in einem weißen Vorort von Kapstadt, die glauben sie machen Politik, wenn sie ihre ganze Energie da reinstecken, daß mehr Bäume in ihre Straße kommen - und so sieht's doch aus in der Welt, oder?"
Dieser einigermaßen geschmacklose Vergleich hatte - so kann man entschuldigend feststellen - aber auch etwas vom Pfeifen im dunklen Wald, hier versichert sich jemand seiner selbst, der unsicher geworden ist. Wo ist die Revolution, wo sind die Revolutionäre geblieben.
*„Überhaupt muß noch etwas zu den Personen gesagt werden, die sich da in der Plock-*straße (in der Plockstraße hatten die Grünen damals ihr Parteibüro, Anm. d. Verf.) *einfinden, 'grüne' Politik zu machen. Heute schon werden Karin Hagemann und Karl-Heinz Funck über die Zukunft der Stadt verhandeln: das ist, als wäre mensch Zuschauer einer ASTA-Sitzung von 1975! Schon heute ist Heini Brinkmann als ehrenamtliches Magistratsmitglied vorgesehen - ein habilitierter Marxist, der zwar*

immer nur Unwichtiges geredet hat und auch in Zukunft nix anderes tun wird, aber schaden kann der Mann in der Position nicht. Michel Roth läßt sich dort sehen, der vor vier Jahren noch mit 164 Stimmen als Spitzenkandidat der Demokratischen Liste abgeschifft ist und doch damals schon schlauer war, als die ganzen Grünen zusammen. ......, das sind dann doch eigentlich ein Haufen vernünftiger Leute. Und da wird mir auch schon Angst! Daß ich so viele Leute, die ich von der Straße, von der Startbahn, von Grohnde usw. her kenne, jetzt in der Plockstraße wiedertreffe, ist, da bin ich sicher, vor allem ein Zeichen davon, daß auf der Straße nix mehr los ist."

Wenn es der Kommentator auch noch einmal mit einer kraftstrotzenden Selbstversicherung versucht, „*...Die Grünen....werden sich ihren Frust schon holen, wenn sie erleben müssen, wie z.B. die Arbeitslosigkeit trotz schönster Beschäftigungsprogramme weiter steigt oder grade die schönsten ihrer neuen Parks oder Fußgängerzonen vornehmlich zu Zwecken der Straßenräuberei und Vergewaltigung genutzt werden ...*", so wird man doch den Eindruck nicht los, daß hier jemand merkt, daß er den Anschluß zu verlieren droht.

Die Koalitionsvereinbarung, die im Sommer 1985 unter Dach und Fach gebracht wurde, schrieb einige politische Inhalte fest, die bis heute Bestand haben und die mittlerweile für selbstverständlich genommen werden:
· Eine massive und intensive Unterstützung der im Sozialbereich tätigen Gruppen.
· Die kontinuierliche Unterstützung des Frauenhauses.
· Frauennachttaxi.
· Die Einrichtung des Zentrums für Arbeit und Umwelt Gießen (ZAUG GmbH), das sich als eine geeignete Einrichtung zur Arbeitsmarkförderung bewiesen hat und mit einigen Innovationen hervorgetreten ist.
· Der Gießen-Paß, mit drastisch günstigeren Tarifen für öffentliche Einrichtungen wie Theater, Schwimmbäder und Busse.
· Kontinuierlicher Ausbau des Anliegerparkens und von Tempo 30-Zonen in Wohngebieten.
· Verbot der Wohnraumzweckentfremdung durch eine entsprechende Verordnung.
· Die Schaffung eines eigenständigen Amtes für Umwelt- und Naturschutz.
· Die flächendeckende Einführung der Abfallgetrenntsammlung (Gießen gehörte zu den ersten Städten in Deutschland, in denen getrennt nach Papier, kompostierbaren Abfällen und Restmüll gesammelt und „entsorgt" wurde).
· Eine Grünflächenplanung.

- Drastische Reduzierung der vorgesehenen Gewerbe- und Wohngebiets-
planungen und Ausweisung von Naturschutzgebieten.
- Renaturierung von Fließgewässern.
- Ein Radwegenetz, das kontinuierlich ausgebaut wird.
- Verbesserung des öffentlichen Nahverkehrs durch Linien- und Taktver-
besserung sowie ein attraktives Tarifsystem (Umweltticket). Bis heute
sind die Tarife in den Bussen der Stadtwerke im Vergleich mit anderen
Städten sehr günstig.
- Beständiger Ausbau der Fernwärme und der Eigenstromversorgung durch
Blockheizkraftwerke. Die Stadtwerke Gießen brauchen bis heute keinen
Vergleich mit anderen Energieversorgern im Bundesgebiet zu scheuen.
- Die Bestellung einer Frauenbeauftragten und Einrichtung eines Frauenbü-
ros; heute in Hessen gesetzlich verankert.

Diese Aufzählung ist nicht vollständig, mag aber als Beleg dafür dienen,
daß der politische Kurswechsel einschneidend gewesen ist, auch wenn in
vielen Bereichen die SPD immer wieder zum Jagen getragen werden mußte
und bis heute muß. Von Anfang an gestaltete sich die Zusammenarbeit mit
den Sozialdemokraten jedoch schwierig. Dies hat vor allem zwei Ursachen:

I. Die Sozialdemokraten hatten immer Probleme, die Mehrheitsfähigkeit in
den eigenen Reihen sicherzustellen. Ein chronisches Problem, das sich
bis heute immer mehr verschärft hat.
II. Die Grünen verfolgten von Anfang an das Konzept, politische und
inhaltliche Differenzen mit der SPD auch öffentlich zu benennen und die
Kompromisse öffentlich nachvollziehbar zu machen. Damit standen die
Grünen in der Stadt auch im Gegensatz zu den Grünen auf Landesebene, die Gegensätze lieber hinter verschlossenen Türen austragen wollten, um nach außen das Bild einer intakten und harmonischen Zusammenarbeit zu vermitteln.

Dies verlangte Konfliktfähigkeit des kleinen Partners gegenüber dem
großen und es verlangte, den Mut und das Selbstbewußtsein aufzubringen,
auch nein sagen zu können, und darauf zu bestehen, daß die Koalitionsvereinbarung eingehalten wird. Diese Auffassung von Politik ist aber auch
darauf angewiesen, daß sich Initiativen und Organisationen aus der
außerparlamentarischen Ebene aktiv in die Debatte einschalten und Gehör
verschaffen. Je mehr die linke Szene in Gießen und anderswo zusammen-
schmilzt, desto schwieriger ist es, diese Form der Politik durchzuhalten.

Zur Nagelprobe mit Langzeitwirkung für die SPD kam es bereits im Dezember 1985 im Stadtparlament. Stein des Anstoßes war die Ortsumgehung Rödgen. Ein höchst umstrittenes Projekt, das die SPD unbedingt wollte. In der Koalitionsvereinbarung war der Konflikt auf die lange Bank geschoben worden. Eine Umweltverträglichkeitsprüfung (UVP) sollte durchgeführt werden und im Lichte der daraus gewonnenen Erkenntnisse sollte neu diskutiert werden. Der Streit ging um die Finanzierung. Stadt oder Land? Und sollten die Ergebnisse der UVP ins Planfeststellungsverfahren (SPD) einfließen oder sollte erst nach der UVP entschieden werden, ob dieses Verfahren weitergeführt wird (Grüne)? Zu mitternächtlicher Stunde brachte die FDP einen Antrag ein, die Ortsumgehung nicht bauen zu wollen. Die Grünen, des Streites überdrüssig, enthielten sich der Stimme und machten so den Weg frei, daß der Antrag das Parlament passieren konnte. Die SPD holte sich eine blutige Nase und mußte erkennen, daß man zum Schlitten fahren besser einen Schlitten und nicht den Koalitionspartner nimmt.

Die Kommunalwahlen 1989 erbrachte für beide Parteien einen großen Erfolg. Die Grünen schafften es, drei Sitze hinzu zu gewinnen und hatten fortan acht Stadtverordnete. Die SPD gewann ebenfalls einen hinzu, die Koalition verfügte fortan über 34 Sitze.

Die Gegensätze innerhalb der SPD aber verschärften sich. Der Oberbürgermeister scharte die Rechten um sich, und spielte hinter den Kulissen sein Spiel. Die Wiederwahl des Bürgermeisters Schüler geriet 1991 zu einem Debakel. Trotz der sicheren Mehrheit ließen ihn einige Stadtverordnete aus den eigenen Reihen im Regen stehen und er verfehlte im ersten Wahlgang die Mehrheit. Auch der von den Grünen gestellte Bau- und Umweltdezernent schaffte es nur mit Hängen und Würgen. Vorwärtstreibende Politik war mit dieser gelähmten und zur Selbstzerfleischung neigenden SPD kaum möglich. Glücklicherweise aber war der Fundus aus der Koalitionsvereinbarung von 1985, nach der Wahl 1989 fortgeschrieben, noch so groß, daß es noch viele Projekte umzusetzen gab.

Die SPD bekam bei der Kommunalwahl 1993 eine deftige Quittung. Sie verlor einige Sitze, während fortan zehn Grüne Stadtverordnete im Parlament saßen. Die SPD verstand es nicht, aus diesem Ergebnis die entsprechenden Lehren zu ziehen. Immer stärker wurde die Macht der Ortsvereine in den Vororten, hinter den Kulissen kräftig vorangetrieben vom Oberbürgermeister. Der glaubte damit offenbar, seine eigene Macht absichern zu können. Bereits legendär ist der Ortsverein Lützellinden geworden. Daß die SPD von

Wahl zu Wahl dort verliert und einen dramatischen Niedergang erlebt, sei nur am Rande vermerkt. Da die Mehrheit von rot-grün in der Stadtverordnetenversammlung aber seit 1993 bis heute wieder auf einen Sitz zusammengeschmolzen ist und sich die SPD in der Stadtverordnetenversammlung als erpreßbar gezeigt hat, ist die Mehrheitsfähigkeit ständig gefährdet.

Mit der Änderung des kommunalen Wahlrechts, die die Direktwahl des Oberbürgermeisters einführte, die Mutz - nicht zuletzt dank der aktiven Unterstützung der Grünen - knapp für sich entscheiden konnte, hat sich diese Situation weiter drastisch verschlimmert. Die Stadtverordnetenfraktion der SPD hat sich als Machtfaktor von der politischen Bühne verabschiedet. Dies ist exemplarisch an der Debatte um den Flächennutzungsplan zu erkennen. Dieser war bereits 1985, kurz vor der Verabschiedung, von rot-grün zurückgezogen worden. Nachdem die Planung völlig neu aufgerollt worden war - veränderte Planungsgesetze mußten dabei berücksichtigt werden - erwies sich, daß eine SPD-Abgeordnete den Plan in Verein mit der CDU und der FWG, seit 1997 statt der FDP im Parlament, blockieren konnte. Die SPD stand hilflos daneben, weil die Abgeordnete auf den Oberbürgermeister zählen konnte. Und mit dem Oberbürgermeister sind Vereinbarungen nicht zu treffen, weil er sich nicht an sie hält.

Wie geht es weiter?

Nach der Kommunalwahl 1997 setzten die Grünen durch, daß ein Agenda 21-Büro eingerichtet wurde. Über dieses Büro wird in die Stadt eine breite Diskussion zur zukünftigen Entwicklung der Stadt getragen und organisatorisch unterstützt. Allerorten haben sich Agendagruppen gebildet und die unterschiedlichsten gesellschaftlichen Gruppen und Interessen treffen in Workshops, Zukunftswerkstätten und anderen Veranstaltungen aufeinander, erarbeiten gemeinsam Leitlinien und ganz konkrete Vorschläge.
Das verweist in gewisser Weise auf die Ursprünge der Grünen in Gießen. Vor 15, 20 Jahren bezog es sich darauf, ob die Grünen in Parlamenten Sprachrohr oder Vertreter der vielen unterschiedlichen Initiativen und Gruppen sein können. Heute wird der Rahmen geschaffen, um einen Interessenausgleich zwischen dem Wirtschafts- und Wohnraum Stadt zu ermöglichen. Damit gehen die Grünen einen Weg, der aus der Mode gekommen ist und vom Koalitionspartner mit Skepsis und Distanz beobachtet wird. Sich im breiten Rahmen auf Bürgerbeteiligung einzulassen, heißt auch zu

riskieren, daß hin und wieder Ergebnisse herauskommen, mit denen man nicht einverstanden ist. Es heißt aber auch, auf die Kraft der eigenen Argumente zu vertrauen.

Grüne Politik hat - wie immer es in der Zukunft weitergehen wird - nachhaltige und, wie ich meine, für die soziale, ökologische und auch wirtschaftliche Entwicklung der Stadt positive Spuren hinterlassen, die auch von einer anderen Konstellation nicht ohne weiteres verwischt werden können. Und sie haben Maßstäbe gesetzt, hinter die andere nicht einfach zurückfallen können.

Die Grünen sind, wie keine andere Partei, darauf angewiesen, eine glaubwürdige Politik zu machen. Die Politik der rot-grünen Berliner Regierung hat dazu geführt, daß die Grünen viel an Glaubwürdigkeit eingebüßt haben. Es ist für die Grünen ein gefährliches Spiel, die Verkehrs- und Energiewende, den ökologischen Umbau insgesamt einer rigiden Sparpolitik unterzuordnen und gemeinsam mit der SPD Deregulierung zu betreiben. Neoliberale Politik, wie sie in der Steuerreform zum Ausdruck kommt, ist nicht die Sache der Wählerschaft unserer Partei. Ein Atomausstieg, im übrigen nur mit der Industrie und ohne Beteiligung der atomkritischen Bevölkerung ausgehandelt, der tatsächlich nur den geregelten Betrieb der bestehenden Atomkraftwerke für die nächsten drei Jahrzehnte beschreibt, wird von der Wählerschaft der Grünen genauso kritisch gesehen, wie eine Reform der Bundeswehr, die diese befähigen soll, weltweit intervenieren zu können. Die Wahlen der letzten zwei Jahre belegen dies ausdrücklich.

Die Grünen in der Stadt können sich diesem Trend nicht entgegen stellen. So wie sie vom Aufschwung der Partei profitiert haben, werden sie auch vom Niedergang betroffen sein. Aber die Politik, die zukünftige Entwicklung der Stadt mit den BewohnerInnen gemeinsam zu diskutieren und zu machen und nicht über ihre Köpfe hinweg, wird vielleicht honoriert werden. Wir sind vom bürgerlichen Engagement abhängig, wie keine andere Partei.

Zukunft ist immer.

*

Hajo Köppen

Von der informierten zur informatisierten Gesellschaft oder vom Volkszählungsgegner zum freiwillig Digitalisierten

Die Einleitung

War das eine Aufregung, als sich der Staat zu Beginn der achtziger Jahre daran machte, seine Bürger zu zählen und zu ihren Lebensverhältnissen zu befragen. Das „Gesetz über eine Volks-, Berufs-, Gebäude-, Wohnungs- und Arbeitsstättenzählung", kurz Volkszählungsgesetz, sollte die rechtliche Grundlage dieser Aktion bilden. Rund 370 Millionen DM wurden für diese umfassendste Bürgerbefragung veranschlagt. Über 600000 Helfer sollten am Stichtag, dem 27. April 1983 ausschwärmen und von Wohnungstür zu Wohnungstür und von Arbeitsstätte zu Arbeitsstätte eilen, um die Fragebögen den zu Befragenden persönlich auszuhändigen. Nach einigen Tagen sollten dann die Helfer wieder ausschwärmen, um die Fragebögen einzusammeln.

Es kam aber alles anders, als sich der Gesetzgeber das gedacht hatte. Die für 1983 geplante Volkszählung brachte eine Vielzahl von Initiativen hervor, deren ausdrückliches Ziel die Verhinderung dieser „Totalerfassung" war. Die Anti-Volkszählungskampagne ist neben der Anti-AKW-Bewegung, der Friedensbewegung, den Aktivitäten gegen die Startbahn West und der Hausbesetzerbewegung eine der großen Bewegungen der achtziger Jahre geworden, in denen sich die kritischen Geister in großer Zahl staatlichem Handeln entgegenstellten und durch außerparlamentarische Aktivitäten auf Regierungshandeln Einfluß nahmen. Daß sich in diesen Initiativen zeitweise eine große Zahl von Menschen, aus unterschiedlichen Interessen und Bevölkerungsschichten, zusammenfanden, hat sicher auch mit der Dumpfheit des staatlichen Agierens und Reagierens zu tun. *„Die moderne Informationstechnologie lädt geradezu ein, die örtlich und sachlich gezogenen Grenzen ihrer Anwendung aufzuheben, die Enge und Isoliertheit von Ressorts aufzulösen, innerstaat-*

liche und nationale Grenzen zu überwinden und Wissen in immer größer werdenden Speichern zu sammeln. Die Grenzenlosigkeit der Informationsverarbeitung würde es gestatten, das Individuum auf seinem langen Lebensweg zu begleiten, von ihm laufend Momentaufnahmen, Ganzbilder und Profile seiner Persönlichkeit zu liefern, es in allen Lebensbereichen, Lebensformen, Lebensäußerungen zu registrieren, zu beobachten, zu überwachen und so die gewonnenen Daten ohne die Gnade des Vergessens ständig präsent zu haben." Ein solcher Satz, Ende der siebziger Jahre vom damaligen Präsidenten des Bundeskriminalamtes, Horst Herold, formuliert, forderte den vehementen Widerspruch heraus und nährte das Mißtrauen in staatliches Handeln. Zumindest Anfang der achtziger Jahre war das so.

Das Gesetzgebungsverfahren

Bereits 1978 legte die damalige Bundesregierung dem Bundesrat einen ersten „Entwurf eines Gesetzes über eine Volks-, Berufs- und Arbeitsstättenzählung (Volkszählungsgesetz 1981)" für eine Zählung am 20. Mai 1981 vor. Der Bundesrat machte in seiner Stellungnahme eine Reihe von Vorschlägen, die insbesondere auf die Streichung von Fragen hinausliefen, um die Kosten der Volkszählung zu senken und den Geheimnisschutz zu verbessern. Um die finanzielle Belastung der Länder zu senken, sollte nach der Vorstellung des Bundesrates der Bund je Einwohner 4,30 DM an die Länder zahlen. Das wollte der Bund nicht. Über den Finanzierungsstreit ging die 8. Legislaturperiode zu Ende und der Gesetzentwurf wurde zur Makulatur. Da nach dem sog. Diskontinuitätsprinzip die Legislative nicht mit Gesetzesvorhaben der Vorgängerregierung belastet werden soll, brachte die neue sozialliberale Bundesregierung mit der Bundestagsdrucksache 9/451 am 18.05.1981 ein neues Volkszählungsgesetz, das „Volkszählungsgesetz 1982" mit dem Zähl-Stichtag 19. Mai 1982, ein. Das Gesetz wurde am 2. Dezember 1981 mit Zustimmung aller Bundestagsfraktionen verabschiedet, der Bundesrat rief aber wiederum den Vermittlungsausschuß an. Im Kern ging es wieder um den Zugriff auf statistische Daten und die Höhe des Finanzausgleichs des Bundes an die Länder. Es kam dann zu einer Einigung (die Länder sollten 2,50 DM je Einwohner vom Bund erhalten), im März 1982 wurde das „Volkszählungsgesetz 1983", jetzt mit Zähl-Stichtag 27. April 1983, verabschiedet. Eine offene Debatte über Gefahren und Risiken der Totalerhebung für den Bürger, insbesondere angesichts der neuen Möglichkeiten der Datenverarbeitung, wurde im Bundestag nicht geführt. Die Kritik von Datenschützern, die im wesentlichen den im Gesetz vorgesehenen Abgleich der erhobenen Daten mit den Melderegistern als Verstoß gegen das Prinzip der Trennung von Statistik und Verwaltungsvollzug bemängelten, wurde im Gesetzgebungsverfahren nicht berücksichtigt. Auch nahm die Öffentlichkeit von dem Gesetzgebungsverfahren kaum Notiz. Bis zum Herbst 1982 meldete sich kaum eine datenschutzsensible oder staatsverdrossene Stimme zu Wort. Noch wenige Monate vor dem Stichtag der Volkszählung im April 1983 herrschte Ruhe im Land. Alles sah so aus, daß die Volkszählung ohne größere Probleme über die Bühne gehen würde.

Der Stimmungsumschwung

Noch im August 1982 sah für die Befürworter der Volkszählung alles gut aus. Das sollte aber schnell anders werden. Erst im September 1982 brachte die „Internationale der Kriegsdienstgegner (IDK)" die anstehende Volkszählung mit der Parole „Politiker Fragen - Bürger antworten nicht!" in die öffentliche Diskussion. „Die Regierung sagt, sie brauche die Informationen von uns, um besser regieren zu können. Wir sagen, wir brauchen die Informationen von ihr, um uns besser wehren zu können. Kommt die Regierung ihrer Auskunftspflicht nicht nach, dann werden wir das auch nicht tun. Wenn die Regierung für Atomraketen schweigt, schweigen wir für den Frieden." Der Stichtag der Volkszählung sollte zu „einem Tag des zivilen Ungehorsams werden". Bis zum Januar 1983 schlossen sich rund 70 Organisationen aus der Ökologie- und Friedensbewegung dem Boykottaufruf an. Im grün/alternativen Spektrum hielt man sich aber noch sehr reserviert, teilweise wurde von den Grünen wie z. B. der Alternativen Liste Berlin und der Bunten Liste Bielefeld gegen den Boykottaufruf argumentiert. Die friedenspolitische Argumentationslinie der IDK war vielen kein nachvollziehbarer Kritikansatz.

Den richtigen Schwung erhielt die sich herausbildende Anti-Volkszählungsbewegung erst, als die Volkszählung mit der Fiktion des Orwellschen Überwachungsstaates in Verbindung gebracht wurde. Dafür hatten die Chronistinnen auch einen Termin. In dem rororo-aktuell-Buch „Die Volkszählung", erschienen im April 1983, beschreibt Eva Hubert in ihrem Beitrag „Politiker fragen - Bürger antworten nicht!" die Initialzündung für die Volkszählungsbewegung so: *„Der entscheidende Funke, der den `Flächenbrand´ auslöste, kam aus Hamburg. Dort hatte auf einer Veranstaltung über die `Gefahren der Personalinformationssysteme´ im Dezember 1982 eine Lehrerin eher beiläufig das Thema Volkszählung angesprochen. Sie war aufgefordert worden, sich als Zählerin zu melden und wußte nicht, ob sie dem folge leisten sollte. Die Versammlung erkannte die politische Brisanz, und eine Handvoll Leute machte sich in den nächsten Wochen anhand der Gesetzestexte und der geplanten Fragebögen schlau. Ende Januar verteilten sie ein vierseitiges Flugblatt mit dem Titel `Computer beherrschen das Land´. Darin* *heißt es: `Volkszählung´ klingt harmlos, jeder Schafhirte zählt seine Schafe. Doch die Zeiten haben sich verändert. Längst will `Vater Staat´ nicht mehr nur die Zahl seiner Mitbürger wissen. Mit Hilfe moderner Computertechnologien soll jeder Bürger in seinem Lebenszusammenhang total erfasst und verdatet werden.*" Die Hamburger Initiative kam zu dem Ergebnis: „*Sollte die von Technokraten, Politikern und Wirtschaftsplanern vorgegebene Entwicklung in den nächsten Jahren ungestört so weitergehen wie bisher, werden wir uns bald verdatet, verkauft und verplant kaum noch bewegen können.*"

Der Bürger gefangen im engmaschigen Netz der modernen Datenverarbeitungstechnologie, das klang wie aus George Orwells `1984´: „*Der Televisor war gleichzeitig Empfangs- und Sendegerät. Jedes von Winston verursachte Geräusch, das über ein ganz leises Flüstern hinausging, wurde von ihm registriert. Außerdem konnte Winston, solange er in dem von der Metallplatte beherrschten Sichtfeld blieb, nicht nur gehört, sondern auch gesehen werden. Es bestand natürlich keine Möglichkeit, festzustellen, ob man in einem gegebenen Augenblick gerade überwacht wurde. Wie oft und nach welchem System die Gedankenpolizei sich in einen Privatapparat einschaltete, blieb der Mutmaßung überlassen. Es war sogar möglich, dass jeder einzelne ständig überwacht wurde. Auf alle Fälle aber konnte sie sich, wenn sie es wollte, jederzeit in einen Apparat einschalten. Man mußte in der Annahme leben - und man stellte sich tatsächlich instinktiv darauf ein - daß jedes Geräusch, das man machte, überhört und, außer in der Dunkelheit, jede Bewegung beobachtet wurde.*"

Die geplante Volkszählung betraf jeden. Der Zähler würde an jede Haustür kommen, der Bürger sollte/mußte Auskunft geben. Keiner sollte sich nach den Vorstellungen der Regierung der Registrierung entziehen können. Das sorgte für unmittelbare Betroffenheit. Wie kaum eine andere Bewegung breitete sich die Anti-Volkszählungsbewegung ab Januar 1983 aus, die TAZ meldete täglich die Gründung neuer Initiativen. Der Schwung der Bewegung riß viele Menschen mit, auch solche, die bisher nicht im Traum daran gedacht hatten, sich gegen staatliches Handeln zu stellen. Die kritische Berichterstattung in Zeitschriften bis hin zur FAZ nahm zu. Politiker aller Parteien meldeten sich plötzlich mit kritischen Äußerungen zu Wort. Sogar Franz Josef Strauß bezeichnete die Volkszählung als „unsinnig". Und auch die grün/alternative (Partei-)Szene schlug sich auf die Seite der Volkszählungskritiker. Die Fraktion der Grün-Alternative-Liste verkündete im Hamburger Landesparlament ihre Unterstützung des Boykotts. Die Fraktion der Grünen im Hessischen Landtag wollte in einer Anfrage wissen, „*ob es richtig ist, daß anläßlich der geplanten Volkszählung alle Hessen verpflichtet werden sollen, auf einem Esel zu ihrem Geburtsort zu reisen*".

Die Provinz I

Auch in dem kleinen mittelhessischen Städtchen Gießen wurden die kritischen Geister langsam wach. In Heft Nr. 137 vom 8. Februar 1983 druckt das „Elephantenklo - Zeitung für Gießen und Umgebung" den Hamburger Aufruf „Volks(zählung)aushorchung: *Computer beherrschen das Land! Bürger Nr. 7654YX antwortet nicht mehr!*" ab. Der Text war mit folgendem redaktionellen Hinweis versehen: „*Dieses Flugblatt der Hamburger Initiative gegen die Volkszählung haben wir als erste Information zu diesem uns alle demnächst betreffenden Ereignis abgedruckt. Ab etwa Ende dieser Woche gibt es in der Kleinen Freiheit eine Dokumentation, die den Text des Gesetzes zur Volkszählung, die Begründung dazu und die Fragebogenentwürfe enthält. Für Ende Februar ist ein Koordinationstreffen aller Gruppen, die sich mit der Volkszählung auseinandersetzen (wollen) geplant, der Termin wird noch bekannt gegeben. Eine erste Möglichkeit, die Volkszählungsproblematik öffentlich anzusprechen, könnte die Veranstaltung der Grünen 'Bürger kontrollieren die Polizei - bald auch in Gießen?' am 10.2. um 20.00 Uhr in den Amcar Stuben sein.*" War dieser Hinweis in der Ausgabe 137 noch sehr zurückhaltend, so war die Volkszählung das Schwerpunktthema im E-Klo Nr. 140 vom 22. März 1983. Der Hauptartikel schlägt einen historischen Bogen: „*Volkszählung 1939: Voraussetzung für die rassistische Vernichtungspolitik*" lautet die Überschrift. Das Fazit des Beitrags ist eindeutig „*Allein dies zeigt: der Boykott der Volkszählung ist das mindeste an Widerstand gegen die absolute Durchschaubarmachung und Verplanung des Menschen. Daß auch ein Erfolg des Volkszählungsboykotts nicht reicht, daß es der Sabotage noch vieler Erfassungsmethoden in Richtung auf den `gläsernen Menschen´ bedarf, das konnte hier hoffentlich aufgezeigt werden.*"

Auf dem Seltersweg („vor´m Zigarren-Möser") gibt es jeden Samstag einen Infostand, das „Zählertreff" findet jeden Montag in der Lahnschänke, Schützenstraße, statt und mittwochs ist in der ESG Treffpunkt zwecks Planung von Aktionen und Veranstaltungen. Für den 17. April, dem Stichtag der Volkszählung, ist eine große Fete im Otto-Eger-Heim (im Sprachgebrauch der Szene `Otto-Erreger-Heim´ genannt) angesetzt. Für den 16. April wird eine Veranstaltung in der Kongresshalle (!) mit Prof. Dr. Ridder angekündigt.

Mit viel Phantasie wurden auch in Gießen Aktionen geplant, die die Durchführung der Volkszählung erschweren sollten. Namensschilder verschwanden von den Haustürklingeln. Auf dem „Montagsplenum" der verschiedenen Arbeitsgruppen wurde das Abschrauben von Hausnummern und Straßenschildern zwecks Behinderung der Zähler diskutiert. Volkszählungskritiker meldeten sich als Zähler, um dann in den Schulungsveranstal-

tungen und an der Haustür direkt für den Boykott zu werben. Zwangsver-
pflichtete Zähler legten gegen ihre Verpflichtung Widerspruch ein.

Das Bundesverfassungsgericht

Die Bewegung gegen die Volkszählung war bis zum April so richtig in
Schwung gekommen. Es sah so aus, daß die Volkszählung 1983 zu einem
richtigen Flop werden sollte, als das Bundesverfassungsgericht (BVerfG)
durch Beschluß vom 13. April 1983 den Vollzug des Volkszählungsgesetzes
bis zur Entscheidung über die eingereichten Verfassungsbeschwerden
durch eine einstweilige Anordnung aussetzte. Dieser Beschluß wurde nicht
von allen Volkszählungsgegnern mit Begeisterung aufgenommen. So konnte man in der basis-news, Zeitung der Fachschaft Jura der Universität
Gießen, vom Mai 1983 folgendes lesen: „Während weite Teile `der Linken´ über
den politischen Erfolg `der Bewegung´ jubeln, ohne die Form der Verrechtlichung die-
ses Konflikts zu bemerken, ist es dem BVerfG gelungen, eine gehörige Portion `genera-
lisiertes Systemvertrauen´ (Luhmann) beim `Bürger draußen im Lande´ zu schaffen.
Derweilen das `Publikum der versammelten Privatleute´ (Habermas) über die
Verfassungsmäßigkeit des VZG diskutiert, werden Exekutive und Legislative ein nicht
so schlampig redigiertes Gesetz ausarbeiten. (Verfassungsrechtlich wird es nicht zu verhindern sein)."
Das BVerfG arbeitete schnell, bereits am 15. Dezember 1983 entschied es
in einem ausführlichen Urteil über die Verfassungsbeschwerden. Einleitend
äußerte sich das Gericht auch zu der Bewegung gegen die Volkszählung:
„Die durch dieses Gesetz angeordnete Datenerhebung hat Beunruhigung auch in solchen Teilen der Bevölkerung ausgelöst, die als loyale Staatsbürger das Recht und die
Pflicht des Staates respektieren, die für rationales und planvolles staatliches Handeln
erforderlichen Informationen zu beschaffen. Dies mag teilweise daraus zu erklären sein,
dass weithin Unkenntnis über Umfang und Verwendungszweck der Befragung bestand
und dass die Notwendigkeit zur verlässlichen Aufklärung der Auskunftspflichtigen nicht
rechtzeitig erkannt worden ist, obwohl sich das allgemeine Bewusstsein durch die
Entwicklung der automatisierten Datenverarbeitung seit den Mikrozensus-Erhebungen
in den Jahren 1956 bis 1962 erheblich verändert hat. Die Möglichkeiten der modernen
Datenverarbeitung sind weithin nur für Fachleute durchschaubar und können beim
Staatsbürger die Furcht vor einer unkontrollierbaren Persönlichkeitserfassung selbst
dann auslösen, wenn der Gesetzgeber lediglich solche Angaben verlangt, die erforderlich
und zumutbar sind. Zur Beunruhigung mag nicht zuletzt beigetragen haben, dass auch
Sachkundige die Überzeugung vertraten, das Volkszählungsgesetz 1983 genüge trotz
einstimmiger Verabschiedung in den gesetzgebenden Körperschaften schon in den
Vorschriften über die Erhebung der Daten und vor allem in den Bestimmungen über

deren Verwertung nicht hinreichend den verfassungsrechtlichen Anforderungen."
Das Volkszählungsgesetz 1983 wurde vom BVerfG in den wesentlichen
Punkten als mit der Verfassung im Einklang stehend bestätigt. Lediglich in
der Übermittlungsregelung des § 9 Abs. 1 VZG (unter anderem Melderegisterabgleich) sah das Gericht einen Verstoß gegen die Verfassung. Dies
allein macht aber nicht die Bedeutung des Urteils aus. Seine Bedeutung
liegt vielmehr darin, daß das BVerfG die durch die Verfassungsbeschwerden ermöglichte Gelegenheit wahrgenommen hat, sich zu Grundsatzfragen
des Datenschutzes zu äußern. Die zentralen Aussagen der Entscheidung
hat das Gericht in den dem Urteil vorangestellten Leitsätzen zusammengefaßt. Hier ein Auszug:

„Unter den Bedingungen der modernen Datenverarbeitung wird der Schutz des einzelnen gegen unbegrenzte Erhebung, Speicherung, Verwendung und Weitergabe seiner persönlichen Daten von dem allgemeinen Persönlichkeitsrecht des Art. 2 Abs. 1 i. V. m. Art. 1 Abs. 1 Grundgesetz umfasst. Das Grundrecht gewährleistet insoweit die Befugnis des einzelnen, grundsätzlich selbst über die Preisgabe und Verwendung seiner persönlich en Daten zu bestimmen. Einschränkungen dieses Rechts auf `informationelle Selbstbestimmung´ sind nur im überwiegenden Allgemeininteresse zulässig. Sie bedürfen einer verfassungsgemäßen gesetzlichen Grundlage, die dem rechtsstaatlichen Gebot der Normenklarheit entsprechen muß. Bei seinen Regelungen hat der Gesetzgeber ferner den Grundsatz der Verhältnismäßigkeit zu beachten."

Das Volkszählungsgesetz 1987

Der Gesetzgeber reagierte schnell und brauchte für ein neues Volkszählungsgesetz, das den Vorgaben des Volkszählungsurteils des BVerfG entsprach, keine zwei Jahre. Das neue „Volkszählungsgesetz 1987" stammt
vom 8. November 1985, als Stichtag für die Volkszählung 1987 war der 25.
Mai 1987 festgesetzt. Anders als bei dem gescheiterten Erfassungsversuch
1983 wurde jetzt eine intensive und kostenaufwendige Werbekampagne
durchgeführt, um die Bevölkerung auf die Zählung einzustimmen. *„Zehn
Minuten, die allen Helfen"*, das war der Slogan, mit dem jede Bürgerin und
jeder Bürger an seine staatsbürgerliche Pflicht erinnert werden sollte. Im
Mittelpunkt der Werbekampagne standen insbesondere Fragen des
Datenschutzes und des Statistikgeheimnisses sowie der organisatorischen
Abschottung der sog. Erhebungsstellen (in Gießen in der Georg-Schlosser
Straße 1 untergebracht) von der übrigen Verwaltung, etwa den Meldeämtern. Die an jeden Haushalt verteilten Hochglanzbroschüren enthielten
aber auch gleich Hinweise für jene, die den Fragebogen nicht ausfüllen
wollten: *„Wer die Auskunft verweigert oder wissentlich falsche Angaben macht,*

verstößt gegen eigene Interessen und gegen Belange des Gemeinwohls. Er handelt ordnungswidrig und kann mit einem Bußgeld bis zu 10.000,- DM *belegt werden."*
Bei solchen Drohungen und der Werbeflut der Statistischen Landesämter und des Statistischen Bundesamtes hatte die Anti-Volkszählungsbewegung einen schweren Stand. Nach dem BVerfG-Urteil und dem neuen Gesetz verabschiedeten sich einige aus der Front der Gegner. Dennoch arbeiteten weiterhin Initiativen, die auch für einen Volkszählungsboykott 1987 votierten. Auch berichtete die Presse kritisch über die Volkszählung 1987. Emnid prognostizierte, daß nur jeder zweite Bundesbürger den Fragebogen ehrlich ausfüllen wolle. Der Spiegel vermeldete, daß 36 % *„zwischen mürrischem Mitmachen und heimlichen Falschangaben"* schwanken und 14 % zum Totalboykott entschlossen seien. Auch kam die Organisation der Zählung nicht so richtig voran. Es gab erhebliche Probleme bei der Rekrutierung der Zähler. In diesem Zusammenhang begrüßten die Grünen im Hessischen Landtag die Weigerung des höchsten Frankfurter Feuerwehrmanns Achilles, die geforderten 50 Mann für die Zählung abzustellen. Je näher der Stichtag der Zählung kam, um so nervöser reagierten die staatlichen Stellen. In Bonn, Ludwigshafen und Kassel ließen Verwaltungschefs die Telefonanschlüsse von Grünen-Fraktionen sperren, da über die Rufnummern Boykott-Tips verbreitet würden. Aber auch die VoBos bekamen Unterstützung. Der Verlag Zweitausendeins brachte im Dezember 1986 das Buch *„Was Sie gegen Mikrozensus und Volkszählung tun können"* zum Preis von 5,00 DM auf den Markt. VoBo-Initiativen konnten z.B. 640 Exemplare für 2400,- DM statt 3200,- DM beziehen und so ihre Boykottkasse auffüllen. Das Buch erschien in den Monaten Dezember 1986 bis März 1987 in elf Auflagen mit einer Gesamtauflage von 110.000! Noch kurz vor der Zählung gab im März 1987 der Verlag Elefanten Press eine Rechtsschutzfibel zur Volkszählung heraus. Gemeinsam war den damaligen Veröffentlichungen der VoBo-Initiativen die Beschäftigung mit rechtlichen Aspekten der Volkszählung. Ablehnung des Zählers, Betreten der Wohnung durch den Zähler, Widerspruch gegen die Auskunftspflicht, Verfahren vor den Gerichten, Maßnahmen gegen Bußgelder. Diese Themen standen im Mittelpunkt der Debatte. Durch die Entscheidung des BVerfG war nicht nur der Grundstein für eine extreme Verrechtlichung des Datenschutzes gelegt, sondern auch die Volkszählungsgegner schlugen sich schwerpunktmäßig mit juristischen Fragen herum. Wir wissen, wie die Sache ausgegangen ist: Die Volkszählung 1987 wurde, trotz vielfältiger Gegenaktionen und einer hohen Zahl von Boykotteuren, durchgeführt und nach einiger Zeit war Ruhe im Land. Die Themen Datenschutz und Gefährdung der Persönlichkeitsrechte durch (ins-

besondere neue) IT-Technologien verschwanden von der politischen Tagesordnung so plötzlich, wie sie 1983 aufgetaucht waren. Wie die eingesammelten Daten ausgewertet und beurteilt, oder die Ergebnisse gar in Regierungshandeln umgesetzt wurden, das interessierte kaum noch einen. Und mit der Auflösung der DDR 1989 gingen offensichtlich viele davon aus, daß die Daten der Volkszählung 1987 quasi über Nacht zum Datenmüll geworden waren.

Die Provinz II

In Gießen arbeitete nach der gescheiterten Volkszählung 1983 als eine der 200 Initiativen in der BRD die „Erfassungsschutzgruppe" weiter, die sich aber nicht nur um die Volkszählung kümmerte. Unter anderem veröffentlichte sie die Materialsammlung „Beiträge zum I unter dem Tüpfelchen". Dieser Reader behandelt neben der Volkszählung auch Themen wie den neuen Personalausweis, Sozialdaten - Verwaltung der Armut, betriebliche Überwachungssysteme, Meldewesen und Automation in der Kommunalverwaltung, Polizei/Innere Sicherheit. U. a. organisierte sie am 24. November 1983 eine Podiumsdiskussion zur „Schönen neuen Welt". Im E-Klo Nr. 159 vom 13. Dezember 1983 kann man über die Veranstaltung u. a. folgendes lesen: „Die verschiedenen Beiträge hier kurz wiederzugeben, erscheint relativ uninteressant, da teilweise die Fakten (z.B. die unübersehbare Datenmenge, die in Gebrauch ist und der immer stärkere Zuwachs der Informationsindustrie) auch im groben bekannt sind. Von daher gesehen hat die Veranstaltung nicht viel Neues bringen können. Das Ziel lag aber auch in einem anderen Bereich. So kam es den Veranstaltern mehr darauf an, Themenkomplexe, die im Zusammenhang mit Computerisierung stehen, anzureißen und die Wirkungen auf die verschiedenen gesell-

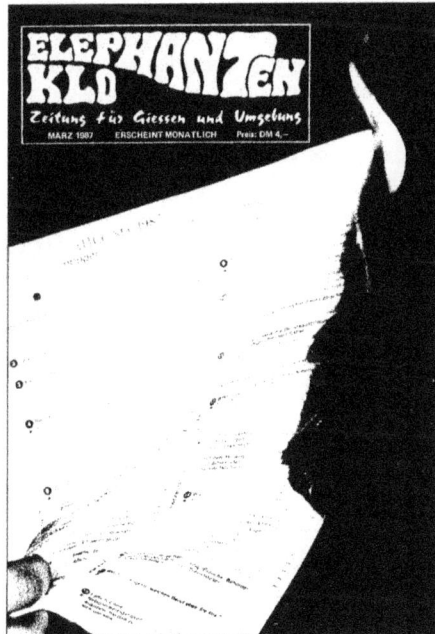

Eine heiße Angelegenheit: Volkszählung auf einem „Elephantenklo"-Titelbild 1987

schaftlichen Bereiche aufzuzeigen. Wie wirken sich die in der Hälfte der deutschen Betriebe installierten Personalinformations-systeme auf die Arbeitsplätze und das Verhalten der Arbeitenden aus? Was bedeutet die ungeheure Ansammlung von Sozialdaten in den Schaltstellen dieses Staates?
Ein Punkt der Diskussion sollte den Strategien gegen Überwachung, Verkabelung und Aushorchung gewidmet sein. Hier kam außer recht abstrakten Thesen kein Konzept auf den Tisch. Wie auch? Ich halte die Diskussion für sehr jung und die `Bewegung´ - die sich eigentlich erst an der im Frühjahr 83 geplanten Volkszählung orientierte - für zu verkürzt, als das schon eine konkrete Gegenwehr hätte erarbeitet werden können."

Das E-Klo berichtete regelmäßig unter dem mit dem Slogan „10 Minuten, die sie noch bereuen werden" versehenen Volkszählungs-Logo über die Aktivitäten in Gießen. In der Ausgabe 2/1987 wurde ein ausführlicher Artikel mit folgenden Worten eingeleitet: „Am 25. Mai dieses Jahres soll nun endlich die 1983 schon einmal gescheiterte `Volkszählung´ stattfinden. Doch die Boykott- und Widerstandsbewegung rollt bereits, nur unter veränderten Vorzeichen: nach dem Bundesverfassungsgerichtsurteil von 1983 ist es noch schwerer zu behaupten, der Staat wolle einzelnen Bürgern nachspionieren. Mit dieser Argumentation konnte damals auch das `liberale Bürgertum´ gegen die Zählung gewonnen werden. 1987 wird aber noch deutlicher: es geht nicht um`s Individuum, sondern um einen Datenpool, der dem Staat ermöglicht, die Entwicklung der Gesellschaft zielgerecht zu steuern. Bereits die Nationalsozialisten wussten das Instrument `Volkszählung´, verbunden mit neuen Datenspeicherungstechniken, für sich zu nutzen. Wie kann die 87er Volkszählung erfolgreich boykottiert werden - was tun, wenn der Zähler kommt?"

Mit der Berichterstattung des E-Klo befasste sich auch das politische Kommissariat K 14, das in Artikeln Tips zum Boykott der Volkszählung fand, was nach § 116 OWiG eine „öffentliche Aufforderung zu Ordnungswidrigkeiten darstelle".

In den Wochen vor dem Stichtag 25. Mai hatte die VoBo-Kam-

Schlagende Argumente gegen die Volkszählung: „Elephantenklo"-Titelbild 1987

122

pagne nochmals einen großen Zulauf, wobei die Erfassungsschutzgruppe sich aber gleichzeitig über mangelnde direkte Mitarbeit beklagte. Am 14. April 1987 kamen zu der Veranstaltung „Volkszählung 87 - Pro und Contra" über 900 Teilnehmer im Audimax zusammen.

Der Zähler

Alles war vorbereitet. Schon an der Haustür klebte der Aufkleber mit einem ziemlich groben Hinweis an den Zähler, daß er sich abmachen solle. Auf dem Weg durch das Treppenhaus zu meiner Wohnungstür im dritten Stock müßte er an mindestens 15 Anti-Volkszählungsaufklebern und -plakaten vorbei. Die Botschaft war klar; hier war Zählers Feindesland. Und würde er klingeln und die Wohnungstür geöffnet, er würde keine Chance bekommen. Juristisch unangreifbar würde ihm seine üble Funktion als Schnüffler dargelegt werden. Auch eine Lektion über verfassungsrechtliche Bedenken zum Volkszählungsgesetz würde er sich anhören müssen. Das war ich mir schuldig, immerhin bereitete ich mich gerade auf das zweite juristische Staatsexamen vor. Und sollte der Zähler auch nur seinen großen Zeh über die Türschwelle schieben, dann war da noch die Sache mit dem Hausfriedensbruch. Alles war vorbereitet, doch es sollte anders kommen. Eines Tages klingelte es dann an der Haustür und ich erkannte ihn sofort. Diesmal war es nicht ein Zeuge Jehovas, es war der Volkszähler. Aber noch bevor ich zu meiner geplanten Rede ansetzen konnte, brachte er sein Bedauern über sein Erscheinen zum Ausdruck. Zwangsverpflichtet sei er und er wolle nur den Fragebogen abgeben. Direkt ausfüllen bräuchte ich ihn nicht. Er würde ein paar Tage später noch mal reinschauen; besser wäre aber, ich würde den Fragebogen mit der Post an die Erhebungsstelle zurückschicken. Während ich völlig verdattert dies zusagte, drückte er mir den Fragebogen in die Hand und wünschte mir noch einen schönen Tag. Weg war er; die Aktion dauerte maximal drei Minuten. Ziemlich verärgert über die Zerschlagung meiner Taktik lochte ich den Fragebogen und heftete ihn in dem Ordner „Volkszählung/Fragebogen" ab. Juristen lieben Akten, das aktuellste Schreiben immer oben drauf. Erst im März 1988 wurde die Akte dicker. Da erhielt ich vom Magistrat der Stadt Gießen, Erhebungsstelle, eine Auskunftsanforderung: *„Der/die für Ihren Wohnsitz zuständige Zähler/in hat uns mitgeteilt, dass Ihnen die Erhebungsvordrucke ausgehändigt wurden. Sie hatten gewünscht, diese im amtlichen Umschlag der Erhebungsstelle zurückzusenden. Ihre Unterlagen liegen uns jedoch bis heute noch nicht vor. Um zum Gelingen der Volkszählung beizutragen, bitten wir Sie nochmals, der gesetzlichen Auskunftspflicht nachzukommen, indem Sie die erhaltenen Erhebungsvordrucke selbst ausfüllen und uns* *spätestens bis* 18.03.1988 *an die Erhebungsstelle zurücksenden.* (...) *Eine Auskunfts-verweigerung kann mit Zwangsgeld und mit Bußgeld geahndet werden."* Das Schreiben erhielt einen Eingangsvermerk, wurde gelocht und abgeheftet. Am 9.7.1988 kam das nächste Schreiben für den Ordner. Im hellblauen Briefumschlag, versehen mit der Aufschrift „vereinfachte Zustellung - anbei ein Vordruck zur Zustellungsurkunde", wurde mir ein weiteres Exemplar des Erhebungsvordruckes zugeschickt. Beigefügt war ein Bescheid mit Rechts-mittelbelehrung. Jetzt würde es also losgehen: Widerspruch, Ablehnung des Widerspruchs, Klage vor dem Verwaltungs-gericht. Aber irgendwie war der richtige Schwung raus, bei mir und auch der Erhebungsstelle. Obwohl ich weder den Fragebogen zurückschickte noch Widerspruch einlegte, hörte ich nichts mehr von der Erhebungsstelle. Ich wurde nicht gezählt.

Vielen anderen ging es eben-so. Unter der Überschrift *„Eins Zwei drei - wer hat den Bogen?"* vermeldet das E-Klo in Heft 7/1987 u. a.: „ `Ich habe noch keinen Fragebogen bekommen, was soll ich jetzt machen?´ lautet eine Standardfrage, die der Gießener VoBo-Initiative in den vergange-nen Wochen häufig gestellt wurde. In der Tat, seit Anfang Juni scheint die Volkszählung vorbei zu sein. Kein Zähler wurde mehr gesichtet - selbst Verabredungen zum Abholen ausgefüllter Bögen wurden nicht eingehalten, in den Zeitungen kein Wort mehr über die Volkszählung."* Viele erhielten keinen Fragebogen. Das war besonders für jene tragisch, die sich dem Boykott anschließen wollten. Um einen Überblick über die Zahl der Boykotteure zu bekommen sammelten die VoBo-Initiativen die Fragebögen ein. So hatten in Gießen bis zum 23. Juni 2.500 Personen ihren Fragebogen abgegeben, für den Lahn-Dill-Kreis wurden 1.129 gemeldet. Statistik wurde auf beiden Seiten betrieben.

Die Gegenwart

Heute regen solche katastrophalen Sätze wie der oben zitierte von Horst Herold kaum noch jemanden auf. Es scheint so, daß 16 Jahre Kohlscher

Allein- und Bimbesherrschaft auch an den Köpfen der kritischen Geister dieses unseres Landes nicht spurlos vorbeigegangen sind. So hat die vom Law & Order-Mann Kanther gebetsmühlenartig vorgetragene Behauptung einer ständig steigenden Kriminalität die kritische Betrachtung verdrängt. Ersetzt worden ist sie durch ein subjektives Sicherheits- bzw. Unsicherheitsgefühl, aus dem heraus die Bürger selbst gegen die überzogensten Überwachungsmaßnahmen kaum noch etwas einzuwenden haben. Von Kanther & Co. wurde die grenzenlose Erfassung und Überwachung des Bürgers als Allheilmittel von meist völlig überzogen dargestellten sozialen und wirtschaftlichen Fehlentwicklungen angepriesen. Organisierte Kriminalität, Asyl- und Sozialhilfebetrug, Kinder- und Jugendkriminalität, Sexualdelikte sind die Bedrohungen, derentwegen der Bürger auf Grundrechte verzichten soll, um sich dann alsbald in einer angeblich schöneren und sicheren neuen Welt wiederzufinden. Mit dem Argument der gerechten Verteilung gesellschaftlicher Ressourcen und der vorbeugenden Bekämpfung von Straftaten werden die Menschen heute durch staatliche Stellen in einem Maße erfaßt und kontrolliert, wie es zu Zeiten des Volkszählungsurteils, schon mangels technischer Möglichkeiten, nicht vorstellbar war. Neben die Gefährdung des informationellen Selbstbestimmungsrechts durch einen politischen Mainstream, der offensichtlich darauf abzielt, das Individuum auf seinem langen Lebensweg zu begleiten, vom ihm laufend Momentaufnahmen, Ganzbilder und Profile seiner Persönlichkeit zu liefern, zu überwachen und so die gewonnenen Daten ohne die Gnade des Vergessens ständig präsent zu haben, ist die Gefährdung des Datenschutzes durch die zunehmende Datensammlung von Wirtschaftsunternehmen getreten. Auf der einen Seite soll die Durchleuchtung des Bürgers angebliche Mißbräuche und Verschwendung von staatlichen Haushaltsmitteln verhindern helfen sowie die Bekämpfung und Eindämmung von Kriminalität befördern. Datenschutz ist Täterschutz, wird den Kritikern staatlicher Sammelwut vorgeworfen, ohne daß diese These jemals am konkreten Fall bewiesen worden wäre. Es gibt heute offensichtlich einen breiten gesellschaftlichen Konsens darüber, daß die Überwachung aller ein adäquates Mittel der Bekämpfung kriminellen Handelns weniger ist. Bürgerrechte werden auf dem Altar der Sicherheitsideologie geopfert. Und es ist immer das gleiche Procedere: irgendwer verstößt irgendwo gegen irgendein Gesetz und schon meldet sich irgendein Politiker und fordert irgendeine technische Überwachungsmaßnahme. Damit soll dann nicht irgendeine, sondern die absolute Sicherheit erreicht werden. Manchmal reicht schon irgendein Verdacht, es könnte irgendetwas passieren. Eine Ansammlung von Wohnsitzlosen (natürlich tendenziell immer kriminell), her mit den Videokameras. Ein aus dem Seniorenheim abgängiger Pensionär (natürlich tendenziell immer desorientiert), her mit der GPS-Ortung. Ein Asylantrag eines Flüchtlings (natürlich tendenziell immer Wirtschaftsflüchtling), her mit der Asylcard. Eine sich in der Öffentlichkeit aufhaltenden Bürgerin (natürlich tendenziell immer verdächtig), her mit der Schleierfahndung.

Dagegen sind für Wirtschaftsunternehmen personenbezogene Daten heute ein profitbringendes Gut. Direktmarketing, Data-Warehouse, Datamining; dahinter verbergen sich ungeheure Datensammlungen. Der gläserne Kunde ist der wahre König, so suggerieren es die Unternehmen. Datenschutz wird als lästiges Hemmnis des glückbringenden Konsumrauschs diskreditiert. „Big Brother" hat Geschwister bekommen, die ihn hinsichtlich der Sammelwut personenbezogener Informationen inzwischen übertreffen. Und kaum einen stört es.

Der IT-Rausch

Und es sieht so aus, daß auch die neue rot-grüne Regierung in Berlin nicht gewillt ist, diesen politischen Mainstream umzudrehen und Bürgerrechte, Datenschutz und Verbraucherrechte als eine Leitlinie ihrer Politik zu begreifen. Viel ist von neuen Informations- und Telekommunikationstechnologien die Rede, wenig von Bürgerrechten und Datenschutz. Und die neuen Informations- und Kommunikationstechnologien durchdringen mehr und mehr die politischen und sozialen Verhältnisse. Ehrfurchtsvoll werden die Vorzüge der neuen IT-Technologie beschrieben und die Begriffe lassen Großes erahnen: Informationsgesellschaft, Information Superhighway, Cyberspace, Multimedia, World Wide Web, electronic mail, virtuelle Realität, Telelearning, Telebanking, Teleshopping, Teleworking, Video-on-demand. Von einem anstehenden gesellschaftlichen Umbruch ist die Rede, gegen den die gesellschaftlichen Umbrüche durch die Erfindung etwa des Buchdrucks, des Webstuhls, der Dampfmaschine, der Eisenbahn und des Autos nur noch historische Marginalien sein werden. *Die digitale Technik ist immer und überall. Die neue Welt wird im Takt von 0 und 1 beschleunigt"*, so das Bundesministerium für Wirtschaft schon 1995 in einer seiner Hochglanzbroschüren zur „Informationsgesellschaft". Glaubt man den Apologeten der Informationsgesellschaft, so sind die neuen Informations- und Kommunikationstechnologien die Problemlöser per se. Teilweise auf dem Niveau von Waschmittelreklame werden die Vorzüge der neuen Technik angepriesen. Das Gesundheitswesen wird zum Wohle der Patienten riesige Vorschritte machen. Die Straßen von unnötigem Autoverkehr befreit und so die

Umwelt geschont. In den Hochschulen und Schulen wird das Lernen leichter und das Ergebnis des Lernprozesses besser. Die neuen Techniken werden neue Arbeitsplätze schaffen und einen wirtschaftlichen Aufschwung ungeahnter Höhe produzieren. Das ganze ist wie ein Rausch. Selbst kritische Geister müssen aufpassen, daß sie nicht in das allgemeine Begeisterungstorkeln um sie herum verfallen.

„Wer nicht mit hinreichender Sicherheit überschauen kann, welche ihn betreffenden Informationen in bestimmten Bereichen seiner sozialen Umwelt bekannt sind, und wer das Wissen möglicher Kommunikationspartner nicht einigermaßen abschätzen vermag, kann in seiner Freiheit wesentlich gehemmt werden, aus eigener Selbstbestimmung zu planen oder zu entscheiden. Mit dem Recht auf informationelle Selbstbestimmung wäre eine Gesellschaftsordnung und eine diese ermöglichende Rechtsordnung nicht vereinbar, in der Bürger nicht mehr wissen können, wer, was, wann und bei welcher Gelegenheit über sie weiß. Wer unsicher ist, ob abweichende Verhaltensweisen jederzeit notiert und als Information dauerhaft gespeichert, verwendet oder weitergegeben werden, wird versuchen, nicht durch solche Verhaltensweisen aufzufallen. Wer damit rechnet, dass etwa die Teilnahme an einer Versammlung oder einer Bürgerinitiative behördlich registriert wird und dass ihm dadurch Risiken entstehen können, wird möglicherweise auf eine Ausübung seiner entsprechenden Grundrechte (Art. 8, 9 GG) verzichten. Dies würde nicht nur die individuellen Entfaltungsmöglichkeiten des einzelnen beeinträchtigen, sondern auch das Gemeinwohl, weil Selbstbestimmung eine elementare Funktionsbedingung eines auf Handlungs- und Mitwirkungsfähigkeit seiner Bürger begründeten freiheitlichen demokratischen Gemeinwesens ist." Diese Sätze stammen ebenfalls aus dem bereits zitierten sog. Volkszählungsurteils des BVerfG von 1983. Informationelle Selbstbestimmung ist für das BVerfG das Recht des einzelnen, grundsätzlich selbst über die Preisgabe und Verwendung seiner persönlichen Daten zu bestimmen. Nach dem BVerfG darf dieses Recht nur im überwiegenden Allgemeininteresse unter Beachtung der Verhältnismäßigkeit durch ein dem rechtsstaatlichen Gebot der Normenklarheit entsprechendes Gesetz eingeschränkt werden. Seit diesem Richterspruch ist eine selbst für Fachleute kaum überschaubare Anzahl von Datenschutzbestimmungen für den öffentlichen Bereich entstanden. Dabei ist so manche als Datenschutznorm verkaufte Regelung nichts anderes als der Deckmantel für in der Praxis durchgeführte umfassende Speicherung und Überwachung von bestimmten Personengruppen. In der jüngsten Vergangenheit wurden eine Reihe von Regelungen geschaffen, die die vom Bundesverfassungsgericht aufgestellten Regeln für die Verarbeitung personenbezogener Daten schlichtweg außer acht lassen. Hier einige Beispiele aus der jüngsten Vergangenheit.

Das Ausländerzentralregistergesetz

Die persönlichen Daten von etwa 11,3 Millionen AusländerInnen sind zentralisiert im Computer des Ausländerzentralregisters (AZR) im Bundesverwaltungsamt in Köln für die gesamte BRD gespeichert. Das AZR wurde bereits 1953, also zu Beginn der Anwerbung ausländischer Arbeitskräfte, wegen „der Notwendigkeit einer verstärkten Überwachung der Ausländer im Bundesgebiet" eingeführt und bereits 1967 auf automatisierte Datenverarbeitung umgestellt, allerdings ohne jede rechtliche Grundlage. Eine Speicherung im AZR erfolgt zunächst bei allen MigrantInnen, die im Bundesgebiet wohnen. Außerdem wird bei folgenden Anlässen eine Speicherung vorgenommen: Asylantrag, Ausweisung, Abschiebung, Ausreiseverbot, Duldung, Einschränkung der politischen Betätigung, Einreisebedenken, Auslieferung und Durchlieferung, Ausschreibung zur Grenzfahndung, zur Aufenthaltsermittlung oder zur Festnahme. Außerdem enthalten die Datensätze noch Informationen zu Personalien, Grund der Speicherung, Ausweispapier, Beruf und Wohnort im Herkunftsland, Angaben zu Verwandten, Ein- und Ausreisen sowie die ausländerrechtlichen Entscheidungen mit Begründungstexten. Neben den Ausländerbehörden werden Daten u. a. geliefert von Auslandsvertretungen, Grenzschutz, Bundesamt für die Anerkennung von Flüchtlingen (BAFl), Bundeskriminalamt (BKA) und Staatsanwaltschaft. Zugriff auf die Daten haben die Ausländerbehörden, das BAFl und der Grenzschutz. Dasselbe gilt für die Polizei, die Geheimdienste und die Justizbehörden, wenn dies für die Aufgabenerfüllung der Behörde erforderlich ist. Dieses Register führt zusammen, was eigentlich nicht zusammengehört, so der Datenschutzbeauftragte von Schleswig-Holstein, Helmut Bäumler 1994. Lange haben Bürgerrechtler und Datenschutzbeauftragte die Schaffung einer Rechtsgrundlage für diese Datenverarbeitung gefordert, die sich an die Grundsätze des Volkszählungsurteils des BVerfG hält. Produziert hat der Gesetzgeber 1994 das Gesetz über das Ausländerzentralregister (AZR-Gesetz), das seinem Inhalt nach lediglich die schon lange geübte Praxis gesetzlich festschreibt. Da das AZR-Gesetz jedoch nicht nur der Arbeit der Ausländerbehörden dienen soll, sondern auch der Tätigkeit der Sicherheitsbehörden, welche über eigene Informationssysteme verfügen, bestehen gegen das AZR-Gesetz u. a. wegen des Verstoßes gegen den Grundsatz der Verhältnismäßigkeit verfassungsrechtliche Bedenken. Im September 1995 legten daher acht in Hessen lebende AusländerInnen und eine Deutsche Verfassungsbeschwerde in Karlsruhe ein. Die Verfassungsbeschwerde, die auch die Unterstützung des Hessischen Datenschutzbeauftragten fand, stützt sich vor allem auf folgende Punkte:

· Die verfassungsrechtlich gebotene Trennung von Polizei und Nachrichtendiensten wird durch die Regelung des AZRG unterlaufen. Das vom BVerfG im sog. Volkszählungsurteil festgeschriebene Verbot der Vorratshaltung von personenbezogenen Daten wird vom AZRG nicht eingehalten.

· Das AZRG verstößt gegen den Grundsatz, daß Daten in erster Linie bei den Betroffenen zu erheben sind. Zur Regel wird vielmehr, daß Behörden mit anderswo erhobenen Daten arbeiten, ohne daß die Betroffenen gegen die Zweckentfremdung ihrer Daten zureichend geschützt sind.

· Die Speicherung und weitere Übermittlung von Ausländerdaten ist nicht durch ein bereichsspezifisches und normenklares Gesetz geregelt. Die Vielfalt und Unbestimmtheit der im AZRG zugelassenen EDV-Zwecke macht unüberschaubar und kaum kontrollierbar, wer wann auf die Daten zugreift und was mit diesen danach geschieht.

· Die sog. „Gruppenauskunft" läßt die Übermittlung von Daten einer Mehrzahl von Ausländern, die aufgrund im Register gespeicherter Daten zu einer Gruppe gehören, an Ausländer- und Sicherheitsbehörden zu. Diese Art der Rasterfahndung überschreitet die ohnehin fragwürdigen, in der Strafprozessordnung gezogenen Grenzen.

· Unter Verstoß gegen das Recht auf informationelle Selbstbestimmung ermöglicht das AZR den staatlichen Behörden durch den Zugriff auf die gespeicherten Datenmengen und die vielfältigen Verwendungsmöglichkeiten, die Daten so zu verknüpfen, daß dabei eine umfassende Registrierung und Katalogisierung der Persönlichkeit vorgenommen und durch die Zusammenführung der Daten auch Persönlichkeitsprofile erstellt werden können.

Was für Deutsche aus verfassungsrechtlichen Gründen bisher unterlassen wurde, nämlich die Einführung eines Personenkennzeichens und die Einführung eines zentralen bundesweiten Melderegisters, das ist bei AusländerInnen unter Zurückstellung zentraler Grundsätze des Datenschutzes offensichtlich möglich.

Bis heute hat sich das Bundesverfassungsgericht nicht mit der Beschwerde befaßt. Sollte die Beschwerde formal zugelassen werden, so ist zu hoffen, daß sich das Bundesverfassungsgericht an seine im sog. Volkszählungsurteil aufgestellten Grundsätze erinnert und dem AZR den Garaus macht.

Die Asyl-Card

Ein äußerst effizientes Überwachungsmittel sind Chipkarten in den unterschiedlichsten Anwendungen, an die wir uns im alltäglichen Leben längst
gewöhnt haben. Da gibt es beispielsweise die Kreditkarten, die immer häufiger zum Begleichen aller möglicher Rechnungen dienen und die gleichzeitig das ganz spezielle Konsumverhalten ihrer Träger überprüfbar - und
durchschaubar machen - so daß spezielle Auswertungsprogramme mühe-
los eine Art Persönlichkeitsprofil der jeweiligen Kartenbesitzer erstellen und
so den gläsernen Konsumenten produzieren. Gegenüber den Magnetstrei-
fenkarten sind die mit einem Mikrochip versehenen Karten in der Lage,
eine Vielzahl von Informationen zu speichern. Die Kunststoffkarte mit dem
eingebauten Chip erlebt z. Z. einen Höhenflug, die Produzenten wittern ein
Milliardengeschäft. Die Firma Siemens rechnete bereits 1995 mit einem
Ansteigen des Weltumsatzes von damals rund 657 Millionen DM auf ca. 2,3
Milliarden im Jahr 2000. Ein im Chip integrierter Mikroprozessor macht die
Chipkarte zum Computer im Kleinformat. Chipkarten, auch als Smart-Card
bezeichnet, sind multifunktional. Ihre Möglichkeiten legt geradezu nahe,
sie auch multifunktional einzusetzen. Die Krankenversicherungschipkarte
und die Telefonkarte hat fast jeder im Portemonnaie. Die einheitliche Karte
für Bank, Arzt, Versicherung und Arbeitsplatz - technisch durchaus möglich. Krankenkassen, Ärzte- und Apothekerverbände sind seit 1993 darum
bemüht, eine Chipkarte zum Einsatz zu bringen, die nicht nur die Grund-
daten wie Name, Wohnanschrift und Geburtsdatum des Versicherten enthält, sondern auf der auch medizinische Diagnosen, Medikationen und
Risikofaktoren gespeichert sind.
In der Gruppe der in Deutschland lebenden Ausländer scheinen die
Asylbewerber die ideale Testgruppe bei der Einführung neuer Überwa-
chungstechnologien zu sein, ist doch bei ihnen aufgrund des unsicheren
Aufenthaltsstatus und finanzieller Abhängigkeit kaum mit Gegenwehr zu
rechnen. Daher verwundert es nicht, daß der Innenminister der abgewähl-
ten CDU/CSU/FDP-Regierung mit der Einführung einer sog. Smart-Card für
Asylbewerber liebäugelte. Bereits im Januar 1993 informierte der Nieder-
sächsische Datenschutzbeauftragte die Öffentlichkeit über Pläne des
Bundesministeriums des Inneren (BMI) zur Einführung einer multifunktiona-
len Asyl-Card. Ursprünglich wurde die Idee im Bundesamt für die Anerkennung ausländischer Flüchtlinge geboren. Nach einem Zwischenbericht
einer vom BMI koordinierten „Bund/Ländergruppe zur Harmonisierung der
Verwaltungsabläufe im Asylverfahren" sollte die Karte nicht nur der
Identifizierung des Asylbewerbers dienen, sondern mehrere Funktionen

haben: Identifizierung, Zutrittskontrollfunktionen, Aufenthaltskontrolle, Verfahrensdaten (Antrag, Anhörung usw.), Empfang von Sachleistungen (z. B. Essensempfang in der Aufenthaltseinrichtung), Empfang von Unterstützungsleistungen, Arbeitserlaubnis, Leistung von Dritten (z. B. Abrechnung privater Unterkunftsbetreiber). Zur sicheren Identifizierung sollte nach der Vorstellung der Arbeitsgruppe auf dem Chip der Karte auch ein Foto sowie die biometrischen Daten eines Fingerabdrucks des Asylbewerbers abgespeichert werden. Offensichtlich hat die niederländische Praxis bei den Plänen des BMI als Vorbild gedient: in den Niederlanden müssen sich Asylbewerber einmal die Woche, bei Fehlverhalten auch öfter, an einem Terminal zur Identifizierung melden. Bei einem Verstoß gegen die Meldepflicht droht im Wiederholungsfall die Abschiebung. Der auf ein Lesegerät gedrückte Daumenabdruck wird mit dem auf dem Chip in digitaler Form abgespeicherten Abdruck verglichen. Für die technische Umsetzung in der BRD sind die Daten bereits vorhanden: gem. § 16 Asylverfahrensgesetz (AsylVfG) werden die daktyloskopischen Angaben aller Asylsuchenden sowie der sofort nach Grenzübertritt zurückgeschobenen Flüchtlinge erhoben und beim Bundeskriminalamt in Wiesbaden im sog. Automatischen Fingerabdruck-Identifizierungssystem (AFIS) gespeichert. Dabei werden gleich die Abdrücke aller zehn Finger gespeichert, auch von Asylsuchenden, deren Identität zweifelsfrei feststeht.

1997 beauftragte das BMI die Orga Consult GmbH in Paderborn mit der Erstellung einer „Machbarkeitsstudie zum Einsatz einer Smart-Card im Asylverfahren". Im Juli 1998 wurde die Studie dem BMI übergeben und wurde öffentlich nicht verhandelt, offensichtlich wegen kritischer Anmerkungen. Die Bitte der Redaktion der Datenschutz Nachrichten an das BMI um Übersendung der Studie wurde im September 1998 von dort mit knappen Worten abgelehnt: „Herr Bundesminister Kanther hat den Präsidenten des Bundesamtes für die Anerkennung ausländischer Flüchtlinge gebeten, die Machbarkeitsstudie in seinem Amt unter fachlichen Gesichtspunkten - nicht zuletzt wegen möglicher Auswirkungen auf vorhandene asylverfahrensrechtliche Regelungen und den Ablauf des Asylverfahrens - genau zu prüfen zu lassen und ihn über das Ergebnis zu unterrichten. Bis dahin ist die Studie Außenstehenden leider nicht zugänglich". Seither ist die Studie nicht mehr aufgetaucht und Kanther zwischenzeitlich von der politischen Bildfläche verschwunden. Die Asyl-Card bleibt aber Thema. Während sich Kanther mit der Staatsanwaltschaft herumschlägt übernehmen andere seine Ziele. So gab der Bayerische Innenminister Günther Beckstein am 1. März 2000 bekannt, daß Bayern dem Bund angeboten hat, im Rahmen eines vorerst auf Nürnberg beschränkten Pilotversuchs die Einführung einer

Chipkarte im Asylverfahren zu testen. Der Vorstand des Forum InformatikerInnen für Frieden und gesellschaftliche Verantwortung e.v. (FIfF) hat
sich in einer Presseerklärung gegen diesen Pilotversuch ausgesprochen und
die Bundesregierung aufgefordert, das Angebot Bayerns abzulehnen und
alle Pläne für eine Asyl-Card aufzugeben: „Es besteht der begründete Verdacht,
dass die Chipkarte auch bei Sozialhilfeempfängern und Arbeitslosen eingeführt werden
soll. (...) Asylbewerber als Menschengruppe ohne große Lobby sind offenbar ideal als
Versuchskaninchen."

Der § 68 Sozialgesetzbuch X

War die Kohl-Regierung mit zusätzlichen Überwachungsmaßnahmen von
Asylbewerbern nicht so richtig vorangekommen, so war sie bei einer anderen Bevölkerungsgruppe in staatlicher Abhängigkeit „erfolgreicher": den
Sozialhilfeempfängern. Ein besonderes Meisterwerk der alten Regierung
war die Änderung des § 68 Sozialgesetzbuches X, sowohl inhaltlich wie
gesetzgebungstechnisch, mit der die Sozialbehörden zu Außenstellen der
Polizei degradiert wurden. Am 18. Juni 1998 beschloß der Bundestag in
zweiter und dritter Lesung mit den Stimmen der CDU/CSU/FDP und auch
der SPD das „Erste Gesetz zur Änderung des Medizinproduktegesetzes."
Bündnis 90/Die Grünen und PDS enthielten sich bei der Abstimmung,
wobei sich diese Enthaltung nicht erkennbar auf Artikel 4 des Gesetzes
bezog. In Artikel 4 war nämlich, eingerahmt von Artikel 1 und den Art. 5
und 6, die sich der Überschrift des Gesetzes gemäß auf Medizinprodukte
bezogen, die Änderung des § 68 SGB X versteckt. Damit erhielt der § 68
SGB X folgende Fassung:
„Zur Erfüllung von Aufgaben der Polizeibehörden, der Staatsanwaltschaften und
Gerichte, der Behörden der Gefahrenabwehr, der Justizanstalten oder zur Durchsetzung
von öffentlich-rechtlichen Ansprüchen in Höhe von mindestens eintausend Mark ist es
zulässig, im Einzelfall auf Ersuchen Namen, Vorname, Geburtsdatum, Geburtsort,
derzeitige Anschrift des Betroffenen, seinen derzeitigen oder zukünftigen Aufenthalt
sowie Namen und Anschriften seiner derzeitigen Arbeitgeber, soweit kein Grund zur
Annahme besteht, dass dadurch schutzwürdige Interessen des Betroffenen beeinträchtigt
werden, und wenn das Ersuchen nicht länger als sechs Monate zurückliegt."
Im Juni 1998 erfuhr die Deutsche Vereinigung für Datenschutz von der
geplanten Regelung, und etwa zeitgleich die Landesbeauftragten für den
Datenschutz (LfD). Der Bundesbeauftragte für den Datenschutz, Joachim
Jacob, hatte der Regelung offensichtlich zugestimmt, seine Landeskollegen
aber nicht informiert. Am 3. Juli 1998 wandten sich zwölf LfD mit einer
Pressemitteilung an die Öffentlichkeit, in der sie ihre Kritik am neuen § 68

SGB X wie folgt zusammenfaßten: „*Unter dem irreführenden Titel 'Änderung des Medizinproduktegesetzes' hat der Deutsche Bundestag am 18.06.1998 das Sozialgeheimnis weiter ausgehöhlt. In Abkehr vom Grundsatz des Schutzes der Sozialdaten lässt der geänderte § 68 des Zehnten Sozialgesetzbuches weit gefasste Auskünfte an unterschiedlichste Behörden zu. (...) Das bedeutet, dass beispielsweise Jugendämter, Arbeitsämter, gesetzliche Krankenkassen, Berufsgenossenschaften, Versorgungsämter, Sozialämter den Behörden Auskunft über momentane Anwesenheit oder über zukünftige Vorsprachetermine Ratsuchender ohne die sonst gesetzlich vorgeschriebene richterliche Anordnung geben müssen. Damit werden die Beschäftigten der Leistungsträger zu 'Hilfsbeamten' von Strafverfolgungs- und Vollstreckungsbehörden. Das Vertrauensverhältnis von Sozialarbeiterinnen und Sozialarbeitern, Jugendämtern, Krankenkassen, BAföG-Ämtern, Versicherungsanstalten u. ä. zu ihren Klientinnen und Klienten wird gestört. Ratsuchende müssen damit rechnen, dass ihre Besuchstermine weitergegeben werden, z. B. an die Polizei, Staatsanwaltschaften und sogar an Behörden, die Ansprüche über 1000,- DM durchsetzen wollen. Diese Aufgabenveränderung der Sozialleistungsträger ist eine grundlegende Durchbrechung des Sozialgeheimnisses. (...) Die Landesregierungen werden dringend gebeten, die Einschränkung des Sozialdatenschutzes am 10.07.1998 im Bundesrat zu verhindern.*"

In einer Presseerklärung vom 7. Juli 1998 äußerte die Deutsche Vereinigung für Datenschutz: „*Die soziale Schraube und die repressive Überwachungs-Schraube werden ohne nennenswerten Aufschrei der Empörung in einem gemeinsamen Kraftakt der großen Parteien angezogen. So sehr das Wahlkampfklima aufgeheizt wird, so kalt wird das soziale und bürgerrechtliche Klima. Die Vertreter insbesondere der SPD-regierten Länder im Bundesrat sind aufgerufen, diesen vom Bundestag vorgezeichneten Weg zu stoppen.*" Sowohl die Bitte der LfD, wie die Aufforderung der DVD blieb ohne Folgen. Zwar waren die von der SPD (mit-)regierten Länder verblüfft bis ungehalten über den Versuch einer klammheimlichen Änderung des § 68 SGB X. So meinte z. B. der schleswig-holsteinische Justizminister Gerd Walter: „*Auch das unmittelbar bevorstehende Ende der Legislaturperiode darf nicht dazu führen, dass verfassungsrechtlich geschützte Rechte wie z. B. das Sozialgeheimnis in einer Nacht- und Nebelaktion geändert werden.*" Dennoch stimmte der Bundesrat der vom Bundestag vorgelegten Fassung des „Ersten Gesetzes zur Änderung des Medizinproduktegesetzes" zu und machte die Sozialbehörden zu Hilfsbediensteten der Polizei.

Die öffentliche Audio- und Videoüberwachung

Der Einsatz von Videokameras zu Kontroll- und Überwachungszwecken hat in den letzten Jahren sprunghaft zugenommen. Fand man diese Technik zunächst nur zum Zweck etwa der Zugangskontrolle zu sensiblen Bereichen in größeren Firmen und Banken, wendet sie heute schon der Eigenheimbesitzer zur Überwachung seines Grundstückes an. So mancher Privatmann hält es für angebracht, den an der Haustür klingelnden Postboten, Vertreter, Bekannten und Unbekannten zunächst auf dem Bildschirm zu beäugen, bevor er die Tür öffnet. Dem Einsatz im privaten Bereich sind kaum Grenzen gesetzt; inzwischen sind komfortable Anlagen schon für weniger als 500,- DM über Versandkaufhäuser zu erhalten.

In öffentlichen Bereichen des alltäglichen Lebens haben wir uns an die mehr oder weniger versteckten, nimmermüden Beobachter unseres Alltagsverhaltens gewöhnt. Die Kamera am Bankauszugs- und Geldautomaten, in Kaufhäusern, in Bahnhöfen, Parkhäusern, Sporteinrichtungen, in Behörden, Fahrstühlen und Taxen, an Tankstellen, im Straßenverkehr erregen kaum noch unsere Aufmerksamkeit, geschweige denn die Frage, ob und wenn ja wie lange die aufgezeichneten Bilder gespeichert werden und wer sie anschaut und auswertet. Wer sich im Hauptbahnhof in Frankfurt/M aufhält, ist immer im Blickfeld einer der über 100 Kameras. An den modernen Tankstellen, zu deren Standardausstattung heute die Videoüberwachung gehört, werden die Aufnahmen regelmäßig gespeichert, wobei nicht nur die Kunden, sondern gleich noch das Personal im Außen- und Verkaufs- sowie Kassenbereich mitüberwacht wird. In erheblichem Umfang wird die Videotechnik an Geldautomaten eingesetzt, wobei neben Porträtaufnahmen der Benutzer auch Abbuchungsdaten und der Vorgang der Geldentnahme gefilmt werden. In England, wo George Orwell lange Zeit lebte, scheint man die Idee des Televisors aus seinem utopischen Roman 1984 geradezu als praktische Anleitung zu verstehen. Wohl in keinem Land der Erde ist die Überwachung des öffentlichen Raums, speziell in den Städten, durch Videokameras weiter verbreitet. Ohne rechtliche Schutzvorkehrungen hat sich in den 90er Jahren eine regelrechte Lawine von Überwachungskameras über U-Bahnen, Einkaufszentren und Straßen der Innenstädte ergossen. Wurden nach einer Untersuchung des britischen Innenministeriums 1994 bereits insgesamt 79 Stadtzentren durch „CCTV" (Closed Circuit Television) überwacht, so waren 1998 nach einer neuen Umfrage wenigstens 440 Innenstadtüberwachungsprogramme in Betrieb. Für diese Videoüberwachung wurden und werden gigantische Beträge ausgegeben. Schätzungen gehen davon aus, daß seit 1993 einige 100 Millionen Pfund in erster Linie aus öffentlichen Haushalten Großbritanniens für den Aufbau von Videoüberwachungssystemen ausgegeben wurden. Allein die Stadt Glasgow gab eine halbe Million für 37 joystickgesteuerte, voll drehbare Kameras zur Überwachung von 30

Straßenzügen aus. Die Zoomobjektive sind in der Lage, auf eine Entfernung von gut 350 Metern die Augenfarbe eines Fußgängers zu bestimmen. Diese Technologie reicht aber wohl noch nicht aus. Bereits 1995 gab es Presseberichte, wonach in *„Florida Computer-spezialisten an einer Software* (arbeiten), *die die Bilder aus den Überwachungskameras nach Gesichtern absucht, diese in digitale Informationshäppchen wandelt und mit einer Datenbank abgleicht. 10 Gesichter pro Sekunde pickt das Programm akkurat aus der Menschenmenge, speichert und vergleicht - ohne sich von geänderten Haarschnitten oder neuen Brillen täuschen zu lassen".* An der Ruhruniversität Bochum ist ein „Person Spotter" entwickelt worden, eine Weiterentwicklung des elektronischen Pförtners, der bei der Deutschen Bank schon seinen Dienst verrichtet. Mit dem neuen System lassen sich Gesichter aus einer größeren Menge heraus automatisch verfolgen und identifizieren. Der Einsatzbereich liegt in der Überwachung öffentlicher Plätze, bei Fußballspielen, Demonstrationen und Polizeieinsätzen. Zwölf Videobilder können in jeder Sekunde abgetastet werden; das Programm erkennt bis zu acht Personen in der Minute. Das gilt selbst für bewegte Mengen und für maskierte Personen. Bei einem Wettbewerb der amerikanischen Streitkräfte ist das Programm als das beste und präziseste Gesichtserkennungsprogramm ausgezeichnet worden. Bereits 1998 berichtete die Computerzeitung über eine neue Anwendung bei der Videoüberwachung: Die britische Polizei testet auf Basis ihrer 200.000 Überwachungskameras ein Prophylaxesystem, das von den Universitäten Leeds und Reading entwickelt wurde. Dem System wird „Normalverhalten" von Fahrzeugen, Menschen auf Straßen, Spielplätzen, Parks und Supermärkten „beigebracht". Ziel ist die automatische Identifizierung verdächtiger Normabweichler. Wer z. B. vor einem Geldinstitut auf und ab geht, macht sich verdächtig und wird automatisch einer gezielten Beobachtung unterworfen, auch wenn er z. B. nur zufällig vor der Bank auf eine andere Person wartet.

In Hessen will die CDU/FDP-Regierung die Kameraüberwachung auf Straßen und Plätzen intensivieren. Ausbau der Video-Überwachung im öffentlichen Raum ist eines der Stichworte in der Koalitionsvereinbarung der Landesregierung zum Thema innere Sicherheit. Zu diesem Zweck will die Landesregierung durch eine Novellierung des Hessischen Gesetzes über die öffentliche Sicherheit und Ordnung die Möglichkeit schaffen, öffentlichen Raum durch Videokameras überwachen zu lassen.

Die Überwachung via Satellit
Satelliten in der Telekommunikation gewinnen ständig an Bedeutung.

Während Satelliten traditionell vor allem für Zwecke der Fernerkundung, der Verteilung von Radio- und Fernsehprogrammen und zum Herstellen von Telefonverbindungen über große Entfernungen hinweg benutzt wurden, dringen sie jetzt zunehmend in Bereiche vor, die bislang durch terrestrische Festnetz- oder Funkanlagen abgedeckt wurden. Zusätzlich wird das Angebot kontinuierlich um neue Dienste erweitert, die ohne Satelliteneinsatz bisher nicht möglich waren. Dazu gehören gegenwärtig vor allem Flottenmanagement-, Positionsbestimmungs- und Fernortungssysteme. Diese Dinge decken so unterschiedliche Bedürfnisse ab wie die Ortung gestohlener Fahrzeuge, Rationalisierung im Speditionsgewerbe und die Überwachung von Subventionsmaßnahmen auf EG/EU-Ebene.

Einst vom US-Verteidigungsministerium ins Weltall befördert, um den eigenen Truppen rund um den Globus die Orientierung zu erleichtern, umkreisen 21 „NavStar"-Satelliten in einer Höhe von 20200 km den Erdball, die permanent Signale aussenden. Das Global Positioning System, kurz GPS genannt, erlaubt es, alle mit einem Empfänger versehenen Gegenstände zu orten und ihren jeweiligen Standort bis auf wenige Meter zu lokalisieren. Die Anwendungsmöglichkeiten von GPS sind im wahrsten Sinne des Wortes grenzenlos. Wie bereits in England und in Kalifornien bei Mietwagen praktiziert, bieten deutsche Firmen Diebstahlschutzsysteme für Autos an, die sich das Satellitenortungssystem GPS und das Mobilfunknetz D 1 zunutze machen. Der in das Kraftfahrzeug eingebaute GPS-Empfänger bestimmt den Fahrzeugstandort auf wenige Meter genau durch eine Messung, bei der die gleichzeitigen Signale von drei Satelliten verwendet werden mit dieser Technik ist es ein leichtes, ausführliche Bewegungsprofile von Fahrzeug und Insassen zu erstellen.

Die Datensammlungen der Privatwirtschaft

Entzündete sich einst die Angst vor dem „Großen Bruder" an der Datenverarbeitung staatlicher Stellen und entwickelte sich angesichts der zunehmenden staatlicher Kontroll- und Überwachungsmöglichkeit das Datenschutzrecht, so befinden sich heute die meisten kleinen und großen Datensammlungen in der Hand von Privatunternehmen und werden von den Betroffenen selber gefüttert, da bei der Datenweitergabe zunächst nur der dadurch erlangte Vorteil gesehen wird und der Blick auf die Gefährdungen des informationellen Selbstbestimmungsrechts getrübt wird. Wurde die Neugier des Volkszählers zu Beginn in den achtziger Jahren von einer großen Zahl der Bürgerinnen und Bürger noch als aufdringlich oder bedrohlich empfunden, so sammeln sich die Informationen heute mit leichter

Hand und gleichsam nebenbei. Die Menschen werden zur Preisgabe ihrer Daten wie zum Teil bei der Volkszählung oder beim Mikrozensus nicht mehr gezwungen, sondern verlockt. Die Bürger sind es selber, die zum Aufbau der großen Datensammlungen freiwillig beitragen. Die Gefährdung wird, verdrängt durch die Faszination der neuen Technologien, nicht mehr wahrgenommen. Verletzungen des informationellen Selbstbestimmungsrechts tun nicht weh, sind den Verletzten oftmals nicht einmal bewußt. Sie spielen sich hinter ihrem Rücken ab. Das Nichtwissen z. B. über irgendwo abgespeicherte Konsumentenprofile oder die Kreditwürdig- bzw. -unwürdigkeit beraubt aber den Einzelnen der Möglichkeit zur Selbstbestimmung. Die Deutsche Vereinigung für Datenschutz hat bereits 1993 in einer Erklärung geschrieben: *„Unter dem Vorzeichen des freiwilligen Konsums werden die Menschen informationellen Zwängen ausgesetzt, ohne dass hierbei der Verlust an Selbstbestimmung wahrgenommen würde: der gesellschaftliche Zwang zum Nutzen der Kreditkarte, des Mobiltelefons, des Kabelanschlusses und der Parabolantenne schließt die freie Entscheidung über die Preisgabe persönlicher Lebenssachverhalte de facto aus."* Der angsteinflößende „Big Brother" hat viele datenhungrige Geschwister bekommen, die aber kaum ins Bewußtsein der Menschen gelangt sind.

Das Direktmarketing

Werden im öffentlichen Bereich die sich schnell entwickelnden neuen Möglichkeiten der Informations- und Kommunikationstechnologien zunehmend zu Kontroll- und Überwachungszwecken eingesetzt, so bedeuten bei Wirtschaftsunternehmen die genauen Kenntnisse über eine Person bares Geld. Es ist die Privatwirtschaft, die sich in den letzten Jahren zum großen Datensammler entwickelt hat. Für sie ist die Verarbeitung personenbezogener Daten, befördert durch die Technikentwicklung, zu einem geldbringenden Markt geworden. Als Beispiel sei hier das Direktmarketing genannt. Über 15 Millionen direkt adressierte Werbebriefe landen täglich in den Briefkästen der Bundesbürger. Die bei Kreditkartenunternehmen, Versandhäusern, Banken, Telefongesellschaften, Versicherungen etc. vorhandenen Daten werden zusammengeführt und auf Konsumverhalten untersucht und fein gegliedert z. B. nach Kaufgewohnheiten in Bereichen wie Hobby und Beruf aufgearbeitet und gewinnbringend verkauft. Große deutsche Adreßfirmen wie die DeTeMedien können auf einen Bestand von bis zu 30 Millionen Datensätzen zugreifen. Mit erheblichem finanziellen Aufwand werden die Datensätze aktualisiert und mit zusätzlichen Informationen erweitert. So verschickt die Firma Lifestyle AG, spezialisiert auf personenbezogene Verbraucherdaten, seit November 1997 an eine große Zahl von

Haushalten einen sechs Seiten umfassenden Fragebogen zum Urlaubs- und Freizeitverhalten, zu Fahrzeug/Auto, Gesundheit, Geld, Investitionen, Versicherungen, Haus und Heim sowie Einkaufsverhalten. Gegen die Fragen dieser Umfrage macht der Fragebogen der hart umkämpften Volkszählung zu Beginn der 80er Jahre einen geradezu naiven und lächerlichen Eindruck.

Die bundesweite Gebäude-Bilddatei

Die neuen IuK-Technologien bieten die Möglichkeit, auch größte Datenmengen überschau- und auswertbar zu halten. Die Entwicklung der Speicherkapazität z. B. von CD-ROM fördert die Verbreitung personenbezogener Daten im großen Umfang, wobei sich damit eine Menge Geld verdienen läßt. Viel Geld verspricht sich auch der Tele-Info Verlag im niedersächsischen Garbsen bei Hannover mit dem flächendeckenden Fotografieren der Immobilien von Großstädten. So sind, zunächst in Großstädten, mit Digitalkameras ausgestattete Kleinbusse des Verlages unterwegs, die sämtliche Gebäude, Straßenzug um Straßenzug, aufnehmen. Per Satellitennavigation wird die Position der Kamerawagen bestimmt; mindestens alle drei Meter soll auf der digitalen Landkarte künftig ein Panoramabild vorhanden sein. Erfaßt werden dabei offensichtlich auch die Hausnummern. Zweck dieser gewaltigen Datenbank: gebäudebezogen sollen sich Wirtschaft, Industrie, aber auch Behörden, ohne vor Ort gehen zu müssen, über Grundstücke und Häuser ein Bild machen können. Der Bundesbeauftragte für den Datenschutz kritisierte das Vorgehen von Tele-Info: *„Das geschilderte Verfahren stellt eine neue Dimension von Datenmacht in privater Hand dar. Dies ist ein schwerer Einschnitt in die Privatsphäre jedes Einzelnen. Das Vorhaben steht in krassem Widerspruch zum Schutzinteresse der Bürgerinnen und Bürger, zumal es auch kriminellen Aktivitäten Tür und Tor öffnen kann. Ich halte solche Vorhaben nach der bestehenden Rechtslage für nicht zulässig."* Das wollte Tele-Info nicht auf sich sitzen lassen, zog vor Gericht und errang einen Teilerfolg. Durch Beschluß hat das Verwaltungsgericht Köln im März 1999 in einem einstweiligen Anordnungsverfahren dem BfD unter Androhung eines Ordnungsgeldes in Höhe bis zu 500.000,- DM im Wiederholungsfall untersagt, zu äußern, das Vorhaben von Tele-Info *„könne auch kriminellen Aktivitäten Tür und Tor öffnen"* sowie *„er halte solche Vorhaben bereits nach der bestehenden Rechtslage nicht für zulässig"*.

Die Schlußbemerkung

Herolds Bild „vom Sonnenstaat der sozialen Kontrolle" scheint Realität zu werden bzw. ist es teilweise schon. Die neuen IuK-Techniken, die Vielzahl der über jede/n Einzelne/n gespeicherten Daten haben einen Umfang erreicht, der die bunte Schar der Widerständler gegen die Volkszählung in den achtziger Jahren hätte erschaudern lassen. Das scheinbar private, so der langjährige hessische Datenschutzbeauftragte Spiros Simitis 1995, ist heute längst öffentlich. Die Durchdringung des Alltags mit modernen Informations- und Kommunikationstechnologien läßt Datenschatten entstehen, die ein massives Kontroll- und Manipulationspotential für Arbeitgeber, sog. Sicherheitsbehörden und Privatunternehmen wie etwa in der Werbebranche oder bei den Internetfirmen darstellen. „You have zero privacy anyway. Get over it!" Du hast ohnehin Null Privatsphäre. Vergiß es!, so wirbt der Chef von Sun, Scott McNealy, für die Produkte seines Unternehmens. Neue Entwicklungen verschärfen das Bedrohungspotential: die genetische Vermessung und Manipulation des Menschen und das Zusammenführen von Bio- und Informationstechnik lassen noch kein Ende der Entwicklung erkennen.

Noch einmal: über grenzenlose Erfassung regt sich heute kaum noch jemand auf. Waren vor knapp 15 Jahren viele über die rechtlichen und technischen Aspekte der Datenverarbeitung informiert, so leben wir heute in einer informatisierten Gesellschaft. Die zunehmende Beobachtung der Menschen im öffentlichen Raum und die Registrierung von Verhaltensweisen durch Wirtschaftsunternehmen wird kritiklos hingenommen. Was wäre der Einzelne über das Ergebnis erstaunt, würde er von seinem Auskunftsrecht gegenüber Behörden und privaten Unternehmen über die dort von ihm gespeicherten Daten Gebrauch machen. Aber dieses Auskunftsrecht, das in den Datenschutzgesetzen festgeschrieben ist, wird von den Bürgern kaum genutzt. Die Auskunftspflicht des Staates gegenüber dem Bürger, war das nicht auch eine Forderung der VoBo-Initiativen? Bevor ich es vergesse: für das Jahr 2004 ist eine neue Volkszählung geplant.

Literaturliste:

Orwell, Georg: 1984, Diana Verlag, Zürich 1950

Köppen, Hajo: Die Familie wird größer - Big Brother hat Geschwister bekommen; in: Bittner, Peter/Woinowski, Jens (Hrsg.): Mensch - Informatisierung - Gesellschaft;; Beiträge zur 14. Jahrestagung des Forums InformatikerInnen für Frieden und gesellschaftliche Verantwortung (FIfF) e. V. „Menschsein in einer informatisierten Gesellschaft" 13. - 15. November 1998 an der TU Darmstadt; LIT-Verlag; Münster 1999

Traeger, Jürgen (Hrsg.): Die Volkszählung; rororo aktuell, Hamburg 1983

Rottmann, Verena/Strohm, Holger: Was Sie gegen Mikrozensus und Volkszählung tun können; Zweitausendeins-Verlag; Frankfurt/M 1986

Hauck-Scholz, Peter: Rechtsschutzfibel zur Volkszählung; Elefanten Press; Berlin 1987

Humanistische Union u. a. (Hrsg.): Volkszählung 1983 - Bürgerbefragung oder Zwangserfassung?; Elefanten Press; Berlin 1983

Weichert, Thilo: Grundrechte in der Informationsgesellschaft - vergiss es? Datenschutz Nachrichten, Heft 1/2000, Seite 5 f

*

Rainer Kah

Psychiatrie und Psychiatriereform in Gießen

Welche Fortschritte in der Entwicklung (sozial-) psychiatrischer Ansichtsweisen bis dato gemacht wurden, läßt sich am ehesten noch durch eine Vergegenwärtigung der ehemals ordnungsstiftenden Klassifikationen eines Kraepelin nachvollziehen:
In der achten Auflage des Lehrbuches „Psychiatrie" von 1915 finden sich im Kapitel über „Die psychopatischen Persönlichkeiten" Ausführungen über „Die Triebmenschen", die „Lügner und Schwindler" und die „Gesellschaftsfeinde" (sogenannte Antisoziale). Im Kapitel über „Die allgemeinen psychischen Entwicklungshemmungen" führt Kraepelin aus: „Die minderwertige Veranlagung, der Mangel an innerem Leben sowie der geistige und gemütliche Tiefstand pflegen sich meist schon in dem Äußeren der Kranken auszudrücken. Man sieht schmächtige, blasse, zurückgebliebene Gestalten oder grobe, plumpe, ausdruckslose Züge, auffallend kleine oder niedrige, breite oder eckige Schädel, mangelhaftes Gebiß, Zeichen von überstandener Rachitis."
Über die der Illustration dienenden Fotos bemerkt Kraepelin: „Bei allen tritt die geistige Leere und die gemütliche Stumpfheit im Gesichtsausdruck unverkennbar hervor" und versucht dies u.a. mit „dicken Lippen, eingedrückte Nasenwurzel, breite Nase ..." etc. zu begründen.[1]

Der theoretische Aufbruch im Umfeld von Psychiatrie und Psychologie und die Kritik an den Verhältnissen in den Kliniken

Neben der prekären Situation der psychiatrischen Versorgung in Gießen, auf die weiter unten genauer eingegangen wird, ist als weitere „Triebkraft" der Veränderung auf diesem Gebiet der politische Aufbruch der Studentenbewegung zu nennen. Gerade die allgemeine politische Entwicklung der 60er Jahre ist es gewesen, die Rebellion gegen konservativ erstickende Festschreibungen, die eine Formulierung des „psychiatrischen Notstandes", die Politisierung des Privaten, mithin der Psychologie möglich gemacht hat. So konnte die „Unterlage" für das politische Handeln geschaffen werden, die eine sozialpsychiatrische Wende auf zunächst selbstorganisierte Weise (wie das Gießener Beispiel zeigt) möglich gemacht hat. Sozialpsychiatrische Wende bedeutet hier auch, daß erstmals massiv gegen die Weiterführung der überkommenen Anstaltspsychiatrie, deren theoretische und personelle Wurzeln oftmals in der Tradition des Nationalsozialismus zu suchen waren,[2] protestiert wurde.

Neben der Kritik der realen Situation in den Kliniken entwickelte sich eine zunehmend sozialpolitische Bewegung, die überfällige Reformen auf dem psychiatrischen Sektor einforderte. In Italien begann seit ca. 1965 in intensivem Maße eine Veränderung der psychiatrischen Arbeit, 1969 gab es in Venedig einen nationalen Kongreß gegen den Ausbau und das Fortbestehen der psychiatrischen Anstalten, deren Ergebnisse von den Vertretern der Christdemokraten, der Sozialisten und der Kommunisten begrüßt wurden.[3]

In der Bundesrepublik unterbreiteten Häfner, Baeyer und Kisker 1963 der Gesundheitsministerin Schwarzhaupt drei zentrale Vorschläge zur Einleitung der Psychiatriereform:

1. Die Einsetzung einer Enquete-Kommission, die die Lage der Psychiatrie in der BRD analysieren und Reformvorschläge unterbreiten sollte,

2. Die Errichtung eines Institutes zur sozialpsychiatrischen Forschung und Therapie (das Mannheimer Zentralinstitut für seelische Gesundheit; 1975 in Betrieb genommen),

3. Ein Förderprogramm für die Weiterbildung von Pflegepersonal für die Psychiatrie.[4]

Nicht nur die Funktion des Gesundheitswesens, auch der allgemeine Krankheitsbegriff erfuhr eine Ausweitung und Hinterfragung, wurde gleichsam vergesellschaftet. Gesellschaftliche und soziale Deutungsmuster traten neben eher konventionelle, medizinisch-biologische Kategorien.
David Cooper beispielsweise faßte 1967 den Begriff der Schizoprenie als den einer Störung in einer Gruppe: *„Schizophrenie ist eine mikro-soziale Krisensituation, in der die Handlungen und das Erleben einer bestimmten Person durch andere aus verständlichen kulturellen und mikrokulturellen (gewöhnlich familiären Gründen) zunichte gemacht werden, bis ein Punkt erreicht ist, an dem der Mensch als in irgendeiner Weise geisteskrank erwählt und identifiziert und schließlich .... in der*

Rolle eines schizophrenen Patienten von medizinischen und quasimedizinischen Gremien bestätigt wird." [5]
Auf konsequenteste und wohl auch dogmatischste Weise wurde der Krankheitsbegriff vom (später verbotenen) Heidelberger Sozialistischen Patientenkollektiv (SPK) hinterfragt und zum politischen Kampfbegriff gemacht. Jean-Paul Sartre schrieb 1972 in einem Vorwort einer Agitationsschrift des Sozialistischen Patientenkollektivs programmatisch: *„Die Geisteskrankheit ist unauflöslich an das kapitalistische System gebunden, das die Arbeitskraft in eine Ware, und infolgedessen die Lohnabhängigen in Dinge verwandelt. .... Und da eben der Psychiater auch ein Kranker ist, weigert ihr Euch, den Kranken und den Arzt als zwei von Natur aus getrennte Individuen zu sehen. ... Demgegenüber betrachtet Ihr das Arzt-Patient-Verhältnis als eine dialektische Einheit, die in jedem vorhanden ist."* [6]

Im Juli 1972 erschien das „Kursbuch 28" unter dem Titel *„Das Elend mit der Psyche, I Psychiatrie".* Hier wurde der politische Aspekt der Psychiatrie als einer totalen Institution u.a. mit einem konstatierten Klassencharakter der Psychiatrie verknüpft.
Die totale Institution Psychiatrie wird hier auch dadurch gekennzeichnet, daß bestimmte chronische Krankheitsbilder und Verlaufsformen, die früher als normal bezeichnet wurden, in Wahrheit Produkte der Anstaltssituation seien. *„Man entdeckt, daß klinische Fälle Fälle der betreffenden Klinik sind. Es mehren sich die Meldungen, wonach durch bestimmte Veränderungen der Klinik Menschen, die Jahrzehnte lang hospitalisiert waren, wieder anfangen zu leben."* [7] In einer 1973 erschienenen Studie von Michael Schneider wird letztlich die Gesellschaft zum Patienten: *„Wenn Freud einmal gesagt hat, daß er tendentiell die ganze Welt zum Patienten habe, dann trifft dieser Satz mehr denn je auf die gesamte kapitalistisch-amerikanisierte Welt zu: diese ist inzwischen so krank, daß sie dringend der Therapie ... bedarf."* [8] Als Therapieform schlägt er die Revolutionierung der gesellschaftlichen Grundlagen vor, ohne jedoch genauer darauf einzugehen, wer denn der Therapeut sein soll.

Auch in Gießen, insbesondere an der Psychosomatischen Universitätsklinik mit ihrem Direktor Horst-Eberhard Richter, wurden in der Forschung und theoretischen Einstellung ausgetretene Pfade verlassen. Richter hat sich durch seine Projekte ebenso exponiert, wie sich sogar der Möglichkeit der wissenschaftlichen Isolierung ausgesetzt. *„So haben die Projekte des Gießener Instituts - die Betreuung von Kinderläden, Ehepaar- und Obdachlosengruppen - manche Kritiker innerhalb und außerhalb der DPV (Deutsche Psychoanalytische Vereinigung) dazu veranlaßt, ... von einer linksradikalen Ideologisierung der Psychoanalyse* *in Gießen zu sprechen."* [9] In erster Linie sei es dem internationalen Renomee Richters zu verdanken gewesen, daß er nicht einfach aus der DPV ausgeschlossen werden konnte.

Der überfällige Umwandlungsprozeß in der psychiatrisch-psychologischen Theoriebildung fand auch in der Ausbildung an dem Fachbereich Psychologie der Justus-Liebig-Universität in Gießen seinen demokratisierten Ausdruck. In einer Institutsvollversammlung des Wintersemesters 1970/71 wurde nach einer dort verabschiedeten Satzung, die von Professoren, Assistenten und Studenten erarbeitet wurde, ein Institutsrat oberstes Entscheidungsgremium am Fachbereich. Der Institutsrat bestand ca. sechs Monate (auf einer rechtlich nicht abgesicherten Basis) und wurde später durch die Fachbereichskonferenz ersetzt. Im Institutsrat waren vier Professoren (nicht gewählt), vier wiss. Assistenten, zwei gewählte Vertreter des techn. Personals und fünf Studenten vertreten. Als notwendige Voraussetzung für Pflichtscheine wurden Klausuren abgeschafft, Referate und Gruppenarbeit zugelassen, ebenso wie nun theoretische Arbeiten, die sich mit der Psychologie selbst beschäftigten, zugelassen wurden: z.B. *„Zum Problem des Verhältnisses von Erkenntniskritik und Gesellschaftskritik in der Psychologie ...", „Empirische Untersuchung der Wirkung von Ideologie", „Die Untersuchung von Geschlechtsdifferenzen in der differentiellen Psychologie".*[10] Für das Recht auf Gruppenarbeit wurde 1974 am Fachbereich sogar gestreikt.

Die Kommunistische Studentenorganisation Gießen (KSO) beschäftigte sich in dem 1974 herausgegebenen Buch *„Psychologie - eine Form bürgerlicher Ideologie"* ausführlich mit der Praxis der Psychologen im psychiatrischen Umfeld. Zur Situation in den 12 hessischen Psychiatrischen Krankenhäusern (PKH) mit Stand von 1972 heißt es (bei einer Durchschnittsbelegung von insgesamt 8.580 Patienten) dort resignativ: *„Ist Zustand bei Ärzten: 1 : 62 Patienten. Soll 1 : 39. Bei Psychologen: Ist 1 : 306, Soll 1 : 226. Bei Pflegern: Ist 1 : 4,5, Soll 1 : 4. Bei Sozialarbeitern: Ist 1 : 536, Soll 1 : 187. .... Wenn er (der Psychologe) diagnostisch tätig ist, sitzt er abseits von der Station, kennt die zu diagnostizierenden Patienten nicht, weiß oft deren Medikation nicht. - Nach der Diagnose (Testapplikation) werden sie auf die Station zurückgeschickt. Was mit dem Gutachten passiert, was mit dem Patienten passiert, erfährt der Psychologe nicht. Einen praktischen Nutzen hat seine Tätigkeit nicht. Da Sozialarbeit so gut wie nicht stattfindet (1 : 536) ebenso Therapie, hat auch die Diagnose keine Auswirkung. ... Wenn der Psychologe auf der Station arbeitet, ist er Anhängsel des Arztes, der ihn vielleicht gnädig gewähren läßt. Die in Psychiatrien wesentlichen medizinischen Kenntnisse hat er* *nicht. Ein Psychologe, der aus den Strukturen der Institution ausbrechen will, sieht sich schier unüberwindlichen Schwierigkeiten gegenüber. Da sind die traditionellen Verkehrsformen der Institution, die Skepsis der Ärzte, Unwilligkeit und mangelnde Bereitschaft der Pfleger (des Personals), die nicht zu therapeutischen Mitarbeitern ausgebildet wurden, sondern, wenn überhaupt, zu Wärtern. Da existieren Grenzen durch die Bestimmungen der GKV, und, bei PKH´s besonders wichtig, Belastungen durch die hohe Zahl der zwangseingewiesenen Patienten, die oft von weit her kommen und somit von ihren Familien getrennt sind."* [11]

Der Zwischenbericht der Sachverständigen-Kommission, der im Oktober 1973 von der Bundesregierung dem Parlament zugeleitet worden ist, bestätigt die Angaben der KSO. *„Zahlen aus dem Landschaftsverband Rheinland belegen diese Verhältnisse beispielhaft. ... Legt man eine Polizeiverordnung aus dem Jahre 1953 zugrunde, so ergibt sich eine durchschnittliche Überbelegung der Landeskrankenhäuser um mehr als 35%. Zwei Drittel der Patienten sind in Räumen mit mehr als fünf Betten untergrbracht, 40 % in Sälen mit mehr als zehn Betten. ... Die wichtigste Forderung der Sachverständigenkommission gilt daher den unerläßlichen Sofortmaßnahmen zur Befriedigung humaner Grundbedürfnisse: Ersatz unzumutbar baufälliger Substanz; ... Gewährleistung eines Grundstandards allgemeiner Lebensbedingungen (Ausreichende sanitäre Ausstattung, eigener Nachttisch, Schrank für das Eigentum der Kranken, angemessene Möblierung, Ermöglichung des Tragens eigener Kleidung, gerechte Entlohnung für Patienten die in psychiatrischen Krankenhäusern Arbeit leisten)."* [12] Desweiteren wird empfohlen, die vielfach noch erhaltenen *„feudalistischen Strukturen"* in den Psychiatrien durch sachgerechte Organisationsprinzipien und Kommunikationsformen zu ersetzen. [13]

Die Situation im Psychiatrischen Krankenhaus (PKH) in Gießen wurde von dem STERN-Mitarbeiter Benno Kroll im Jahre 1973 drastisch beschrieben. Kroll hatte sich unerkannt dreieinhalb Wochen als „Lernpfleger" zu Recherchezwecken im Gießener PKH aufgehalten. Unter dem Titel *„Als Pfleger in der Schlangengrube"* beschrieb er die Fortführung der sog. Bewahrpsychiatrie.

„Der Arzt ist nur eine Stunde auf der Station. .... Über 900 Patienten sind in der Anstalt, 55 auf der Station Männer II - Schizophrene, Depressive, Alkoholiker, Epileptiker, Hirnverletzte. Zehn sind bettlägerig, die anderen von 6 bis 18 Uhr im Tagesraum, von 18 bis 6 Uhr im Schlafsaal, Tag für Tag, Jahr für Jahr. .... Der 10 x 15 Meter große Tagesraum ist von öder Häßlichkeit .... trübe das elektrische Licht, das immer brennt, denn das Tageslicht dringt nicht in die Tiefe des Raumes. Im Besuchsraum nebenan dürfen sich die Patienten an dreimal zwei Stunden der Woche mit jenen

Angehörigen treffen, die sich gelegentlich an sie erinnern. .... Den häßlichen Tagesraum dürfen die Besucher nicht betreten, den schönen Besuchsraum außerhalb der Besuchszeit die Patienten nicht. .... Der Besucher ahnt nicht, daß dem Eingeschlossenen jede private Sphäre und die unbedeutendste private Entscheidung versagt ist). Sich tagsüber ins Bett zu legen, ist ihm verboten, es sei denn, er ist körperlich krank. Mit 40 anderen wird er auf 150 Quadratmeter Tagesraum beschränkt, in dem, weil Demütigung und Enttäuschung irgendwelche andere Ventile nicht finden, die Gehässigkeit gegen seinesgleichen glimmt. .... Nur der Vierkantdrücker des Pflegers führt ins Freie." [14]

In einem Arbeitsbericht des Landeswohlfahrtsverbandes Hessen wird die Anzahl der MitarbeiterInnen für das Gießener PKH (Stand 1977) folgendermaßen angegeben: *„24 Ärzte, davon sieben Fachärzte, sechs Psychologen, sechs Sozialarbeiter, drei Ergotherapeuten, drei Krankengymnasten sowie 220 Pflegekräfte".* [15] Die durchschnittliche Verweildauer in allen hessischen PKHs betrug 1977 127 Tage, 1972 noch 182 Tage. Die Durchschnittsbelegung im PKH Gießen lag 1977 bei 591, im Jahre 1974 lag sie bei 667 und im Jahre 1969 bei 881 Betten (Patienten). [16] Legt man diese Zahlen zugrunde, so ergibt sich im Jahr 1977 eine Relation von 1 : 25 bei den Ärzten insgesamt, 1 : 84 bei den Fachärzten, 1:98 bei den Psychologen und bei den Sozialarbeitern, und 1 : 197 bei den Ergotherapeuten und Krankengymnasten.
Insgesamt bedeuten diese Zahlen eine verbesserte Versorgungslage gegenüber den durchschnittlichen Zahlen von 1 : 59,8 (Arzt/Betten), wie sie in der Psychiatrie-Enquête für das Jahr 1973 angegeben werden. [17] Unklar bleibt, wie sich die Differenz zwischen der von Kroll angegebenen Patientenzahl und den Zahlen des LWVs für Gießen erklärt. Nach Krolls Zahlenangaben entspräche die Situation im Gießener PKH eher den durchschnittlichen und damit schlechteren Werten.

Seit 1976 sank die Zahl der Planbetten im Gießener PKH kontinuierlich von 709 auf 568 im Jahre 1981. Die Patientenzugänge stiegen demgegenüber von 1443 (1976) auf 2379 (1981). Organisatorisch wurde dies möglich durch die Senkung der durchschnittlichen Verweildauer von 113 Tagen (1976) auf 60 Tage (1981). [18]

Andere Aspekte dieser Verhältnisse ergänzt eine Studie von Angela Moßler aus dem Jahr 1981 zur Situation in einem psychiatrischen Krankenhaus in Hamburg. Nach dieser Studie sieht jeder 5. Patient die Art und Weise seiner Einweisung als Gewaltakt *„und für die Hälfte der schizophrenen Patienten (bei*

Neuaufnahmen fast für 90%) sind damit Begriffe wie Polizei, Gewalt, Gefängnis, Verzweiflung und Demütigung verbunden. ... 76% der Patienten meinen, daß das Pflegepersonal, 33% daß die Ärzte ausschließlich Verwaltungsfunktion haben." [19]

Heraus aus der Klinik! - Praktische Umsetzungen durch sozialpsychiatrische Vereine

Der Artikel der Illustrierten STERN wurde schließlich der unmittelbare „Auslöser", der zur Gründung des „Vereins zur Betreuung psychisch Kranker" durch Angehörige der beiden Psychiatrischen Kliniken in Gießen geführt hat. Dieser Verein hatte sich zum Ziel gesetzt, einen praktischen Beitrag zur Enthospitalisierung der Patienten in den psychiatrischen Kliniken zu leisten und zur sozialpsychiatrischen Entwicklung und Umgestaltung der psychiatrischen Landschaft beizutragen. Im Focus der folgenden Darstellung steht das erste Projekt des Vereins: das Wohnheim. Aus diesem Projekt heraus haben sich sukzessive die anderen Angebote des Vereins entwickelt.

Kurze Zeit nach der Gründung des Vereins zur Betreuung psychisch Kranker gründete sich desweiteren ein intramuraler Verein, der Verein der Freunde und Förderer des PKH. (In Marburg gab es fast zeitgleich mit der Gründung der Bürgerinitiative Sozialpsychiatrie/bi eine ähnliche Entwicklung).[20]

In der Zeit ab 1973 wurden im Verein zur Betreuung psychisch Kranker die richtungsweisenden konzeptionellen Festlegungen getroffen. Im folgenden soll, neben der konzeptionellen Entwicklung und der inhaltlichen Gewichtung auf diese Anfangszeit insbesondere die Entwicklung verfolgt werden, die die Professionalisierung der Arbeitsweise des Vereins zur Betreuung psychisch Kranker mit sich brachte. Anfängliche, eher als basisdemokratisch zu bezeichnende Vorstellungen, die eine heute kaum noch vorstellbare Beteiligung von BewohnerInnen (meist ehemalige PatientInnen) vorsah, mündeten in ein breitgefächertes Angebot an konkreten Hilfestellungen eines sozialpsychiatrischen Zentrums. Im Blickfeld der folgenden Betrachtungen sollte bleiben, daß es sich bei der Entwicklung der sozialpsychiatrischen Angebote in Gießen in erster Linie um keine Selbstorganisation Betroffener (PatientInnen) gehandelt hat, sondern um eine Selbstorganisation von, im weitesten Sinne, an der Behandlung von PatientInnen Beteiligter gehandelt hat. Dies beinhaltet freilich eine nicht unwesentliche Differenz zu Betroffenenorganisationen wie z.B. die „Irrenoffensive" in

Berlin, denn die unten geschilderten Entwicklungen wurden nicht **von** Betroffenen maßgeblich beeinflußt, sondern **für** Betroffene gemacht.

Die Gründungsphase

Im März 1973 gründeten MitarbeiterInnen des psychiatrischen Landeskrankenhauses Gießen und des Zentrums für Psychiatrie der Universitätsklinik Gießen sowie interessierte BürgerInnen und StudentInnen den Verein zur Betreuung psychisch Kranker e.V.[21] Ein Protokoll der Mitgliederversammlung (MV) vom 19.3.1973 berichtete unter anderem darüber, daß Arbeitsgruppen über Öffentlichkeitsarbeit, Patientenclub, Wohnheim und Finanzen gebildet werden sollten und daß der STERN um eine Spende gebeten werden solle. Auch wußte der Protokollant zu berichten, daß der LWV von der Gründung des Vereines schon Bescheid wisse und dessen Tätigkeit begrüße. Zur nächsten Mitgliederversammlung sollten die Chefs der beiden psychiatrischen Krankenhäuser sowie alle MitarbeiterInnen eingeladen werden, da eine Kooperation angestrebt werden sollte.

Auf der Mitgliederversammlung (MV) am 9.4.1973 im Hörsaal der Medizinischen Poliklinik konnte schon über die Fortschritte bei der Eintragung des Vereins berichtet werden, außerdem wurden Mitgliedsbeiträge festgelegt (mindestens 25 DM jährlich), über die Arbeit ähnlicher Vereine aus Hannover und Frankfurt berichtet und festgestellt, daß es notwendig sei, mehr MitarbeiterInnen zu gewinnen.

Während der MV im DGB-Haus am 2.7.1973 wurden organisatorische Entscheidungen getroffen wie z.B. die Wahl der Revisoren. Einige Entscheidungen unterlagen gleichwohl der, in jungen Vereinen üblichen, sich scheinbar chaotisch entwickelnden Findungsprozessen von Kompetenzen und Verantwortungsbereichen. So wurde unter Punkt 3 der Tagesordnung bestehendes Mißtrauen gegenüber einzelnen Mitgliedern geklärt und in Punkt 4 die demokratische Regelung getroffen, daß die Vorstandssitzungen des Vereins grundsätzlich öffentlich sein sollten. Unter Punkt 5 wurden zunächst Sprecher der Arbeitsgruppen Öffentlichkeitsarbeit, Wohnheim und Patientenclub gewählt und unter Punkt 6 Kompetenzen (aus denen sich Haftung herleitet) des Vorstandes eines Vereins mit sozialem Ziel besprochen. Unter 7. wurde jedoch die AG Öffentlichkeitsarbeit stillgelegt und deren Aufgaben vorübergehend dem Vorstand übertragen.

148

Am 24.10.1973 fand im Psychiatrischen Krankenhaus (PKH) Gießen eine Sitzung des Vereins mit drei Vertretern des Landeswohlfahrtsverbandes Hessen (LWV), zwei VertreterInnen des Stadt- und Kreisgesundheitsamtes Gießen, einem Vertreter des PKH Gießen und einem Vertreter der Neuropsychiatrischen Universitätsklinik statt. Vom Verein waren acht VertreterInnen anwesend. Auf dieser Unterredung ging es um die Lage der psychiatrischen Nachsorgeeinrichtungen im Einziehungsbereich der Stadt Gießen. Der Verein bestand zu diesem Zeitpunkt aus ca. 50 - 60 Mitgliedern und bearbeitete bis dato vor allem die Konzeptionen für Nachsorgeeinrichtungen sowie die Sondierung der personalen und finanziellen Erfordernisse von Patientenclubs und Wohnheimen im Bundesgebiet. Hr. Riedell vom Verein beschrieb im Verlauf des Treffens das Wohnheimkonzept und stellte das Ziel des Wohnheimes dar: *„Es soll eine Sozialtherapie zur Wiedereingliederung der Bewohner betreiben. Die medizinische Therapie der Bewohner soll in den Händen der niedergelassenen Ärzte und der Universitäts-Poliklinik verbleiben."* Die personelle Ausstattung des Heimes solle aus Studenten, die als Nachtwachen Dienst tun und einer Ganztageskraft (evtl. ein Heimleiter), und einem Team von Vereinsmitgliedern bestehen. Ein LWV-Vertreter bedeutete, daß ein solches Projekt innerhalb dieses Rahmens, insbesondere mit diesem Kreis der Betreuten, vom LWV mit Tagessätzen finanziert werden würde. Zur Anschubfinanzierung des Wohnheimes, als Überbrückungs- und Einrichtungshilfe wurde ein Betrag von 20.000 DM von beiden Seiten als notwendig erachtet.

Zum geplanten Patientenclub führte eine Vertreterin des Vereines aus, daß insbesondere Gelder für die Anmietung von Räumlichkeiten, Anschaffung von Materialien, sowie die Anstellung einer festen Kraft benötigt würden. Diese Kraft solle möglichst nachmittags und abends beschäftigt sein und die Organisation und Leitung des Clubs im Kollektiv mit den Mitarbeitern der Patientenclubgruppe übernehmen. Zur Erweiterung des Angebots des Clubs an Veranstaltungen, wie z.B. Gitarrenkurse sowie Geld für Referenten und Lehrer, sollten Gelder zur Verfügung gestellt werden. Ein LWV-Vertreter schlug vor, daß zur Trägerschaft des Patientenclubs ein Zweckverband zwischen Kreis, Stadt und LWV gegründet werden solle.

Eine Angliederung an den Paritätischen Wohlfahrtsverband zur besseren rechtlichen Absicherung, sowie die Anmietung einer Wohnung oder Hauses wurden zum Abschluß als die nächsten anzugehenden Schritte benannt.

Auf der Sitzung des Vereins „Hilfe für psychisch Behinderte e.V. Gießen"
am 9.1.1974 (es gab in der Anfangszeit einige unterschiedliche
Namensnen-nungen) konnte festgestellt werden, daß der Verein durchaus
liquide war. So betrug sein „Vermögen" 2000 DM. Organisatorische
Probleme gab es allenfalls mit einer mangelhaften Gruppenarbeit der
Wohnheimgruppe und Schwierigkeiten über die abzuschließende
Vertragsdauer des Mietvertrages: Der potentielle Vermieter peilte eine fün-
fjährige, der LWV eine zweijährige Vertragsdauer an. Für die anzustellende
Ganztageskraft gab es 18 Bewer-bungen unterschiedlicher Qualifikation.
Für die Auswahl eines geeigneten Bewerbers sollte eine Kommission gebil-
det werden, die aus Mitgliedern des Vorstandes und der Wohnheimgruppe
bestehen sollte. Außerdem sollte die Wohnheimgruppe nach der
Vollversammlung des Vereines unbedingt die Kostensätze für ihr Heim
berechnen.

Für den Patientenclub konnten auch finanzielle Zusagen der Stadt, des
Kreises, des LWV´s und des Stadtgesundheitsamtes erreicht werden. So
wurden für die Errichtung des Patientenclubs sofort 25.000 DM zur Verfügung gestellt und für die laufenden Kosten monatlich 2000 DM. Als Wohnheim war zunächst das Haus in der Roonstr. 6 in Gießen vorgesehen. Der
Patientenclub erhielt nach Diskussionen mit der Wohnheimgruppe die
Möglichkeit eingeräumt, in den Keller des Hauses einzuziehen.

Am 23.4.1974 konnte der Vorstand des Vereins die Einstellung der ersten
Ganztageskraft des Vereins, den späteren ersten Heimleiter, vermelden.
Auch die Vorbereitungen für den Einzug in die Roonstraße 6 in Gießen gingen weiter. Den alten Mietern sollte zum Teil noch gekündigt werden. Die
Räumung des Hauses erschien dem Verein dadurch gerechtfertigt, daß das
Haus wieder lediglich zu Wohnzwecken genutzt werden sollte. Während
einer Übergangszeit sollten länger nicht belegbare Räume durch Vereinsmitglieder und Nachtwachen bewohnt werden. Nach Klärung der strittigen
Punkte sollte der Mietvertrag nunmehr unterzeichnet werden. Die Wohnheimgruppe bestand zu diesem Zeitpunkt aus 12-15 Leuten. Ein Vorschlag
der Wohnheimgruppe zur Patientenauswahl des Wohnheimes wurde der MV
am 23.3.1973 vorgelegt: Es sollte eine fünfköpfige Kommission gebildet
werden, bestehend aus dem Wohnheimleiter und vier Mitgliedern der
Wohnheimgruppe, darunter je zwei Laien und zwei Ärzte oder Psychologen
aus dem PKH und der Uni-Klinik.

Die Wohnheimgruppe entwickelte zwischenzeitlich einen ganzen Fragenkatalog zur inhaltlichen und konzeptionellen Gestaltung der künftigen Arbeitsweise. Dieser Fragenkatalog gibt gleichzeitig Auskunft über die bestehenden Unsicherheiten, mithin das Neue des gesamten Projektes, und damit verbunden, die deutlich werdenden mangelnden Erfahrungen. So fragt die Wohnheimgruppe bspw.: Wer ist der Träger des Heimes? Wie wird die Finanzierung gesichert? Wie sieht der Mietvertrag aus? Sind Konzepte für die Wohnheimarbeit entwickelt worden? Wie setzt sich der Mitarbeiterstab zusammen? In welchem Umfang wird auf Laienarbeit zurückgegriffen? Kontakt zur Bevölkerung? Erfahrungen mit Behörden? (aus dem Protokoll der Wohnheimgruppe vom 15.5.1974).

Mitbestimmung der BewohnerInnen

Während der Sitzung am 24.10.1973, also noch vor der Gründung des Wohnheimes, wurde über die Notwendigkeit und Dauer des Aufenthaltes bemerkenswert von zwei Vereinsvertretern festgehalten, daß Betreuer und Patiententeam des Wohnheimes über die Aufnahme entscheiden und die Indikation zur Aufnahme in ein Wohnheim von den behandelnden Ärzten gestellt werde. Über die Aufenthaltsdauer wurde ausgeführt, daß ein Team aus Patienten und Betreuern nach der Aufnahme einen Termin festlegen würden. An diesem Termin würde eine Entlassung oder Verbleiben dann unter dem Gesichtspunkt der „therapeutischen Effizienz" entschieden werden. Es sollten auch Patienten aufgenommen werden können, die sich noch nicht in stationärer Behandlung befunden hätten.

Diese Regelungen, die eine weitgehende Mitbestimmung der BewohnerInnen vorgesehen hatten, ließen sich, wie die weitere Entwicklung zeigt, nicht fortsetzen.
Schon von der Wohnheimgruppe (WHG), als Projektgruppe vom Verein zur Arbeit im zukünftigen Wohnheim gebildet, wurde dies Verfahren revidiert. Zwei Monate vor der angepeilten Gründung des Wohnheimes, wurde das Problem der Patientenauswahl im Hinblick auf eine Vorbereitungsgruppe diskutiert. Es ergaben sich folgende Beschlüsse:

„1. *Keine Altersbegrenzung, aber paritätische Besetzung der unterschiedlichen Altersgruppen.*
2. *An verschiedene Stationsärzte soll die Forderung herangetragen werden, Patienten, die als zukünftige Bewohner des Wohnheimes in Frage kommen, auszuwählen.*

3. Die endgültige Auswahl soll dann in einer Diskussion zwischen den Ärzten und der Wohnheimgruppe bezüglich der Zusammensetzung der Bewohner getroffen werden.
4. Die so entstandene Patientenauswahl soll die Vorbereitungsgruppe bilden." [22]

Im Verlauf der Jahre 1976 und 1977 sind gemeinsame Sitzungen der BewohnerInnen mit dem Vereinsvorstand und den Nachtwachen dokumentiert. Hier konnten BewohnerInnen eigene Tagesordnungspunkte einbringen wie z.b. Ein- und Auszüge, Ausstattung eines Hobbykellers und über therapeutisch bedingte Verlegungen in die Klinik diskutiert werden (vergl. z.B. Protokoll der Bewohner- und Vorstandssitzung vom 11.10.1976).

In einem Brief an den Vorstand des Vereins aus dem Jahr 1979 forderten die BewohnerInnen des Wohnheimes ein Mitspracherecht bei der Auswahl der aufzunehmenden BewohnerInnen. Hierzu befaßte sich der Vorstand in seiner Sitzung am 17.12.1979. Er befand:
„TOP 2. Brief der Bewohner zur Auswahlkommission. ...
Die einzelnen Punkte des Briefes wurden diskutiert. Das Aufnahmeverfahren soll nicht geändert werden, da das Mitspracherecht der Bewohner im jetzigen Aufnahmeverfahren am Ende der Probewoche und der 6-wöchigen Probezeit gebührend berücksichtigt ist. Die Aufnahmeregelung soll abgetippt und offen im Wohnheim ausgehängt werden."

Während der Vorstandsitzung vom 28.4.1980 wurde u.a. über eine Kündigung einer Mitarbeiterin gesprochen. Der BewohnerInnensprecher des Wohnheimes erfragte zu dieser Kündigung genauere Informationen, die ihm allerdings aus datenschutzrechtlichen Gründen nicht gegeben werden konnten. Er forderte allerdings des weiteren, daß in Zukunft die BewohnerInnen bei der Besetzung der Stellen im Übergangsheim ein Mitspracherecht erhalten. Diesem Wunsch konnte seitens des Vorstandes nicht entsprochen werden, da eine solche Regelung nicht im geltenden Konzept vorgesehen war. [23]

Diese Beispiele mögen verdeutlichen, daß seitens der BewohnerInnen durchaus ein konkreter Wunsch nach Mitbestimmung des unmittelbaren Lebensbereiches vorhanden war und sie ihre Interessen formulieren und einbringen konnten. Wenn sich auch die ürsprünglich geplante Mitbestimmung letztlich nicht verwirklichen ließ, ob aus datenschutzrechtlichen oder aus praktischen Erwägungen heraus, oder ob sich hier die sog. normative Kraft des Faktischen über diese Bedürfnisse hinwegsetzte, mag hier dahingestellt bleiben, daß sich diese Bedürfnisse überhaupt so klar äußerten,

Übergangswohnheim

63 Gießen, 23.Nov.1979
Bahnhofstr. 42

Vorstand des Übergangswohnheimes
6300 Gießen

--

Teilnahme eines Bewohners an der Auswahlkommission

Sehr geehrte Damen und Herren,

in den letzten Bewohnervollversammlungen befaßten wir uns mit der
Bewohnervertretung in der Auswahlkommission. Dies wurde von der
Mehrheit der Bewohner befürwortet. Wir legen Ihnen im Folgenden
unsere Argumente dar:
1) Die Vorentscheidung bei der Aufnahme des zukünftigen Mitbewohners
hat für uns Bewohner entscheidende Bedeutung, denn wir müssen mit dem
Betreffenden zusammenleben; daher wollen wir die Mitsprache eines
Bewohners.
2) Durch diesen Schritt werden die Bewohner in die Einrichtung mehr
integriert, und das bestehende Mißtrauen wird abgebaut.
3) Für jeden Bewerber ist die Situation in der Auswahlkommission un-
angenehm; durch die Teilnahme eines Bewohners in diesem Gremium wird
diese unangenehme "Prüfungssituation" erträglicher.
4) In der Kommission wird der zukünftige Bewohner mit Leuten konfrontiert, wovon zu den meisten er später keine Beziehung haben wird;
daher ist es ein Stück realistischer, einen Bewohner in diesen Ausschuß
zu setzen.

Wir hoffen und wünschen, diese unsere Forderung findet bei Ihnen Zustimmung und wird anerkannt.

Hochachtungsvoll

Bewohnerlnnen äußern sich zur Mitbestimmung

kann jedenfalls als positiv-wollende Lebensäußerung begrüßt werden.

Das erste Wohnheim

Im Verlauf der nächsten Wochen platzte jedoch der Mietvertrag des Hauses
in der Roonstraße und in der Wohnheimgruppe (WHG) entwickelte sich eine
Krise. Im Protokoll der WHG vom 22.5.1974 heißt es dazu: *„Zur Zeit ist die
WHG in einer Krise, die Leute resignieren, bleiben weg. Dies ist dadurch zu erklären:
Die WHG befindet sich in einer Warteposition, die eigentlichen Entscheidungen fallen
im Vorstand. Ungefähr zwei Monate will die WHG noch abwarten, ob ein geeignetes
Projekt gefunden wird, dann bittet die WHG den Vorstand, auch kleinere Projekte zu
diskutieren. Weiter bittet die WHG den Vorstand um seine offizielle Zustimmung zu der*

153

Kommission für die Patientenauswahl."
Ein Vorstandsprotokoll vom 4.6.1974 berichtet über verschiedene anvisier-
te Projekte in der Bahnhofstraße, ein „Sommerladprojekt", und die Neue
Bäue 5-9, welches vorrangig behandelt werden sollte. Auch über Wohnungen (drei Etagen) über dem Etablissement „Fiaker" in der Bahnhofstraße
wird berichtet. Über die Wohnungen hieß es hier: „5,50 DM *netto, anrenoviert,*
viele Reparaturen!! *teuer*!!"

Am 17.9.1974 waren vorläufige Pflegesätze ausgerechnet (32.-) und es war
klar, daß der LWV nur ein Drittel der Einrichtungskosten übernehmen
würde. Das Wohnheim sollte so schnell wie möglich belegt werden, um lau-
fende Kosten decken zu können. Es wurden Spendenaufrufe geplant und
entsprechende Anzeigen anvisiert. Am 20.9.74 sollte sich die Auswahlkommission treffen und Patienten benennen. Im Protokoll wurde vom 17.9.74
darauf hingewiesen, daß es notwendig sei, daß der Kostenträger ausgemacht und angeschrieben wird.

Am 8.10.1974 waren zwei Patienten ausgewählt und am 15.10 wurde festgelegt, daß die nächste Mitgliederversammlung im neuen Wohnheim stattfinden solle: in der Bahnhofstraße 42! Die Wohnheimgruppe wurde beauf-
tragt, eine Hausordnung zu erstellen.

Am 14.11. hatten sich der Auswahl-Kommission bisher 8 Patienten vorgestellt, drei sind ausgewählt worden und zwei Patienten abgesprungen.
Finanziell wurde es in dieser Zeit eng. Der Vereinsvorstand beschloß, entweder durch Bürgschaften oder mittels einer Pressekampagne zu Geld zu
kommen. Gleichzeitig ist dem Verein die Gemeinnützigkeit anerkannt worden.
Die anwesenden neun Wohnheimgruppenmitglieder konnten am 22.11.74
über den Einzug des ersten Patienten berichten.

Die Mitgliederversammlung am 25.11.1974 fand indes schon in den
Räumen des neuen Wohnheimes in der Bahnhofstraße 42 (über dem
„Fiaker") statt. Hier wurde insbesondere über die Finanzierung der
Ausstattung des dritten Geschosses diskutiert. Es wurde beschlossen, daß
der Verein über Bürgschaften der Vereinsmitglieder Kredite aufnehmen soll.
Schon kurze Zeit später konnten Bürgschaften über 7.000 DM gewonnen
werden, aufgenommen werden sollten allerdings 17.000 DM. Ein erhöhter
Pflegekostensatz von 60,60 DM war vom LWV genehmigt (Protokoll der

Vorstandsitzung vom 28.11.1974). Die Entwicklung des Patientenclubs gestaltete sich währenddessen schwierig, da der geplante Mietvertrag geplatzt war. Auch über die Gründung eines psychiatrischen intramuralen Vereines wurde auf der MV berichtet. Fraglich war, ob es sich aus dieser Gründung eine Konkurrenz zum Verein entwickeln würde.

Eine Kurzbilanz für das Wohnheim für das Jahr 1974 ergab ein Volumen von über 60.000 DM, für einen neugegründeten Verein ohne große Arbeitserfahrung sicherlich eine beachtenswerte Größe. Am 5.12.1974 waren, nach dem Protokoll der Vorstandssitzung vom 5.12.1974, drei Bewohner fest und die Frage, ob das Wohnheim in Zukunft erfolgreich laufen würde, angesichts der finanziellen Unsicherheiten im Wohnheimprojekt offen.

Im Protokoll der Vorstandssitzung vom 19.3.1975 findet sich unter Punkt 3 die Feststellung: *„Gehälter können vom Guthaben des Vereins noch gezahlt werden. Miete am 3.April nicht mehr".* Über die finanzielle Konsolidierung gibt der Beschluß der Vorstandsitzung vom 4.11.1975 Auskunft, denn dort wurde eine Höhergruppierung der Verwaltungskraft und eine Erhöhung der Nachtwachenvergütung von 30 DM/Nacht auf 45 DM/Nacht beschlossen.

In den Akten findet sich mit Datum vom 14.4.1975 die erste schriftliche Fixierung eines kurzen Wohnheimkonzeptes. Hier heißt es, daß für die *„therapeutische und administrative Arbeit"* neben einem hauptamtlichen Wohnheimleiter und einer halbtags beschäftigten Schreibkraft ehrenamtlich arbeitende Mitglieder vorgesehen seien. Im Übergangswohnheim aufgenommen werden sollten Personen mit einer Diagnose aus dem Kreis der endogenen Psychosen, ausgeschlossen waren Suchtkranke. Es wurde konstatiert, daß bei dem Patientenkreis, bei dem die stationäre Behandlung abgeschlossen war, eine weitere sozialtherapeutische Behandlung notwendig sei: *„Die psychiatrische Erfahrung hat gezeigt, daß ohne die Unterstützung durch eine Rehabilitationseinrichtung ein hoher Prozentsatz von ihnen sehr schnell wieder akut krank wird oder überlange Krankenhausaufenthalte mit der Gefahr einer endgültigen Hospitalisierung erforderlich sind."* Die Aufnahme der BewohnerInnen wurde einer Auswahlkommission, bestehend aus zwei Ärzten, dem Wohnheimleiter und einem ehrenamtlichen Mitglied übertragen. Die Kriterien zur Auswahl waren: *„Weitgehendes Abklingen der Krankheit, hinreichende Motivation und Fähigkeit sich in eine Gruppe zu integrieren, Bereitschaft zur Teilnahme an den angebotenen Programmen."*

Weiterhin sollten die künftigen Bewohner möglichst in ein Beschäftigungsoder Ausbildungsverhältnis vermittelt werden. Neben der Einzelfallhilfe sollten mehrmals in der Woche Gruppenveranstaltungen stattfinden. *„Ziel* *dieser Gruppen ist es, die sozialen Beziehungen der Bewohner zu klären, und das Zusammenleben im Heim zu gestalten. Dort werden gemeinsame Aktivitäten, gemeinsame Mahlzeiten und Fragen der Hausordnung besprochen. Den Gruppenprogrammen kommen innerhalb der sozialtherapeutischen Betreuung besondere Bedeutung zu, da sie auf die Einübung oder Erweiterung sozialer Verhaltensweisen, Überwindung sozialer Ängste und Kontaktschwierigkeiten zielen."*

Die Konzeption erfuhr im Verlaufe der Vereinsgeschichte allerdings manche Veränderungen und Präzisierungen, eine frühe Veränderung und Überarbeitung wurde schon während der Vorstandsitzung am 28.10.1975 ins Auge gefaßt.

Der Jahresrechenschaftsbericht der Vorstandsperiode 2. Halbjahr 1975 / 1. Halbjahr 1976 resümiert die vergangene Entwicklung: So bekam der Verein im Berichtszeitraum die endgültige institutionelle Anerkennung vom LWV Kassel, die Anerkennung zur Ausbildung von Praktikanten der Psychologischen Fakultät der Uni Gießen und die Anerkennung vom Bundesamt für Zivildienst zur Beschäftigung von Zivildienstleistenden.

Die Belegung konnte vom Stand von 10 BewohnerInnen im zweiten Quartal 1975, nach einem vorübergehenden Tiefststand von 8 BewohnerInnen im vierten Quartal 1975, auf 16 BewohnerInnen im zweiten Quartal 1976 gesteigert werden. Mit dem Einzug von 16 BewohnerInnen war gleichzeitig auch der Endausbau des Wohnheimes verbunden.

Die Wohnheimgruppe fluktuierte stark und schrumpfte auf einen „festen Kern", der mit ehemaligen Praktikanten zusammen die Nachtwachen stellte. Der Vorstand berichtete, daß es nicht möglich gewesen sei, gemeinsam mit den Bewohnern (!), der Wohnheimgruppe und dem Vorstand eine verbindliche, und den *„sachlichen Erfordernissen gerechtwerdende Hausordnung zu erstellen. Deshalb wurde eine solche kürzlich vom Vorstand aufgestellt und den Bewohnern als verbindlich vorgelegt."* Des weiteren wurde ein sozialtherapeutisches Reha-Programm erarbeitet.

Die finanzielle Situation des Vereines hatte sich konsolidiert, obwohl der erhöhte Tagespflegekostensatz nach der Anlaufzeit von 18 Monaten seit dem 1.6.1976 auf die übliche Höhe von 41 DM reduziert wurde.

Der Verein war ständig in der Psychosozialen Arbeitsgemeinschaft Gießen-Wetzlar repräsentiert, die auch zweimal im Haus in der Bahnhofstraße tagte. (Die PSAG strebte auf kooperativer Basis eine verbesserte Versorgung in diesem Gebiet an).

Die Gießener Psychosoziale Arbeitsgemeinschaft (PSAG)

1974 wurde die Psychosoziale Arbeitsgemeinschaft in Gießen gegründet. Hier sollten sich mindestens einmal im Monat alle treffen, die mit der psychosozialen Versorgung der Bevölkerung zu tun haben. Von Beginn an arbeitete auch Horst-Eberhard Richter in der PSAG mit. Die erste Einladung zu einem Treffen ist von der Funktionsgruppe Familien- und Sozialtherapie der Gießener Psychosomatischen Klnik ausgegangen.[24] Nach vier Jahren arbeiteten in der PSAG Vertreter aus psychiatrischen, jugendpsychiatrischen, pädiatrischen und psychosomatischen Kliniken, aus Familien-, Ehe-, Erziehungs- und Jugendberatungsstellen, aus Behindertenzentren und Kinderheimen, aus Jugendämtern, schulpsychologischen Dienststellen, aus der Bewährungshilfe und Frauenzentren, aus Elternschulen und Kinderschutzbund, Pro Familia, und aus Initiativgruppen mit. Die PSAG tagte reihum in verschiedenen Institutionen und hatte 1978 fünf Untergruppen gegründet: Die Gruppe Psychiatrie, eine Gruppe Beratungsdienste, eine Gruppe Randgruppenarbeit, eine Gruppe Behindertenarbeit und eine Gruppe Heime. Nach einer Selbsteinschätzung sah sich die PSAG Lahn-Dill als eine Art *„spontaner Selbsthilfeorganisation"*, die vorhandene Selbsthilfepotentiale verstärken und unterstützen will. Es sei wichtig, *„daß die an der Basis in der psychosozialen Versorgung Tätigen sich selbst rühren, ihre Erfahrungen miteinander austauschen, die Möglichkeiten spontaner Zusammenarbeit von sich aus verbessern und ihre Erkenntnisse für Planungs- und Reorganisationsnotwendigkeiten gemeinsam an die übergeordneten Administrationen herantragen, um zu einer sinnvollen Weiterentwicklung der Prävention, Therapie und Rehabilitation psychischer Krankheiten und Behinderungen beizutragen."* [25]

Die Psychiatrie-Enquête wird vorgelegt

Im November 1975 wurde der Bericht der Bundesregierung vorgelegt und der Öffentlichkeit zugänglich gemacht. Hier wurden Empfehlungen zum Neuentwurf der psychiatrischen Landschaft in der Bundesrepublik getroffen.
Zunächst mußte festgestellt werden, daß die stationäre Versorgung psychisch Kranker in Krankenhäusern und Heimen immer noch durch die Entwicklung im „dritten Reich" belastet war. Das Reichsversicherungsamt hatte 1936 den Grundstein für den sogenannten „Halbierungserlaß" gesetzt, der besagte, daß die Kosten in bestimmten Fällen zwischen

Krankenversicherung und Sozialhilfeträger geteilt werden sollten. Damit unterschieden sich noch 1975 die Kostenübernahme von körperlich Kranken und psychisch Kranken in einem psychiatrischen Landeskrankenhaus.

Die schwerwiegenden Mängel der Versorgung psychisch Kranker und Behinderter sollten durch eine Neuordnung beseitigt werden. Diese Neuordnung sollte sich u.a. an folgenden Grundsätzen orientieren:

„1.*Gemeindenahe Versorgung. Nur wenn eine spezielle Behandlungs- oder Rehabilitationsmaßnahme auf der Ebene übergeordneter Versorgung konzentriert werden muß, soll sich eine Unterbrechung der Beziehungen des psychisch Kranken zu seinen Lebensbereichen rechtfertigen.*

2. *Bedarfsgerechte und umfassende Versorgung aller psychsich Kranken und Behinderten. Dies bedeutet, daß eine Vielfalt von Diensten vorhanden sein muß, die so miteinander verbunden sein sollen, daß sich einerseits ein Weg zur entsprechenden Versorgung ergibt, andererseits ein unnötiger Aufwand gleichartiger Angebote vermieden werden.*

3. *Intensive allgemeine Aufklärung der Bevölkerung auf dem Gebiet der psychischen Gesundheit.*

4. *Volle Ausschöpfung präventiver Hilfen von pädagogischen, sozialtherapeutischen und beratenden Diensten sowie sinnvolle Förderung von Selbsthilfeinitiativen der Betroffenen.*

5. *Unterschiede rechtlicher, kostenmäßiger und sozialer Regelungen zwischen psychisch Kranken und körperlich Kranken müssen beseitigt werden.*

6. *Schaffung von Einrichtungen, in denen rehabilitative und pädagogische Angebote und eine normale Wohn- und Lebensraumgestaltung ausschlaggebend sind."* [26]

10 Jahre nach der Veröffentlichung der Enquête mußte allerdings konstatiert werden, daß einige wesentliche Forderungen nicht verwirklicht wurden. Zwar ist der Halbierungserlaß aus der NS-Zeit gestrichen worden, es sind aber für somatisch Kranke selbstverständliche Krankenkassenleistungen für psychisch Kranke immer noch nicht die Regel. „*Zum Beispiel wird, bevor eine Krankenkasse die Kosten für eine psychotherapeutische Behandlung übernimmt, auch heute noch von einem Gutachterausschuß der Krankenkasse überprüft, ob dies auch notwendig und erfolgversprechend ist. Nicht selten wird dann die Stundenzahl begrenzt. Man stelle sich vor, gleiches wird mit einem Dialysepatienten praktiziert, dem nach 80 Stunden die künstliche Niere abgestellt wird."* [27]

Auch mit der Umsetzung der Enthospitalisierung gab es Irritationen. Aus einem Schreiben des Hessischen Sozialministeriums an den Landeswohl-

fahrtsverband Hessen vom 28.5.1990[28] über nicht mehr krankenhausbe-
handlungsbedürftige Personen im PKH Gießen ergibt sich folgender
Sachverhalt:
Aufgrund einer Untersuchung des LWV Hessen über die nicht krankenhausbehandlungsbedürftigen Personen vom 1.Juli 1988 hat sich gezeigt, daß
sich im PKH Gießen 139 Personen befanden, die nach Einschätzung der
behandelnden Ärzte und Therapeuten in außerklinische Einrichtungen verlegt werden könnten. Diese Zahl ist vom LWV im April 1989 korrigiert worden. Demnach befanden sich lediglich 24 Personen im PKH Gießen, die
nicht der Krankenhausbehandlung bedurften. „*Da diese korrigierte Angabe von
den entsprechenden Zahlen in den übrigen psychiatrischen Krankenhäusern abwich,
hat der Landesarzt für seelisch Behinderte gemeinsam mit Ihnen im Oktober 1989 das
Psychiatrische Krankenhaus Gießen aufgesucht und dort im Einvernehmen mit Ihnen
und den leitenden Mitarbeitern des psychiatrischen Krankenhauses festgestellt, daß
etwa 120 Personen verlegt werden könnten.*" [29] Die Vermutung liegt nahe, daß
sich diese große Differenz eher aus krankenhausspezifischen Motiven
erklären läßt, als aus Ursachen, die etwa diagnostischen Ursachen geschuldet sind.

Konsolidierung und Ausbau des Wohnheimes

Ein Beispiel über die entwickelten demokratischen Gepflogenheiten und
Umgangsweisen innerhalb des Vereins gibt eine Diskussion über die Arbeit
der Wohnheimgruppe.
Am 27.11.75 wird im Vorstand über die Arbeit der Wohnheimgruppe diskutiert. Die Wohnheimgruppe sollte nach Meinung des Vorstandes kleiner
und eher praxisorientiert sein und nicht nur zu theoretischen Auseinandersetzungen kommen.
Über Spannungen zwischen Wohnheimgruppe und BewohnerInnen wird
auf der Vorstandssitzung vom 9.12.75 gesprochen. Eine gemeinsame
Sitzung von Vorstand und Wohnheimgruppe am 11.12.1975 erbrachte
Vorschläge über eine Verbesserung der Arbeit. Es sollten für jeden Bewohner feste Bezugspersonen (Patenschaften) eingeführt werden. Letztendlich
konnte darüber nicht beschlossen werden, da das ursprüngliche Konzept
anders konzipiert war. Anschließend an die gemeinsame Sitzung wurde mit
den Bewohnern zusammen diskutiert.
Am 23.8.1976 fand eine Vereinssitzung mit Vertretern des LWV Kassel, des

LWV Darmstadt und des Sozialamtes Gießen statt. Dort wurde über die Anrechnung des Einkommens der BewohnerInnen sowie über die Höhe des Taschengeldes der BewohnerInnen gesprochen. Das Taschengeld eines Bewohners betrug am 23.8.1976 insgesamt 200 DM. Es setzte sich zusammen aus 65 DM normalem Taschengeld, 55 DM erhöhtem Taschengeld und einer Kleidergeldpauschale von 80 DM.

Im Jahre 1976 gab es gemeinsame Sitzungen des Vorstandes mit den BewohnerInnen des Wohnheimes (Protokolle vom 11.10.1976 und 1.11.1976). Dort wurden verschiedene, die BewohnerInnen betreffende Themen besprochen. So ging es u.a. darum, wie sich die Arbeit zweier Bewohner des Wohnheimes im „Fiaker", jenem zweifelhaften Etablissement im gleichen Haus, mit dem Reha Programm des Wohnheimes verträgt. Ein Bewohner arbeitete dort als Filmvorführer. Es wurde hinterfragt, ob der Bezug zweierlei Gelder (Taschen- und Essensgeld und Stundenlohn) nicht zur Folge haben könnte, daß die Motivation, sich um Schul- und Berufsausbildung zu kümmern, nicht negativ beeinflusst würde. Außerdem wurde bezweifelt, daß der „Fiaker" eine gute Umgebung für eine psychische Stabilisierung sei. Die Arbeit der Bewohnerin im „Fiaker" wurde ihr später aus therapeutischen Gründen (starke Belastungssituation) von einem Arzt des Vereins verboten.

Weitere Themen der gemeinsamen Sitzungen waren der Wunsch der BewohnerInnen nach Anschaffung eines Hobbyraumes (für den der Vorstand 1.000 DM genehmigte), die Verlegung eines Bewohners in das PKH und die Auszüge zweier Bewohner. Die beiden Bewohner bezogen nach ihrem Aufenthalt im Wohnheim eine eigene 2-Zimmer-Wohnung. Ein Bewohner nahm sein Studium wieder auf, der andere begründete seinen Auszug damit, daß er sich stabil genug fühle, um wieder alleine zu wohnen und durch Taxifahren ein eigenes Einkommen zu beziehen. Beide bewerteten übereinstimmend: „ - *Die Oberflächlichkeit der Kontakte, die sich im fehlenden Ausleben von Zärtlichkeit und Aggressivität niederschlägt, entspricht nicht seinen Vorstellungen vom Zusammenleben (wenn er diese Kritik auch gleichzeitig gegen sich selbst richtet). - Insgesamt hat ihm das Heim geholfen, seine jetzige Aktivität und Selbstständigkeit wiederzuerlangen."* (Aus dem Protokoll der gemeinsamen Sitzung vom 11.10.1976).

Am 31.12.1976 waren (nach dem Jahresbericht 1976 vom April 1977) im Wohnheim in der Bahnhofstraße 16 BewohnerInnen gemeldet, davon 12 Männer und 4 Frauen. Die Altersverteilung schwankte zwischen 20 und 60

Jahren. Vier Männer standen in fester Arbeit, vier in Ausbildung und Studium und vier Männer und vier Frauen waren auf Arbeitssuche. Es wurden bis Dezember 1976 zwei Freizeiten durchgeführt (nach Konstanz und Österreich), und außerhalb des Hauses wurden Wochenendwanderungen, Schwimmveranstaltungen, Konditionstraining und Schlittschuhlaufen angeboten. Therapeutisch verpflichtend waren einmal wöchentlich eine BewohnerInnengruppe, ein bis zweimal monatlich ein Plenum mit Bewohnern, Personal und Vorstand und eine wöchentliche therapeutische Gesprächsgruppe.

Es wurde neben dem Heimleiter eine zweite Kraft eingestellt (beide Hauptamtlichen waren somit Krankenpfleger aus dem Psychiatrischen Krankenhaus in Gießen) und es wurden zwei ZDL-Stellen eingerichtet, wovon eine besetzt werden konnte. Dieser Zivildienstleistende konnte ein Zimmer im Übergangswohnheim beziehen. Bemerkenswert ist die Auflösung der Wohnheimgruppe, aus der sich heraus eine stabile Gruppe von 5-6 Mitgliedern gebildet hatte, die auch den notwendigen Nachtdienst und Wochenenddienst übernahm und selbstständig organisierte.

Interessant sind erste Überlegungen der Erweiterung des Übergangswohnheimes, die eine Erweiterung der Konzeption mit sich brachten. Die Festlegung, psychisch Kranke nur zu einer Zeit von bis zu zwei Jahren in das Übergangswohnheim aufzunehmen, erwies sich als praktisch unzureichend. *„Ein nicht zu geringer Anteil der Bewohner jedoch hat sich nach jahrelanger psychiatrischer Hospitalisierung so günstig stabilisieren und auch im gewissen Maße wieder im Arbeitsprozeß integrieren können, daß das Übergangswohnheim für diese Gruppe zu einem neuen Zuhause geworden ist und ihnen überhaupt erst die Chance für ihre jetzige Möglichkeiten ermöglicht hat und auch weiterhin garantieren wird. ..... Auch wenn einige der Bewohner schon zwei Jahre und auch länger in der Bahnhofstraße wohnen, sehen wir keinen Grund, sie aufgrund unserer Konzeptvorstellungen wieder zurück in die Klinik zu verlegen. Das widerspräche jeglichem sozialpsychiatrischem Konzept und wäre auch kostenmäßig nicht zu verantworten. Wir haben deshalb vor, das Übergangswohnheim zu erweitern."* (Aus dem Jahresbericht 1976). Daraus entstand ein Vorhaben, eine zusätzliche Wohngruppe von etwa 10-12 Bewohnern unter geringem verwaltungsmäßigen und personellen Aufwand aufzubauen. Geplant waren ein weiterer hauptberuflicher Mitarbeiter, der zweite „ZDL´er" und ein Jahrespraktikant. Durch diese Planung sollten die Bewohner, die einen gewissen Selbstständigkeitsgrad erreicht hatten und nur noch einer geringeren Betreuung bedurften, zeitlich „unbegrenzt" versorgt werden. Aus dieser Initiative, zunächst noch „Nachbetreuung" genannt, entwickelte sich das spätere Betreute Wohnen. Mit der Eröffnung der Wohnung in der Bleichstraße 6 für sechs Personen am 1.11.1977 wurde in dieser Richtung ein erster Anfang gemacht.

Die WG-Gruppe erwies sich in der Folgezeit als stabil. Bis zum Juli 1978 gab es nur eine Aufnahme von dort ins PKH.

Verein zur Betreuung
psychisch Kranker e. V.
Gießen

63 Gießen, den 24. 8. 77
Bahnhofstraße 42
Fernruf (06 41) 7 28 80
Bankkonto:
Bezirkssparkasse Gießen 5 05 5 79
(BLZ 513 500 25)

An die psychatrischen Stationen des PKH und der
Uniklinik, Gießen

Liebe Kolleginnen und Kollegen,

    ab 1. November dieses Jahres eröffnen wir, als weitere
Abstufung der Rehabilitation, in der Bleichstraße 6 eine
Wohngemeinschaft für sechs Personen. Dadurch werden im Über-
gangs- und Wohnheim zu diesem Zeitpunkt mindestens sechs
Plätze frei. Sollten Sie in Ihrer Betreuung derzeit Patienten haben, für die eine weitere Rehabilitation im Übergangs-
und Wohnheim sinnvoll erscheint, möchten wir Sie bitten,
rechtzeitig mit uns in Kontakt zu treten. Das erleichtert
für uns die Disposition; und für die Patienten ist erfah-
rungsgemäß eine Vorbereitungszeit auf diesen neuen Lebens-
abschnitt, in dem auch die Kostenübernahme geregelt werden
kann und der Patient gelegentlich bei uns reinschaut, eine
gute Überleitung.

Mit freundlichen Grüßen

E.

K.-H.

Die Anfänge des Betreuten Wohnens in Gießen

Während des Juli 1977 wurde im Verein ausführlich über Verstöße gegen Reha- und Hausordnung diskutiert. Es wurde ein Vorschlag zur Modifizierung der Hausordnung und des Reha-Programmes formuliert und dort insbesondere das Alkoholverbot problematisiert. Auch Fragen des Selbstverständnisses des Vorstandes wurden zu Papier gebracht: „Wir sind aus der Zeit heraus, wo wir alle alles machen mußten, (die Heimleitung hat mehr Autonomie, der Vorstand arbeitet nicht mehr direkt therapeutisch, die Zahl der Mitarbeiter ist überschaubar und integriert)". Angeregt wurde, Heimleitung und Vorstand stärker voneinander zu trennen. (Aus einem Diskussionspapier von einem Vorstandsmitglied vom 15.7.1977)

Durch die Gründung der WG in der Bleichstraße wurden mehrere Neuaufnahmen in das Wohnheim nötig, die von der Aufnahmekommission, nunmehr nur aus Vorstandsmitgliedern bestehend, vorgenommen wurden.
Auf der Mitgliederversammlung vom 10.7.1978 wurde perspektivisch die Frage nach der Einrichtung einer Werkstatt, in der BewohnerInnen einen Ausbildungsabschluß machen konnten, gestellt. Hierzu wurde der personelle Aufwand als zu hoch eingeschätzt, als vom Verein sicher nicht zu leisten. Es wurde auch gefragt, ob der LWV andernorts Initiativen zur Errichtung ähnlicher Institutionen wie das Wohnheim unterstütze, es waren aber nur zwei ähnliche Einrichtungen in Frankfurt/M. und Cuxhagen bekannt.
Der Verein gab sich am 11.12.1978, nach Auflage des Finanzamtes, eine neue Satzung. Der Zweck des Vereins blieb seitdem im wesentlichen identisch.

Ein Gespräch mit Sozialarbeitern des PKH Gießen am 3.12.1979 ergab, daß ein größerer Bedarf an Wohnheimplätzen für ein Klientel bestand, für den der Aspekt der beruflichen Rehabilitation nicht so sehr im Vordergrund stand. Ein eher pädagogisches Konzept, das an der Entwicklung lebenspraktischer Fähigkeiten orientiert sei, sollte daraufhin im Verein diskutiert werden. Deutlich wurde außerdem, daß schon im Jahre 1979 die institutionellen Kontakte zum PKH besser ausgeprägt waren als zur Uni-Psychiatrie.

Ab dem Mai 1977 beschloß der Vorstand erstmals, für ein neues Haus in Gießener Zeitungen zu inserieren. Im März 1979 begann die Suche nach einem neuen Haus für das Wohnheim über Gießener Makler. Ausschlaggebend für die Suche war die direkte und indirekte Belästigung durch den Fiaker und seine Besucher, auch die ungünstige Lage der Verwaltungs- und Gemeinschaftsräume. Für das Übergangswohnheim wurde ein neues ausführliches Konzept erstellt und am 2.4.1979 vorgelegt. Das Wohnheim versteht sich hier als Glied einer Betreuungskette im Sinne eines komplementären Dienstes.

Nachdem sich verschiedene Hausprojekte zerschlagen hatten, war im März 1980 der Vereinsvorstand über die Möglichkeit des Umzuges in den Brandweg 14 in Klein-Linden informiert worden. In diesem großen Haus war zu diesem Zeitpunkt ein Studentenwohnheim untergebracht. Außerdem wurden Überlegungen angestellt, sich am Projekt Gesamtversorgung im psychosozialen Bereich zu beteiligen und ein Tageszentrum zu planen. So sollte eine Entzerrung von Lebens- und Arbeitsbereich erreicht werden. (Protokoll der Vorstandssitzung vom 17.3.1980).

Am 1.9.1980 (Protokoll der MV) waren die Arbeiten zur Renovierung im Brandweg, dem neuen Wohnheimhaus, im vollen Gange. Im Haus sollten zwei Wohngruppen mit je 11 BewohnerInnen und eine Wohngruppe mit fünf BewohnerInnen zusammenwohnen. Die Kapazität des Wohnheimes vergrößerte sich damit von 16 auf 27 BewohnerInnen. Jeder Wohngruppe wurden feste BetreuerInnen zugeordnet. Die beiden großen Wohngruppen sollten von je einem fest Angestellten sowie einem Zivildienstleistenden betreut werden. Die kleine Gruppe, hier sollten vor allem fest Arbeitende zusammengefaßt werden, sollte in lockerer Form vom Heimleiter und einem Zivildienstleistenden betreut werden. Geplant war außerdem eine eigene Arbeitstherapie. Für den November 1980 war ein Tag der offenen Tür geplant.
Der Umzug stellte allerdings eine erhebliche Belastung für Mitarbeiter und Bewohner dar. Dies führte bei den BewohnerInnen zu einer erhöhten Verunsicherung, die dazu führte, daß sich verschiedene BewohnerInnen kurzfristig stationär im PKH behandeln ließen.

Für die BewohnerInnen des Brandweges wurde ein neuer Tagesablauf geplant:
8 Uhr gruppenweise Frühstück,
9 Uhr gruppenübergreifend Beschäftigungstherapie,
12 Uhr gruppenweise Mittagessen,
montags und freitags jeweils 14 -15 Uhr Gesprächsgruppen auf den Stockwerken,
mittwochs von 13:30 - 15 Uhr Hausvollversammlung,
15 - 16 Uhr Organisationsgruppe auf den Stockwerken,

164

V o r w o r t

Der Charakter der psychiatrischen Versorgung hat sich in den
letzten Jahren immer mehr von der Verwahrungspsychiatrie zur
Behandlungspsychiatrie gewandelt. Die Verweildauer in den
psychiatrischen Krankenhäusern hat sich - zumindest teilweise -
entschieden verkürzt.

Dies bringt einerseits den Vorteil mit sich, daß vor allem
Hospitalisierungserscheinungen vorgebeugt wird, aber es erschwert auch Planung und Durchführung von langfristigen Programmen sowie die Aufrechterhaltung der therapeutischen Konstanz.

Häufig wird die Erfahrung gemacht, daß entlassene Psychiatrie-
patienten - allein auf sich gestellt oder auch in ambulanter
Betreuung - den Anforderungen des täglichen Lebens noch nicht
gewachsen sind. Die Klinik ist nur in begrenztem Umfang in der
Lage, psychisch kranke Menschen auf ein selbstverantwortliches
Leben nach der Entlassung vorzubereiten. Auch die sofortige
Rückkehr in die Familie ist nicht immer wünschenswert.

In diesem Zusammenhang erlangen komplementäre Einrichtungen zur
Vor- und Nachsorge immer größere Bedeutung. Aufgabe dieser Einrichtungen soll es einmal sein, einem stationären Aufenthalt
mit all seinen Implikationen (Isolierung, Einschränkung der
Selbstverantwortung, Stigmatisierung, Verlust des primären
sozialen Umfeldes, Gefahr der Hospitalisierung) vorzubeugen.
Zum anderen bietet sich für den aus der psychiatrischen Klinik
entlassenen Patienten die Möglichkeit, in einer beschützenden
Atmosphäre in immer größerem Maße Verantwortung für sich selbst
zu übernehmen und sich so langsam in die Gesellschaft zu re-
integrieren.

Das Konzept der therapeutischen Kette ist noch nicht in einem
ausreichenden Maße verwirklicht. Wünschenswert ist gerade auf
dem Gebiet der Nachsorge eine Differenzierung (Einrichtung von
psychosozialen Beratungsstellen, therapeutischen Wohngemeinschaften, beschützenden Wohngemeinschaften, Übergangswohnheimen),
die es bei Aufrechterhaltung der therapeutischen Konstanz ermöglicht, den psychisch Kranken in einer seinem Gesundungsprozeß
angemessenen Art und Weise zu betreuen.

Die erste ausführliche Konzeption wird 1979 vorgelegt

der Freitagvormittag war für Behördengänge, Arztbesuche etc vorgesehen.
(Aus dem Jahresbericht 1980).

Im Oktober 1981 wurde dem Verein ein Haus in Leihgestern (die Rindsmühle) zur Miete ab Mitte 1982 angeboten. Das Haus wurde zuvor als
Jugendheim des Sozialdienstes Katholischer Frauen genutzt. Des weiteren

war der Verein dem Kauf eines Hauses, zu günstigen Optionen, nicht abgeneigt. So wurden verschiedentlich Häuser besichtigt (Aktennotiz von Volker Kübler vom 9.10.1981). Das Haus in Leihgestern sollte als Dauerwohnheim ausgelegt, auf die Selbstversorgung der BewohnerInnen sollte geachtet und eine 24 stündliche Betreuung organisiert werden (Protokoll der Vorstandssitzung vom 14.12.1981).

In gleicher Sitzung wurde auch die Gründung der ersten Reha-Werkstatt in Gießen thematisiert. Die Werkstatt sollte in einem Jahr in freigemachte Räume der Lebenshilfe in der Siemensstraße einziehen. Hierzu gab es ein Treffen mit der Lebenshilfe, einem Vertreter des LWV, dem Diakonischen Werk, des Vereins und Vertretern des Psychiatrischen Krankenhauses. Vom Verein wurde zunächst ein Bedarf von 10 Plätzen angemeldet.

Am 1.2.1983 nahm die Werkstatt ihren Betrieb auf. Für sechs BewohnerInnen aus dem Brandweg war schon früh eine Kostenzusage des örtlichen Sozialamtes erteilt, ein Großteil der vorhandenen Plätze wurde von BewohnerInnen des Brandweges und der Rindsmühle gestellt.

Im August 1982 war es in dem Wohnheim Rindsmühle soweit: der Einzug war für den 19.8.82 geplant, die ersten Neueinstellungen vorgenommen und die ersten sechs BewohnerInnen ausgewählt. Es sollte zunächst, wegen der Schwere der Erkrankungen und des Hospitalisierungsgrades, mit keinem besonders hohen therapeutischem Anspruch gearbeitet werden. Der Schwerpunkt lag eher auf der Verselbständigung der BewohnerInnen. Im Verständnis des LWV waren Rindsmühle und Brandweg ein Wohnheim mit 40 Plätzen (Vorstandsprotokoll vom 12.7.1982). Der Brandweg sollte mittelfristig als Wohnheim für Berufstätige (Dauerwohnheim) eingerichtet werden.

1983 wurde von beiden Wohnheimen eine Angehörigengruppe initiiert. Zu den ersten Treffen kamen ca. 20 Personen.

1984 wurde wieder über verschiedene Wohnprojekte nachgedacht. Insgesamt 5 Projekte waren in der Diskussion, auch über den Kauf des Hauses im Brandweg wurde nachgedacht (Protokoll der VV-Sitzung am 12.3.1984). Ein besonderes Jubiläum konnte 1983/1984 begangen werden: 10 Jahre Verein bzw. Wohnheim.

Im Juni 1985 gab es eine richtungsweisende außerordentliche Vorstandssitzung, in der in einigen Aspekten die heutige Situation, der Umzug der Rindsmühle in den Brandweg, vorweggenommen wurde.

Überlegt wurde die weitere Gestaltung des ganzen Komplexes im Brandweg. Obgleich für diese Überlegungen organisatorische Aspekte im Vordergrund standen, überrascht dennoch die Folgerichtigkeit der Überlegungen, gleichermaßen überrascht die Dauer, die zur Umsetzung dieser Überlegungen nötig war.

„Da der Mietvertrag im Brandweg 1990 ausläuft, stellt sich die Frage, ob der Verein ein Interesse am Kauf des Objektes hat.... Der Vorschlag von Hrn. P. (LWV) beinhaltete: Kauf des Brandwegs 14 bei gleichzeitiger Erweiterung um Dauerwohnplätze auf dem gleichen Gelände, ohne den kurzfristigen Abbau von Übergangsplätzen. Langfristig ist jedoch davon auszugehen, daß der LWV Übergangsplätze aus Kostengründen abbauen wird, die dann entweder in Dauerwohnplätze umgewandelt werden oder aber in die geplante Reha-Zentren ... überführt werden. ....

Um die zentrale Frage: Wollen wir überhaupt zusätzliche Dauerwohnheimplätze im Rahmen einer Erweiterung des Brandwegs einrichten ? - entwickelt sich eine kontroverse Diskussion: die Idealkonzeption von möglichst kleinen, dezentralen Einheiten steht dem Realitätsanspruch der zu überlickenden sozialpolitischen Entwicklung (Personalpolitik, Konkurrenz, WfB, Reha-Zentren) gegenüber." (aus dem Protokoll der außerordentlichen Vorstandssitzung vom 24.6.1985).

Konzeptionelle Entwicklung im Wohnheim

In der 1979 vorgelegten Konzeption wird das Wohnheim als Teil einer „Betreuungskette" in Zusammenarbeit mit den psychiatrischen Krankenhäusern sowie vor- und nachbetreuenden Einrichtungen wie therapeutischen Wohngemeinschaften und Beratungsstellen definiert. *„Das Übergangswohnheim ist eine Rehabilitationseinrichtung, die arbeitsfähigen oder teilarbeitsfähigen sowie ausbildungsfähigen psychisch Kranken sowie seelisch Behinderten die Möglichkeit bietet, aus einer bergenden Atmosphäre heraus entweder eine möglichst selbstbestimmte und unabhängige Lebensweise zu erreichen oder eine Rückkehr in den Familienverband vorzubereiten. ...*

Die Bewohner des Übergangswohnheimes unterliegen einer gesicherten medizinischen Kontrolle sowie begleitender psycho- und soziotherapeutischer Behandlungsmaßnahmen. Dies geschieht insbesondere in Absprache mit dem überweisenden Arzt/Psychotherapeuten/Psychologen." [30] Über die endgültige Aufnahme wurde nach einer sechswöchigen Probezeit entschieden, die Aufenthaltsdauer war auf zwei Jahre begrenzt (mit entsprechender Begründung konnte die Aufenthaltsdauer verlängert werden).

Ein zentrales Kriterium bei der Auswahl des Bewerbers war die Fähigkeit des Bewerbers, „Arbeitsbündnisse", d.h. therapeutische Vereinbarungen, einzugehen und zu halten. Dazu gehörten die *„Einsicht in den Grad der Erkrankung und Kenntnis der eigenen Probleme sowie die Fähigkeit, sich an die vorgegebene Hausordnung und an das ausgearbeitete Reha-Programm zu halten".* Von Wichtigkeit war ebenfalls die Verpflichtung des behandelnden Arztes, Psychotherapeuten oder Psychologen, entweder eine konstante Betreuung aufrechtzuerhalten oder zu vermitteln. Der behandelnde Arzt sollte sich zusätzlich dazu verpflichten, den Bewohner im Notfall zur Krisenintervention stationär aufzunehmen oder eine stationäre Aufnahme einzuleiten. Innerhalb des Heimes arbeitete ein therapeutisches Team, das sich wöchentlich zur Fallbesprechung und Weiterbildung traf.

Die BewohnerInnen sollten für die Dauer von jeweils sechs Monaten einen Bewohnersprecher wählen, um sich *„mit demokratischen Prozessen der Willensbildung, der Delegation von Interessenvertretungen und ansatzweise der Mitbestimmung vertraut zu machen."* [31]

Nach der Etablierung des Wohnheimes Rindsmühle war diese zunächst als „Eingangsstufe" vorgesehen. Der Schwerpunkt lag hier auf der persönlichen Verselbständigung der Bewohner, vor allem Hilfe beim Erwerb von hauswirtschaftlichen Fähigkeiten, einhalten von Terminen, Umgang mit Ämtern und Behörden.

Das „Haus im Brandweg" sollte die Funktion eines Übergangsheimes für berufstätige Erwachsene erfüllen. Der Schwerpunkt der Arbeit sollte auf der Stellensuche und Stellenvermittlung, sowohl auf dem freien Arbeitsmarkt, als auch in Zusammenarbeit mit der Werkstatt für seelisch Behinderte liegen.

Des weiteren war eine Nachbetreuung in einer Wohngemeinschaft sowie im betreuten Einzelwohnen vorgesehen.

In dieser Konzeption tritt besonders deutlich die Vorstellung einer Behandlungskette zutage, die eine Abfolge von bestimmten Schrittfolgen vorsah.

In einer Darstellung aus dem Jahre 1986 wurde für das Wohnheim „Haus im Brandweg" detailliert eine verpflichtende Wochenstruktur ausgearbeitet. U.a. war eine Bewegungstherapie, eine Beschäftigungstherapie, eine Hauswirtschaftsgruppe, eine therapeutische Gesprächsgruppe, Stockwerksgesprächsgruppen sowie Hilfestellungen zur sozialen und beruflichen Rehabilitation vergesehen. Regelungen für Einzelgespräche zur Krisenintervention, Rückverlegung ins Psychiatrische Krankenhaus bei einer gravierenden Verschlechterung des Gesundheitszustandes, sowie ein Eingreifen bei Verwahrlosungstendenzen waren ebenfalls Teil der Konzeption.[32]

Durch die Zusammenlegung der beiden Einrichtungen „Rindsmühle" und „Brandweg" im Januar 1998 auf dem Gelände des Hauses im Brandweg und der dadurch bedingten Vergrößerung der BewohnerInnenzahl auf 40 Personen (in einem Altbau und Neubau), wurden konzeptionelle Veränderungen nötig. Diese wurden an verschiedenen Teamtagen von den MitarbeiterInnen mit der Heimleitung entwickelt. Durch die Vergrößerung des Teams wurden neue dauerhafte Angebote für die BewohnerInnen ermöglicht. Z.B. ein erlebnispädagogisches Projekt „Renovierung eines Segelbootes" mit dem Ziel, dieses später zu Wasser zu lassen im Rahmen des Freizeitprogrammes. Eine Musikgruppe mit eigenem Probenraum und eine Infogruppe zur Problematik „Suchtmittel, Medikamente und Psychose" wurden zusätzlich angeboten.

Innerhalb des Wohnheimes wurde es ermöglicht, verschiedene Wohnformen (von Einzelappartements bis zur großen Wohngemeinschaft von 11 Personen) zu durchlaufen, ohne die jeweilige BezugsbetreuerIn aufgeben zu müssen. Die pädagogische Arbeit orientierte sich an folgenden Leitgedanken:
- sowenig Hilfestellung wie möglich, soviel Hilfestellung wie nötig,
- ambulante Hilfen sind stationären Hilfen vorzuziehen,
- die MitarbeiterInnen begegnen der Geschichte und Erkrankung jedes einzelnen Menschen mit Respekt,
- Hilfe zur Selbsthilfe.[33]

Die Idee einer Behandlungskette wurde abgelöst, nicht zuletzt durch die Vielzahl der entstandenen sozialpsychiatrischen Angebote, durch die Idee des sozialpsychiatrischen Netzwerkes. Hier stehen verschiedene Angebote nebeneinander, eine Reihenfolge von zu erarbeitenden Schritten erübrigt sich.

Fazit und Ausblick

1998 bietet der Verein zur Betreuung psychisch Kranker e.V. Betreuungsangebote für fast 295 seelisch behinderte Menschen im Landkreis Gießen und im Altkreis Wetzlar an. Zu diesem Angebot zählen das Wohnheim „Haus im Brandweg" in Gießen mit 40 Plätzen, die Kontaktstellen für betreutes Wohnen in Gießen und Wetzlar mit insgesamt 112 Plätzen, der

Psychosoziale Dienst im Landkreis Gießen und im Altkreis Wetzlar mit 50 Betreuungsplätzen. Desweiteren unterhält der Verein die Einrichtung einer Tagesstätte in Gießen mit 33 Plätzen und eine Abteilung „Gerichtliche Betreuungen" nach dem Betreuungsgesetz im Landkreis Gießen und im Lahn-Dill-Kreis mit ca. 60 Betreuten. Mit dem Förderverein für seelische Gesundheit e.V. und der Lebenshilfe in Gießen kooperiert der Verein innerhalb einer Bürogemeinschaft des Psychosozialen Dienstes (Fachdienst Berufliche Integration).[34]

Der Förderverein für seelische Gesundheit e.V. betreut insgesamt 52 Personen im Rahmen des betreuten Wohnens.[35]

Die relative Größe und zunehmende Bedeutung des sozialpsychiatrischen Sektors lassen sich durch einen Vergleich mit der Bettenzahl des Psychiatrischen Krankenhauses in Gießen belegen. 1991 lag die Zahl der Planbetten im PKH Gießen bei 470, im PKH Hanau bei 50 (das Versorgungsgebiet umfaßte den Landkreis Gießen, den Wetteraukreis, den Main-Kinzig-Kreis und die Stadt Schotten). Die Zahl der nicht krankenhausbehandlungsbedürftigen Langzeitpatienten wurde mit 30 Personen angegeben. Langfristig sollte das PKH Gießen nur noch die Pflichtversorgung allein für den Kreis Gießen und die Stadt Schotten wahrnehmen. Die Planung für das PKH Gießen sah deshalb einen Bettenbedarf von 202 Betten plus 40 Betten für die rehabilitative Behandlung Suchtkranker vor.[36] Dies bedeutet eine erhebliche Verkleinerung der Institution Psychiatrie in Gießen.

Diese Entwicklung ist zum Teil einer langsamen Durchsetzung der in der Psychiatrie-Enquête geforderten Entwicklung geschuldet. Dazu haben die vor 25 Jahren gegründeten Vereine mit ihren differenzierten gemeindenahen Angeboten beigetragen. Die psychiatrische Versorgung ist sowohl personell verbessert, als auch inhaltlich gehaltvoller und damit humaner geworden.

Gleichzeitig ist offensichtlich, daß die komplementären Dienste eher einen additiven Charakter besitzen, zusätzlich zu den stationären Diensten angeboten werden. Durch die forcierte Umstrukturierung des LWV entsteht gleichsam der Eindruck, als ob die Psychiatrischen Kliniken die gemeindenahe Psychiatrie in das eigene Haus holen wollen. Die Umbenennung der Psychiatrischen Krankenhäuser in „Zentrum für soziale Psychiatrie (ZSP)" soll einerseits eine Grundhaltung ausdrücken, *„die soziale Benachteiligung und Ausgliederung von Patienten mit psychiatrischen Erkrankungen zu vermeiden bzw. zu verringern"*, andererseits wird die Umbenennung *„aus Gründen des*

Marketings"[37] vorgenommen. Ungeachtet des guten Willens, der in dieser Umbenennung stecken mag, bleibt die gemeindeferne Klinik als solche natürlich bestehen. Davon unberührt bleibt zunächst die Qualität der geleisteten Arbeit und auch die Möglichkeit der Öffnung gegenüber fortschrittlichen Behand-lungsformen. Therapieformen wie z.b. der Soteria-Ansatz oder das Psycho-se-Seminar (im Mai 1998 in Zusammenarbeit mit den komplementären Diensten zum sechsten Mal in Gießen durchgeführt) haben im psychiatrischen Krankenhaus sehr wohl Konjunktur. Hinter der Adresse „Alter Steinbacher Weg" für die Tagesklinik allerdings, die auf dem Gelände des Psychiatrischen Krankenhauses in der Licher Straße liegt, verbirgt sich im Grunde der gleiche „Etikettenschwindel" wie hinter der Umbenennung des ganzen Komplexes.

In Zeiten kaum steigender Kostensätze, permanenter Ebbe in den öffentlichen Kassen, erzwungenen Sparens bzw. der Umverteilung öffentlicher Mittel zu Lasten der sozial Schwächsten, bleibt eine Konkurrenz zwischen Trägern sozialer Dienstleistungen, auch im sozialpsychiatrischen Bereich, nicht aus. Die Rücksichtnahme auf Arbeitsplätze und wirtschaftliche Interessen sind verständlich, werden aber problematisch, wenn sie drohen, den eigentlichen Auftrag zu überlagern.

Auch die komplementären und gemeindenahen Dienste müssen sich fragen lassen, inwieweit sie ihrem Anspruch, die *„elenden und menschenunwürdigen Verhältnisse"* der Kliniken der 70er Jahre aufzulösen, nachkommen. Es mag eine organisationssoziologische Notwendigkeit sein, daß eine Professionalisierung der Arbeit bei zunehmender Größe der eigenen Institution ein bestimmtes Regelwerk und Organisation mit sich bringt. Liegt aber die Gründung von gemeindpsychiatrischen Zentren und die Bündelung von Angeboten dort noch im Rahmen des gemeindenahen Ansatzes? Ist ein Wohnheim mit 40 BewohnerInnen eine Einrichtung, die sich in das soziale Umfeld einer Gemeinde harmonisch einfügt?
Ausgrenzende Wirkungen der „totalen Institution" wie die *„Kontrolle über alle Lebensbereiche (Wohnen, Arbeit, Freizeit) oder die umfassende Versorgung und kontrollierende Reglementierung"* [38] sind auch in Wohnheimen anzutreffen.
Bei einer Weiterführung des Primates der Geldherrschaft über die sozialen Grundbedürfnisse wird in absehbarer Zeit eine neue sozialpsychiatrische Wende notwendig werden. Diese wird sich dann mit einer neuen Qualität neben den Kliniken auch auf Wohnheime und den Sektor der Sozialpsychiatrie und gemeindenahen psychiatrischen Versorgung beziehen. Viel-

leicht werden dann, mit einem gestiegenen Selbstbewußtsein aus den Erfahrungen der letzten 25 Jahre, die Betroffen selber die Träger dieser Entwicklung sein.

Anmerkungen

[1] Kraepelin, Emil: Psychiatrie. Ein Lehrbuch für Studierende und Ärzte. IV Band, Klinische Psychiatrie. Leipzig 1915, Seite 2182f

[2] siehe hierzu: Ernst Klee: Irrsinn Ost, Irrsinn West. Psychiatrie in Deutschland. Frankfurt 1993. S. 144f. Carola Kuhlmann: Erbkrank oder erziehbar? Weinheim und München 1989. S. 251f

[3] vergl. Josef Zehentbauer u.a.: Die Auflösung der Irrenhäuser, oder: Die neue Psychiatrie in Italien. München 1983. S. 56f

[4] nach: Ulrike Greb: Psychiatrie. Reinbek bei Hamburg, 1995. S.27f

[5] David Cooper: Psychiatrie und Anti-Psychiatrie. Frankfurt 1972. S. 14

[6] Jean-Paul Sartre: Liebe Genossen! In: SPK. Aus der Krankheit eine Waffe machen. München 1979. S.6

[7] Kursbuch 28: Das Elend mit der Psyche. I Psychiatrie. Berlin 1972. S.55

[8] Michael Schneider: Neurose und Klassenkampf. Materialistische Kritik und Versuch einer emanzipativen Neubegründung der Psychoanalyse. Reinbek bei Hamburg,1973. S.318

[9] Erich Wulff: Richters Konzept der Randgruppentheorie. In: Das Argument 89. Konservative Gehalte der Antipsychiatrie. S. 18

[10] Franz Dick: Studentenbewegung und Psychologiekritik in Gießen. In: Psychologie und Gesellschaftskritik, Sonderheft 2, Psychologiekritik - Berufspraxis 1968-88. Oldenburg 1989. S.29f

[11] Fachbereichsgruppe Psychologie der KSO Gießen: Psychologie - eine Form bürgerlicher Ideologie. Plankstadt 1975. S.182f

[12] Asmus Finzen, Hilde Schädler-Deininger: „Unter elenden menschenunwürdigen Umständen". Die Psychiatrie-Enquête. Rehburg_Loccum 1979. S. 51f

[13] ebenda, S. 58

[14] Benno Kroll: Als Pfleger in der Schlangengrube. In: STERN Nr. 11 1973

[15] Landeswohlfahrtsverband Hessen: 25 Jahre Sozialarbeit 1953-1978. Kassel 1978. S. 50

[16] ebenda, S. 48

[17] Die Psychiatrie-Enquête kurzgefaßt. In: Asmus Finzen (1979). S. 109

[18] Red.: Landeswohlfahrtsverband Hessen: Psychiatrisches Krankenhaus Gießen. Informationsschrift. Gießen 1983, S. 10

[19] Angela Moßler: Der Aufenthalt in einem psychiatrischen Krankenhaus aus der Sicht der Patienten. Versuch der Darstellung der emotional-affektiven Reaktionsweisen auf die Hospitalisierung. Hamburg 1981

[20] Bürgerinitiative Sozialpsychiatrie/bi (Hg.): 20 Jahre Bürgerinitiative Sozialpsychiatrie. Festschrift. Marburg 1993. S. 13

[21] Dem Verein zur Betreuung psychisch Kranker e.V., insbesondere Hrn. Volker Kübler sei an dieser Stelle für die großzügige Überlassung alter Vereinsakten gedankt. Die folgenden Ausführungen zur Vereinsgeschichte sind den Protokollen von Mitgliederversammlungen, Vorstandssitzungen, Jahresberichten des Vereins und vereinsinternen Diskussionspapieren entnommen.

[22] Protokoll der Wohnheimgruppe vom 27.3.1974

[23] Protokoll der Vorstandssitzung vom 28.4.1980

[24] Im folgenden nach: Horst Eberhard Richter: Hilfe für die helfenden Berufe. In: Psychologie Heute, Juli 1978, S. 67f

[25] Die Psychosoziale Arbeitsgemeinschaft Lahn - Dill. (Manuskript). Brigitte Janke, Albrecht Köhl. Das Manuskript liegt dem Autor vor.

[26] Die Psychiatrie-Enquête kurzgefaßt. In: Asmus Finzen (1979). S. 128f

[27] Manfred Bauer: Zehn Jahre nach der Enquete: Folgen(los) für die Praxis? In: UMBRUCH, Zeitschrift für Kultur. 4.Jg., Nr.1, Frankfurt 1985. S.46

[28] Schreiben des Hessischen Sozialministeriums an den LWV Hessen, Geschäftszeichen III C 1 18h 28 13 02 vom 28. Mai 1990

[29] ebenda

[30] Konzept der Übergangseinrichtungen des Vereins zur Betreuung psychisch Kranker e.V., 1979 vorgelegt

[31] ebenda, S. 6

[32] Darstellung des Konzeptes des Übergangsheimes für psychisch Kranke, Brandweg 14, Gießen-Klein-Linden (Stand März 1986)

[33] siehe Roswitha Kersting: Wohn- und Lebensraum Haus im Brandweg. In: „Werner fühlt sich alleine!!!". 25 Jahre Wohnheim des Vereins zur Betreuung psychisch Kranker e.V. Gießen Wetzlar. Eine Festschrift. Redaktion: Sabine Brosch, Rainer Kah, Roswitha Kerstin, Christine Veit. Gießen 1999. S. 36

[34] Angaben aus dem Jahresbericht 1997/98 des Vereins zur Betreuung psychisch Kranker e.V.

[35] Psychosoziale Arbeitsgemeinschaft Gießen- AG „Sozialpsychiatrie"-: Psychiatrieplan für den Landkreis Gießen (vom 12.5.1999). S.21

173

[36] Landeswohlfahrtsverband Hessen: psychiatrie 2000. Kassel 1992. S. 50f

[37] vergl. LWV- Einrichtungen mit neuem Namen weiter. In: Bericht, Nachricht, INFO 3/98. Kassel 1998. S. 10

[38] Doris Hess-Diebäcker: Die letzten Nischen werden zugemauert. In: SOZIALextra 1/1985. S. 37

*

Hans-Jürgen Wirth

Wege aus der Ohnmacht: Stationen und Hintergründe ökologischen und friedenspolitischen Engagements

Erste Schritte der „Bürgerinitiative Friedenspolitik" in Gießen

Die Geiselnahme in Teheran, das Kommandounternehmen der Amerikaner zur Befreiung der Geiseln, der Einmarsch der Sowjets in Afghanistan, Wirtschaftsembargos und Olympiaboykott, der Nato-Nachrüstungsbeschluß - das alles sind politische Ereignisse eines Jahres, des Jahres 1980. Was nach 1945 unvorstellbar schien, trat ein: In Europa, in Deutschland wurde wieder von der Möglichkeit eines Krieges gesprochen, ja sogar von der Möglichkeit eines auf Europa begrenzten Atomkrieges. Die Politiker stritten sich darüber, ob die aktuelle Situation eher an die Vorphase des ersten oder die des zweiten Weltkrieges erinnere. Die Bürger reagierten teils mit Betroffenheit und Angst, teils mit Abwehr und Kraftmeierei, teils mit Verdrängung und Verleugnung.

In Gießen schlossen sich nach einem Vortrag von Horst-Eberhard Richter in der Aula der Universität im Mai 1980 spontan etwa 40 Menschen zu einer Diskussionsrunde zusammen. Wir gingen nach dem Vortrag zunächst in die nahegelegene Evangelische Studentengemeinde in der Henselstraße, redeten uns die Köpfe heiß und beschlossen, daß wir uns nicht mit dem Gefühl zufrieden geben dürften, einen anregenden Abend verbracht zu haben, sondern daß er Anlaß sein sollte zu gezielter politischer Aktivität. In der folgenden Zeit trafen wir uns wöchentlich einmal abends, um miteinander zu reden. Die meisten kamen von der Uni: Studentinnen und Studenten, aber auch Professoren (nur Männer) und wissenschaftliche Mitarbeiter beiderlei Geschlechts. Bei diesen abendlichen Treffen sprachen wir im Wechsel von Kleingruppen und Plenum zunächst über unsere eigenen Gefühle angesichts der Kriegsgefahr. Wir gingen dabei mit Bedacht von uns selbst aus. Das hatte verschiedene Vorteile: Die Angst, die wir empfanden, wurde im Gespräch erst wirklich bewußt. Meist fühlten die Frauen die Angst deutlicher als die Männer. Manche träumten in diesen Wochen von Krieg und Gewalt. Andere waren geradezu euphorisch in dem Gefühl, daß eine neue Friedensbewegung in der Entstehung begriffen sein könnte, an deren Geburtswehen sie gerade teilhatten. Ein weiterer Vorteil unseres Ansatzes bestand in folgendem: Indem wir unsere eigenen Gefühle thematisierten, wurde uns auch verständlicher, wie andere Menschen, wie große Teile der Bevölkerung, fühlten und dachten.

Anfänglich ließen wir uns also vorwiegend von den Bedürfnissen leiten, andere Menschen kennenzulernen, die mit ihrer Angst, ihrer Besorgnis oder ihrer Wut auf die bedrohliche weltpolitische Situation und auf die wieder bewußt gewordene, latente Kriegsgefahr reagierten. Es ging also vornehmlich darum, sich auszutauschen und sich psychisch zu entlasten. Mit der Zeit wurde aber immer deutlicher, daß wir nicht nur „unter uns" bleiben wollten, quasi im warmen Nest Gleichgesinnter schutzsuchend vor den drohenden Gefahren, sondern den Kreis erweitern wollten, um mehr Bürgerinnen und Bürgern Möglichkeiten zur Aussprache zu geben und zu Aktivitäten anzuregen. Doch welche Aktivitäten? Was konnte man tun als Bürger, der sich ohnmächtig und hilflos den Entscheidungen der Politiker ausgesetzt fühlte? Was konnte man tun, wenn man keinen Kontakt hatte zu führenden Politikern, Militärs, zu entscheidenden Gremien? Was konnte man tun angesichts eines politischen Klimas, für das bezeichnend war, daß im Bundestag einen Monat nach der Zustimmung zum Nato-Nachrüstungsbeschluß von führenden Politikern vor „pazifistischen Strömungen" in der Bevölkerung gewarnt wurde?

Trotz solcher Bedenken wollten wir den Versuch wagen, als betroffene Bürger Einfluß zu nehmen auf die „große Politik": Wir gründeten die „Giessener Bürgerinitiative Friedenspolitik".

Mit der Entscheidung für die Organisationsform und den Namen *Bürgerinitiative* ging die Hoffnung einher, jede einzelne Bürgerin, jeden einzelnen Bürger in seiner politischen Verantwortung und Entscheidungsfähigkeit ansprechen und einbeziehen zu können. Den Rahmen parteipolitischer, kirchlicher oder anderer weltanschaulicher Gruppen, die bereits vor uns in der Friedensarbeit tätig waren, wollten wir sprengen. Der Wunsch nach Überparteilichkeit entsprang nicht zuletzt der Einsicht in die Gefahr, im aktuellen Wahlkampf, in dem alle vom Frieden redeten, verheizt zu werden. Für die vielen „Unorganisierten", zu denen wir ja zum größten Teil selbst gehörten, wollten wir Möglichkeiten zum politischen Handeln schaffen.

Trotz unseres eigenständigen Ansatzes fanden wir erste Orientierungshilfen bei den vielen anderen Initiativen, die schon seit Jahren versuchten, das

Thema „Frieden" ins Gespräch zu bringen: Von einer der großen, überregionalen Organisationen, „Aktion Sühnezeichen-Friedensdienste", wußten wir, daß seit Jahren in vielen Städten der Bundesrepublik „Friedenswochen" durchgeführt wurden. Durch solche zeitlich parallel stattfindenden Veranstaltungen sollte deutlich werden, daß viele Bürger in vielen Städten der BRD an friedenssichernden politischen Entscheidungen interessiert waren. Zugleich vergrößerte die Vielzahl und Vielseitigkeit der gleichzeitig stattfindenden Aktivitäten die Chance, in der Öffentlichkeit zur Kenntnis genommen zu werden. Eine erste Idee der Bürgerinitiative war also, sich dieser bundesweiten Friedenswoche anzuschließen. Nachdem dieser Beschluß gefaßt war, mußte sich unsere Bürgerinitiative der ersten Bewährungsprobe aussetzen: Der Termin im November stand fest - nur wenige Monate blieben zur Vorbereitung. Um schon mit einer Stellungnahme zum Nachrüstungsbeschluß in die aktuelle Diskussion einzugreifen, schlossen wir uns dem Motto der Aktion Sühnezeichen-Friedensdienste an: „Frieden schaffen ohne Waffen".

Die Bürgerinitiative entwickelte eine besondere Arbeitsform, um möglichst viele Mitglieder aktiv an der Diskussion zu beteiligen. Bei den wöchentlichen Treffen teilten wir uns zunächst in kleine Gesprächsgruppen auf, um die anstehenden Fragen eingehend zu besprechen. Anschließend kamen wir wieder im Plenum zusammen, um Ergebnisse zusammenzutragen und Beschlüsse zu fassen. Als sich langsam herauskristallisierte, was alles wünschenswert und was alles möglich war, bildeten sich feste Arbeitsgruppen, die jeweils Teilaufgaben übernahmen:
- Die „Ausstellungsgruppe" plante, die Fotodokumentation „Es ist so schön Soldat zu sein" zu beschaffen, Fotografien über die Auswirkungen des zweiten Weltkrieges im Gießener Raum zu sammeln und Schulklassen anzuregen, ihre Phantasien über Krieg in Bildern darzustellen.
- Die „Tagungsgruppe" verfolgte die Idee, zu verschiedenen Themenbereichen aus dem Komplex „Kriegsgefahr und Friedenssicherung" Referenten einzuladen und Arbeitsgruppen zu organisieren, die über einen Zeitraum von zwei Tagen intensiv miteinander sprechen sollten.
- Die „Feten-Gruppe" plante eine Veranstaltung „Rock gegen Krieg", um vor allem für Jugendliche und Studenten einen „lustvollen" Zugang zu politischen Aktivitäten zu ermöglichen. Friedensarbeit sollte auch Spaß machen.
Im Laufe der Vorbereitungen wurden so viele Ideen gesammelt, vorbereitet und beschlossen, daß die Gruppe oft Angst vor der eigenen Courage be-

kam. Manchmal erfaßten uns Zweifel, ob wir uns mit einem solchen „Mammutprogramm" nicht zuviel vorgenommen hatten.

Die Gießener Friedenswoche 1980

Die Friedenswoche wurde eingeleitet durch einen Vortrag von Pfarrer Heinrich Albertz, dem ehemaligen regierenden Bürgermeister von Berlin, zum Leitthema der Gießener Friedenswoche: „Sind wir zum Frieden fähig?". In der überfüllten Gießener Kongreßhalle führte er vor fast 1.000 Besuchern seine These aus, daß Frieden durch Nachrüstung und qualitative und quantitative Perfektionierung der Waffensysteme weder herzustellen, noch zu sichern ist. Der Vortrag von Heinrich Albertz wurde später in der Zeitschrift *psychosozial* (Heft 2/1981) veröffentlicht.

Mit der gleichzeitigen Eröffnung der Ausstellung „Der Friede ist der Ernstfall" wurden Fotografien, Dokumente, Zeichnungen von Schülern aus dem Gießener Raum und Lichtbildervorträge vorgestellt, in denen deutlich wurde, welche Auswirkungen der zweite Weltkrieg für die Stadt Gießen hatte. Neben Dokumenten zum zweiten Weltkrieg und einer Schreckensvision „Deutschland im Dritten Weltkrieg" wurden auch die ökonomischen Hintergründe und Begleiterscheinungen von Kriegsvorbereitungen im Westen und in der Dritten Welt dargestellt. Plakate und graphische Darstellungen zeigten die Entwicklung und Perfektionierung von Waffensystemen in ihrer Zerstörungskraft, jedoch auch in der Faszination, wie sie z. B. durch die Werbung der Bundeswehr ausgelöst werden soll. Die Ausstellung wollte aber auch Alternativen denkbar machen: Anregungen zur Erziehung zum Frieden wurden ergänzt durch Eigenbeiträge von Besuchern und Überlegungen, wie eine Welt ohne Gewalt und Krieg aussehen könnte. Tausende von Besuchern - zumeist Schüler, aber auch Familien, ältere Bürger, Bewohner von Altenheimen - diskutierten über drohenden Krieg, Friedenssicherung, eigene Erlebnisse, Erfahrungen und Ängste. Anlaß zu diesen Diskussionen gaben vor allem die Vorführungen des Films „Der tägliche Krieg im Kleinen. Das Milgram-Experiment", in dem der amerikanische Psychologe Milgram in einem sozialpsychologischen Versuch nachweist, daß in jedem Menschen die Bereitschaft besteht, Gewalt gegen andere Menschen auszuüben, wenn sie von Autoritätspersonen angeordnet wird. Dabei überlegten die Besucher in Kleingruppen zusammen mit Mitgliedern der Bürgerinitiative, ob Milgram mit seinen Thesen recht hat und unter welchen Bedingungen sich die Chance erhöht, daß Menschen sich solchen Befehlen, Gewalt auszuüben, widersetzen. Überraschend häufig wurden in den Gruppen Zusammenhänge zwischen den alltäglichen Erfahrungen mit Gewalt in Schulen, in Familien, in der Erziehung, am Arbeitsplatz und in der Bundeswehr mit der Vorstellung über Krieg hergestellt. Diese Veranstaltungen stießen auf großes Interesse und führten dazu, daß sich zahlreiche neue Mitglieder der Bürgerinitiative anschlossen.

Unter dem Titel „Sie zogen dem Frieden die Haut ab" las der Schriftsteller Erich Fried in der überfüllten Aula der Gießener Justus-Liebig-Universität Gedichte gegen Krieg und Menschenverachtung. Auch zu diesem Abend fanden sich über 900 Menschen ein, die mit großer emotionaler Beteiligung zuhörten und diskutierten. Weitere in der Friedensarbeit engagierte Gruppen hatten sich mittlerweile den Aktivitäten der Bürgerinitiative angeschlossen und boten eigene Veranstaltungen in Abstimmung mit uns an: Filmvorführungen im Jugendzentrum, Vorträge, Aktionen gegen die Verbreitung von Kriegsspielzeug und ähnliches mehr.

Zur Tagung „Sind wir zum Frieden fähig?", die den Abschluß der Gießener Friedenswoche darstellte, meldeten sich über 250 Teilnehmer an. Grund für dieses große, auch überregionale Interesse war sicherlich nicht zuletzt das breite Angebot von 12 Arbeitsgruppen, zu denen auch namhafte Experten eingeladen waren: So u. a. Generalmajor a. D. Gert Bastian, Dr. Andreas Buro, Prof. Dr. Dr. Horst-Eberhard Richter, Vertreter also unterschiedlicher Arbeitsbereiche und Wissenschaften. Ebenso breit gefächert waren auch die Themen der Arbeitsgruppen, die über jeweils einen Ausschnitt des äußerst komplexen Problembereichs der Friedenssicherung nachdenken wollten. Es ging um militärische, soziale, technische, wirtschaftliche und sozialpsychologische Aspekte:

Zu den militärischen und ökonomischen Fragen wurden die Arbeitsgruppen

- *Abschreckung als Friedenssicherung? Militär und Rüstung in der internationalen Politik* und
- *Rüstung und Unterentwicklung* behandelt.

Strategien politischen Handelns war Leitgedanke der Arbeitsgruppen:

- *Ostermarschbewegung gestern - neue Friedensbewegung heute,*
- *Kriegsdienstverweigerung oder Wehrdienst, zwei Wege zum Frieden?*
- *Geschichte und Methoden gewaltfreien Widerstands.*

Sozialpsychologische Themen waren:

- *Gewalt und Krieg im Film,*
- *Sind wir zum Frieden fähig? Sozialpsychologische Voraussetzungen zur Friedenspolitik,*

- *Friedenspolitik aus Selbstbetroffenheit, Selbsthilfegruppen als persönliche Ausgangsbasis für politisches Handeln* sowie
- *Frauen und Frieden/Männer und Militär*.
Der Bereich pädagogischer Ansatzpunkte wurde in einer Gruppe
- *Aufgaben einer Friedenserziehung in einer unfriedlichen Gesellschaft vertreten*. Des weiteren wurde in einer Arbeitsgruppe die Frage
- *Was kann die Kirche für den Frieden tun?*
behandelt.
Diese Vielfalt zeigte den Versuch, zunächst widersprüchlich erscheinende Fragen zu stellen: „Was bedeutet der Nachrüstungsbeschluß für eine wachsende Kriegsgefahr in Europa?" auf der einen Seite und „welche psychologischen Voraussetzungen habe ich als Mann oder Frau, die mich zum Frieden (un)fähig machen?", um nur zwei Beispiele zu nennen. Doch dies drückte die Hoffnung aus, die bisher so getrennten Bereiche des Privaten, Familiä-ren, Gefühlsmäßigen mit dem Politischen, Öffentlichen, Rationalen in Verbindung zu bringen.

Als übergreifendes Ziel aller Arbeitsgruppen galt es, Alternativen zur Aufrüstung und zur ängstlichen Passivität zu entwickeln und diese den Teilnehmern der anderen Arbeitsgruppen sowie einer interessierten Öffentlichkeit, die zum Abschlußplenum eingeladen war, zu vermitteln. Der Erfolg spiegelte sich in einer euphorischen Aufbruchsstimmung auf diesem Plenum, bei dem noch einmal in neuer Zusammensetzung in Kleingruppen die wichtigsten Arbeitserlebnisse ausgetauscht wurden. Zum Abschluß der Tagung verabschiedeten alle Beteiligten folgende Resolution:

„In der abschließenden gemeinsamen Veranstaltung wurde vor allem die Forderung nach einer Neuorientierung der deutschen Sicherheitspolitik aufgestellt, die den Frieden durch Abrüstung und nicht durch Abschrecken sicherer macht. Ein erster notwendiger Schritt dahin ist ein Zurücktreten der Bundesregierung von dem sogenannten Nachrüstungsbeschluß. Die Realisierung dieses Beschlusses - er sieht die Stationierung der Cruise missiles- und Pershing-II-Raketen in Europa und vor allem in der Bundesrepublik vor - leitet eine neue Runde des Wettrüstens ein. Diese neuartigen Waffensysteme machen einen auf Europa begrenzten atomaren Krieg denkbar und führbar. Durch sie wird die Schwelle gesenkt, die bisher einen Atomkrieg zwischen den Großmächten verhindert hat. Der Raketenbeschluß macht den Frieden nicht sicherer, sondern er erhöht jene Bedrohung, mit der er von seinen Befürwortern gerechtfertigt wird! Alle Verhandlungsmöglichkeiten sollten jetzt ausgeschöpft werden. Dazu gehört auch, daß das Rüstungskontrollabkommen SALT II, das eine Begrenzung von Atomwaffen großer Reichweite vorsieht, endlich von den USA ratifiziert wird, nachdem es schon lange unterzeichnet ist. Die Gültigkeit dieses Vertrages ebnet den Weg für weitergehende Abkommen zur Reduzierung der Rüstung" (Gießener Bürgerinitiative Friedenspolitik - Information, Dez. 1980).

In einem Kommentar zur damaligen Situation unserer Bürgerinitiative verfaßte ich folgende Einschätzung:
„Nach dem unerwartet großen Erfolg unserer Friedenswoche stellte sich uns die Frage: Wie soll's weitergehen? Ähnlich, wie man nach einer bestandenen Prüfung zunächst einmal 'abschlafft' ging es auch vielen von uns nach den Anstrengungen, die die Durchführung der Friedenswoche gekostet hatte. Das macht verständlich, warum viele von uns das Bedürfnis hatten, in kleinen, festen Arbeitsgruppen zu bestimmten Themen theoretisch zu diskutieren und zunächst keine weiteren Aktionen zu planen. Andere wollten zwar auch eine Reflexions- und Orientierungsphase einlegen, jedoch mit dem Ziel, neue Aktionen in der Öffentlichkeit ins Auge zu fassen. Dieser Konflikt kennzeichnet die augenblickliche Situation unserer Bürgerinitiative. Wie es konkret weitergehen soll, ist offen, doch sind die folgenden Perspektiven in der Diskussion.
Basis des friedenspolitischen Engagements sind regional verankerte, 'gemeindenahe' Bürgerinitiativen. Nur ihnen kann es gelingen, die Bevölkerung direkt anzusprechen und konkrete Möglichkeiten des Engagements zu eröffnen.
Eine allzu ängstliche Begrenzung der Aktivitäten auf die eigene Region bringt freilich die Gefahr mit sich, der die zahlreichen Friedensgruppen und auch die wissenschaftliche Friedensforschung bisher erlegen sind: Sie stehen politisch im Abseits, finden in den Massenmedien und d. h. in der Öffentlichkeit kaum Resonanz und erlangen deshalb auch auf die Politik der Parteien, der Parlamente und der Regierung keinen Einfluß. Nur wenn sich die vielen kleinen Gruppen in all ihrer Unterschiedlichkeit zu einer breiten Friedensbewegung zusammenfinden können und sich in gemeinsamen Aktionen (Demonstrationen, Publikationen, Erklärungen usw.) publikumswirksam artikulieren, wird es gelingen, das öffentliche Bewußtsein und dann auch die offizielle Politik zu verändern.
An dieser Stelle drängt sich der Vergleich mit der Ökologiebewegung auf. Ihr ist es gelungen, als außerparlamentarische, über- oder besser 'unter'-

parteiliche, aus verschiedensten Gruppen bunt zusammengesetzte Bewegung einen Umdenkungsprozeß in der Bevölkerung in Gang zu setzen, der inzwischen nicht nur die 'friedliche' Nutzung der Atomenergie, sondern den expansiven Lebensstil der Industrienationen überhaupt in Frage stellt. Sollte es nicht möglich sein, eine vergleichbare Bewegung gegen die erklärtermaßen *unfriedliche* Nutzung der Atomenergie ins Leben zu rufen?
Die Zeichen der Zeit für eine neue Friedensbewegung scheinen uns nicht schlecht zu stehen. (Man fasse das ruhig auch als eine sozialwissenschaftliche Hypothese auf). Nicht allein der zahlenmäßige Erfolg unserer Friedenswoche, sondern mehr noch das emotionale Klima der Diskussionen, der Ängste, Unsicherheiten, aber auch die Hoffnungen auf Veränderungen, die dort zum Ausdruck kamen, motivieren uns zu dieser Erwartung. Und so historisch neu wäre eine Friedensbewegung auch wieder nicht. Wir könnten heute an die Erfahrungen der Ostermarschierer und der Bewegung gegen den Vietnamkrieg anknüpfen. Daß diese Bewegungen versandet sind, hing unter anderem damit zusammen, daß einige ihrer wichtigsten Intentionen in die offizielle Politik der 'Verständigung' unter Willy Brandt Eingang fanden. Ungeachtet der Verständigungspolitik ist freilich die militärische Aufrüstung in Deutschland, in Europa, wie in der ganzen Welt auch in dieser Zeit weitergetrieben worden. Das zeigt, wie notwendig es ist, daß die Bürger, daß wir alle die offizielle und inoffizielle Politik viel aufmerksamer verfolgen, kontrollieren und beeinflussen." (Breuer, Wirth 1981, S. 175f.)

Angst, Apathie und ziviler Ungehorsam im Zeichen von Tschernobyl

Am 26.4.1986 ereignete sich in dem sowjetischen Atomkraftwerk in Tschernobyl eine Katastrophe, wie sie einerseits die Anti-AKW-Bewegung, die Alternativen, die Grünen und die Friedensbewegung seit Jahren als Schreckensbild an die Wand gemalt hatten, und die andererseits von den Verfechtern der Atomenergie als zu vernachlässigendes „Restrisiko" angesehen wurde, mit dem man nur statistisch, nicht aber praktisch zu rechnen habe. Und doch wurden wir alle - sowjetische wie bundesdeutsche Behörden, Kernkraftgegner wie Atomlobby, ganz zu schweigen von der Bevölkerung in der Ukraine - von der Katastrophe überrascht, waren weder seelisch noch organisatorisch auf sie vorbereitet. Niemand hatte sich einen solchen „Störfall" wirklich vorstellen können.

Nur zögernd informierten die sowjetischen Behörden die Weltöffentlichkeit über das ganze Ausmaß des Reaktorunfalls und begannen erst 36 Stunden nach der Explosion mit der Evakuierung der Bevölkerung, die dann innerhalb von drei Stunden durchgeführt wurde. Etwa 100.000 Menschen im Umkreis von 30 Kilometern mußten innerhalb weniger Minuten ihr Heim verlassen.

In den nächsten Tagen bescherte der Ostwind der Bundesrepublik nicht nur schönes Wetter, sondern auch eine radioaktive Wolke, die am 30. April Bundesgebiet erreichte. An diesem Tag konzentrierte sich die Berichterstattung der westdeutschen Tagespresse noch ganz auf die Vorgänge in der Sowjetunion. Keine Warnung an die eigene Bevölkerung, keine vorsorglichen Verhaltensempfehlungen, nichts, was die Menschen in der Bundesrepublik direkt hätte betreffen oder beunruhigen können. Ich selbst saß am 1. Mai - die radioaktive Wolke schwebte schon über uns - noch draußen in der Sonne. Meine Kinder spielten im Garten. Natürlich sprachen wir auch über Tschernobyl, aber ohne Bewußtsein für seine volle Tragweite. Erst ein Gewitter in den frühen Morgenstunden des folgenden Tages ließ mich - im doppelten Wortsinn - aus dem Schlaf schrecken. Vielleicht waren es Donner und Blitz, die frühe kindliche Ängste wachriefen und damit die seelische Gestimmtheit schufen, daß ich mich der aktuellen und wirklichen Gefahr zuwenden konnte.

Von Stunde zu Stunde, von Rundfunkmeldung zu Rundfunkmeldung, wurde es spürbarer: Ein katastrophales Geschehen vollzog sich und verbreitete Angst und Unsicherheit. Parallel zur Ausbreitung dieser Angst setzte in Bonn die Beschwichtigungsrhetorik ein. Am Abend des 30. April verkündete Bundesinnenminister Zimmermann persönlich über das Fernsehen: „Eine Gefährdung der Bürger in der Bundesrepublik ist absolut auszuschließen." Denn, so begründete er, „das Atomkraftwerk ist 2.000 Kilometer entfernt."

Am 9. Mai 1986 fand in Gießen eine Informationsveranstaltung zur Reaktorkatastrophe von Tschernobyl statt. Man hatte nur wenige Interessierte erwartet, aber in beiden Sälen der Kongreßhalle drängten sich aufgewühlte Menschen. Die Atmosphäre war durch ein Gemisch aus diffuser Angst, Betroffenheit, ohnmächtige Wut und ratloser Erregung gekennzeichnet. Nach einem Eingangsreferat zu den Folgen der ausgetretenen Radioaktivität beantworteten die Experten Fragen aus dem Auditorium: Ist die Milch noch genießbar? Wie lange werden wir mit der Radioaktivität leben müssen? Darf man noch Kräuter und Gemüse aus dem eigenen Garten essen oder sollte man auf Teibhausgemüse und Tiefkühlkost ausweichen? Wie gefährdet sind schwangere Frauen?

Auf diese erste Informationsveranstaltung folgten weitere Versammlungen, in denen nicht nur informiert wurde, sondern aus denen verschiedene Initiativen und Aktivitäten hervorgingen. Man verbreitete Informationen über die Strahlenbelastung von Lebensmitteln, gründete Initiativen, die für die Menschen in der direkten Umgebung von Tschernobyl Hilfe organisierten oder widmete sich den psychischen Auswirkungen des Tschernobyl-Schocks. Das letztgenannte Thema beschäftigte speziell eine Arbeitsgruppe am Zentrum für Psychosomatische Medizin der Universität Gießen und führte zu einer Reihe von Publikationen (vgl. Breidert-Achterberg 1986, Reimitz 1996, Richter 1986, 1989, Thiel, Wirth 1986, Thiel 1989, Spangenberg 1986, 1989, Wirsching 1986, Wirth 1986a, 1986b, 1989a, 1989b, 1999). Wir mußten in unserer psychotherapeutischen Arbeit feststellen, daß viele Menschen mit Alpträumen, Angstanfällen, Schlafstörungen, Herzrasen und anderen psychosomatischen Symptomen auf die Atom-Katastrophe reagierten. Insbesondere schwangere Frauen und junge Mütter suchten gehäuft psychotherapeutische Hilfe.

Der Beschwichtigungsskandal um Tschernobyl

Allen Bagatellisierungsversuchen von Forschungsminister Riesenhuber (CDU), Innenminister Zimmermann (CSU), der Gesellschaft für Reaktorsicherheit und der Strahlenschutzkommission, denen sich große Teile des Fernsehens und der Presse anschlossen, zum Trotz, griff eine Welle der Angst in der Bevölkerung um sich. In vielen Städten der Bundesrepublik - so auch in Gießen - kam es in den folgenden Tagen und Wochen spontan zu Kundgebungen, Protestversammlungen, Informationsveranstaltungen, Kinderdemonstrationen und Großdemonstrationen, zu massenhaften Protest- und Willensäußerungen also, wie sie seit Beginn der Friedensbewegung am Anfang der 80er Jahre nicht mehr stattgefunden hatten. Trotz des Beschwichtigungsgeredes der Deutschen Regierung beherrschte der GAU wochenlang die Medien, die öffentliche Diskussion und die Gespräche in den Familien, so daß sich schließlich auch die offiziellen Stellen gezwungen sahen, Empfehlungen für individuelle Vorsorgemaßnahmen zu geben, die in

Widerspruch zu den vorher ergangenen Beteuerungen, es bestehe keinerlei Gefährdung, standen. Alle Maßnahmen und Äußerungen der amtlichen Stellen und Sprecher waren gekennzeichnet von einer tiefen Verunsicherung, die sie hin- und herschwanken ließ zwischen der ursprünglichen Absicht, schnell wieder zur Tagesordnung überzugehen, dem Eingeständnis der Hilf- und Ratlosigkeit - sowohl der Behörden als auch der wissenschaftlichen Experten - und dem Erschrecken über die Katastrophe selbst, vor allem aber über deren Auswirkungen auf die Stimmung in der Bevölkerung. So entstand ein heilloses Wirrwarr von Ratschlägen für das alltägliche Leben, wie das Wechseln von Luftfiltern in Autos, von Verhaltensrichtlinien, wie das Baden in Seen und das Spielen in Sandkästen, und von Empfehlungen einer staatlich abgesegneten Schonkost: Salat waschen, auf Trockenmilch ausweichen usw. Auf Unbedenklichkeitserklärungen eines Regierungssprechers folgten Warnungen aus dem Munde eines Staatssekretärs, die wiederum durch Entwarnungen irgendeines Atom-Experten konterkariert wurden, um in der Dementierung von Warnung und Entwarnung zu gipfeln: „Wir müssen nicht warnen, deshalb müssen wir auch nicht entwarnen." Zuerst wurde nur über Jod 131 berichtet mit dem Hinweis darauf, daß sich dessen radioaktive Strahlung alle acht Tage halbiert ("Halbwertszeit"). Erst Tage später schoben Experten Meldungen über das langlebige Caesium 137 nach und schließlich sickerten beunruhigende Informationen über die hochgiftigen und langlebigen Strahler Strontium und Plutonium durch.

Der eigentliche Skandal war der Versuch der Regierung zu beschwichtigen, zu bagatellisieren, zu verleugnen und so schnell wie möglich wieder zum üblichen Tagesgeschäft überzugehen. Diese Politiker taten so, als sei die offen geäußerte Angst vieler Bürger das eigentliche Übel und nicht der atomare „fall-out". Die Hauptsorge der Bundesregierung galt nicht der Gesundheit der Bürger, sondern der Akzeptanz der Kernkraft in der Bundesrepublik. Forschungsminister Riesenhuber drückte diese Sorge am 4. Mai 1986 aus in seiner Warnung vor „Bestrebungen aus verschiedenen politischen Richtungen zur Emotionalisierung der Bevölkerung gegen Atomkraftwerke". Und Kanzleramtsminister Schäuble (CDU) äußerte sich am 6. Mai 1986 wie folgt: „Wir haben natürlich den Begriff ‚Krisensitzung', ‚Krisenstab' und ähnliches schon deshalb vermieden, weil unsere Bürger dann aus solchen Begriffen natürlich ableiten würden, es liege eine konkrete Gefahrenlage vor, von der ich noch einmal sagen muß: Sie hat zu keinem Zeitpunkt vorgelegen."

Die staatlichen Bagatellisierungs- und Beschwichtigungsversuche bewirkten bei vielen Bürgern gerade das Gegenteil. Sie stärkten das Mißtrauen gegen offizielle Verlautbarungen und amtlich bestellte und bezahlte Experten und motivierten viele Bürger, sich nach alternativen Informationsquellen und unabhängigen und kritischen Wissenschaftlern umzusehen. Auch eine repräsentative Befragung über „Die Reaktionen der Bevölkerung auf die Ereignisse in Tschernobyl" (Peters u.a. 1987) kam zu dem Ergebnis, daß die Glaubwürdigkeit der Bundesregierung, der Kernforschungszentren und der Industrie, die „Glaubwürdigkeit des Establishments" also, geringer war als die „Glaubwürdigkeit des Anti-Establishments", zu dem Gruppierungen wie Bürgerinitiativen und das „Öko-Institut" gerechnet wurden. Es sei deutlich geworden, so resümierten die Autoren der Studie, „daß die ökologische Bewegung sich bis weit über ihren unmittelbaren Anhängerkreis hinaus Respekt verschafft hat und mit ihren Informationen ein offenes Ohr bei vielen Bürgern findet" (ebd., S. 21).

Sozialpsychologisch betrachtet, stellten die Bagatellisierungsversuche der regierungsamtlichen Sprecher einen Widerpart in dem psychodynamischen Wechselspiel mit den verängstigten Bürgern dar: Je stärker die staatlichen Stellen versuchten, Informationen zu reglementieren, zu koordinieren, die Gefahren herunterzuspielen und abzuwiegeln, umso größer wurde das Mißtrauen der Bevölkerung, daß ihr relevante Informationen verheimlicht würden. Und umgekehrt: Je mehr Gefühle des Unheimlichen und der Angst in der Bevölkerung anschwollen, umso mehr glaubten die Politiker, ihr von vermeintlichen Sachzwängen beherrschtes Atomprogramm mit dem kühlen Sachverstand der eilig herbeizitierten Experten verteidigen zu müssen. Dieses Muster einer psychodynamischen Kollusion ließ sich im übrigen auch in privaten Beziehungen beobachten: Männer und Frauen, Alte und Junge, Eltern und Nichteltern, Befürworter und Gegner der Kernenergie erlebten sich wechselseitig als hysterische Angsthasen bzw. als kühl kalkulierende Menschenverachter. Diese Polarisierungen reichten bis in die intimen Beziehungen der Familien und der Partnerschaften, charakterisierten aber auch die Auseinandersetzungen auf der politischen Ebene. Aus den Diffamierungen der Kernkraftgegner wurde deutlich, daß die Politiker Feindbilder innerhalb der Gesellschaft benutzten und aufbauten, um von den eigentlichen Problemen abzulenken und um mit ihren eigenen Unsicherheiten, Selbstzweifeln und Ängsten projektiv fertigzuwerden. Innenpolitisch übernahmen die Grünen, die Atomkraftgegner und überhaupt alle Menschen, die ihre Ängste und ihre Besorgnis offen zeigten und darüber sprachen, die Rolle von Sündenböcken. Sie wurden von den Sachzwangpolitikern beschimpft als notorische Nörgler, hysterische Panikmacher, einfältige Narren und „gefährliches Sammelsurium von Nein-Sagern" (CDU-Sprecher Jürgen Merschmeier). Diejenigen Bürger aber, die ihre Angst offen zeigten, repräsentierten die hilflose Kehrseite, die negative Identität derjenigen Politiker und Bürger, deren oberstes Ziel das reibungslose Funktionieren war, das sie durch den Unfall von Tschernobyl gefährdet sahen. Hätten diese Politiker nicht die ängstlichen, verzeifelten und auch protestierenden Bürger als Feind- und Kontrastbilder, könnten ihre eigenen Selbstzeifel wach werden ob ihrer gigantomanen Programme, und sie würden in ihrer narzißtischen Selbstüberschätzung erschüttert.

Wie labil die herrschende Technik-, Wissenschafts- und Fortschrittsgläubigkeit inzwischen tatsächlich geworden war, wurde auch in dem ganzen Durcheinander der offiziellen Verlautbarungen deutlich. Doch die regierenden Politiker zogen es vor, nicht die Radioaktivität selbst als Ursache für die Ängste der Bürger anzusehen, sondern die „Panikmacher" und die „uneinheitliche, verunsichernde Informationspolitik" der verschiedenen offiziellen Stellen verantwortlich zu machen. So war es nur konsequent, daß der damalige Bundesumweltminister Wallmann (CDU) am 4. 6. 1986 im Fernsehen erklärte, in der Bundesrepublik sei durch Tschernobyl eine völlig neue Situation entstanden, jedoch „nicht in der Sache, aber im Bewußtsein der Menschen", wie er ausdrücklich hinzufügte. Dementsprechend sah er sich „nicht nur vor sachliche Aufgaben" gestellt, sondern er müsse außerdem den Bürgern zeigen, „daß wir ihre Ängste ernst nehmen". Diesen Aspekt hob Wallmann so stark hervor, daß ihn der Moderator einer ZDF-Sendung als „Seelenarzt für die Bevölkerung" bezeichnete, ohne daß Wallmann widersprochen hätte. Diese Episode hat den Kasseler Sozialpsychologen Hans Füchtner (1996) zu der Interpretation bewogen, Wallmann gehe an seine Aufgaben als Minister für Reaktorsicherheit nicht mit einer sachlich-fachlichen, sondern mit einer quasi-psychotherapeutischen Einstellung heran. Der Staat gebärde sich gleichsam als Psychotherapeut. Um nicht das eigene Atomprogramm in Frage stellen zu müssen, sahen die Atompolitiker die real begründeten Befürchtungen der Bürger als neurotische Ängste an, denen der Staat durch vertrauenseinflößende Maßnahmen entgegenzuwirken trachtete.

Tatsächlich aber hätte das offene Eingeständnis der Politiker, daß die Wissenschaftler, die Techniker und die Politiker auch besorgt waren und eben nicht genau wußten, welche Folgen die Radioaktivität haben konnte, viel eher „vertrauensbildend" gewirkt als der krampfhafte Versuch, alle Landesregierungen auf einheitliche Empfehlungen und Grenzwerte einzuschwören und den Bürgern ihre Ängste ausreden zu wollen. Die Politiker, die Wissenschaftler und Techniker hätten an Glaubwürdigkeit gewonnen, hätten sie etwas von ihrer eigenen Unwissenheit, ihrer eigenen Verunsicherung und Angst zugegeben und ihre bisherige Politik selbstkritisch hinterfragen können.

Außenpolitisch bestand die Sündenbock-Praktik darin, im kommunistischen System der Sowjetunion die Ursache für den Reaktorunfall zu suchen. Manche taten so, als handele es sich gleichsam um kommunistische Radioaktivität und als habe es beispielsweise nie ein Harrisburg gegeben. Unsere Aufgabe bestehe darin, so erklärte Riesenhuber am 3. Mai 1986, „die Kernenergie weltweit deutschen Sicherheitsstandards anzupassen". Projektive Verzerrungen der Wirklichkeit und Selbstgefälligkeit kennzeichneten über weite Strecken die politische Auseinandersetzung. Tschernobyl zeigte jedenfalls, daß in den Ängsten der Anti-AKW-Bewegung, die so häufig als irrational verunglimpft wurde, mehr „vorausschauende Weisheit" (Horst-Eberhard Richter) steckte als in der scheinbar überlegenen Rationalität der Atompolitiker und ihrer Experten. Und der Slogan „Tschernobyl ist überall", den die Anti-Atom-Bewegung in Anlehnung an den von Günther Anders 1959 geprägten Slogan „Hiroshima ist überall" (vgl. Anders 1959; 1982, S. IX), formulierte, enthält mehr realitätsgerechte Einsicht als die Beschwichtigungsrhetorik der Politiker.

14 Jahre nach dem Super-Gau: Regiert wieder das Vergessen?

Als im Laufe des Jahres 1986 zahlreich Tschernobyl-Initiativen gegründet wurden, war die Frage, ob der Super-Gau von Tschernobyl in wenigen Jahren dem Vergessen anheimfallen würde, völlig offen. Wenn wir uns heute, im Jahr 2000, mehr als 14 Jahre nach Tschernobyl, erneut die Frage stellen, inwiefern dieser größte anzunehmende Atomunfall unser Verhältnis zur Atomtechnik, zur Natur, zur Welt insgesamt verändert hat, fällt die Antwort merkwürdig zwiespältig aus: Einerseits ist Tschernobyl nicht vergessen. Vielmehr ist es zum Sinnbild für eine menschenverachtende Atompolitik geworden. Und mehr noch: Tschernobyl ist zum Symbol dafür geworden, daß eine von Hybris, Arroganz und dem Willen zu totaler Naturbeherrschung geprägte Politik zwangsläufig zu Destruktion und Selbstdestruktion führt.

Andererseits ist Tschernobyl insofern vergessen, als sein Weiterexistieren, das heißt die Tatsache, daß der dritte Block des Atomkraftwerks von Tschernobyl 14 Jahre lang in Betrieb bleiben konnte, obwohl die internationale Atombehörde ihm wiederholt schwerwiegende Mängel attestierte, die meisten Menschen in der Bundesrepublik in all diesen Jahren kaum mehr zu berühren schien.

Ähnlich paradox fällt die Antwort auf die Frage aus, welche Wirkungen die Ökologie-Bewegung insgesamt gehabt hat. Auf der einen Seite kann sie erstaunliche Erfolge aufweisen im Hinblick auf ihr stetiges Wachstum, die Nachhaltigkeit, mit der sie das Thema Umwelt in einer breiten Öffentlichkeit, in den Medien und nicht zuletzt im Bewußtsein vieler Menschen verankert hat und schließlich auch hinsichtlich ihres gesellschaftspolitischen Einflusses auf die staatliche Umweltpolitik (vgl. Rucht 1996).

Auf der anderen Seite kann die Umwelt-Bewegung kaum auf nachweisbare materielle Erfolge im Sinne einer realen Verbesserung der Umweltqualität verweisen. Im Gegenteil: Wie verschiedene Studien (vgl. Worldwatch Institute 1997; 1998; 1999; Wissenschaftlicher Beirat 1996) zeigen, hat sich im Weltmaßstab der Zustand der Umwelt in den letzten Jahrzehnten weiter massiv verschlechtert.

Von einem völligen Scheitern der Ökologiebewegung zu sprechen, wäre jedoch verfehlt. Man muß bedenken, daß es sich bei Veränderungen in der Umwelt z. T. um sehr langfristige Prozesse handelt. „Verschlechterungen der Umweltqualität in der Gegenwart beruhen oft auf weit in die Vergangenheit zurückreichenden Ursachen" (Rucht 1996, S. 17), so wie umgekehrt „bereits getroffene Gegenmaßnahmen erst in der Zukunft manifeste Wirkungen entfalten" (ebd.). Zudem läßt sich nur schwer einschätzen, ob es der Umweltbewegung nicht gelungen ist, „Schlimmeres zu verhüten". Und schließlich darf auch der zweifellos zu konstatierende Bewußtseinswandel in der Bevölkerung, das ökologische Problembewußtsein, das sich in der Bundesrepublik gebildet hat, in seiner gesellschaftspolitischen Bedeutung nicht unterschätzt werden. Auch wenn sich die Sensibilität für ökologische Probleme nicht ständig als Protestbewegung artikuliert, bildet diese doch ein wichtiges Fundament dafür, daß Umweltfragen in der Politik Gehör finden. Schließlich wurde auch das Bundesumweltministerium als Reaktion auf die Katastrophe von Tschernobyl gegründet, und Umweltschutz wurde damit ganz offiziell als ein wichtiger Bestandteil der Politik anerkannt (vgl. Brüggemeier 1998, S. 227).

Die Umweltbewegung erhielt weiteren Auftrieb und schließlich wagte auch die SPD „den Einstieg in den Ausstieg aus der Kernenergie", wie die Strategen der SPD vorsichtig formulierten. Diese zurückhaltenden Formulierungen waren in zweifacher Hinsicht realistisch: Zum einen muß man den von der rot-grünen Bundesregierung mit der Atom-Wirtschaft im Konsens ausgehandelten Ausstieg aus der atomaren Energiegewinnung als einen großen Erfolg dieser Regierung und letztlich auch als einen Erfolg des jahrzehntelangen Kampfes der Anti-Atom-Bewegung anerkennen. Zum anderen aber schmerzt die lange Restlaufzeit der Atommeiler die Atomkraftgegner. Es ist eben wirklich nur ein „Einstieg in den Ausstieg", und wir werden noch lange mit der Kernkraft leben müssen.

Es glich einer Groteske, daß der erste grüne Bundesumweltminister, Jürgen Trittin, durch international verbindliche Zusagen, die seinerzeit noch die Regierung Kohl gegeben hatte, gezwungen schien, Millionen-Beträge für die Nachrüstung des maroden Tschernobyl-Reaktors bereitzustellen, weil die Ukraine das Angebot ablehnte, statt dessen Unterstützung für ein umweltverträgliches Energie-Programm zu erhalten. Zwar waren diese Vorgänge bekannt, aber es regte sich kein Widerspruch, es wurde kein Flugblatt geschrieben, keine Versammlung abgehalten, keine Resolution an den grünen Minister und an den Präsidenten der Ukraine verfaßt. Erst in zähen Verhandlungen konnte der ukrainische Präsident Leonid Kutschma dazu gebracht werden, die endgültige und vollständige Abschaltung des Unglücksreaktors für den 15. Dezember 2000 zuzusagen, eine Entscheidung die die Europäische Union mit Krediten an die Ukraine in Höhe von 3,1 Milliarden belohnte. Und im Juni 2000 gelang es schließlich bei einer Geberkonferenz von 40 Staats- und Regierungschefs unter dem Vorsitz von Bundesaußenminister Joschka Fischer auch die internationale Finanzierung für die Sicherungsmaßnahmen bereitzustellen, die nach der Stillegung der Reaktors notwendig werden.

Und wie ist die Lage in Tschernobyl selbst? Über ein Jahrzehnt nach der Katastrophe steigt die Zahl der Erkrankten und Toten unaufhaltsam weiter an. Hunderttausende wurden verstrahlt, Hunderttausende mußten ihre Dörfer und Häuser für immer verlassen und Zigtausende leben noch immer in stark verstrahlten Gebieten. Tschernobyl ist kein Ereignis der Vergangenheit, sondern ein unaufhaltsam fortschreitender Prozeß der Zerstörung. Die atomare Verseuchung dringt durch die Nahrungskette und die Erosion in bislang unbelastete Gebiete und wird in Folge genetischer Mutationen auch Menschen betreffen, die selbst mit Tschernobyl nicht in Berührung kamen. Die Katastrophe von Tschernobyl ist zeitlich und räumlich unbegrenzt.

Daß dieses ungeheure Elend, das die Reaktorkatastrophe von Tschernobyl über die Menschen in der Ukraine gebracht hat, in der breiten Öffentlichkeit nicht ganz in Vergessenheit gerät, dafür sorgen eine Vielzahl engagierter Initiativgruppen, die in den vergangenen Jahren „eine schier unglaubliche Hilfsbereitschaft für die Opfer von Tschernobyl" (Karisch, Wille 1996, S. 9) entwickelt haben. Allein in Deutschland haben sich mehr als 250 Gruppen in der Bundesarbeitsgemeinschaft „Den Kindern von Tschernobyl" zusammengeschlossen (vgl. Homeyer 1997). Seit 1990 wurde mehr als 80.000 Kindern aus der Ukraine ein Erholungsaufenthalt im Ausland ermöglicht, davon etwa 70.000 in Deutschland. Unzählige Hilfstransporte mit Sachspenden, Medikamenten und medizinischen Geräten wurden trotz größter organisatorischer Probleme und bürokratischer Hindernisse in die Ukraine transportiert. Und schließlich haben diese Initiativen mit dazu beigetragen, daß in der Ukraine etwa 40 Selbsthilfe-Projekte entstanden sind. (Auch in der Gießener Nachbargemeinde Langgöns wurde ein Arbeitskreis „Leben nach Tschernobyl" gegründet, der in den zurückliegenden Jahre einen wertvolle Arbeit geleistet hat und noch immer aktiv ist.) Wie die medizinischen Befunde zeigen, sind die Erholungsreisen für die Kinder von hohem gesundheitlichen Wert. „Der psychologische Wert der Zuwendung kann gar nicht überschätzt werden. Die Kinder spüren, daß sie nicht 'vergessen' und abgeschoben sind, sondern Freunde haben, die für sie da sind." (ebd., S. 217)

Die Menschen, die sich in diesen Initiativen zusammengetan haben, um den Opfern von Tschernobyl zu helfen, sind wesentlich von einer „mitfühlenden Angst" motiviert, die mit einer Fähigkeit, sich um andere zu sorgen, einhergeht.

Erinnern hilft vorbeugen: Zur Bedeutung der Friedensbewegung für die Annäherung zwischen Ost und West

Unter das Motto „erinnern hilft vorbeugen" hatte die bundesdeutsche Sektion der „Internationalen Ärzte für die Verhütung eines Atomkrieges" (IPPNW) bereits 1985 eine Kampagne gestellt, mit der sie die öffentliche

Diskussion und Auseinandersetzung mit der nationalsozialistischen Vergangenheit zu einem zentralen Anliegen ihres Kampfes für die Beendigung des Wettrüstens machte. Dem lag der Gedanke zugrunde, die Konfrontation und Beschäftigung mit dem System und den Verbrechen des Nationalsozialismus könne unsere Wahrnehmung für die psychischen und sozialen Umstände sensibilisieren, die in der heutigen Zeit die „psychische Krankheit Friedlosigkeit" (Carl Friedrich von Weizsäcker 1967) bedingen. Unsere Friedensfähigkeit heute - so lautete die Überlegung - hänge entscheidend von der Bereitschaft ab, zu erinnern und im Gedächtnis zu bewahren, welche Verbrechen von Deutschen an unseren Nachbarvölkern begangen wurden, so wie umgekehrt das aktive Eintreten für die Überwindung der Konfrontation zwischen den Militärblöcken und die Beschäftigung mit den psychischen und gesellschaftlichen Bedingungen des paranoiden Freund-Feind-Denkens nahezu zwangsläufig dazu führe, daß man sich mit der nationalsozialistischen Vergangenheit auseinandersetzen müsse.

Tatsächlich ist der intensive Diskurs über die Zeit des Nationalsozialismus, der die deutsche Öffentlichkeit mit Beginn der achtziger Jahre erfaßte, nicht zu verstehen ohne die fast gleichzeitige Bewußtwerdung der Atomkriegsgefahr, die Entstehung der Friedensbewegung und die in den siebziger Jahren vorausgegangene Kritik an der Fortschrittseuphorie und der Wissenschaftsgläubigkeit, die insbesondere von der Ökologiebewegung vorgetragen wurde. Nur zögernd, auf Umwegen und immer wieder zurückschreckend, gelang es den Menschen, sich den bedrohlichsten aktuellen Gefahren zu nähern und sie sich bewußt zu machen. Dieser Bewußtwerdungsprozeß bewirkte zugleich, daß sich die Menschen auch mit den Schrecken ihrer Vergangenheit auseinandersetzten. Dieser Prozeß kann als „langsame Aufhebung einer Verdrängung" bezeichnet werden.

Seit Anfang der achtziger Jahre wich das Vertrauen in die prinzipielle Lösbarkeit aller gesellschaftlichen Probleme, die das öffentliche Bewußtsein in den Jahrzehnten nach dem 2. Weltkrieg bestimmte, einer zunehmend skeptischeren Einstellung. Die No-future-Stimmungen in der rebellierenden Jugend brachten stellvertretend zum Ausdruck, was auch große Teile der Erwachsenen-Generation empfanden (vgl. Wirth 1984). Die Bedrohung durch die zunehmende Umweltzerstörung, die Atomkriegsgefahr, die Arbeitslosigkeit und die Energiekrise brachten den Fortschrittsoptimismus ins Wanken. Immer deutlicher drängte sich der Alptraum von einer sich selbst zerstörenden Gesellschaft ins Bewußtsein. Dieser Prozeß ließ gleichzeitig die unterdrückten Erinnerungen an die Nazi-Zeit wieder aufleben. Der Nationalsozialismus fand mehr und mehr Eingang in die öffentliche Diskussion. Die Krise unseres Fortschrittsglaubens hat uns - so schreibt der Historiker Wolfgang J. Mommsen (1986, S. 18) in einem Beitrag zum „Historikerstreit" - „wieder stärker dazu bereit gemacht, über die Bedingtheiten unserer Existenz nachzudenken und dazu gehört nicht zuletzt auch die Reflexion auf unsere historische Existenz, auf unseren Standort innerhalb der geschichtlichen Entwicklung". So hat die Krise unseres Fortschritts- und Wissenschaftsglaubens die Bereitschaft gefördert, sich der Erinnerung an die nationalsozialistische Vergangenheit auszusetzen (vgl. Wirth 1985, 1986b).

Allerdings rief dieser Prozeß auch die gesellschaftlichen Gegenkräfte auf den Plan. Es kam zu neuen Verleugnungen, Rationalisierungen, Verkehrungen ins Gegenteil, Projektionen und der Suche nach Sündenböcken. Erinnert sei nur an Bundeskanzler Helmut Kohls Versuch, unter Hinweis auf „die Gnade der späten Geburt" den Nationalsozialismus zu den Akten zu legen und endlich einen Schlußstrich unter diesen fluchbeladenen Abschnitt der deutschen Geschichte zu ziehen.

Auf der anderen Seite war auch das stalinistische Weltbild der Sowjetunion in Bewegung geraten. Mit Glasnost und Perestroika ging die sowjetische Öffentlichkeit nun ernsthaft daran, das heroische Bild Stalins zu demontieren, nachdem Chrustchows Kritik an den Verbrechen unter Stalin, die er auf dem 20. Parteitag der KPDSU 1956 vorgetragen hatte, nicht zu der von vielen erhofften Wende in der sowjetischen Innenpolitik führte, sondern im Keime steckenblieb. Die Verehrung der Person Stalins wurde zwar aus dem öffentlichen Leben der Sowjetunion getilgt, sein mumifizierter Leichnam auf Beschluß des 22. Parteitages 1961 aus dem Leninmausoleum am Roten Platz in Moskau verbannt, alle Städte, Straßen und Plätze, die Stalins Namen trugen, umbenannt und seine Verbrechen offiziell verurteilt, doch eine wirkliche Aufarbeitung der stalinistischen Vergangenheit fand nicht statt. Vielmehr wurden diese unliebsamen Erinnerungen an die Stalin-Zeit mit einer kollektiven Verleugnung der Vergangenheit erfolgreich abgewehrt, die im übrigen nach ganz ähnlichen Mustern verlief, wie die Derealisierung der nationalsozialistischen Vergangenheit in der Bundesrepublik und in der DDR. So zeigte sich auch in der sowjetischen Gesellschaft eine „Unfähigkeit zu trauern" (Alexander und Margarete Mitscherlich 1967) über die unter Stalins Terrorherrschaft begangenen Verbrechen an den eigenen und an den Nachbarvölkern. In der Sowjetunion wurde mit Chrustchows Rede der Personenkult um Stalin zwar abgeschafft, doch das stalinistische Denken und die stalinistischen Organisationsstrukturen bestimmten weiterhin das Leben in Staat, Partei und Gesellschaft. Die Bürger der Sowjetunion mußten noch viele Jahre warten, bis Michail Gorbatchow, der erste sowjetische Regierungschef, dessen politische Karriere erst nach dem Tode Stalins begann, mit Perestroika und Glasnost die Möglichkeiten schuf, den Stali-nismus einer wirklich radikalen Kritik zu unterziehen. Mit der Demokrati-sierungsbewegung in der Sowjetunion wurde endlich der Weg frei für eine offene Auseinandersetzung mit der Stalinära. Historiker begannen erstmals das ganze Ausmaß von Stalins Unterdrückung und Terrorherrschaft historisch aufzuarbeiten. Psychologen und Soziologen erörterten die sozialpsychologischen Folgen der Stalin-Ära in ihren Auswirkungen auf das Denken und Handeln der heutigen Sowjetbürger. In der Literatur, im Film und im Theater fand eine kritische Beschäftigung mit dem Stalinismus statt. Das geheime Zusatzprotokoll des Hitler-Stalin-Paktes wurde der Öffentlichkeit zugänglich. Die Entdeckung der Massengräber in Kuropaty bei Minsk, in denen mehr als 100.000 Tote verscharrt sind, die auf Stalins Befehl ermordet wurden, wühlte die Öffentlichkeit zutiefst auf. Und die Autonomie-bestrebungen der baltischen Staaten beriefen sich auf den Standpunkt, „daß ihre gewaltsame Einverleibung in die Sowjetunion ausschließlich die Folge des Stalinschen Unrechtsregimes gewesen ist" (Simon 1990, S. 14). Demnach war die Kritik des Stalinismus „eine treibende Kraft bei der gegenwärtigen Selbstreinigung und Selbstauflösung des sowjetischen Systems" (ebd.).

Gorbatschow und die deutsch-deutsche Vereinigung

Mit dem Auftritt Michail Gorbatschows auf die weltpolitsche Bühne begann gleichsam ein neues politisches Zeitalter. Auch die Vereinigung der beiden deutschen Staaten ist ohne Gorbatschows Politik des „Neuen Denkens" nicht vorstellbar. Die Behauptung, die harte Haltung des Westens in der Nachrüstungsfrage am Anfang der achziger Jahre habe die Sowjetunion in die Knie und zum Einlenken gezwungen, stellt nur eine nachträgliche Rechtfertigung des Feindbildes dar, das westliche Politiker in jener Zeit vom kommunistischen „Reich des Bösen" ausmalten. Aus der zeitlichen Distanz leuchtet eher die (allerdings spekulative) Überlegung ein, Gorbatschow hätte frühzeitiger mit seiner neuen Politik zum Zuge kommen können, wenn der Westen der Sowjetunion in der Nachrüstungsfrage mehr Entgegenkommen gezeigt hätte. Indem die USA und in ihrem Gefolge die Regierung der Bundesrepublik mit ihrer aggressiven „Nachrüstungspolitik" das Feindbild vom „imperialistischen Westen", das in der Sowjetunion gepflegt wurde, geradezu bestätigten, schütteten sie Wasser auf die Mühlen der Falken im sowjetischen Militärapparat, die Gorbatschows Reformkurs bremsen wollten. Das Neue Denken mußte gegen die Falken in Ost *und* West durchgesetzt werden.

Die Politik der Entspannung, der Annäherung und Aussöhnung zwischen der Bundesrepublik Deutschland und ihren östlichen Nachbarn begann mit Willy Brandts Ost-Politik in den siebziger Jahren gegen den erbitterten Widerstand der CDU/CSU. Als in den frühen achtziger Jahren wieder das Säbelrasseln mit den Pershing II-Raketen die offizielle Politik bestimmte, vertrat allein die Friedensbewegung den Gedanken der Abrüstung durch eine vertrauenschaffende Politik. Einseitige und bedingungslose Abrüstungsmaßnahmen - von der Friedensbewegung jahrelang als ein erster symbolischer Schritt, der den Prozeß der Abrüstung in Gang setzen sollte, vorgeschlagen - wurden schließlich nicht von westlicher Seite, sondern von der Sowjetunion ergriffen. Die Entspannung zwischen Ost und West machte zu guter Letzt auch die Vereinigung der beiden Teile Deutschlands möglich. Die deutsch-deutsche Vereinigung ist nicht das Ergebnis einer langfristigen politischen Strategie der konservativ geführten Bundesregierungen, sondern *erstens* das Verdienst der Basis- und der Fluchtbewegung in der DDR, *zweitens* eine späte Folge von Willy Brandts Ost-Politik, die die Oppositions-Bewegung in der DDR ermöglichte und ermutigte und *drittens* ein Geschenk Gorbatschows, der sich durch die Friedensbewegung im Westen gestützt fühlte. Die ganze Welt, insbesondere die Deutschen, und schließlich auch Helmut Kohl - der die Gunst der Stunde geschickt zu nutzen wußte - wurden die glücklichen Nutznießer der Prozesse, die Gorbatschows Politik in Gang gesetzt hatte.

Gleichwohl wurden alle davon überrascht, wie schnell und wie weitgehend die Zugeständnisse der Sowjetunion an die Bundesrepublik waren. Vielen Menschen in der Bundesrepublik und in der DDR, denen der Vereinigungszug viel zu schnell raste, setzten gar ihre Hoffnungen darauf, daß die Sowjetunion das Tempo der Vereinigung abbremsen könnte. Tatsächlich war in den ersten Kommentaren maßgeblicher sowjetischer Politiker zur deutschen Vereinigung von „Neutralität", „Entmilitarisierung" und „Zugehörigkeit eines vereinten Deutschlands zu beiden Bündnissystemen" die Rede. In all diesen Vorschlägen wurde das Bedürfnis der Russen deutlich, sich vor einer erneuten militärischen Auseinandersetzung mit den Deutschen abzusichern. In der Sowjetunion, aber auch in Frankreich, insbesondere in England, und verständlicherweise in Israel wurden in der Öffentlichkeit Erinnerungen an den von Deutschland entfachten Zweiten Weltkrieg und an die Verbrechen des Nationalsozialismus wach und Befürchtungen laut, von einem vereinten Deutschland könne erneut eine Gefahr für den Weltfrieden ausgehen. In England kam es gar zu drastischen anti-deutschen Äußerungen eines Ministers, der aussprach, was viele hochrangige Politiker in England bis hin zu Margaret Thatcher insgeheim gedacht haben. Er mußte schließlich trotzdem seinen Hut nehmen, weil er mit seinen derben Äußerungen zu viel diplomatisches Porzellan zu zerschlagen drohte.

Neben dem jüdischen hatte das russische Volk besonders schwer unter dem nationalsozialistischen Terror der Deutschen zu leiden. Der Krieg gegen Hitler-Deutschland kostete in der Sowjetunion mindestens zwei Millionen Menschen das Leben. Neuere Untersuchungen sprechen gar von doppelt so großen Zahlen. Kaum eine russische Familie, die nicht ein oder mehrere Opfer in diesem Krieg zu beklagen hätte. Der „Große Vaterländische Krieg" bildete den Hintergrund für viele Filme und Bücher in der Sowjetunion. Die Kämpfe dieser Jahre nehmen in den geschichtlichen Schulbüchern einen größeren Raum ein als alle Ereignisse danach. Der Jahrestag des Kriegsendes wird in der Sowjetunion als einer der größten Nationalfeiertage begangen. „Die Fixierung auf den Zweiten Weltkrieg", so schrieb der russische Sozialpsychologe Leonid Gozman (1990, S. 187) „hängt wohl damit zusammen, daß er für das Nationalbewußtsein lange Zeit die lichteste Periode war, die alle Ereignisse der nachrevolutionären Zeit überstrahlte. Entscheidend ist, daß an der ethischen Rechtfertigung dieses Krieges gegen Hitler nie ein Zweifel bestand (...) Man kann und darf den Krieg nicht vergessen, weil er die wichtigste, vielleicht einzige moralische Großtat des Sowjetsystems war." Die Erinnerungen an die enormen Leistungen und Verluste im „Großen Vaterländischen Krieg" bildeten ein wichtiges Band, das die verschiedensten Strömungen im großen Sowjetreich einte, gerade in einer Zeit, in der alle traditionellen Werte, Ideologien und sozialen Institutionen fragwürdig wurden. Das Feindbild von den aggressiven bösen Deutschen und von der imperialistischen BRD spielte für die psychologische Infrastruktur der sowjetischen Gesellschaft eine bedeutende Rolle.

Alte Feindbilder weichen neuen Hoffnungen - eine vergleichende sozialpsychologische Studie über Gießener und Moskauer Studierende

Mit dem Amtsantritt Gorbatschows im Jahre 1985 war ohne Zweifel vieles in Bewegung geraten. Doch wie dachten die Menschen in der Sowjetunion über die Menschen in der Bundesrepublik - und umgekehrt? War Gorbatschows Politik über die Köpfe der russischen Bevölkerung hinweggegangen? Hatte Gorbatschow nicht verkannt, daß es unter seinen Landsleuten noch weit verbreitete Ressentiments gegen die Deutschen gab? Entsprach seine Politik des Verzichtens auf die Rechte der Sowjetunion als Siegermacht des Zweiten Weltkrieges eigentlich dem Bewußtsein der russischen Bevölkerung? Oder wurde nicht seine Verzichtspolitik als Verrat an den russischen Opfern und als Ausverkauf der verlustreich erkämpften Ergebnisse des zweiten Weltkrieges empfunden? Stand nicht der Krieg gegen Hitler-Deutschland einer freundschaftlichen Annäherung zwischen Russen und Deutschen noch immer im Wege?

Diese und ähnliche Fragestellungen inspirierten die vergleichende sozialpsychologische Studie über deutsche und russische Studierende, aus der ich im folgenden einige Teilergebnisse berichten werde.

Der bundesdeutsche Teil der Untersuchung wurde unter Leitung von Prof. Dr. Dr. Horst-Eberhard Richter am Zentrum für Psychosomatische Medizin der Universität Gießen durchgeführt. Neben Roland Schürhoff und mir wirkten auf sowjetischer Seite Prof. Dr. Galina Andreeva und Dr. Leonid Gozman von der Moskauer Lomonosow Staatsuniversität mit. Wir trafen uns mehrmals mit den Moskauer Kollegen zu ausführlichen Besprechungen in Gießen und Moskau, um von der Antragstellung über die Ausformulierung der Fragebögen bis hin zur Auswertung der Ergebnisse alle wichtigen Schritte gemeinsam zu diskutieren.

Befragt wurden Moskauer und Gießener Studierende aus den Fächern Wirtschaftswissenschaften, Psychologie, Medizin und Naturwissenschaften. Für den deutschen Teil der Erhebung wurden 2.820 Studenten der Gießener Universität postalisch befragt. Bei einer Rücklaufquoute von 52,8 % konnten 1.450 ausgefüllte Fragebögen gewonnen werden. Den 1.000 befragten Moskauer Studenten wurde der Fragebogen im Anschluß an universitäre Lehrveranstaltungen zur Beantwortung vorgelegt. Die Erhebung der Fragebögen erfolgte - parallel in Moskau und Gießen - im September und Oktober 1989, also unmittelbar vor der Öffnung der Berliner Mauer am 9. November 1989.

Mit Hilfe des Gießen-Testes (vgl. Beckmann, Richter 1972), einem international viel benutzten psychologischen Instrumentarium, wurde die psychologische Selbsteinschätzung erfaßt. Der Gießen-Test unterscheidet sich von anderen Persönlichkeitstests vor allem dadurch, daß er in bedeutendem Umfang soziale Einstellungen und Reaktionen mit einbezieht und deshalb für unseren Zweck besonders geeignet erschien. Mit einem weiteren von uns entwickelten Fragenkatalog, der 44 Items umfaßte, erhoben wir die Meinungen über die eigene und die jeweils andere Gesellschaft, über die Beziehung zwischen beiden Ländern, über Rüstung, Umweltprobleme und Zukunftsvorstellungen.

Einen ausführlichen Bericht über die wichtigsten Ergebnisse dieser Studie haben die beiden Forschergruppen in Gießen und Moskau in dem Buch *Russen und Deutsche. Alte Feindbilder weichen neuen Hoffnungen* (Richter 1990) und in verschiedenen weiteren Publikationen (Andeeva u. a. 1990; Wirth, Schürhoff 1990; 1991; Wirth, Brähler 1991) vorgelegt.

Als wichtigstes Ergebnis unserer Studie konnten wir festhalten, daß die alten Feindbilder zwischen Russen und Deutschen nicht mehr existierten. Dies galt zumindest für die von uns befragte Population von Studierenden. Dort gabt es kein Mißtrauen, keinen Haß und keine Rachegefühle mehr, sondern das Verhältnis zum anderen Land war eher durch Neugier und hoffnungsvolle Erwartungen geprägt.

Doch daß kein feindseliges Bild mehr vom jeweils anderen Land existierte, bedeutete natürlich nicht, daß die leidvolle Vergangenheit vergessen war. Wie unsere Befunde zeigten, beschäftigte sich eine Mehrheit der befragten Studenten nach wie vor mit dem Zweiten Weltkrieg. Mußte man nicht sogar einen engen psychologischen Zusammenhang erwarten zwischen der Bereitschaft, sich mit den dunklen Seiten der eigenen Geschichte zu beschäftigen, und der inneren Freiheit, auf paranoide Feindbildprojektionen zu verzichten?

Vor dem Hintergrund, daß sowohl die Sowjets als auch die Bundesdeutschen die Last einer totalitären Vergangenheit zu tragen hatten, wollten wir wissen, welche Ansichten die von uns befragten Studenten zum Problem der Vergangenheitsbearbeitung vertraten und wie ihre Meinungen zu diesem Thema mit anderen Einstellungen zusammenhingen. Wir stellten die beiden folgenden Fragen, die sowohl den Gießener als auch den Moskauer Studierenden vorgelegt wurden:

- *Ich finde, es ist eine äußerst wichtige/überflüssige Aufgabe, daß sich die Bürger der Bundesrepublik mit der Hitler-Zeit auseinandersetzen.*
- *Ich finde, es ist eine äußerst wichtige/überflüssige Aufgabe, daß sich die Bürger der Sowjetunion mit der Stalin-Zeit auseinandersetzen.*

Die deutlich überwiegende Mehrheit in beiden Ländern, nämlich jeweils mehr als 4/5 der befragten Studenten, hielt die Auseinandersetzung mit der totalitären Vergangenheit für eine wichtige Aufgabe - und zwar sowohl für das eigene als auch für das andere Land.

Es muß also sowohl der Behauptung, die sowjetische Jugend sei an der Zeit des Stalinismus völlig desinteressiert (vgl. Ferenci 1987), als auch der weit verbreiteten Einschätzung westdeutscher Politiker und Publizisten, die eine Überdrüssigkeit der Bevölkerung, zumal der jüngeren Generationen, an Fragen der Vergangenheitsbearbeitung konstatierten oder herbeizureden wünschten, entschieden widersprochen werden. Zumindest in der Population der Studenten war das Interesse an einer kritischen Bearbeitung der zurückliegenden totalitären Geschichte ausgesprochen groß.

Ein weiterer Zusammenhang warf Licht auf die Verbindung zwischen Erinnerungsarbeit und Friedensfähigkeit: *Je wichtiger den deutschen Studenten die Auseinandersetzung mit der nationalsozialistischen Vergangenheit war, um so eher hielten sie Freundschaft mit der Sowjetunion für möglich.* Auch waren diejenigen Studierenden aus der Gießener Stichprobe, die kritisch zurückblicken wollten, den Russen gegenüber im Durchschnitt besonders wenig mißtrauisch. Die Bereitschaft zur Bearbeitung der Nazi-Vergangenheit war bei den Deutschen zudem an die Meinung gekoppelt, der Westen sei stärker gerüstet als der Warschauer Pakt. Überhaupt hatten diejenigen, die für eine stärkere Auseinandersetzung mit der Hitler-Zeit plädierten, ein erheblich positiveres Bild von der Sowjetunion. Die Ergebnisse unserer Studie bestätigten ganz die psychoanalytische These über den Zusammenhang zwischen der Auseinandersetzung mit dem Nationalsozialismus und dem Abbau des Feindbildes Sowjetunion: *Je wichtiger den deutschen Studierenden die Auseinandersetzung mit der Hitler-Zeit war, um so weniger war ihre Einstellung zur Sowjetunion von Feindschaft bestimmt.* Wer bereit war, die Geschichte des eigenen Landes kritisch zu betrachten, konnte offenbar auf die seelisch entlastende Projektion unangenehmer und verpönter Züge auf den Außenfeind Sowjetunion eher verzichten als andere.

Wer sich ernsthaft dem Grauen stellt, das von Deutschen in der Nazi-Zeit verübt wurde, kann die paranoide Überzeugung, die Aggression ginge immer nur von der anderen Seite aus, und die Hochrüstung des eigenen Landes diene nur der bloßen Abwehr einer Gefahr, die allein von den Waffen der anderen Seite herrührt, nicht mehr aufrechterhalten. In dem Maße, in dem wir uns mit unseren eigenen aggressiven, bösen und dunklen Seiten in Geschichte und Gegenwart auseinandersetzen, schwindet die Notwendigkeit, ein paranoides Weltbild, das - um mit Ronald Reagan zu sprechen - nur ein „Reich des Guten" und ein „Reich des Bösen" kennt, aufzubauen. Und zugleich wächst die emotionale und geistige Freiheit, auch die früheren politischen Gegner interessant, gar sympathisch und bedeutsam für die eigene Entwickung zu empfinden: *Je stärker man sich mit der Hitler-Zeit auseinandersetzte, umso sympathischer fand man die Politik der Sowjetunion und umso mehr glaubte man, daß es für unser eigenes Land von großer Bedeutung ist, wie sich die Verhältnisse in der Sowjetunion zukünftig entwickeln werden.* Die selbstkritische Beschäftigung mit der eigenen geschichtlichen Vergangenheit ging demnach einher mit dem Gefühl einer globalen, grenz- und systemüberschreitenden Verbundenheit der Menschen, dem Schrumpfen von Mißtrauen und dem Schwinden paranoider Feindbilder. Die Bereitschaft, bedrückende Erinnerungen aufzuarbeiten, erwies sich als wichtige Bedingung dafür, die „seelische Krankheit Friedlosigkeit" zu überwinden.

Wie viele Untersuchungen über Vorurteile und Feindbilder zeigen, haben diese vor allem folgende Funktionen: Sie entlasten von Selbstvorwürfen, indem auf den Feind all die negativen Aspekte projiziert werden, die man an sich selbst nicht wahrnehmen will (vgl. Richter 1982). Die vom moralischen Gewissen gegen das Ich gerichteten Aggressionen können auf den Feind abgelenkt werden. Wir ersparen uns so die mühselige Anstrengung, eigene moralische Defekte an uns zu kritisieren und zu korrigieren. Statt dessen hassen wir den Feind (vgl. Fetscher 1989, S. 11). Zudem dienen Vorurteile und Feindbilder zur Erklärung sonst nur schwer deutbarer unangenehmer Ereignisse. Sie schaffen eine klare und einfache Weltsicht und entlasten uns somit.

Wenn dem so ist, müßte umgekehrt der Abbau von Feindbildern mit einem Anstieg von Selbstvorwürfen und einer Zunahme selbstkritischer Tendenzen einhergehen. Dies schien tatsächlich der Fall zu sein: *Je stärker man sich für die Auseinandersetzung mit der Hitler-Zeit aussprach und je mehr man das Feindbild Sowjetunion abbaute, umso kritischer und sensibler ging man mit den sozialen Problemen der eigenen Gesellschaft ins Gericht:* Man glaubte stärker als andere, für das Wohl der Kinder, der Alten und der Frauen und für soziale Gerechtigkeit werde in der Bundesrepublik schlecht gesorgt. Und man meinte, die Bundesrepublik habe grundlegende Reformen dringend nötig. Der Arbeitslosigkeit schrieb man für die Bundesrepublik eine größere Rolle zu. Zudem schätzte man Atomwaffen schädlicher ein und hatte geringeres Vertrauen in die Bundesregierung, daß diese auf Atomwaffen ganz verzichten wolle.

Auch die Annahme, daß sich mit dem Verzicht auf holzschnittartige Feindbilder und mit der Auseinandersetzung mit der Hitler-Zeit die Verunsicherung angesichts gesellschaftlicher Krisen größer werde, schien sich zu bestätigen: *Wer sich mit der Vergangenheit kritisch auseinandersetzen wollte, machte sich sowohl über den Zweiten Weltkrieg häufiger Gedanken als auch öfter Sorgen um unsere Umwelt.* Auch war er stärker davon überzeugt, daß wir die *Folgen von Tschernobyl noch heute in starkem Maße spüren* und sah die Zukunft *pessimistischer.* Die Auseinandersetzung mit dem Nationalsozialismus und der Abbau von Feindbildern ging demnach mit der Bereitschaft, gewisse psychische Belastung auf sich zu nehmen, einher. Die Bereitschaft zur Selbstkritik und ein gefestigtes Selbstbewußtsein schienen dazu notwendig zu sein. Dies drückte sich vielleicht darin aus, daß diejenigen, die die Vergangenheit bearbeiten wollten, ein großes Interesse für Politik hatten und zudem stärker glaubten, der einzelne könne zur Sicherung des Friedens etwas beitragen.

Die Last der Vergangenheit im vereinten Deutschland

Natürlich sind die Beziehungen zwischen Russen und Deutschen in der DDR ganz andere als die zwischen Russen und Bundesdeutschen, galt die Bundesrepublik der sowjetischen Feindpropaganda doch jahrelang als „Hort des reaktionären Revanchismus", während die DDR als „Vorposten des Sozialismus auf deutschem Boden" bezeichnet wurde. Gleichwohl verlief die „Bewältigung" der nationalsozialistischen Vergangenheit in der DDR und in der Bundesrepublik - trotz aller Unterschiede - nach einem ganz ähnlichen sozialpsychologischen Muster ab. Die Bundesrepublik stabilisierte ihr politisches Selbstwertgefühl durch die kritiklose Unterwerfung unter die Führerschaft Amerikas, so wie sich auf der anderen Seite die politische Führung der DDR und Teile der Bevölkerung in analoger Weise eine neue sozialistische Pseudo-Identität zulegten, indem sie sich der UdSSR als „sozialistischer Bruderstaat" andienten. Die Überidentifikation mit den ursprünglichen Gegnern Amerika bzw. Rußland entlastete von Schuldgefühlen und half den Deutschen in beiden Teilen, die gemeinsame nationalsozialistische Vergangenheit zu verleugnen. Psychoanalytisch gesprochen handelte es sich dabei um eine „Identifikation mit dem Aggressor" (A. Freud 1936), also um einen Abwehrmechanismus, mit dem psychische Konflikte unbewußt gemacht wurden.

Genau den gleichen psychischen Vorgang konnte man nach der Vereinigung beobachten, als viele Bürger der DDR den Zusammenbruch ihrer Identität zu kompensieren suchten, indem sie allzu rasch und allzu kritiklos die Wertorientierungen und die Lebensstile der westdeutschen Gesellschaft übernahmen. So wie die Westdeutschen nach 1945 eine „amerikanisierte Pseudo-Identität, die bis heute in nicht unerheblichem Maße wirksam geblieben ist" (Richter 1991) entwickelten, so füllten die Bürger der DDR ihre innere Leere durch eine „bundesrepublikanisierte Pseudo-Identität" auf.

In der DDR glaubte man, von der nationalsozialistischen Schuld schon dadurch gereinigt zu sein, daß man den Antifaschismus zur Staatsdoktrin erhob und gleichsam für sich pachtete. Aus der projektiv verzerrten Sicht der DDR galt es, neofaschistische Tendenzen allein in der Bundesrepublik zu bekämpfen. Wie hohl und aufgesetzt der staatlich verordnete Antifaschismus in der DDR war, zeigte sich an der Korruptheit und zynischen Doppelmoral der einstigen sozialistischen Machthaber ebenso wie an der aufschäumenden Ausländerfeindlichkeit und dem Neo-Nazismus in der Bevölkerung der DDR. Kaum hatte die sozialistische Moral ausgedient, brach der aggressive Affekt gegen alles Fremde wieder hervor. Der Haß richtete sich vornehmlich gegen die ausländischen Mitbürger, mit denen man jahrelang die befohlene „internationale Solidarität" zu praktizieren hatte.

In der Bundesrepublik bestimmte insbesondere in den fünfziger und den frühen sechziger Jahren die „Unfähigkeit zu trauern" und die „kollektive Verleugnung der Vergangenheit" (Mitscherlich, Mitscherlich-Nielsen 1967) das gesamte gesellschaftliche Klima. Der kleinbürgerliche Muff der Adenauer-Zeit war eine der sozialpsychologischen Folgen der Vergangenheitsverdrängung. Aber mit Beginn der antiautoritären Bewegung am Ende der sechziger Jahre kam auch Bewegung in die öffentliche Auseinandersetzung mit dem Nationalsozialismus (vgl. Wirth 1984, 1989c, 1997). Diese blieb zwar von einer tiefen Ambivalenz zwischen „Schlußstrich-Mentalität" und „Hinsehen-Wollen" geprägt, war aber gerade darum ehrlicher und produktiver als eine noch so hehre aber staatlich verordnete antifaschistische Moral.

Weil die DDR keine wirklichen Anstrengungen zu einer offenen Auseinandersetzung mit dem nationalsozialistischen Erbe unternahm, blieb sie anfällig für das totalitäre und terroristische System des Stalinismus. In Gestalt der Stasi setzte sich die Tradition des Faschismus undurchschaut fort.

Die Auseinandersetzung mit der Stasi-Vergangenheit ist damit eng verknüpft mit der Bearbeitung der nationalsozialistischen Vergangenheit. Und somit gehört die offene Auseinandersetzung sowohl mit der nationalsozialistischen als auch mit der Stasi-Vergangenheit zu den zentralen politischen und „psychohygienischen" Aufgaben in einem vereinten Deutschland, soll diese neue und mächtige Republik in Zukunft davor gefeit sein, daß von ihr je wieder Gewalt und Terror gegen das eigene Volk oder gegen seine Nachbarn ausgeht.

Deutsche Feigheit oder Mut zur Angst? Sozialpsychologische Betrachtungen zum Krieg am Golf und zu den Reaktionen der Deutschen

Die Unsichtbarkeit des Leidens

Die psychologische Gefahr des Golf-Krieges bestand in der Unsichtbarkeit des Leidens der vom Krieg getöteten, verbrannten und verstümmelten Menschen. Die Medien vermittelten das Bild eines „sauberen Krieges", der mehr einem Computerspiel glich als dem, was uns die Erfahrung über den Krieg gelehrt hat. Dieser Krieg kam aseptisch daher: keine verstümmelten Leiber, keine abgetrennten Gliedmaßen, keine Schreie, keine Tränen. Der Tod schien nicht stattzufinden. Die Militärs wollten der Bevölkerung weismachen, die Bomben träfen keine Menschen, sondern nur militärische Einrichtungen und die Schaltzentralen der irakischen Macht. Das menschliche

Elend verschwand hinter der Begeisterung für die Präzision und Perfektion der High-Tech-Waffensysteme und hinter einer Ästhetisierung des Krieges, die ganz in der Tradition von Ernst Jüngers „Stahlgewitter" stand.

Von einzelnen kritischen Berichten abgesehen, beeilten sich die Medien, dieser Darstellung zu folgen. Das Medienspektakel um den Krieg, das hektische Hin und Her zwischen den verschiedenen Korrespondenten und Kriegsschauplätzen, die sich an Aktualität selbst überbietenden Fernsehsendungen mit ihren neuesten Nachrichten, Informationen und Pseudo-Informationen dienten vor allem der Beschwichtigung und Ablenkung der Zuschauer, denen vorgegaukelt wurde, sie nähmen an einer Art von sportlichem Wettkampf teil, und sie seien wirklich informiert über das, was sich am Golf abspielte. Die Medien förderten mit dieser Informations-Überfütterung eine Einstellung beim Zuschauer, die durch Faszination und Voyeurismus gekennzeichnet war. Die Unbekümmertheit und scheinbare Abgeklärtheit, mit der über die einzelnen militärischen Aktionen berichtet und über die militärische Strategie der Amerikaner und die der Irakis schwadroniert wurde, sollte den Bürgerinnen einreden, dies beweise Souveränität. Wer glaubte, der Krieg am Golf sei so „sauber" gewesen, wie ihn die vom Militär zensierten und von den Medien sensationsjournalistisch aufbereiteten Reportagen und Berichte darstellten, saß einer Illusion auf, weil die Medien in diesem Falle nicht über- sondern untertrieben, weil sie das Monströse dieses Krieges verharmlosten, verleugneten und bagatellisierten.

Es ist generell psychisch weniger belastend, den Krieg aus der distanzierten Position des Voyeurs zu verfolgen, als die emotionale Arbeit auf sich zu nehmen, das menschliche Leid, das der Krieg anrichtet, mitzufühlen. Wer den Krieg in seinem wahren, seinem menschlichen Ausmaß erfassen will, muß seine eigene Phantasie zur Korrektur und Ergänzung der uns vorgesetzten Informationen bemühen. Es kostet allerdings eine enorme psychische Anstrengung, sich das Leiden in der eigenen Phantasie vorzustellen, ohne die Unterstützung, ja sogar entgegen der oberflächlichen Information der Medien. So gelingt es nur den Sensiblen, die „moralische Phantasie" (Günther Anders 1956) zu entwickeln, die das Leiden der vom Krieg getroffenen Menschen wieder in unsere Vorstellungswelt zurückholt und dort präsent hält. Es ist unsere Aufgabe, die Günther Anders bereits 1956 (S. 225) formuliert hat, „die unwillige Phantasie und das faule Gefühl herauszulocken und zur Bewältigung des Pensums zu zwingen", das uns durch die Existenz der Atom-Bombe - deren Wirkung auch nicht vorstellbar ist - und durchdiese moderne Form des „sauberen Krieges" vorgesetzt wurde.

Über „egozentrische", „mitfühlende" und „apokalyptische" Ängste

„Wir haben Angst" hieß es auf vielen Plakaten, die bei den zahllosen spontanen Demonstrationen in den Tagen nach Kriegsbeginn und auf der großen zentralen Friedensdemonstration am 26.1.1991 in Bonn zu lesen waren. Sind die Deutschen tatsächlich ein Volk von Angsthasen und Feiglingen, die sich hinter ihrem Grundgesetz verschanzen, wie uns einige Stimmen aus England und Amerika weismachen wollten?

Betrachten wir zunächst einmal genauer, welcher Art die Ängste sind, die die Menschen erstmalig am Anfang der achtziger Jahre gegen die sogenannte „Nachrüstung", dann 1986 nach der Reaktorkatastrophe von Tschernobyl gegen die friedliche Nutzung der Atomkraft und dann gegen den Krieg am Golf auf die Straße getrieben hatten?

Wohl für jeden nachvollziehbar ist die Angst, die sich auf eine Gefahr für das eigene Leben, die unmittelbaren Mitmenschen und die direkte Umwelt bezieht. Ich will sie als „egozentrische Angst" bezeichnen, als Angst davor, dem eigenen Ich und der eigenen Gruppe könne etwas Schlimmes zustoßen.

Eine andere Form der Angst entspringt der identifikatorischen Teilnahme am Leid anderer. Ob auch das eigene Leben als bedroht empfunden wird, ist dabei ohne Bedeutung. Diese „mitfühlende Angst" entsteht, wenn wir die Schrecklichkeit des Krieges auch subjektiv als Schreck spüren und das Leid der vom Krieg getroffenen Menschen mitfühlen, d.h. Mitleid im ursprünglichen Sinne des Wortes empfinden. Wenn wir es wagen, uns in der Phantasie auszumalen, welches Grauen den Menschen im Krieg widerfährt, gewinnen wir dank dieser mitfühlenden Angst ein angemesseneres Bild der Wirklichkeit, als es uns die Medien vom Golfkrieg vermittelten. Die Menschen, die auf die Straße gingen, um für eine sofortige Beendigung des Krieges zu demonstrieren, waren wesentlich von dieser mitfühlenden Angst motiviert, die mit einer Fähigkeit, sich um andere zu sorgen, einhergeht. Der englische Psychoanalytiker und Kinderarzt Winnicott hat untersucht, wie sich diese „Fähigkeit zur Besorgnis" (Winnicott 1962) und zur identifizierenden Teilnahme am Leid anderer entwickelt. Er betont, daß die Fähigkeit zur Besorgnis durch die Verinnerlichung sorgender Beziehungserfahrungen entsteht. Die mitfühlende, die sich sorgende oder um mit Günther Anders (1959, S. 98) zu sprechen, die „liebende Angst" ängstigt sich nicht nur vor dem, was uns selbst zustoßen könnte, sondern schließt alle Menschen - auch die sogenannten Feinde - ein, und sie umfaßt schließlich auch die Natur und sorgt sich um die Welt.

Eng verknüpft mit der mitfühlenden Angst ist eine weitere Form der Angst, die sich auf das Monströse an sich bezieht. Diese Angst ist diffus und total zugleich. Ihr Objekt ist nicht lokalisierbar, weder im Raum noch in der Zeit. Die atomare Strahlung, die keine Staatengrenze achtet und noch in Jahrtausenden wirksam sein wird, ist das Objekt dieser „apokalyptischen Angst". Sie geht mit dem Gefühl totaler Ohnmacht und Hilflosigkeit einher, dem Gefühl, einem unentrinnbaren Schicksal ausgeliefert zu sein. Gefühle von Verzweiflung, Ausweglosigkeit und Sinnlosigkeit verknüpfen sich damit. Solche apokalyptischen Ängste sind in der Bundesrepublik während der „Nachrüstungs-Debatte" und nach der Reaktorkatastrophe von Tschernobyl massenhaft aufgetreten. Man hat nicht nur versucht, diese Stimmungen in der Bevölkerung als Panikmache abzutun oder zu pathologisieren, sondern auch durch eine historische Betrachtung der Apokalypse-Ängste und Vorstellungen dieses Phänomen zu erklären. Die Historisierung trägt zur Relativierung der heutigen Ängste bei, weil sie nachweist, daß es in der Geschichte schon immer apokalyptische Befürchtungen gegeben hat. Diese Betrachtungsweise ist durchaus legitim, wenn sie nicht verkennt, daß unsere heutige Situation historisch einmalig ist: Die Menschheit kann ihre eigene totale Vernichtung selbst herbeiführen. Insofern basieren apokalyptische Ängste heute - im Unterschied zu früheren geschichtlichen Situationen - auf einer globalen, totalen und realen Gefahr: Der Untergang der Erde ist technisch machbar. Und der Krieg am Golf hatte diese Möglichkeit wieder ein Stück wahrscheinlicher gemacht. Niemand konnte voraussagen, ob sich der Krieg eingrenzen lassen oder ob er sich zum dritten und letzten Weltbrand ausweiten würde. Niemand konnte wissen, ob nicht doch noch Atomwaffen eingesetzt werden würden - von wem auch immer.

Deutsche Feigheit - deutsche Sensibilität

Schon in der Nachrüstungs-Debatte und bei den Reaktionen auf die Reaktorkatastrophe in Tschernobyl zeigte sich deutlich eine erhöhte Angstbereitschaft der Deutschen im Vergleich zu den Nachbarländern. So registrierte beispielsweise die „Zeitschrift für den deutsch-französischen Dialog"

„Dokumente", daß die Angst vor dem Weltuntergang bei den Deutschen besonders grassiere. In einem Leitartikel brachte sie die unterschiedlichen Reaktionen auf Tschernobyl auf den Gegensatz „Deutsche Emotionen" versus „Französische Gleichgültigkeit" (Dokumente 1986; zit. n. Vondung 1988, S. 8). „Ungeachtet der Frage, welche Haltung angemessen sei, behauptete der Artikel, unsere Diskussion um atomare Bewaffnung wie über Atomkraftwerke sei fixiert auf die Vorstellung von Zerstörung; und diese angstvolle Besessenheit beherrsche uns seit 1945" (Vondung 1988, S. 8).

Der Germanist Klaus Vondung geht in seiner umfangreichen historischen Untersuchung mit dem Titel „Die Apokalypse in Deutschland" der Frage nach, worin die Faszination der Apokalypse für die Deutschen lag und welche Motive hinter der deutschen Vorliebe für apokalyptische Visionen liegen. Daß in Deutschland „der apokalyptische Ton besonders laut und häufig angeschlagen" wird, steht für ihn außer Zweifel (Vondung 1988, S. 9).

Auch zahlreiche in- und ausländische Historiker und zeitgesschichtliche Kommentatoren beschäftigten sich mit der Frage, wie die ausgeprägte Angst vor einem Atomkrieg und vor der Umweltzerstörung, die sich in den achtziger und neunziger Jahren speziell in der Bundesrepublik ausgebreitet hatte, zu erklären ist. Beispielhaft sei hier Walter Laquer (1985) zitiert: „Sind diese Ängste aber nicht berechtigt? Stimmt es nicht, daß zum erstenmal in der Geschichte die Menschheit das Potential besitzt, sich selbst auszulöschen, die Schöpfung zu vernichten? Gewiß, aber das erklärt noch nicht die Ängste der Deutschen. Warum sollten die jungen Deutschen sich der Gefahr bewußter sein als andere, warum sollten sie sicherer sein, daß das Schlimmste geschehen muß? Sind sie politisch weitsichtiger, sind sie ethisch höher motiviert als die anderen, ist ihr Wille zum Überleben stärker entwickelt als bei der Jugend anderer Nationen? Friedensbewegungen und ökologische Gruppen gibt es in vielen Ländern, aber nirgends war ihre Resonanz so stark" (Laquer 1985, S. 13).

In einem historischen Vergleich mit anderen Ländern stellt Laquer fest, daß der Pazifismus in England, den Vereinigten Staaten und in einigen anderen Ländern Europas sehr viel ausgeprägter war als in Deutschland, wo „die pazifistische Tradition schwächer entwickelt (war) als in fast jedem anderen Land. Deutschland war das klassische Land der Heldenverehrung und eines heroischen Lebensstils, eines Siegfried und der Helden des Ersten Weltkrieges. Ihre Namen und Erfolge haben Generationen junger Deutscher begeistert, ihre Heldentaten wurden in unzähligen Büchern und Filmen dargestellt" (ebd. S. 13).

Bedenkt man das Unheil, das deutsches Heldentum und nationalsozialistische „Opferbereitschaft" und Todessehnsucht über die Welt gebracht haben, zeugt der Vorwurf, die Deutscher seien feige, von historischer Torheit. Die Skepsis vieler Deutschen gegenüber der alliierten Kriegsbegeisterung über die militärischen Erfolge am Golf und gegenüber dem aufschäumenden Patriotismus insbesondere in Amerika und England kann vielmehr als ein positives Zeichen dafür gedeutet werden, daß ein nicht unerheblicher Teil der Deutschen aus der nationalsozialistischen Vergangenheit doch ein wenig gelernt zu haben scheint und den Mut entwickelt hat, sich dem allgemeinen Sog der Faszination am computergesteuerten Krieg wenigstens teilweise zu entziehen. Entgegen der besonders in der Nachkriegszeit dominierenden Tendenz der Deutschen, die nationalsozialistische Vergangenheit zu verleugnen, hat sich seit Beginn der achtziger Jahre der Diskurs über das „Dritte Reich" intensiviert und eine breite Öffentlichkeit erfaßt. Der Nationalsozialismus ist Gegenstand zahlloser Schriften, Filme, wissenschaftlicher Abhandlungen, Kongresse und öffentlichen Streitens. Über 40 Jahre nach seinem Ende bleibt der Nationalsozialismus weiterhin das beherrschende Thema der Zeitgeschichte (vgl. Dierking, Wirth 1989). Unbestreitbar wirft die nationalsozialistische Vergangenheit bis heute ihre Schatten auf das Leben in der Bundesrepublik. Es ist eine - wie es Ralf Giordano (1987) sagt - „Last, Deutscher zu sein" und die „zweite Schuld" trifft auch die Nachgeborenen. Doch wo Schatten ist, ist auch Licht: Die Auseinandersetzung mit der Vergangenheit kann das Licht der Erkenntnis auch auf die Gefahren der Gegenwart werfen. Betrachten wir unsere Gegenwart und Zukunft im Lichte der Vergangenheit, so kann dies unseren Blick schärfen für die Katastrophen und die Abgründe, auf die wir mit großer Geschwindigkeit zusteuern. Ich meine, daß die erhöhte Angstbereitschaft der Deutschen Ausdruck einer besonderen Sensibilität ist, die die Deutschen in und durch ihre Auseinandersetzung mit ihrer unheilvollen Vergangenheit entwickelt haben. Die heftigen Kontroversen über die Haltung zum Krieg am Golf, die insbesondere in der BRD zu einer Spaltung in Pazifisten und Bellizisten führte, sind allerdings auch Ausdruck dafür, wie tief das Trauma des Nationalsozialismus noch immer sitzt und wie unvollständig seine Bearbeitung bislang gelungen ist.

Der Mut zur Angst und die Friedensbewegung

Den Mut zur Angst aufzubringen, hat Günther Anders schon 1959 empfohlen und die Friedensbewegung hat diese Empfehlung am Anfang der achtziger Jahre zu ihrem Motto erhoben. Die Kombination von Angst und Mut wirkt auf den ersten Blick überraschend, ja paradox. Zu gegensätzlich erscheinen die Qualitäten der beiden Eigenschaften. Angst empfindet man passiv, man ist ihr ausgeliefert, sie macht hilflos und schwach. Man betrachtet sie eher als „weibliche", denn als „männliche" Eigenschaft. Der Mut ist dem entgegengesetzt. Er verlangt Aktivität, Entschlossenheit, Durchsetzungsfähigkeit und Stärke, Eigenschaften also, die man eher geneigt ist, dem Manne zuzuordnen.

Die Verbindung von Mut und Angst ist konstitutiv für die Friedensbewegung (Wirth 1991). Die intensiv erlebten Gefühle der Angst und des Mitleids sind die Voraussetzung, um die Brutalität und Absurdität des Krieges zu empfinden und in ihrem ganzen Ausmaß zu erkennen. Wenn wir uns allerdings ausschließlich unseren Ängsten und Ohnmachtsgefühlen hingeben, versinken wir darin, und schließlich lassen nur noch religiöse Heilserwartungen einen rettenden Ausweg erhoffen. Indessen läßt sich die Angst dann aus- und zugleich im Bewußtsein halten, wenn wir ihr durch mutiges Handeln widersprechen. Eben dies versucht die Friedensbewegung. Das friedenspolitische Engagement - mag es dem skeptischen Geist auch noch so wirkungs- und damit bedeutungslos erscheinen - erfüllt, neben der direkten gesellschaftlichen Wirkung, auch eine nicht unerhebliche psychologische Funktion für den Handelnden selbst: Es wirkt als eigentherapeutische Maßnahme, die nicht nur die psychische Gesundheit, sondern zugleich auch die gesellschaftspolitische Sensibilität des Individuums fördert und erhält.

Die Überidentifikation mit der Autorität

Wie aber gehen die Menschen, die sich nicht zu einem friedenspolitischen Engagement entschließen können, mit ihren untergründigen Ängsten um? Auch sie sind ja durch die ökologische Katastrophe beunruhigt, auch sie haben Angst, daß chaotische Verhältnisse eintreten könnten, auch sie empfinden den Krieg als eine brutale Herausforderung an die Hoffnungen und die Zuversicht der Menschen. Aber vielen erscheint gerade in einer

Situation existentieller Verunsicherung das ergebene Vertrauen in die Autorität der Regierung als die sicherste und zuverlässigste Garantie dafür zu sein, daß das Allerschlimmste nicht eintreten kann. Die Loyalität zur Regierung bekommt einen „totemistischen", magisch beschwörenden Charakter und jeder, der diese Loyalität bricht, wird als Feind betrachtet.

So wird zwangsläufig die Friedensbewegung zum erklärten „inneren" Feind, weil sie das Schwarz-Weiß-Denken in Frage stellt. Die Kritiker, die der Friedensbewegung Anti-Amerikanismus oder gar eine heimliche Komplizenschaft mit Saddam Hussein vorwerfen, sind einem Feind-Bild verhaftet, das es ihnen erlaubt, ihre eigenen Ängste und Unsicherheiten auf die anderen zu projizieren, die in aller Schärfe den Gefühlen Ausdruck verleihen, die alle in sich selbst spüren, aber nicht wahrhaben wollen. Die Kritiker der Friedensbewegung meinen, wer die amerikanische Regierung kritisiere, stelle sich automatisch an die Seite des irakischen Diktators. Warum, so wird die Friedensbewegung gefragt, habe sie bei der Besetzung Kuwaits keine Großdemonstration veranstaltet? Dafür gibt es mehrere Gründe.

In der Tat ist die Friedensbewegung eher geneigt, an die eigene Regierung und deren Verbündete zu appellieren als an die des Gegners, hat die eigene Regierung doch auch die Aufgabe, den Willen des Volkes zu repräsentieren. Als Kuwait besetzt wurde, gab es einen weltweiten einhelligen Protest dagegen. Warum sollte sich die Bevölkerung durch Massenproteste zu Wort melden, sah sie sich zu diesem Zeitpunkt doch von ihrer Regierung und von den Vereinten Nationen angemessen vertreten?

Hinzu kommt ein Weiteres: Die Fähigkeit zum Frieden gedeiht nur dann, wenn die Bereitschaft zur Selbstkritik und das Bemühen, auch die Situation des Gegners zu verstehen, existieren. Wenn die Friedensbewegung zunächst einmal die deutschen Giftgas- und Waffenlieferungen an den Irak und die amerikanische Aufrüstung des Irak gegen den Iran anprangerte, war dies Ausdruck einer selbstkritischen Auseinandersetzung mit den politischen Fehlern und Versäumnissen unseres eigenen Landes bzw. unserer Bündnispartner. Daß Saddam Hussein sich mit der Giftgas-Bombardierung seiner eigenen kurdischen Bevölkerung und mit dem räuberischen Überfall auf Kuwait als ein skrupelloser Verbrecher entlarvt hatte, wird damit nicht geleugnet oder verschwiegen, sondern es wird als bekannt vorausgesetzt. Die Friedensbewegung sah sich mit der öffentlichen Meinung und auch mit der Regierung darin einig, daß der Irak moralisch zu verurteilen sei, aber sie störte sich an der Selbstgerechtigkeit, mit der dieses Urteil gerade von den Politikern wortgewaltig vertreten wurde, die sich noch vor kurzer Zeit geweigert hatten, Waffenexporte in den Irak zu unterbinden und ihn stattdessen mit deutschem Giftgas, deutscher Waffentechnik und deutschen Bunkern ausstatteten.

Zudem versucht die Friedensbewegung - trotz aller moralischen Verurteilung der irakischen Aggression - auch Verständnis für die Lage der arabischen Völker zu gewinnen. Saddam Husseins infame Rechnung konnte nur aufgehen, wenn er die Massen der arabischen Bevölkerung und speziell die Palästinenser für sich begeistern konnte. Diesem Kalkül wäre die Grundlage entzogen, wenn es gelänge, auf einer Nah-Ost-Friedenskonferenz unter Leitung der Vereinten Nationen für die Probleme der gesamten Region und insbesondere für die Lage der Palästinenser eine für alle Beteiligten akzeptable Lösung zu finden.

Wer hätte noch vor einigen Jahren gedacht, daß sich die Todfeindschaft zwischen der Sowjetunion und den USA binnen so kurzer Zeit in Wohlgefallen auflösen könnte? Dieser Prozeß ist fast ganz auf die Veränderungen in der Sowjetunion zurückzuführen. Den USA kommt nur der Verdienst zu, daß sie die Schwäche ihres einstigen absoluten Feindes nicht ausgenutzt, sondern sich in einer Partnerschaft arrangiert haben. Im Mittleren Osten ist nicht zu erwarten, daß sich eine der Seiten grundlegend wandelt. Friedliche Koexistenz wird nur möglich sein, wenn alle beteiligten Gruppierungen bereit sind, von der Dämonisierung der jeweils anderen Seite abzurücken und sich aufeinander zuzubewegen.

Der Kosovo-Krieg und die Deutschen

Die öffentliche Diskussion in der Bundesrepublik ist durch kein anderes Thema so durchgängig und so nachhaltig geprägt worden wie durch die Auseinandersetzung mit unserer nationalsozialistischen Vergangenheit. Nach dem Umbruch in der DDR und dem Vollzug der staatlichen Einheit 1990 schien es eine Weile so, als einige sich die bundesrepublikanische Öffentlichkeit darauf, den schon seit 1945 immer wieder beschworenen Schlußstrich unter die nationalsozialistische Vergangenheit endgültig zu ziehen. Im Westen mag man gehofft haben, sich der NS-Vergangenheit nun entledigen zu können, indem man die Aufmerksamkeit auf die Stasi-

Vergangenheit im Osten lenkte. Und im Osten Deutschlands mag man erleichtert erwartet haben, mit der Überwindung des Staatssozialismus und seiner antifaschistischen Rituale auch die faschistische Vergangenheit selbst zu den Akten legen zu können.

Aber die heftig ausgetragene öffentliche Kontroverse um Daniel Goldhagens Buch „Hitlers willige Vollstrecker. Ganz normale Deutsche und der Holocaust" (1996) und mehr noch um die Ausstellung „Vernichtungskrieg. Verbrechen der Wehrmacht 1941-1944" belehrten uns eines besseren. Der Nationalsozialismus ist nach wie vor das beherrschende Thema der Zeitgeschichte. Die Geschichte ist ein Teil von uns, ein Teil, der zwar zeitweise verleugnet und verdrängt werden kann, der jedoch unbewußt virulent bleibt und sich früher oder später wieder Zugang zum Bewußtsein und zur Öffentlichkeit verschafft.

Mitte der 80er Jahre war es der sogenannte „Historiker-Streit", der die Öffentlichkeit beschäftigte. Es war ein Streit um den Versuch einiger Historiker und Publizisten, durch Historisierung, Normalisierung und irreführende Vergleiche die nationalsozialistischen Verbrechen zu relativieren.

Aber nicht nur in historischen Diskussionen, sondern auch in publikumswirksamen Filmen wie in der Fernsehserie *Holocaust* oder in *Schindlers Liste* oder auch in Viktor Klemperers Tagebüchern fand eine Auseinandersetzung mit dem Nationalsozialismus statt, die bei den Zuschauern und Lesern starke emotionale Reaktionen hervorrief und zu Stellungnahmen zwang.

In all diesen Diskussionen wurde immer wieder auf ein Buch Bezug genommen, das schon 1967 erschienen war, nämlich das von Alexander und Margarete Mitscherlich publizierte „Die Unfähigkeit zu trauern." Dieses Buch hatte einen ganz außergewöhnlich starken Einfluß auf die öffentliche Diskussion in der Bundesrepublik. Es gibt nur wenige psychologische Fachbücher, denen es vergönnt ist, sich über Jahrzehnte hinweg derart beständig in der öffentlichen Diskussion zu behaupten. Der Begriff von der notwendigen Trauerarbeit ist noch heute ein geflügeltes Wort in der öffentlichen Debatte um die NS-Zeit, so daß es lohnend erscheint, sich noch einmal zu vergegenwärtigen, was die Mitscherlichs ausgeführt hatten.

Die Mitscherlichs gingen davon aus, daß das deutsche Volk nach dem Ende des Krieges - konfrontiert mit den Leichenbergen in den Konzentrationslagern und dem Unglück, daß die Deutschen über die Welt gebracht hatten - eigentlich mit tiefer Trauer, Melancholie und Depression hätten reagieren müssen. Doch zeigte sich bei den Deutschen eine Unfähigkeit zu trauern. Die zu erwartende Trauer, die Reue, die Scham- und Schuldgefühle blieben aus und wurden durch eine „kollektive Verleugnung der Vergangenheit" abgewehrt. Die Mitscherlichs waren der Auffassung, das deutsche Volk hätte über den Verlust des idealisierten Führers Adolf Hitler und über den Verlust des mit ihm verbundenen kollektiven Ich-Ideals trauern müssen. In der Öffentlichkeit wurde das Buch allerdings meist etwas anders diskutiert, nämlich in dem Sinn, daß bei den Deutschen eine Unfähigkeit bestanden habe, zu trauern über das Leid, das man anderen, insbesondere den Juden angetan hatte. Unter psychotherapeutischen Gesichtspunkten kann man an den Thesen der Mitscherlichs kritisieren, daß ihr Buch noch besser angelegt gewesen wäre, wenn es nicht nur die notwendige Trauer um das Leid, das anderen zugefügt wurde, sondern auch die Trauer um das selbst erlittene Leid deutlicher ausgesprochen hätte. Die Mitscherlichs forderten zwar die Trauerarbeit um die verlorenen und entwerteten nationalsozialistischen Ideale ein, vernachlässigen aber die unmittelbaren Schmerzen und Leiden der deutschen Bevölkerung angesichts der zerstörten Häuser, der Toten und der Verstümmelten in den eigenen Familien. Vielleicht konnten die Mitscherlichs aufgrund ihrer zeitlichen Nähe zum Nationalsozialismus diese Art der Einfühlung in die Täter noch nicht aufbringen. Zu bedrückend war noch die Nähe zu den Schrecken der NS-Zeit.

Erst in den neunziger Jahren wurde der Gesichtspunkt, daß die Deutschen nicht nur eine Nazi-Vergangenheit, sondern auch eine Kriegsvergangenheit haben (vgl. Moser 1992, 1996, Wirth 1997, Friesen 1999, Bode 1999) in der öffentlichen Diskussion entdeckt. Auch in familientherapeutischen Gesprächen konnte man erst seit dieser Zeit häufiger als früher etwas darüber erfahren, welche bis heute wirkenden psychischen und familiendynamischen Spätfolgen durch Krieg, Flucht und Vertreibung für die Kinder der Vertriebenen und für die Kinder der deutschen Kriegsgeneration schlechthin entstanden sind. Es ging um die Schmerzen des Heimat- und Identitätsverlustes, um die Bürde der Vaterlosigkeit, um die Folgen von Hunger in der frühen Kindheit und schweren Entbehrungen sowie um die Diskriminierung als Flüchtlinge. Diese Traumatisierungen, die zunächst die Kriegsgeneration erlitten hatte, werden in den Familien von der einen an die nächste Generation weitergegeben, in der Regel ohne daß diese Prozesse den Beteiligten bewußt werden. Diese Prozesse funktionieren ganz analog zu der transgenerationalen Weitergabe von Traumatisierungen, wie sie für die Familien von Holocaust-Opfern inzwischen bekannt sind.

Wir brauchten den zeitlichen Abstand eines halben Jahrhunderts, um den Aspekt des selbst erlittenen Leids thematisieren zu können. Es herrschte jahrzehntelang ein Tabu, das man so formulieren könnte: Ein Volk, das die ungeheuerlichste Verbrechen begangen hat, hat kein Recht, über das eigene Leid zu klagen. Dabei spielte sicherlich die Besorgnis eine Rolle, wenn man zu viel oder überhaupt die Leiden der deutschen Bevölkerung in den Blick nähme, würde man den alten und jungen Nazis zuarbeiten (vgl. Bode, S. 8).

In gewisser Weise ist die Trauer um die Opfer des Nationalsozialismus eng verknüpft mit der Trauer um das eigene Opfer-Sein. Die Trauer um selbst erlittene Kränkungen und Verluste ist sogar eine Voraussetzung dafür, auch Trauer zu empfinden für das Leid, das anderen zugefügt wurde. Insofern ist die These, die Tilmann Moser in einer Kritik an dem Buch der Mitscherlichs aufgestellt hat, in Frage zu stellen, daß nämlich „die menschliche Kapazität für Trauer und Scham bei den allermeisten Deutschen durch Trauer um Angehörige, Gefallene, Vermißte, Gefangene, Verstümmelte, durch Trauer um zerstörte Häuser oder Städte, um den Verlust der Heimat oder der vertrauten Umgebung weitgehend erschöpft war" (Moser 1992, S. 396). Diese These geht von dem Konzept aus, irgendwann sei ein Reservoir an vorhandener Trauer erschöpft. Ich meine vielmehr, daß beide Formen der Trauer zusammengehören und sich ergänzen. Man muß das Gefühl der Trauer kennen, man muß selbst gelitten haben und Verluste, Verletzungen und Kränkungen erlebt haben, um überhaupt zu wissen, was Trauer ist, um Trauer zu fühlen, um Mitleid mit anderen empfinden zu können. Die Deutschen trauerten nach 1945 weder um die eigenen noch um die „fremden" Verluste. Diese doppelte Unfähigkeit zu trauern und bekümmert zu sein - über anderen zugefügte sowie über selbst erlittene Schmerzen und Verluste - bewirkte eine Panzerung gegen Gefühle überhaupt und führte zu dem „psychischen Immobilismus", den die Mitscherlichs beklagen.

Die Unfähigkeit, sich wirklich auf Gefühle von Trauer - um die Anderen und um uns selbst - einzulassen, führte zu einer tiefgehenden Spaltung: auf der einen Seite stehen die „guten" Deutschen, die um die Opfer des Nationalsozialismus trauern, und auf der anderen Seite stehen die „bösen" Deutschen (z. B. die Vertriebenenverbände), die ihre eigene Vertreibung und ihre eigenen Leiden und Verluste wortreich beklagen. Ich habe diese Spaltung in Familien erlebt und sie bildet auch bei den großen öffentlichen Kontroversen den emotional aufgeladenen, unbewußten Konflikthintergrund, z. B. bei der Wiedereinführung der Bundeswehr, beim Historiker-Streit, bei der Goldhagen-Debatte, bei der deutschen Beteiligung am Krieg der Nato gegen Serbien.

Die These, daß die Geschichte ein Teil von uns ist, dem wir nicht entfliehen können, sondern der unser persönliches und politisches Handeln bewußt und unbewußt beeinflußt, wurde 1999 in der innerdeutschen Auseinandersetzung über den Kosovo-Krieg der Nato deutlich. Der Streit um die deutsche Beteiligung am Kosovo-Krieg der Nato wurde mit starker emotionaler Beteiligung geführt und bewirkte in der Bevölkerung eine Polarisierung: Die einen waren mit dem Leid der Kosovo-Albaner identifiziert und verspürten womöglich ohnmächtige Wut gegen Milosevic und gegen jeden, der die Nato-Angriffe verdammte. Die anderen argumentierten gerade im Hinblick auf die nationalsozialistische Gewalt mit einer Ablehnung jedweder militärischen Intervention. Im internationalen Vergleich wurde jedenfalls deutlich, daß die Deutschen einerseits kontroverser über diesen Krieg diskutierten als die anderen Länder und daß sie andererseits eine überdurchschnittlich große Hilfsbereitschaft für die albanischen Flüchtlinge zeigten. Dieses Phänomen muß man m. E. mit der teils bearbeiteten, teils noch immer unbearbeiteten deutschen Vergangenheit und mit den psychischen Spaltungsprozessen, die diese Vergangenheit abwehren sollen, in Zusammenhang sehen. Tatsächlich nahmen ja sowohl die Befürworter als auch die Gegner der Nato-Intervention auf den Nationalsozialismus bezug, um ihre jeweilige Position zu begründen. So argumentierte Außenminister Joschka Fischer, Auschwitz begründe eine moralische Verpflichtung der Deutschen einen Völkermord an den Albanern zu verhindern. Umgekehrt sahen die Kriegsgegner auf Grund der nationalsozialistischen Vergangenheit eine besondere Verantwortung der Deutschen darin, für eine diplomatische Lösung einzutreten. In dieser widersprüchlichen Situation wird deutlich, daß es einfache Lösungen nicht gibt und daß die bloße Bezugnahme auf die Geschichte und die historische Verantwortung nicht automatisch überzeugende Argumente liefert. Auch die Berufung auf relevante historische Zusammenhänge kann zu Rationalisierungen mißbraucht werden. Wir kommen nur dann zu rationaleren und bewußter gesteuerten Einschätzungen und Entscheidungen, wenn wir bei der Diskussion aktueller politischer Konflikte die unbewußte psychische Spaltung in „gute" und „böse" Deutsche, in Opfer und Täter, in Verfolger und Verfolgte reflektieren und versuchen zu erkennen, daß jeder beide Anteile in sich trägt.

Literatur

Albertz, H. (1981): Wir lassen nicht mehr alles mit uns machen, was andere über uns beschließen. In: psychosozial 2/81, 4. Jhg., S. 143-152.

Anders, G. (1956): Die Antiquiertheit des Menschen. I. Band. Über die Seele im Zeitalter der zweiten industriellen Revolution. München, 5. Auflage, 1980 (Beck).

Anders, G. (1959): Thesen zum Atomzeitalter. In: Anders, G. (1986): Die atomare Bedrohung. Radikale Überlegungen. München, 5. Auflage, (Beck). S. 93-105.

Anders, G. (1982): Hiroshima ist überall. München (Beck).

Andreeva, G., Gozman, L., Richter, H.-E. Schürhoff, R., Wirth, H.-J. (1990): Russen und Deutsche - wie denken sie über sich selbst, über einander und über die Politik? Eine vergleichende sozialpsychologische Studie. In: Richter, H.-E. (Hg.): Russen und Deutsche. Alte Feindbilder weichen neuen Hoffnungen. Hamburg (Hoffmann und Campe), S. 35-102.

Beckmann, D., Richter, H.E. (1972): Der Gießen-Test (GT). Ein Test für Individual- und Gruppendiagnostik. Handbuch. Bern (Huber).

Bode, S. (1999): Die Kosovo-Erschütterung. Was war nur mit den Deutschen los? Rundfunksendung im NDR 3 am 28. 8. 1999.

Breidert-Achterberg U. (1986): „Es besteht kein Grund zur Ausregung ... „ In: psychosozial 29, 9. Jhg., S. 100-103.

Breuer, M., Wirth, H.-J. (1981): Wege aus der Ohnmacht. Erste Schritte einer Bürgerinitiative Friedenspolitik. In: psychosozial 2/81, 4. Jhg., S. 168-176.

Brüggemeier, F.-J. (1998): Tschernobyl, 26. April 1986. Die ökologische Herausforderung. München (dtv).

Dierking, W., Wirth, H.-J. (Hg.), (1989): Die Vergangenheit ist gegenwärtig. Zur Auseinandersetzung mit dem Nationalsozialismus. Schwerpunktthema von psychosozial 36, 11.Jhg., Gießen (Psychosozial-Verlag).

Ferenczi, C. (1987): Der Stalinismus und die Folgen. In: C. Ferenczi, B. Löhr (Hg.), (1987): Aufbruch mit Gorbatschow? Entwicklungsprobleme der Sowjetgesellschaft. Frankfurt (Fischer), S. 32-57.

Fetscher, I. (1989): Feindbild - Freundbild und Realismus in der Politik. In: psychosozial 40, 12. Jhg., S. 9-18.

Freud, A. (1936): Das Ich und die Abwehrmechanismen. München . (Kindler).

Friesen, A. v. (1999): Der lange Abschied. Psychische Spätfolgen für die 2. Generation deutscher Vertriebener. Gießen (Psychosozial-Verlag).

Fürchtner, H. (1986): Der Staat als Psychotherapeut. In: psychosozial 29, 9. Jhg., S. 27-31.

Giordano,R. (1987): Die zweite Schuld oder von der Last ein Deutscher zu sein. Hamburg (Rasch und Röhrig).

Goldhagen, D. J. (1996): Hitlers willige Vollstrecker. Ganz normale Deutsche und der Holocaust. Berlin (Siedler).

Gozman, L. (1990): Die deutsche Vereinigung aus der Sicht eines sowjetischen Sozialpsychologen. In: Richter 1990, S. 186-192.

Homeyer, B. (1997): Wem helfen wir? - Die Arbeit der Tschernobyl-Initiativen. In: Redaktion des Atom Express (Hg.), (1997): ... und auch nicht anderswo! Die Geschichte der Anti-AKW-Bewegung. Göttingen (Die Werkstatt), S. 215-219.

Karisch, K.-H., Wille, J. (Hg.) (1996): Der Tschenobyl-Schock. Zehn Jahre nach dem Super-Gau. Frankfurt (Fischer).

Laquer, W. (1985): Was ist los mit den Deutschen? Frankfurt/Berlin (Ullstein).

Mitscherlich, A., Mitscherlich-Nielsen, M. (1967): Die Unfähigkeit zu trauern. Grundlagen kollektiven Verhaltens. München (Piper).

Mommsen, W.J. (1986): Weder Leugnen noch Vergessen befreit von der Vergangenheit. In: Frankfurter Rundschau vom 1. 12. 1986, S. 18.

Moser, T. (1992): Die Unfähigkeit zu trauern: Hält die Diagnose einer Überprüfung stand? Zur psychischen Verarbeitung des Holocaust in der Bundesrepublik. In: Psyche 46, S. 389 - 405.

Moser, T. (1996): Dämonische Figuren. Die Wiederkehr des Dritten Reiches in der Psychotherapie. Frankfurt (Suhrkamp).

Peters, H.P., u.a. (1987): Die Reaktionen der Bevölkerung auf die Ereignisse in Tschernobyl. Ergebnisse einer Befragung, KfSS Jg. 1987, H. 4. Auch als Sonderdruck „Spezielle Berichte der Kernforschungsanlage Jülich" - Nr. 400.

Reimitz, M. (1996): „Und darum hasse ich diese Lethargie." Gespräch mit einem achtzehnjährigen Schüler. In: Psychosozial 29, 9. Jhg., S. 72-76

Richter, H.-E. (1982): Zur Psychologie des Friedens. Neuausgabe Gießen 1996 (Psychosozial-Verlag).

Richter, H.-E. (1986): Archaische Ängste und die Schwierigkeit, sie politisch zu nutzen. In: psychosozial 29, 9. Jhg., S. 11-15.

Richter, H.-E. (1989): Angst, Apathie und neues Denken. In: Wirth 1999, S. 18-30.

Richter, H.-E. (Hg.), (1990): Russen und Deutsche. Alte Feindbilder weichen neuen Hoffnungen. Hamburg (Hoffmann und Campe).

Richter, H.-E. (1991): Abkehr vom Stärkekult - Gedanken über die neue Rolle der Deutschen. In: psychosozial 45, 14. Jhg., S. 13-19.

Rucht, D. (1996): Wirkungen von Umweltbewegungen: Von den Schwierigkeiten einer Bilanz. In: Forschungsjournal Neue Soziale Bewegungen, Jhg. 9, Heft 4, S. 15-27.

Simon, G. (1990): Der Umbruch des politischen Systems in der Sowjetunion. In: Aus Politik und Zeitgeschichte, B 19-20/90, 4. Mai 1990, S. 3-15.

Spangenberg, N. (1986): Wir werden Euch Kindern nicht helfen können. Psychische Reaktionsmuster von schwangeren Frauen und jungen Müttern auf die Reaktorkatastrophe. In: psychosozial 29, 9. Jhg., S. 104-110.

Spangenberg, N. (1989): Die schwarz gekleideten Frauen und die Inhumanität der Technik. In: Wirth 1999, S. 133-151.

Thiel, W. (1989): „Ach wenn uns doch nur gruselte! „ Über Wissen, Gefühle und Erfahrungen nach Tschernobyl. In: Wirth 1999, S. 209-220.

Thiel, W., Wirth, H.-J. (1986): Tschernobyl. Über die Seele im Zeichen von Tschernobyl. In: psychosozial 29, 9. Jhg., S. 23-26. Auch in: päd. extra, Heft 6, 1986, S. 5-7.

Vondung, K. (1988): Die Apokalypse in Deutschland. München (dtv).

Weizsäcker, v. C.F. (1967): Friedlosigkeit als seelische Krankheit. In: C. F. v. Weizsäcker (1983): Der bedrohte Friede. Politische Aufsätze 1945-1981. München (dtv), S. 153-177.

Winnicott, D.W. (1962): Die Entwicklung der Fähigkeit zur Besorgnis. In: Winnicott, D.W. (1984): Reifungsprozesse und fördernde Umwelt. Frankfurt (Fischer) S. 93-105.

Wirsching, M. (1986): Das Infragestellen selbstzerstörerischer Lebensweisen angesichts der Gefährdungen unserer Umwelt - Ausschnitte einer Krisenberatung nach dem Unglück von Tschernobyl. In: psychosozial 29, 9. Jhg., S. 94-99.

Wirth, H.-J. (1984): Die Schärfung der Sinne. Jugendprotest als persönliche und kulturelle Chance. Frankfurt (Syndikat).

Wirth, H.-J. (1985): Die langsame Aufhebung einer Verdrängung. Zur Auseinandersetzung mit der deutschen Vergangenheit. In: Vorgänge 76, 24. Jhg., Heft 4, S. 79-86.

Wirth, H.-J. (Hg.), (1986a): Nach Tschernobyl - regiert wieder das Vergessen? Schwerpunktthema von: psychosozial 29, 9. Jhg., Gießen (Psychosozial-Verlag).

Wirth, H.-J. (1986b): Deutsche Dumpfheit - deutsche Sensibilität. Über den besonderen Umgang der Deutschen mit existentiellen Bedrohungen. In: psychosozial 29, 9. Jhg., 1986, Heft II, S. 48-56. Erweiterte Fassung auch in: Wirth, H.-J.: Nach Tschernobyl. Regiert wieder das Vergessen? Frankfurt 1989 (Fischer), S. 31-61.

Wirth, H.-J. (1989a): Alles halb so wild. Der Beschwichtigungsskandal um Tschernobyl. In: Hafner, G., Jacoby, E. (Hg.), (1989): Die Skandale der Republik. Frankfurt. (Büchergilde Gutenberg), S. 275-284.

Wirth, H.-J. (1989b) (Hg.): Nach Tschernobyl - regiert wieder das Vergessen? Frankfurt (Fischer).

Wirth, H.-J. (1989c): Der Fall Jenninger und unsere Schwierigkeiten mit der deutschen Vergangenheit. In: psychosozial 36, 11. Jhg., S. 55-61.

Wirth, H.-J. (1991): Deutsche Feigheit oder Mut zur Angst? Sozialpsychologische Betrachtungen zum Krieg am Golf. In: Vorgänge 110, 30. Jhg., Heft 2, 1991, S. 614.

Wirth, H.-J (1997): Von der Unfähigkeit zu trauern zur Wehrmachtsausstellung. Stationen der Auseinandersetzung mit der nationalsozialistischen Vergangenheit. In: psychosozial 67, 20. Jhg., S. 7 - 26.

Wirth, H.-J. (Hg.) (1999): Angst, Apathie und ziviler Ungehorsam. Über den Umgang mit existentiellen Bedrohungen am Beispiel von Tschernobyl. Gießen (Psychosozial-Verlag). Neuausgabe von: Nach Tschernobyl - regiert wieder das

Vergessen? Frankfurt (Fischer).

Wirth, H.-J., Brähler, E. (1991): Das Selbstkonzept von jungen Frauen und Männern im transkulturellen Vergleich. In: Brähler, E., Felder, H. (Hg.): Weiblichkeit, Männlichkeit und Gesundheit. Opladen 1991 (Westdeutscher Verlag), S. 27-44., 2. Auflage: Opladen 1999 (Westdeutscher Verlag).

Wirth, H.-J., Schürhoff, R. (1990): Zur Lage der Frauen in beiden Ländern. In: Richter, H.-E. (Hg.): Russen und Deutsche. Alte Feindbilder weichen neuen Hoffnungen. Hamburg (Hoffmann und Campe), S. 103-122.

Wirth, H.-J., Schürhoff, R.(1991): Können sich Deutsche und Russen aussöhnen? Ergebnisse einer vergleichenden sozialpsychologischen Studie. In: psychosozial 45, 14. Jhg., S.129-136.

Wissenschaftlicher Beirat der Bundesregierung (1996): Globale Umweltveränderung. Welt im Wandel. Berlin (Springer).

Worldwatch Institute (Hg.), (1997): Zur Lage der Welt 1997. Konzepte für das Überleben unseres Planeten. Frankfurt (Fischer).

Worldwatch Institute (Hg.), (1998): Zur Lage der Welt 1998. Daten für das Überleben unseres Planeten. Frankfurt (Fischer).

Worldwatch Institute (Hg.), (1999): Zur Lage der Welt 1999. Daten für das Überleben unseres Planeten. Frankfurt (Fischer).

*

Horst-Eberhard Richter

Wanderer zwischen den Fronten

„Der Soldat James Ryan" und die Schwierigkeit, vom Krieg zu erzählen

Ich glaube, mich in dem Soldaten James Ryan wieder zu erkennen, der in Spielbergs Film inmitten eines endlosen Feldes von Soldatengräbern noch einmal die Schrecken eines einzigen Kriegstages aus dem Jahre 1944 nacherlebt.

Ich bin etwa so alt wie dieser Ryan, vielleicht zwei Jahre älter. Aber ähnlich wie Ryan war es mir ergangen, als meine Truppe im Sommer 1942 auf dem Brückenkopf bei Woronesch am Don von den gut vorbereiteten Russen abgefangen worden war. Das gleiche Inferno vom Donnern der Abschüsse und Einschläge mit dem Surren und Pfeifen der Splitter in der verqualmten Luft, mit dem Schreien und Wimmern der Getroffenen und den zerfetzten Toten ringsum. Die eigene Truppe und die Russen miteinander verkeilt. Chaotisches Durcheinander. Riesenverluste. Teils war ich als Richtkanonier am Geschütz zum direkten Beschuß durchgebrochener russischer Panzer eingesetzt, teils zu vorgeschobener Beobachtung mit Spähtrupps unterwegs, um die verworrene Frontlage zu erkunden. Einmal waren wir in schwarzer Nacht zu zweit mitten unter russische Soldaten geraten. Aber wie der Soldat Ryan war ich wunderbarerweise davongekommen - gerade neunzehn war ich damals. Auch ich habe niemals diejenigen vergessen, die in jener Situation in meiner Nähe waren, etwa den älteren Oberwachtmeister, der mich ein paar Mal von Stellen weggeholt hatte, wo eine Minute später Granaten oder MG-Garben einschlugen. Auch ich habe wie Ryan heute eine Familie hinter mir - Frau, Kinder, Enkel, bereit, mich zu stützen. Ich habe ihnen etwas erzählt. Aber wie hätte ich ihnen vermitteln können, was davon damals in meinem Inneren zurückgeblieben ist, was mich verändert hat?

Der Soldat Ryan hatte seine drei Brüder im Krieg verloren. Ich hatte, als ich aus dem Krieg und Gefangenschaft zurückkam, überhaupt keinen mehr aus meiner früheren Nähe. Geschwister gab es ohnehin nicht. Die Eltern waren Monate nach Kriegsende von betrunkenen Besatzungssoldaten auf einem Spaziergang überfallen und erstochen worden. Die Mutter hatte sich gewehrt. Der Vater hatte ihr helfen wollen. Weit verstreut in der Welt wohnten ein paar entfernte Verwandte, die ich aber nie näher kennengelernt hatte. Doch da ist ein wesentlicher Unterschied zu Ryan. Der hatte auf der gerechten Seite gekämpft, ich hingegen auf der Seite der Schuldigen. Das Kriegsszenario war das Gleiche, aber ich war als Aggressor; nicht als Befreier in die Schlacht geworfen worden. Und ich hatte gewußt, daß es die falsche Sache war; so wie es auch schon falsch und schlimm gewesen war; was ich als Schüler an Schikanen gegen meine jüdischen Mitschüler und deren Familien mitbekommen hatte, die nach und nach ausgewandert waren.

Vor ein paar Tagen habe ich im Frankfurter Sigmund-Freud-Institut, das ich als 76-jähriger immer noch leite, einen Vertrag mit der Feuerwehr unterschrieben. Es geht darum, Feuerwehrleute durch Fortbildung und Supervision zu unterstützen, daß sie die bedrückenden Erfahrungen mit Opfern von Bränden oder schweren Verkehrsunfällen besser verarbeiten können. Endlich ist es nun ins öffentliche Bewußtsein gedrungen, daß die grauenhaften Bilder von Katastrophen psychische Schäden zurücklassen können, Ängste, depressive Reaktionen, psychosomatische Störungen, chronische Gereiztheit; und daß zur Überwindung eine professionelle Unterstützung angebracht ist.

Heute sieht das jeder ein. Aber wen hat es schon interessiert, was das massenhaft organisierte Morden in der Psyche des Soldaten Ryan und der meinigen angerichtet hat? Das waren damals keine Unfälle aus Unachtsamkeit oder durch technische Mängel - wie kürzlich im Falle mehrerer Flugzeug- und Eisenbahnkatastrophen. Sondern es war ein planmäßiges gegenseitiges Umbringen und Verstümmeln mit Hilfe extra zu diesem Zweck laufend modernisierter Vernichtungsmaschinen. Es war die Erniedrigung von zivilisierten jungen Männern zu Handlangern der puren Unmenschlichkeit. Hat jemand damals etwa gefragt, was da in den Beteiligten passiert und zurückgeblieben ist? So wie der ehemalige Soldat Ryan sich mit Mühe und gebeugt zwischen den Kriegsgräbern bewegt, merkt man ihm die Last an, die ihn drückt, obwohl er gewiß manche Ehrungen erlebt und zu hören bekommen hat, welche hohe patriotische Pflicht er erfüllt habe, nämlich daß er in heldenhafter Weise zur Niederschlagung eines Menschheitsfeindes beigetragen hat. Aber ob ihm das viel geholfen hat?

Auf dem Schlachtfeld selbst löst sich das moralische Gefälle auf. Da machen die Regeln des wechselseitigen Mordens Freund und Feind gleich. Da regiert die nackte Brutalität zwischen Menschen, die persönlich miteinander nicht verfeindet sind und vielleicht ein paar Jahre später als vereinte

Waffenbrüder gegen einen neuen gemeinsamen Feind in Stellung gehen mögen. - Im Moment ist es gut zu töten, um nicht getötet zu werden. Skrupel sind lebensgefährlich. Erst später kommt das Erwachen, wie aus einem partiellen Koma: Man erkennt sich nicht mehr selbst darin, was man mitgemacht hat. Ich muß mich indessen fragen: Hatte ich dieses Los nicht freiwillig gewählt?

17 war ich gewesen, da hatten wir auf der Schule zwischen drei Möglichkeiten zu wählen. Die erste, mit Notabitur gleich zum Militär und aktiver Offizier werden; die zweite, sich nach dem Abitur und Arbeitsdienst zu einer beliebigen Waffengattung einziehen lassen; die dritte, nach Abitur und Arbeitsdienst zu einer selbst ausgesuchten Waffengattung einrücken und zum Reserveoffizier ausgebildet werden. Ich hatte mich für die dritte Möglichkeit entschieden und die leichte motorisierte Artillerie ausgesucht. Die gleich zum Militär wollten, das waren die schneidigen HJ-Führer, die eine Kategorie für sich bildeten. Ich war mit Vaters Hilfe von der HJ frühzeitig freigekommen und brannte darauf, bald Medizin und Philosophie zu studieren. Aber weil dem Kriegsdienst ohnehin nicht zu entrinnen war, hatte ich die Lösung drei vorgezogen, da würde man vielleicht in der Ausbildung weniger malträtiert werden, und bei der motorisierten Artillerie würde ich es wohl zumindest leichter haben als bei der Infanterie.

Bei der Abfahrt nach Russland Februar 1942 hatte ich der Mutter den Wunsch abgeschlagen, mich zum Bahnhof zu begleiten, aus Furcht vor einem öffentlichen sentimentalen Abschiedsdrama. In Wahrheit ging es natürlich darum, daß ich meinen eigenen Ablösungskonflikt vor mir hatte verbergen wollen. Nach 14 Tagen Bahnfahrt und ein paar Fußmärschen war ich endlich bei meiner Truppe angekommen, die im Winter auf dem Vormarsch nach Moskau steckengeblieben war. Ein einziges Mal hatte ich einen professionellen Seelenhelfer erlebt. Das war der Divisionspfarrer mit einem großen silbernen Kreuz auf der Brust, der den Soldaten vor der großen Offensive 1942 so etwas wie innere Stärkung vermitteln wollte oder sollte. Aber was bekamen wir zu hören? Daß es eine gute Sache sei, die Russen vom gottlosen Kommunismus zu befreien. Es war nichts anderes als eine christlich verkleidete Einpeitscher-Rede.

Meine Artillerie-Einheit hatte schon in Frankreich gekämpft. Die Leute wirkten abgebrüht. Sie verrichteten ihr befohlenes Geschäft als ein verdammtes Muß. Da war keine Begeisterung, keine Idee, für eine gute Sache, nicht einmal gegen eine böse zu kämpfen. Von einem Tag zum anderen mit unberechenbaren Situationen zurechtzukommen, das war ihr Thema. Keinen traf ich, der an die uns eingeredete politische Mission dieses Feldzuges glaubte. Vor dem Iwan hatten sie Respekt. Noch wagte niemand, seine Zweifel am Erfolg des Unternehmens offen zu zeigen. Komisch fanden sie es allerdings schon, daß der aufs Ritterkreuz versessene Batteriechef bangte, ob er seinen Dienst-BMW nach Kriegsende wohl behalten dürfte.

In der sozialen Hierarchie fand ich mich zunächst ganz unten, bis ich mich durch einige Tests als recht tauglicher Richtkanonier ausgewiesen hatte. Die Maßstäbe für soziale Anerkennung widersprachen sonst mitunter kraß den bürgerlichen Konventionen. Bewundert wurde ein Leichtfuß, der schon acht Jahre Knast hinter sich hatte, aber einmal ganz allein, fast deckungslos, mit dem Flieger-MG eine Russen-Attacke abgewehrt hatte. Der zog auch seinen Kopf am MG im Geschoßhagel russischer Tiefflieger nicht ein.

Als ich zu Beginn der Großoffensive zwischen Kursk und Orel den ersten jungen Deutschen bäuchlings im Gras liegen sah, ohne äußerlich erkennbare Verletzung, drehte ich ihn um und starrte auf einen Kopf, dem das Gesicht weggerissen war. Nie habe ich den Anblick vergessen, weil bei mir an jenem Tag noch nicht die Routine der Gefühlsabtötung funktionierte, die dann nach und nach einsetzte und dafür sorgte, daß ich fortan den hundertfachen Anblick von Verstümmelten ohne panisches Erschrecken ertragen konnte und ohne von den Bildern im Nachhinein verfolgt zu werden. Das ist ein psychohygienischer Mechanismus, der wie ein Anästhetikum funktioniert. Die schaurigsten Bilder der Zerstörung dringen nicht mehr ins Sensorium durch. Es setzt eine partielle Apathie ein. Hunger und Schlaf werden nicht mehr gestört. Aber anders als unter Psychopharmaka kommt es nicht etwa zu einer dösigen Benommenheit, sondern man kann jederzeit blitzartig reagieren, um die Tötungsinstrumente zu bedienen oder in Deckung zu springen. Man lebt nur noch mit einem Teil-Selbst, als eine rudimentäre Person. Das schützt vor innerem Chaos, vor Verzweiflung und manchen Ängsten. Wenig beeinträchtigt ist der Gehorsamsautomatismus. Der ist bereits in der Rekrutenzeit in der Kaserne weitgehend eingeschliffen worden durch eine Methode unsinniger Kommandos, die nur bei Unterdrückung kritischen Denkens ertragen und mechanisch befolgt werden konnten. Die angedrohte Kriegsgerichtsstrafe bei Befehlsverweigerung funktioniert als unwiderstehliche Erpressung. Bezeichnend übrigens, daß immer von Befehlsverweigerung geredet wird, wenn Gehorsamsverweigerung gemeint ist. Als ob die Befehlenden sich gleich mit in das Bedrohungssystem eingeschlossen fühlen sollen.

Eine andere Lösung, als durch solche Abstumpfung unter dem mir unausweichlich scheinenden Zwang zu überleben, kam mir zu keiner Zeit in den

Sinn. Wenn ich heute bei Cora Stephan ("*Das Handwerk des Krieges*") lese, wie herrlich der Krieg den Mann zum Manne mache, und ich meine damalige Schrumpfexistenz als Maschinenbediener dagegen halte, kann ich über die Realitätsverkennung besagter Autorin nur lächeln. Das geölte Funktionieren an technischem Kriegsgerät bei Abspaltung der zentralen Anteile des persönlichen Selbst halbiert Männer zu routinierten Robotern - das ist der moderne Krieg. Wenn ich zwischendurch als vollständige Person präsent war, dann in den kurzen Fluchten in Träume, in das Schreiben von Briefen, oder einige Minuten zu Hölderlins Hyperion, Nietzsches Gedichten oder platonischen Dialogen. Da fühlte ich, wie ich wieder sein würde, wenn der Höllenspuk ein Ende nähme. So fern dieser Augenblick auch sein mochte, in der Phantasie nahm ich ihn oft vorweg, um mir einreden zu können, den momentanen unausweichlichen Ausnahmezustand wie eine bloße Unterbrechung meiner eigentlichen Lebensgeschichte bewältigen zu müssen.

Mehrmals hatte ich später versucht, den drei Kindern etwas von meinen Russlandkrieg-Erlebnissen zu erzählen. Aber jedes Mal hatte ich bald gestockt. Was war davon erzählbar? Doch nichts von dem echten Grauen, wie es Spielbergs Antikriegsfilm einigermaßen getroffen hat. Und das Menschliche, was man Kameradschaftsgeist nennt, das Einstehen füreinander; manche verwegene Hilfeleistung, Augenblicke spontaner Humanität, kurze anrührende Begegnungen mit russischen Bauern, Frauen und Kindern? All das konnte wieder täuschend klingen in der Falschheit des Ganzen - nach echten Idyllen oder spannenden Abenteuern, so wie man meine Generation einst auf der Schule betrogen hatte mit den Heldengeschichten des Ersten Weltkrieges: Langemarck, Verdun, Fort Douaumont, Somme, Ypern, und mit Ernst Jünger: "*Der Krieg ist unser Vater; er hat uns gezeugt im glühenden Schoße der Kampfgräben als ein neues Geschlecht, und wir erkennen mit Stolz unsere Herkunft an.*" Bei jedem Satz, den ich zu Hause beim Erzählen vom Krieg herausbrachte, war ich unsicher, ob man mich nicht mißverstehen würde. Dabei lag mir so vieles davon auf der Seele. Selbst wenn ich mal wiederzugeben versuchte, was ich gesehen, gehört und gemacht hatte, so war das ja immer nur die eine Seite. Die andere, die Angst, die Spannung hinter der Selbstbetäubung, der Ekel, der Zynismus als Abwehr von Verzweiflung, das ließ sich ohnehin nicht beschreiben. Eine ungefähre Ahnung davon, was da psychisch abläuft, kann ein Film wie "*Der Soldat James Ryan*" aufkommen lassen. Aber gerade deshalb haben sich viele aus der mittleren Generation den Film nicht zumuten wollen. Was sie über die ersten zwanzig Minuten von der Schlacht an der Normandie-Küste gehört oder gelesen hatten, erschien ihnen zu schrecklich. Verständlich, aber schade. Denn so sieht militärisches Gemetzel tatsächlich aus. Und das sollte im Kopf haben, wem eingeredet wird, daß Krieg wieder zur Normalität gehöre und daß es gut sei, daß Deutschland schon wieder in die Spitzengruppe der Exporteure der Waffen aufgestiegen ist, die neue Kriege führbar machen.

Als ich mich nach dem Spielberg-Film schwerfällig aus dem Kinosessel erhebe, drückt Bergrun, meine Frau, mir die Hand. Mir fällt ein, daß ihr Vater mit einer entstellenden Handverwundung und mehreren Granatsplittern im Körper aus dem Ersten Weltkrieg heimgekommen war. Der war Pazifist geworden, religiöser Sozialist. Zwölf Jahre von den Nazis schikaniert, immer wieder von der Gestapo verhört, als Pädagogik-Professor bereits 1932 entlassen. Bergrun war Liebling des Vaters gewesen. Jemand hatte ihr mal gesagt, sie habe ein jüngeres Abbild ihres Vaters geheiratet. Mir hatte der Vergleich anfangs nicht behagt, weil ich mir den Schwiegervater nach dem Krieg kämpferischer gewünscht hätte. Der hatte resigniert, als er um sich herum die rasche erfolgreiche Anpassung vieler ihm bekannter Nazis sah. Zudem hatten ihn paranoide Ideen befallen. Auf der Straße oder in der S-Bahn machte er plötzlich kehrt oder stieg auf der nächsten Station aus, weil er sich wieder von Gestapo-Leuten beobachtet und verfolgt glaubte.

Der Soldat Ryan hatte sich geweigert, als man ihn nach dem Kriegstod seiner drei Brüder nach Hause schicken wollte. Es ging ihm darum, seinen Kameraden gegen die anrückenden Deutschen beizustehen. Auch ich hätte mich, wenn ich es gewollt hätte, vielleicht noch weigern können, als mich der Truppenarzt beim Vorrücken auf Stalingrad eines Tages unerwartet ins Lazarett schicken wollte. Ich hatte mich gar nicht besonders krank gefühlt. Nur hatte ich bemerkt, daß ich nicht mehr klar sehen konnte. Und beim Trinken war mir das Wasser oder der Tee wieder aus der Nase herausgelaufen. Und die Stimme war mir weggeblieben, so daß ich nur noch zu flüstern vermochte. Ob ich vor kurzem eine Halsentzündung gehabt hätte, hatte mich der Arzt gefragt. Das hatte ich bestätigt. *„Dann war das eine Diphtherie. Jetzt haben Sie Lähmungen einiger Hirnnerven, und bald wird das auch in die Arme und Beine gehen. Sie müssen zurück ins Lazarett."* So viel hatte ich mir schon von Medizin angelesen, daß ich die abgelaufene Infektion, bei der mir der Hals zugeschwollen war, als Diphtherie erkannt zu haben glaubte. Ich hatte einem kleinen russischen Jungen auf Wunsch der Eltern in den Hals

geguckt, da war mir der für Diphtherie beschriebene süßliche Geruch aufgefallen. Von den neurologischen Komplikationen der Diphtherie, die der
Arzt nun offenbar bei mir diagnostizierte, wußte ich nichts. Aber ich vertraute ihm. Mein Hauptmann protestierte, aber der Arzt blieb fest. So
wurde ich ahnungslos vor der Katastrophe bewahrt, die meinen Kameraden
bevorstand, die direkt in den Todeskessel von Stalingrad hineinmarschierten. Mein Retter war der kleine russische Junge gewesen. Ob er überlebt
hat?

Wochen später verfolgte ich die Stalingrad-Tragödie am Radio und in der
Zeitung, während ich mit den vorausgesagten Lähmungen an den Beinen in
einem deutschen Reservelazarett lag. Nie habe ich einen Kameraden aus
meiner Feldtruppe wieder gesehen. In diesen Wochen der Kesselschlacht
von Stalingrad begriff ich erstmalig das ganze Ausmaß der Verantwortungslosigkeit Hitlers, der seinem Größenwahn ein paar Hunderttausend
Menschen opferte, die sich durch einen rechtzeitigen Rückzug hätten retten können. Umso mehr empfand ich die eigene Rettung als Gnade.
Dennoch fühlte ich mich irgendwie beklommen, als hätte ich mich unberechtigt aus einem Schicksal davongestohlen, das ich mit den anderen
hätte teilen müssen. Warum sollte ich etwas Besseres verdient haben? Die
allermeisten, die ich an der Front näher kennengelert hatte, waren genauso wenig gesinnungstreue Hitlersoldaten wie ich. Sie waren illusionslose,
herumgestoßene Teile einer bis ins Letzte durchprogrammierten Maschinerie. Der an uns allen verübte riesige Betrug war mir ja selbst auch erst
hier in meinem inselartigen Lazarettdasein aufgegangen.

Im Strudel der 68er-Rebellion

Heute weiß ich: Die 68er-Studentenrebellion war eines der denkwürdigen
historischen Dramen, in denen die junge Generation die Führerschaft im
Durchbruch durch eine gesellschaftliche Verdrängung ergreift, vor der die
Generation der Älteren zurückscheut. Mehr als zwanzig Jahre hatte es die
ältere Generation geschafft, den großen geistigen Umbruch zu vermeiden,
der nach 1945 fällig gewesen wäre. Eine autoritätsergebene Gesellschaft
hatte ihren Gehorsam geräuschlos nur von dem Verlierersystem ab- und an
das Siegersystem angekoppelt. Die Kinder lernten konfliktlos angepaßte
Eltern kennen, die sich in der importierten Demokratie so flexibel und glatt
einrichteten, als wären sie Hitler nicht kurz zuvor noch willig in den totalen

Vernichtungskrieg gefolgt. Aber nun waren aus den Kriegs- und Nachkriegs-kindern hellwache Jugendliche geworden, die das Verschwiegene witterten und sich gegen die Zumutung der ihnen heimlich vermittelten geistigen Erbschaft wehrten.

Jetzt sehe ich das klar, da gerade eine Krise um das Erinnern ausgebrochen ist, ausgelöst durch den Streit um das Holocaust-Mahnmal in Berlin und die Walser-Bubis-Debatte. 1968 waren es nicht die Schriftsteller und Professoren, die über „Erinnerungspolitik" und „Gedenkpolitik" stritten, sondern die erzürnten Jugendlichen wollten aus den Köpfen und den gesellschaftlichen Strukturen der etablierten Generation den verborgenen Ungeist hinaustreiben, den sie an allen Ecken noch zu entdecken glaubten. Aber in ihrer pubertären Wildheit ließen sie die Väter, die Professoren, die Bosse gar nicht erst zu Wort kommen, obwohl sie ständig Diskussion for-derten. Ihr Urteil war schon gesprochen. Überall enthüllten sie nur Repres-sion, Mißbrauch von Autorität, Ausbeutung, offene oder verschleierte Formen von Herrschaft, Pseudoliberalität, Pseudotoleranz. Sie gebärdeten sich marxistisch, aber vielfach nur, um die amerikahörigen, brav antikom-munistischen Väter gehörig zu provozieren.

Heute weiß ich das alles. Aber damals war ich selbst Teil der Krise, als eta-blierter Professor von den Studenten beargwöhnt, mit beschuldigt für ana-chronistische Privilegien der „Halbgötter in Weiß". In der eigenen Psychoso-matischen Klinik brodelte es. Hitzige Assistenten fahndeten nach Spuren von internen Demokratiedefiziten. Mein Sohn Clemens kämpfte in einer so-zialistischen Studentengruppe und arbeitete mit ande-ren an einer Studie, die sadistisches Prüfungsverhalten einzelner Professoren aufdecken wollte (und tatsächlich auch zum Teil aufdecken konnte). Unsere ältere Tochter kränkte ihre Mutter mit dem Vorwurf, Mütter schafften sich Kinder doch nur an, um ihre Besitz- und Dominanzwünsche auszuleben. So waren Bergrun und ich zum einen Teil selbst Verfolgte und Angeklagte in der Frühphase des wilden Proteststurms. Andererseits merk-ten wir, ohne es gleich durchschauen zu können, daß wir von der Bewegung angesteckt wurden und mit ihrer Hilfe unausgelebte eigene Bestrebungen befreien konnten.

Jetzt endlich war die Stunde der Auseinandersetzung mit den Kräften gekommen, die - wie in der Hierarchie jener Berliner Universitäts-Nerven-klinik - noch die heimliche Macht des braunen Ungeistes repräsentierten. Es war die Chance, die Anpassungsgesellschaft, die oberflächlich die Demokratie-Spielregeln brav erlernt hatte, endlich mit emanzipatorischem Geist zu erfüllen. Das war ein Antrieb, der aus dem Inneren der Seelen kam.

Die Anführer des Aufruhrs redeten zwar nur von Strukturen, Klassenkampf und Revolution. Aber in Wahrheit wollte die junge Generation die Macht jener Vatergeneration brechen, der sie es anlastete, daß sie sich selbst tief frustriert und ohnmächtig fühlte. Es war ihr unerträglich, daß die Väter ihre Mitschuld an der Herrschaft der Nazi-Barbarei dadurch tarnten, daß sie sich jetzt als geistige Frontsoldaten im Kalten Krieg präsentierten. Das wollte die Jugend den Alten nicht länger durchgehen lassen: Eure Amerikaner machen mit Napalm in Vietnam das, was ihr mit Zyklon B in Auschwitz gemacht habt. Und eure antirussische Frontstaat-Mentalität ist doch die gleiche wie die aus dem Hitlerkrieg. Ihr träumt euch als Teilhaber des amerikanischen Imperialismus in geheimer Fortsetzung eures gescheiterten Traums vom „Tausendjährigen Reich"!

Die aufrührerische Jugend hatte ihre intellektuellen Vordenker. Schon 1965 hatte ihr Wolfgang Neuss in einem satirischen Aufruf das Motto vorgegeben: *„Wir bitten um Unterstützung der amerikanischen Politik Hitlers in Vietnam!"* 1968 hieß es dann in einer Erklärung zur *„Internationalen Vietnamkonferenz"* in Westberlin: *„Vietnam ist das Spanien unserer Generation"*, unterschrieben noch gemeinsam u. a. von Hans Magnus Enzensberger, Martin Walser - und Ulrike Meinhof. Vietnam - das bedeutete also in den Köpfen die Wiederkehr Hitlers bzw. des Faschismus. Und das Rezept zur Abwehr lautete: Revolution. Schon 1967 hatte Enzensberger klar gesagt, auf der neuen Tagesordnung stehe die Revolution: *„Das politische System der Bundesrepublik ist jenseits aller Reparatur."* Und: *„In den Berliner Polizeipogromen vom Sommer dieses Jahres haben sich die ersten Kerne einer revolutionär gesinnten Opposition gebildet."* Martin Walser pflichtete ihm bei: *„Wer die Evolution wirklich will, der muß die Revolution betreiben."*

Diese Appelle zündeten in vielen erhitzten jugendlichen Köpfen. Es entflammte, was Herbert Marcuse eine pubertäre Revolte nannte, ein leidenschaftliches Anrennen gegen die „Agenten des Machtapparates" bis hin zu den linksliberalen Professoren. Ich selbst war zwar auch so einer, galt jedoch immerhin als fortschrittlich. In meiner psychoanalytischen Entwicklungspsychologie fanden die Studenten Elemente, die ihnen genehm waren. Meine Lehre, wonach Eltern vielfach ihre Kinder unbewußt zur Entlastung von eigenen Konflikten mißbrauchen, paßte gut zu ihrer antiautoritären Stimmung. Inzwischen Vater von drei Kindern in ihrem Alter, konnte ich mit ihnen zwar ihre emanzipatorischen Visionen teilen, nicht aber die von den genannten und anderen Intellektuellen geschürten verworrenen Revolutionsideen. Wenn die Jugendlichen in den vietnamesischen Napalm-Opfern, im erschossenen Studenten Benno Ohnesorg und vor allem in Che Guevara ihre Märtyrer suchten und regelrecht mythisierten, um sich zu bewaffneten Anschlägen aufzuputschen, so spürte ich wachsendes Unbehagen und ahnte die Ausweglosigkeit dieser Fanatisierung. Ich fühlte mich an klinische psychoanalytische Erfahrungen erinnert und dachte an jenes Stadium, in dem pubertäre Jugendliche ihre ödipalen Ohnmachts- und Erbitterungsgefühle gegen die Vater-Autorität wiederbeleben und mörderische Rachephantasien entwickeln. Ein Teil der rebellierenden Jugend blieb, wie ich es sah, genau auf dieser Stufe stecken. Der ließ sich von den Revolutionspredigern zum militanten Aufstand aufhetzen, um die Opfer der „amerikanischen Politik Hitlers in Vietnam" und der hiesigen Staatsgewalt blutig zu sühnen.

Aber von diesen Militanten lösten sich glücklicherweise stetig wachsende Gruppierungen, die ihre letztlich sterile antiautoritäre Erbitterung bezähmen konnten und sich die Kraft zutrauten, konstruktiv zum Abbau gesellschaftlichen Unrechts selbst aktiv zu werden. Auch sie wollten nicht beim Klein-Klein verharren, sondern das gesamte gesellschaftliche Klima verändern. Dabei überwanden sie jedoch das pubertäre Ohnmachtsgefühl gegenüber dem väterlichen Herrschaftsapparat und machten sich bereit, von unten aus eigene Reforminitiativen durchzusetzen. Warum sollte es ihnen nicht gelingen, unsoziale Strukturen aufzubrechen und zum Beispiel die Reintegration von ausgeschlossenen Bevölkerungsteilen zu erkämpfen? Sie waren willens - psychologisch gesehen -, erwachsene Mitverantwortung zu übernehmen und dem Establishment der Vätergeneration mit erstarktem Selbstvertrauen entgegenzutreten. Diese Kreise bildeten Hunderte von Initiativen, die in vielen gesellschaftlichen Feldern stigmatisierten und ausgegrenzten Gruppen zu Hilfe kamen, Außenseitern und Fremden, psychisch Kranken und Behinderten, Gefangenen und gestrandeten Jugendlichen, nicht zuletzt Obdachlosen in sozialen Brennpunkten. Auch die Selbsthilfe-Bewegung hatte in jener Zeit ihren Ursprung.

Das war nun genau der Ansatz, der es mir erlaubte, mich in die Bewegung einzuklinken. Ich mußte mich nicht aufdrängen, sondern man kam auf mich zu. Eine Studentengruppe wünschte meine Mitarbeit in einer Obdachlosensiedlung. Daraus wurde das Projekt „Eulenkopf", das später im Lande viele ähnliche Unternehmen befruchtete. Zwei Gruppen junger Eltern, die Kinderläden gegründet hatten, ersuchten meine begleitende Unterstützung. Die von der Basis ausgehende Psychiatrie-Bewegung gab mir die Chance, mich einzubringen, bis ich sogar an der von der Brandt-Regierung offiziell betreuten Psychiatrie-Reform intensiv mitarbeiten konnte. Aber zugleich betrauerte ich das Abtauchen des radikalen Flügels der Bewegung, der sich in eine zunehmend gewaltbereite Verschwörersekte verwandelte. Ich wußte, daß sich auch in diesem Kreis manche zusammengefunden hatten, deren Engagement sich aus ähnlichen Wurzeln speiste wie meines und dasjenige der sozial aktiven Pioniergruppen. In der Absicht, im Heute das unbewußt vererbte schreckliche Gestern zu bekämpfen, waren die Radikalen nun aber auf dem Weg, das gehaßte alte Unrecht in neuer Form selber zu stiften.

Wie ich zum Atomprotest inspiriert wurde

Zwei Monate nach dem Empfang des Heuss-Preises traf ich mich an einem Freitag wie üblich mit meiner Fußballgruppe. Es ist übrigens ein Vergnügen, das ich mir bis zum heutigen Tage gönne, nur unterbrochen durch die vorübergegangene Periode mit Herzrhythmusstörungen 1998. 36 Jahre kickt diese Gruppe zusammen, mal kommen neue hinzu, andere wandern ab, aber ein Stamm ist über die Jahrzehnte zusammengeblieben: Lehrer, Professoren, ein Verwaltungsbeamter; Assistenten. Alter zwischen 40 und 76. Ich bin der älteste. An jenem Freitag also fragte der Physiker Horst Loeb im Umkleideraum reihum: Schätzt einmal, welcher Menge Dynamit pro Kopf der Weltbevölkerung die Zerstörungsenergie entspricht, die in den gehorteten Atombomben steckt. Verblüfft phantasierten wir ins Blaue hinein - vielleicht ein paar hundert Gramm oder allenfalls einige Kilo. Falsch! Es seien etwa 15 Tonnen. Im Raum wurde es still. Das Bild arbeitete in mir weiter. Kurz darauf hatte ich einen Vortrag über „Soziale Verantwortung" in der Gießener Universitätsaula zu halten. Gedacht war, daß ich das Thema aus der Sicht der psychosomatischen Medizin behandeln sollte. Dazu sah ich mich nur noch in der Weise imstande, daß ich als Arzt die Unverantwort-lichkeit der nuklearen Bedrohung für Leben und Gesundheit der Menschen behandelte, dazu die Frage: Warum wehren sich die Menschen eigentlich nicht? Laut Umfragen rechnete damals fast die Hälfte der bundesdeutschen Bevölkerung mit der Möglichkeit eines Krieges. In der internationalen Presse wurde offen diskutiert, inwiefern die aktuelle Weltlage an die Vorphase des Ersten Weltkrieges erinnere. Bundeskanzler Schmidt hatte gerade beklagt, daß die beiden Weltmächte sich auf kein gemeinsames Verfahren verständigen könnten oder wollten, um die Lage unter Kontrolle zu halten. Von Präsident Nixon war in einem Interview zu hören:
Alles, was der Westen tun müsse, um den Dritten Weltkrieg nicht zu verlie-

ren, sei, daß er entschlossen sein müsse, ihn zu gewinnen. In meinem Vortrag, den die Frankfurter Rundschau abdruckte, führte ich die beunruhigte Passivität der Bevölkerung auf mehrere Gründe zurück - auf die Unfaßbarkeit der Gefahrendimension, auf die Bereitschaft, Unerträgliches zu verdrängen, auf die Einbildung, daß die Atomraketen auf der eigenen, „guten" Seite doch nützlich seien, um die Russen einzuschüchtern usw. Wie aber könnte ein Weg aus dieser Lähmung, dieser Blindheit und Selbsttäuschung herausführen? Wie könnte der Politik beigebracht werden, daß die Gefahr der gemeinsamen Selbstvernichtung durch Fortsetzung des atomaren Wettrüstens nur eskalieren würde? Ein Auszug:

Ich habe mich in den letzten Wochen mit einer Reihe von kritischen Schriftstellern, Politikern, Politologen, Fachkollegen und Leuten aus Bürgerinitiativen ausgetauscht. Wir haben gefunden:

Man kann Resolutionen machen, Intellektuellenbriefe schreiben, Abordnungen zur Regierung schicken, Veranstaltungen aufziehen, in den Medien tätig werden. Aber die allgemeine Sprachlosigkeit in der Hauptfrage wird nicht dadurch verändert, sondern vielleicht sogar stabilisiert, wenn einige, die ohnehin gut schreiben und reden können, in der Öffentlichkeit das artikulieren, was eigentlich alle gemeinsam sagen sollten. Und es geht ja eben auch nicht nur um das Sagen, wie wichtig das auch immer ist. Sondern es geht um die Kontinuität eines gemeinsamen zielstrebigen Engagements für eine alternative Politik, in der nukleare Abrüstung nicht isolierter politischer Programmpunkt ist, denn als solche ist sie nicht möglich, vielmehr unerlässliche Konsequenz einer Wandlung der politischen Wertvorstellungen überhaupt.

Nötig sei eine enge Ankoppelung der Politik an das unmittelbare Denken und Fühlen der Menschen, damit die professionelle Politik aus ihrer Selbstregelung durch rein technokratische Zwänge herausgerissen werde. Momentan herrsche eine Politik, die offenbar glaube, die Zukunft der Menschheit hänge vom Zahlenverhältnis der hier und drüben produzierten und gehorteten Atomraketen ab. Das bedeute doch, daß die Menschen nicht mehr ihren eigenen Kräften zur Verständigung trauten, sondern ihre Verantwortung an technische Systeme abträten. Um die Politik überhaupt wieder menschlich zu machen, bedürfe es offenbar einer breiten spontanen Selbsthilfebewegung, die bewußt mache, daß es nur *die eine* große Atomkriegsgefahr *für die eine und einzige Menschheit* gebe, gegen die sich alle gemeinsam wenden müßten. Ich wies auf die erfolgreiche Grüne Bewegung hin, deren Beispiel eine große Bewegung für den Frieden und die atomare Abrüstung folgen müsse.

Dem Beifall am Ende meines Vortrages entnahm ich, daß den Leuten mein Appell eingeleuchtet hatte. Daher mein spontaner Vorschlag: Wer Lust habe, sich an einer Initiative in dem genannten Sinne zu beteiligen, möge sich melden. Dann könne man sich sogleich an die Arbeit machen. Etwa zwanzig Veranstaltungsteilnehmer fanden sich in der benachbarten Evangelischen Studentengemeinde ein. Es war die Gründungsversammlung der Gießener Friedensinitiative. Im Verlauf des Sommers 1980 sprossen in vielen deutschen Städten Friedensgruppen aus dem Boden und ergänzten schon vorhandene Kreise von Kriegsdienstverweigerern, Ostermarschierern und christlichen Pazifisten. In den spontan entstandenen neuen Vereinigungen wie der in Gießen flossen verschiedene Motive zusammen. Eine große Triebkraft kam noch von der linken sozialen Bewegung her. So waren in Gießen von Anfang an viele Mitglieder aus den Obdachlosen-Initiativen und aus der regionalen Psychosozialen Arbeitsgemeinschaft dabei, dazu engagierte Mitglieder des Psychosomatischen Zentrums und des Psychoanalytischen Instituts. Hinzu gesellten sich später allerdings manche Leute, denen der humanistische Verständigungs- und Versöhnungsgedanke weniger wichtig schien als der vordergründige Kampf gegen die amerikanischen Raketen und den US-Imperialismus. Manche darunter offenbarten sich nicht als DKP-Angehörige, aber fielen dadurch auf, daß sie gleichförmig die bekannte Parteisprache benutzten und so etwas wie eine ideologische Schulung unserer Gruppe versuchten. Tatsächlich waren ja die amerikanischen Pershing-II-Raketen, die Helmut Schmidt für den Fall ins Land holen wollte, daß die Russen ihre Mittelstrecken-Raketen SS-20 nicht zurückziehen würden, ein gemeinsames Protestziel. Aber die Mehrheit in unserer Gruppe reagierte deutlich allergisch gegen ideologische Bevormundungstendenzen. Eine humanistisch-pazifistische Position blieb tonangebend.

Allerdings war auch Helmut Schmidt insofern ein gemeinsamer Gegner, als er, wie unbeabsichtigt auch immer, zur Eskalation der atomaren Gefahr beitrug. Bei Egon Bahr kann man heute nachlesen, daß es seinerzeit der Kanzler tatsächlich höchstpersönlich war, der den Amerikanern nahe gelegt hatte, die russische SS-20-Bedrohung mit einer Gegendrohung durch Pershing-II-Raketen auf westdeutschem Boden zu beantworten. Freilich sollte nach SPD-Beschluß den Russen eine Frist von vier Jahren zum Abzug ihrer Arsenale gewährt werden, ehe endgültig über die Pershing-Stationierung entschieden werden sollte.

Von seiner Struktur her fehlte Schmidt der Glaube an die politische Gestaltungs- und Durchsetzungskraft jenes sozialen Versöhnungswillens, mit dem Willy Brandt die Tür zum Osten geöffnet und sich das Vertrauen Leonid

Breschnews erworben hatte. Schmidt sah vor sich nur das Machtspiel auf dem Raketen-Schachbrett. Und da erschien ihm der Zug mit den Pershings auf das leere Feld Westdeutschland eine logische Antwort auf die russische Bedrohungsposition. Damit hatte er sich bei allem Scharfsinn verrechnet. Denn seine Idee, mit den Pershings würden die Amerikaner unverbrüchliche Partner für die bundesdeutsche Sicherheit, stimmte nicht. Im Gegenteil. Auch das hat Egon Bahr klar enthüllt.

Die später installierten Pershings hätten von deutschem Boden aus acht Minuten gebraucht, um Moskau zu erreichen. Die Russen stellten inzwischen in der DDR moderne Kurzstreckenraketen auf, die in zwei Minuten die Pershings hätten ausschalten können. Ein begrenzter Atomkrieg als Schlagabtausch in Europa wurde also denkbar. Denn die Russen hätten sich mit der Ausschaltung der europäischen Ziele begnügen können, sofern ihre Aufklärung ihnen gemeldet hätte, daß die Amerikaner ihre Interkontinentalraketen noch zurückhalten würden. Also waren später die Pershings in der Bundesrepublik alles andere als eine Garantie für den amerikanischen Beistandsschutz.

Genau dieses Szenario eines auf Europa begrenzbaren Atomkrieges war übrigens das Thema eines Friedenskongresses in Miami, dem ich beiwohnte. Im Gedächtnis ist mir noch haften geblieben, wie mir bei dieser Gelegenheit ein Amerikaner mitfühlend auf die Schulter klopfte und mich fragte, ob ich denn unbedingt in Europa bleiben müsse, denn der Abschreckungsfrieden sei zumindest auf dem alten Kontinent nicht mehr verläßlich.

Aufbau der Friedensärzte-Organisation IPPNW in Deutschland

Die „Ärzte gegen den Atomkrieg" gewannen rasch viele neue Mitstreiter. Die Geschäftsstelle, zwei Jahre lang identisch mit dem Sekretariat des Psychosomatischen Zentrums der Uni Gießen, wurde mit Arbeit überhäuft. Die Mitglieder kamen aus allen medizinischen Fachrichtungen. Ein Blick auf die Folgen von Hiroshima genügte, um die Unmenschlichkeit von Atomwaffen zu begreifen. Bereits die „kleine" Hiroshima-Bombe hatte auf einen Schlag 75.000 Menschen getötet, über 100.000 schwer verletzt. Bald hatten sich gehäuft schwere Erbschäden gezeigt. Mit chronischen Folgekrankheiten waren Anfang der 80er Jahre noch mehr als 300.000 Japaner behaftet. Die Medizin mußte machtlos zusehen. *„Wir werden euch nicht helfen können!"* lautete dementsprechend die Aufklärungsformel der Internationalen Ärztebewegung.

Der Generalsekretär der Vereinten Nationen, Pérez de Cuellar, rief alle Regierungen auf, den *„Wahnsinn und die Immoralität des Rüstungswettlaufs"* zu beenden -vorläufig vergeblich. Beide Supermächte kämpften forciert um die Errichtung eines atomaren Vorsprungs. So sahen nun die Ärzte ihre Aufgabe darin, die Politiker über die öffentliche Meinung zur Abkehr ihrer offiziell als Wahnsinn erklärten Strategie zu drängen.

Auf dem Internationalen Kongreß der Friedensärzte in Cambridge 1982 trafen sich bereits Delegierte aus 31 Ländern, darunter aus den meisten Nato- und Warschauer-Pakt-Staaten. Ich hielt dort den Vortrag *„Über die psychologischen Aspekte der atomaren Bedrohung".* Bedeutende internationale Forscher wie Jonas Edward Salk, der die Kinderlähmungsimpfung eingeführt hatte, und der vielfach ausgezeichnete Psychiater Robert Jay Lifton ent-warfen mit mir zusammen einen *„Neuen ärztlichen Eid"* (*„New Physicians Oath"*), der die Verweigerung der Beteiligung an kriegsmedizinischen Programmen einschloß. Der russische Co-Präsident der IPPNW, Prof. Tschasow, hatte gemahnt, es sei für die Ärzte an der Zeit, die Menschen in Ost und West dazu aufzurufen, sich zusammenzutun, um die Krankheit des Wettrüstens gemeinsam zu kurieren. Wörtlich: *„Im Kampf für diese Grundsätze sollten sich Menschen mit unterschiedlichen Auffassungen, von verschiedenen Nationalitäten und Religionen vereinigen."*

Ende 1982 zählte die westdeutsche Sektion der IPPNW-Ärzte bereits 3.000 Mitglieder. In den nächsten Jahren wurde die Zahl 10.000 überschritten. Ich beteiligte mich mit Vorträgen auf IPPNW-Veranstaltungen u. a. in Washington und Moskau. Mitten im Kalten Krieg in Moskau zu reden, vierzig Jahre nach meinem Einsatz in Hitlers Angriffskrieg am Don und bis kurz vor Stalingrad, das ging mir nahe. Zu meinen Moskauer Zuhörern gehörte Georgij Arbatow, Direktor des Instituts für die USA und Kanada in der Akademie der Wissenschaften, außenpolitischer Berater des ZK. Er kam nach meiner Rede auf mich zu und umarmte mich. Beide hatten wir als 19-Jährige 1942 im gleichen Frontabschnitt gegeneinander gekämpft. Arbatow wurde später ein leidenschaftlicher Unterstützer Gorbatschows.

Im Unterschied zu anderen IPPNW-Ärzten, die vor allem mit den Mitteln der medizinischen Aufklärung über die verheerende Wirkung der Nuklearwaffen gegen die Rüstungspolitik protestierten, widmete ich mich in den eigenen Reden mehr der psychologischen Aufgabe, die Bedrohungs- durch eine Verständigungspolitik zu ersetzen. Der Wille der Menschen, über die Grenzen hinweg friedlich zu kooperieren, sei ebenso zu fördern, wie man anerkennen müsse, daß die Angst vor der horrenden Zerstörungsgewalt der

Wir rufen auf:
Macht alle mit beim Menschennetz –
Friedensaktion am 29. September in Osthessen!

Die Friedensbewegung läßt sich nicht entmutigen. Trotz begonnener Raketenstationierung. Trotz verschärften Wettrüstens. Obwohl die Zeichen auf einen neuen kalten Krieg deuten.

Die Friedensbewegung wird nicht klein beigeben. Es gibt nur eine Alternative zum immer gefährlicheren Spiel mit dem Feuer: der endlosen Folge angeblicher Nachrüstungen muß ein Ende gesetzt werden. Wir brauchen ein Sicherheitskonzept, das statt der Aufrüstungsdynamik die der Abrüstung in Gang setzt.

Für die Ziele der Friedensbewegung sind im Herbst 1983 und bei den diesjährigen Ostermärschen jeweils Hunderttausende Menschen auf die Straße gegangen. Doch die Regierung hat sich mit undemokratischer Arroganz über die Ängste und Sorgen der Bürgerinnen und Bürger hinweggesetzt. Daraus haben wir gelernt: Friede ist nicht als Geschenk einer Obrigkeit zu erwarten, er ist nur noch als gemeinsame Anstrengung der Völker erreichbar.

Die Friedensbewegung wird im Herbst '84 erneut mit vielfältigen gewaltfreien Aktionen und großen Demonstrationen, mit Menschenketten und Kundgebungen, aber auch in zahllosen Aktivitäten "vor der Haustür", in den Städten, Gemeinden, Stadtteilen und Dörfern, am Arbeitsplatz, in Schule, Kirche und Gewerkschaft ihren Protest und ihren Widerstand gegen eine Politik der Kriegsvorbereitung, der Militarisierung, der Naturzerstörung, der Ausbeutung und Unterdrückung der armen Völker deutlich machen.

Die erste große Aktion im Friedensherbst '84 findet im hochgradig militarisierten Osthessen statt. "Fulda Gap. Hier könnte der Dritte Weltkrieg beginnen", so beginnt ein CBS-Film von 1981 über amerikanische Manöver in Osthessen. Am 29. September werden Zehntausende friedensbewegte Bürgerinnen und Bürger aus allen Teilen der Bundesrepublik im "Fulda Gap" ein "Menschennetz" bilden. Diese Großdemonstration will durch die Verbindung von Munitions-, Atom- und Giftgasdepots, Raketenstellungen, Truppenübungsplätzen und Airbases die Dichte der militärischen Infrastruktur in Osthessen aufzeigen und bloßstellen. Das "Menschennetz" stellt eine große Mobilisierungsaufgabe für die gesamte Friedensbewegung dar.

Wir rufen auf: Macht alle mit beim Friedensherbst '84 – im "Fulda Gap" und anderswo! Legen wir ein "Menschennetz" über den Rüstungswahn! Zeigen wir unübersehbar: Die Friedensbewegung gibt nicht auf, solange die Menschheit bedroht ist!

Es rufen auf: Inge Aicher Scholl, Rotis; Pastor Heinrich Albertz, Berlin; Prof. Ulrich Albrecht, Friedensforscher, Berlin; Prof. Hans-Eckehard Bahr, Theologe, Witten; Marie-Luise Beck-Oberdorf, Bundestagsabgeordnete, Pforzheim; Wolfgang Biermann, Bonn; Karola Bloch, Tübingen; Prof. Andreas Buro, Hundstadt; Prof. Carsten Colpe, Berlin; Prof. Helmut Dahmer, Frankfurt; Pfarrer Volkmar Deile, Berlin; Pfarrer Werner Dierlamm, Fellbach; Prof. Walter Dirks, Publizist, Wittnau; Dr. Ingeborg Drewitz, Schriftstellerin, Berlin; Prof. Helga Einsele, Frankfurt; Prof. Rainer Eisfeld, Osnabrück; Prof. Günter Freudenberg, Osnabrück; Brigitte Gollwitzer, Berlin; Prof. Helmut Gollwitzer, Theologe, Berlin; Günter Grass, Schriftsteller, Berlin; Prof. Norbert Greinacher, Theologe, Tübingen; Gerd Greune, Dormagen; Prof. Michael Th. Greven, Marburg; Peter Härtling, Schriftsteller, Mörfelden-Walldorf; Dieter Hildebrandt, Kabarettist, München; Prof. Joachim Hirsch, Frankfurt; Lutz Hochstraate, Schauspieler, Hannover; Dr. Werner Holtfort, Niedersächs. Landtagsabgeordneter, Hannover; Prof. Klaus Horn, Frankfurt; Willi Hoss, Bundestagsabgeordneter, Stuttgart; Dr. Inge Jens, Tübingen; Prof. Walter Jens, Tübingen; Prof. Robert Jungk, Friedensforscher, Salzburg; Prof. Peter Kern, Schopfheim; Petra Kelly, Bundestagsabgeordnete, Bonn; Prof. Arno Klönne, Paderborn; Hans-Ulrich Klose, Bundestagsabgeordneter, Hamburg; Prof. Ulrich Klug, Senator i.R., Köln; Prof. Erich Küchenhoff, Jurist, Münster; Jo Leinen, Bonn; Dr. Alfred Mechtersheimer, Friedensforscher, Starnberg; Prof. Margarethe Mitscherlich, Psychoanalytikerin, Frankfurt; Hanne Narr, Hannover; Prof. Roland Narr, Hannover; Prof. Wolf-Dieter Narr, Berlin; Horst Peter, Bundestagsabgeordneter, Kassel; Pfarrer Wolfgang Raupach, Berlin; Prof. Uta Ranke-Heinemann, Essen; Hans-Georg Rauch, Zeichner, Worpswede; Prof. Horst-Eberhard Richter, Psychoanalytiker, Gießen; Barbara Rütting, Schauspielerin, Hannover; Prof. Jürgen Seifert, Hannover; Horst Sielaff, Bundestagsabgeordneter, Frankenthal; Prof. Ulrich Sonnemann, Gudensberg; Pfarrer Hermann Schäufele, Stuttgart; Präses i.R. Kurt Scharf, Berlin; Dr. Henning Scherf, Senator, Bremen; Dieter Schöffmann, Kassel; Dietmar Schönherr, Schauspieler, Kaiserstuhl; Mariele Schulze-Berndt, Bonn; Dr. Carola Stern, Publizistin, Köln; Christiane Sturm, Bonn; Prof. Klaus Traube, Hamburg; Prof. Ernst Tugendhat, Berlin; Klaus Vack, Sensbachtal; Prof. Marie Veit, Theologin, Marburg, Antje Vollmer, Bundestagsabgeordnete, Bielefeld; Günter Wallraff, Schriftsteller, Köln; Pfarrer Henning von Wedel, Wolfsburg; Gert Weisskirchen, Bundestagsabgeordneter, Wiesloch; Heidemarie Wieczorek-Zeul, Europaparlamentsabgeordnete, Rüsselsheim; Andreas Zumach, Berlin.

An alle Initiativen, Friedensgruppen und einzelne!

Mobilisiert mit allen Kräften zum "Menschennetz" am 29. September im "Fulda Gap!" Organisiert so zahlreich wie möglich Fahrgemeinschaften und Busse! Helft und macht mit, daß das "Menschennetz" zustandekommt, daß wir zu Zehntausenden Friedensstreitern am 29. September im "Fulda Gap" unseren Protest und Widerstand erneut demonstrieren und daß der Friedensherbst '84 mit seiner ersten Großaktion, dem "Menschennetz", einen unübersehbaren Auftakt bekommt.

Nehmt sofort Verbindung auf und meldet euch an (auch weiteres Informationsmaterial erhältlich): Koordinationsbüro "Menschnetz", Ohmstr. 12, 6400 Fulda, Tel. 0661/70828.

Liebe Freundinnen und Freunde, der Friedensherbst '84 erfordert erhebliche Kosten, auch für die zentrale Aufklärung, Mobilisierung und Koordination. Wir wissen, die Arbeit an der Basis kostet ebenfalls viel Geld, und sie hat Vorrang. Aber ohne eure Spenden wird der Schuldenberg des zentralen Koordinationsausschusses der Friedensbewegung größer und der Ausschuß kann seinen organisatorischen Aufgaben nicht in der dringend erforderlichen Weise nachkommen. Schickt eure Spende: Leinen — Sonderkonto "Friedensherbst '84", 5300 Bonn, Postscheckamt Köln, BLZ 370 100 50, Konto-Nr. 276 002-508.

Druckt diesen Aufruf nach und verbreitet ihn massenhaft weiter!

Presserechtlich verantwortlich: Klaus Vack, Senbachtal; Druck: hbo-druck Einhausen

Von Prof. Dr. Dr. Richter mitunterzeichneter Aufruf

nuklearen Arsenale nichts mit Feigheit oder Mangel an Verteidigungsbereit-schaft zu tun habe, sondern eine gesunde Signal-Reaktion gegenüber der Strategie des atomaren Wahnsinns darstelle. Ich beharrte darauf, daß die Dynamik der wechselseitigen atomaren Bedrohung den Erwartungen der meisten Menschen beiderseits des Eisernen Vorhangs widerspreche, die keinen Grund sähen, ideologische Gegensätze mit einer selbstmörderi-schen Gewaltdrohung zu verbinden.

Bereits 1983 bildeten die Ärzte die zahlenmäßig stärkste Friedensorgani-sation innerhalb einer Bewegung, an der in Westdeutschland verschiedene Gruppierungen aus dem christlichen Lager, aus den Gewerkschaften, der Wissenschaft und verschiedenen linken Vereinigungen teilnahmen. Auch innerhalb der Bundeswehr hatte sich ein Friedenskreis mit einem Förder-verein gebildet, dem ich später eine Zeit lang vorstand. Ende Juli 1983 mel-dete das Bielefelder Emnid-Institut, daß die Gegner des Nato-Doppelbe-schlusses (der die Aufstellung atomarer Mittelstreckenraketen in der Bundesrepublik vorsah) erstmalig die Befürworter überholt hatten. Sollten die bevorstehenden Abrüstungsverhandlungen in Genf keinen Erfolg haben, wollten 75 Prozent der Westdeutschen, daß auf jeden Fall weiter verhandelt werde und keine Atomraketen in der Bundesrepublik aufgestellt würden - ein ermutigender Erfolg der Kampagne.

Nobelpreis 1985 an die Friedensärzte IPPNW - Bonner Rufmordkampagne

Nachdem Helmut Kohl im September 1982 Helmut Schmidt als Kanzler abgelöst hatte, stand die Aufstellung von Mittelstreckenraketen in der Bundesrepublik nicht mehr in Frage. Brandts und Bahrs Versuche einer vor-sichtigen Ost-Annäherung waren Vergangenheit. Hatte sich Schmidt über die Friedensbewegung immerhin noch Gedanken gemacht, auch wenn diese ihm nicht paßte, so sah Kohl auf sie wie auf die Ungezogenheit undisziplinierter Kinder herab. Die ideologische Abwehr überließ er seinem Generalsekretär Heiner Geißler, der die Unverfrorenheit aufbrachte, die Atomraketen mit der Bergpredigt zu versöhnen. Umso kämpferischer rühr-ten sich fortan die Friedensbewegten. Es reichte uns nicht mehr, mit hun-derttausenden Teilnehmern im Bonner Hofgarten zu demonstrieren. Wir wollten unseren Widerstand fühlbarer machen. Nach Stationierung der Raketen versammelten wir uns im Spätsommer '83 vor Raketenbunkern und Kasernen, ließen uns von der Polizei wegtragen und wegen Nötigung anzeigen. Ich war mit den IPPNW-Ärzten, manchmal mit Bergrun und zwei Enkeltöchtern, regelmäßig dabei. Einmal marschierte die Ärzte-Organisation in weißen Kitteln mit schwarz getünchten Holzkreuzen zum Raketenhügel in Mutlangen hinauf.

Das dortige Raketenlager wurde zum Treffpunkt unübersehbarer Scharen, zusammengewürfelt aus zahlreichen Organisationen - Linken, Liberalen, Grünen, abgeschobenen Friedensprotestanten aus der DDR, Ärzten, Naturwissenschaftlern, Juristen, Journalisten, Schriftstellern - darunter Robert Jungk, Heinrich Böll, Günter Grass. Auch Politiker von Rang blockierten mit, an der Spitze Oskar Lafontaine. Im Fernsehen erschienen diese Demonstrationen eher teils als wunderliche Wallfahrten, teils als aufrührerische Spektakel, zumal da es immer wieder Chaoten aus der autonomen Szene verstanden, am Rand gewaltträchtige Krawalle aufzuführen.

Unterdessen erntete die Ärztebewegung mit ihren blockübergreifenden Veranstaltungen weltweit immer höhere Aufmerksamkeit. Gerade weil die Bevölkerung in den Ostblockländern die eigenen Ängste und Friedensforderungen nicht offen artikulieren konnte, nahm sie mit besonderer Spannung auf, was ihr über die international organisierten Ärzteveranstaltungen zu Gehör kam. Die Bewegung griff auf Afrika, Asien und Lateinamerika über. Ob es nun unsere Aufklärungserfolge waren oder ob das Nobelpreis-Komitee eher unserer Idee weiteren Auftrieb geben wollte oder ob es beides im Sinne hatte - es verkündete: Der Friedensnobelpreis 1985 geht an die Ärzteorganisation IPPNW.

In der Bundesrepublik war der Teufel los. Kohl fluchte. Heiner Geißler waltete seines Amtes als Exorzist: Eine Schande sei es, daß die Wahl diese fragwürdige Ärzteorganisation getroffen habe. Dies sei eine *„Verwirrung der Begriffe und eine Desorientierung der Werte"*. Die IPPNW-Ärzte und ihre Preisverleiher seien gemeinsam Weltverschwörer gegen das christliche Abendland. Damit noch nicht genug. Den nächsten Friedensnobelpreis müßten die Bundeswehr und die Nato verliehen bekommen.

Ich war tagelang damit beschäftigt, dieser Rufmordkampagne in den Medien entgegenzutreten. Damals hatte der Pazifismus bei den wichtigsten Sendern und Magazinen noch genügend Sympathisanten, die Geißler nicht folgten, vielmehr dessen Attacken polemisch aufs Korn nahmen. Einen sensiblen Punkt hatte der CDU-Generalsekretär allerdings herausgefunden, aus dem er seine Entrüstung schöpfen zu können meinte. Zwölf Jahre zuvor war der Kardiologe Tschasow - inzwischen Co-Präsident der IPPNW - einer von 25 Kollegen gewesen, die einen Brief unterschrieben hatten, in dem es hieß: „*Wir sowjetischen Mediziner fühlen uns beleidigt durch das Verhalten des Akademie-Mitglieds a. D. Sacharow.*" Der Physiker Sacharow, Vater der sowjetischen Wasserstoffbombe, hatte 1973 dem Westen geraten, der Sowjetunion eine Entspannungspolitik nur dann anzubieten, wenn diese ihr System demokratisiere. Damit hatte er sich anhaltende Repressalien zugezogen, die 1980 in seiner Verbannung in ein Zwangsexil in Gorki gipfelten. Als 72 sowjetische Wissenschaftler 1975 Sacharow erneut kritisierten, schloß Tschasow sich nicht mehr an, auch nicht 1980, als das Präsidium der Akademie der Wissenschaften und 1982, als 21 sowjetische Gelehrte Erklärungen gegen Sacharow veröffentlichten. 1975 hatte das Osloer Komitee eben diesen Menschenrechtler Sacharow selbst mit dem Friedensnobelpreis ausgezeichnet und hätte sich gewiß 1985 der Vergabe an die IPPNW enthalten, wenn es an der Integrität des Co-Präsidenten gezweifelt hätte - nach den üblichen zweijährigen Recherchen, die der Preisträgerwahl vorauszugehen pflegen.

Auf einem Landesparteitag der CDU faßten die Delegierten nun auf Vorschlag von Ministerpräsident Bernhard Vogel einstimmig eine Resolution gegen die Nobelpreis-Entscheidung, und Kanzler Helmut Kohl war sich nicht zu schade, einen wütenden Protestbrief an den Vorsitzenden des Osloer Nobelpreiskomitees Egil Aavik zu schicken. Der konnte sich nicht verkneifen, vor der Weltöffentlichkeit daran zu erinnern, daß es schon einmal einen deutschen Kanzler gegeben habe, der gegen eine Entscheidung des Komitees protestiert habe: nämlich Adolf Hitler im Falle der Auszeichnung Carl von Ossietzkys, der im KZ geendet war. Aavik verwahrte sich entschieden gegen die blamable Intervention Kohls.

Wanderer zwischen den Fronten in einer paranoiden Welt

Wanderer zwischen den Fronten, in einer solchen Position habe ich mich auch später wiederholt befunden. In einem hoch aufgeladenen Spannungsfeld kann man Menschen und Organisationen, die sich nicht in das offizielle Feindschaftsverhältnis einordnen, sondern sich hartnäckig für Brückenbildung und Verständigung einsetzen, schwer ertragen, weil sie eine Haltung gefährden, die man mit dem Unwort Kampfmoral benennt - als hätte die Gewaltbereitschaft gegen einen Feind etwas mit Moral zu tun. Wer die Verfeindung in einem Kalten Krieg nicht mitmacht, wird von beiden Kontrahenten als Agent jeweils der Gegenseite zugeschlagen, weil man durch ihn eine Aufweichung der eigenen Haß-Front befürchtet. Die offizielle Strategie jener Jahre beruhte ja auf der Unterstellung, daß jede Seite im Ernstfall von ihren Atomwaffen rücksichtslos Gebrauch machen würde. Die Abschreckung durfte also nicht nur vorgetäuscht sein. Dem Pazifismus Raum zu geben, hätte bedeutet, die Glaubwürdigkeit der eigenen Kriegsbereitschaft zu untergraben, also die Gegenseite zum Angriff herauszufordern. Nach dieser perversen Logik mußte man daher beiderseits den Pazifismus als Feind der eigenen Sicherheit fürchten und bekämpfen.

Als psychoanalytischem Psychiater war mir diese pathologische Dynamik bestens bekannt. Im Mikroformat findet man solche Konstellation im Typus der „Festungsfamilie", wie ich sie in „Patient Familie" anhand von Beispielen beschrieben habe. Keiner aus der Familie darf sich mit Leuten einlassen, gegen die man sich gemeinsam in Argwohn verschworen hat. Wer ausschert, wird zum Sicherheitsrisiko, so wie Sekten und andere fundamentalistische Gruppen jeden unter äußersten Loyalitätszwang setzen, der auch nur einen Schritt aus der Gemeinschaft herauswagt. Das Paranoid in Familien oder Sekten läßt sich noch verhältnismäßig leicht diagnostizieren, weil es sich auf Minderheiten beschränkt, die sich von der Allgemein-heit abheben. Anders ist es, wenn diese Distanz wegfällt, wenn also die wahnhafte Störung etwa den Großteil einer Bevölkerung erfaßt und noch dazu mit gezielter Propaganda von oben her geschürt wird. Dann entfaltet der regressive Argwohn einen gefährlichen Sog und löst bei sehr vielen eine Art von Unterwerfungszwang ähnlich wie beim Milgram-Experiment aus, was auf eine tiefliegende Anlage zu entsprechender atavistischer Regres-sion schließen läßt. Die solidarisierte Kampfgemeinschaft, die von einem bestimmten Punkt an nichts anderes mehr kennt, als sich gegen die verfolgende feindliche Macht zu wappnen und jeden zu verfluchen und zu ächten, der sich dieser Polarisierung entzieht, bildet sich mit einer unheimlichen Automatik heraus - vielleicht als Relikt aus der Frühgeschichte der Menschheit, als die einzelnen nur in bedingungslosem Zusammenschluß zur Kampfhorde überleben konnten.

Daß es sich bei derartigen paranoiden Massenphänomenen um pathologische Entgleisungen handelt, läßt sich unter anderem daran erkennen, daß sie nach ihrem Abklingen den Einzelnen wie unwirklich erscheinen. So wollten zum Beispiel die Menschen im Westen nach Gorbatschows Versöhnungserfolg gar nicht mehr wahrhaben, daß sie eben noch innerhalb einer Massenströmung an die Bedrohung durch einen unwandelbaren Moskauer Weltfeind geglaubt hatten. Das war bei vielen nicht nur taktische Verleugnung aus Scham, sondern die Unfähigkeit, sich rückblickend in eine Verfassung zu versetzen, in der sie sich von sich selbst entfremdet hatten. Es ist das Gefühl: Es war nicht das eigene Selbst, das so etwas mitgemacht hat. Man hat sich hinreißen lassen, war wohl von der Rolle, ist auf etwas reingefallen, war vermindert zurechnungsfähig. Das kann genauso ehrlich sein, wie sich Psychotiker nach ihrer Regeneration häufig nicht mehr in ihre ehemalige kranke Verfassung einfühlen können.

Die Anfälligkeit für solche atavistische Regressionen wird durch ihre Etikettierung als psychopathologisch keineswegs in ihrer Gefährlichkeit gemindert. Ganz im Gegenteil. Sie erfordert besondere Wachsamkeit, weil sie eine allgemein verbreitete psychologische Schwachstelle darstellt, die immer wieder zur militanten Verhetzung von Gruppen oder Massen ausgenutzt werden kann.

Natürlich war auch die Friedensbewegung der 80er Jahre in Teilen von paranoider Stimmung miterfaßt, vor allem in jenen Gruppierungen, die sich in ihren Protestaktionen auf eine Art Gegenparanoid stützten: Ihr Weltfeind waren die Amerikaner mit Ronald Reagan an der Spitze. Sie engagierten sich Seite an Seite mit den aus Moskau und Ostberlin gesteuerten Genossen und machten es den unabhängigen ärztlichen, christlichen und humanistischen Organisationen nicht immer leicht, die ehrlich zwischen den Fronten für eine Überwindung der Verfeindung bzw. für ein Durchbrechen des wechselseitigen Bedrohungszirkels kämpften.

Die Immunschwäche gegenüber dem Virus der paranoiden Störung ist eine Sache. Eine andere ist die Bereitschaft von demagogisch begabten Politikern, diese Immunschwäche gezielt auszunutzen. So war es Heiner Geißler wie Kanzler Kohl natürlich völlig klar - sie kannten ja die Geheimdienstberichte -, daß die Ärztebewegung mitnichten *„im Vorfeld erkannter kommunistischer Front-Organisationen"* tätig war. Aber Geißler wußte, daß er mit dieser Unterstellung die Bewegung und ihre führenden Repräsentanten in Verruf bringen konnte. Also zögerte er keinen Augenblick, die in jener Zeit frei flottierenden Verfolgungsängste in der Bevölkerung an der IPPNW festzumachen.

Ich erlebte die Auswirkung in einem tragikomischen Szenario. Der SPD-geführte Magistrat meiner Wohnstadt Gießen bescherte mir nach der Nobelpreis-Verleihung die Gunst, mich in das Goldene Buch der Stadt eintragen zu dürfen. Die CDU-Opposition, geführt vom späteren Landtagspräsidenten Möller, wollte diese Schande nicht mit ansehen und zog, als der Akt vollzogen wurde, demonstrativ als Geste der Ächtung aus dem Saal aus. Dafür konnte ich mich über die herzlichen Glückwünsche von Willy Brandt freuen. Übrigens hatte im Jahr der Preisverleihung bereits jener Michail Gorbatschow in Moskau sein Amt als Generalsekretär der Partei angetreten, eben der Mann, der bald darauf den Humanisten Sacharow aus seinem Zwangsaufenthalt in Gorki befreien und dafür sorgen sollte, daß dieser im Rahmen einer Stiftung mehrere bedeutende internationale Menschenrechtsprojekte in Gang setzen konnte. Daß ich persönlich mit Sacharow bis zu dessen Tode in eben dieser Stiftung zusammenarbeiten konnte, davon wird noch die Rede sein.

Warum Jakob Altaras, Bergrun und ich die „neue Auschwitzlüge" unerträglich finden

Ostermorgen um sieben Uhr meldet sich der 80-jährige Professor Jakob Altaras am Telefon, Vorsitzender der jüdischen Gemeinde in Gießen, emeritierter Radiologe an der hiesigen Universität. Noch unmittelbar vor dem Kosovo-Krieg hatten wir beide lange mit unseren Frauen in der kleinen schönen Synagoge zusammengesessen, die in einem Nachbarort erhalten geblieben und, nach Gießen verbracht, anstelle der dort zerstörten wieder aufgebaut worden war. Warum aber der Anruf?
„*Lieber Herr Richter, Sie müssen mit Ihrem Freund Oskar Lafontaine, der ja nichts mehr zu tun hat, die Friedensbewegung wieder zusammenrufen! Dieser wahnsinnige Krieg muß sofort gestoppt werden!"*
Dabei wäre Jakob Altaras doch genau einer von den Juden, die sich, wäre Fischers Auschwitz-Argument stichhaltig, darin wiederfinden sollten. Vier Jahre hatte er in der Partisanenarmee Titos gegen die Deutschen gekämpft. Vierzig jüdische Kinder verdankten ihm ihre Rettung, weil er sie - nach Bestechung eines italienischen Offiziers - mit einem Fischerboot nach Italien in Sicherheit gebracht hatte. Im Auftrag der jüdischen Organisation Delasem schmuggelte er sich in das KZ Rab ein, um dort internierte Juden vor der Deportation zu retten - eine neben anderen lebensgefährlichen Widerstandsaktivitäten, für die man ihm zu Ehren in Israel einen Hain gepflanzt hat. Also das ist der Mann, den jetzt der Jugoslawienkrieg so aufregt, daß er sich überall einfindet, wo zum sofortigen Stopp des Bombardements aufgerufen wird. Bei diesen Gelegenheiten treffen wir in den nächsten Wochen immer wieder zusammen. Altaras denkt immer noch an die Nazi-Greuel in Serbien, die deutschen Massenmorde an unschuldigen Geiseln im Partisanenkrieg. Muß man da noch fragen, warum diesem Mann davor graust, daß die neuen politischen Führer des Tätervolkes sich wie selbstverständlich lauthals auf dessen Opfer berufen, um Serbien mit Krieg heimzusuchen? Aber warum fühle ich mich selbst diesem Altaras nahe? Ich habe im Hitler-Krieg auf der Täter-Seite gekämpft, allerdings nicht in Serbien. Aber mit

welchen brutalen Racheaktionen die Deutschen den serbischen Partisa-
nen-Widerstand zu brechen versuchten, wußte ich aus Zeugenberichten und
offiziellen Nachrichten. Auch die Bombardierung Belgrads ist noch in meinem Kopf. Daß meine Landsleute nun auf den Gedanken kommen, einen
neuen militärischen Angriff gegen ein von ihnen noch kürzlich überfallenes
Volk ausgerechnet mit dem größten von ihnen selbst angerichteten
Verbrechen zu rechtfertigen, läßt mich schaudern. Ich frage mich: Was ist
das nur für eine Generation, die diese moralische Perversion fertig bringt?
Dankbar bin ich dafür, daß meine Kinder, etwa gleichaltrig mit den neuen
rot-grünen Regierenden, deren Kriegspropaganda nicht erlegen sind.
Es ist offenbar ein gewichtiger Unterschied, ob die Bilder des Hitler-Krieges
mit seinen verbrecherischen Exzessen noch in der persönlichen Erinnerung
brennen oder nur indirekt vermittelt sind. Da macht es schon eine wichtige
Differenz aus, ob einer Anfang oder Ende der 20er Jahre geboren ist. Erst
recht klafft ein geistiger Abstand zwischen den Kriegsteilnehmern und der
68er-Generation. Dabei frage ich mich neuerdings, ob ich es tatsächlich so
verwunderlich finden soll, daß viele jener Alt-Revolutionäre nun in der
ersten Reihe der Kosovo-Krieger marschieren. Bedeutet das wirklich einen
erstaunlichen Wandel, wie es oft heißt, oder nicht viel eher ein Stecken-
bleiben und nur eine Verschiebung des ödipalen Hasses von den imperialistischen Amerikanern auf die schurkischen Serben? Sind sie nicht immer
noch die alten pubertären Rächer, die nunmehr von hohen Ämtern aus
lediglich ihren alten revolutionären Kampf weiterführen, wofür sie als
Bundesgenossen anstelle der unterdrückten Klasse nun die unterdrückten
Kosovaren und als Repräsentanz des urbösen Vaters anstelle der USA
Milosevic ausgeguckt haben?
Bergrun und ich betrauern die Entfremdung von den einstigen Pionieren
der ökopazifistischen Bewegung. Lange hatten wir uns wie deren ältere
Geschwister gefühlt und diesen auch zugetraut, daß sie für ihre Verspre-
chen in der Opposition, erst recht im Falle des Eintretens in die Verantwortung verbindlich einstehen würden. Nun dieses Versagen, verschleiert
durch mehr oder weniger glänzende Rhetorik, die begründen will, warum
das Zerstörungswerk der Hitler-Generation in Serbien ausgerechnet von
ihren Nachfahren, noch dazu unter Verweis auf Auschwitz, fortgesetzt werden soll. Aber da melden sich nun alte Holocaust-Überlebende mit einer
ganzseitigen Anzeige in der Frankfurter Rundschau zu Wort. Sie protestieren energisch gegen „die neue Auschwitzlüge". Recht haben sie.

Für Bergrun ist es genauso selbstverständlich wie für mich, gegen den Krieg
zu demonstrieren. Je deutlicher wird, daß die täglich verschärften Bom-

ben- und Raketenangriffe vor allem die serbische Bevölkerung und kaum militärische Ziele treffen, umso mehr wächst unserer beider Empörung. Deutsche Kampfflieger gegen Brücken, gegen die Strom- und Wasserversorgung der Städte - eine Barbarei, wie sie Hitler einst mit seinen Städte-Bombardements in Holland und England begonnen hatte. Nato-Kommuniqués wie Wehrmachtsberichte, genauso zynisch verlogen wie jene. Bergrun hält mit den „Gießener Frauen für den Frieden" im belebtesten Teil der Giessener Fußgängerzone Mahnwachen ab. Auch Vertreterinnen der „Evangelischen Frauenhilfe" sind dabei. Schon lange betreut diese Frauengruppe in Kroatien ein Lager für bosnische Flüchtlinge, wo vor allem heimatlos gewordene alte Frauen zu versorgen sind. Auch unter den Gießener Friedensfrauen, die seit 1981 aktiv sind, überwiegen die Jahrgänge, die noch den Hitlerkrieg im Kopf haben. Alle sehen sie in der deutschen Beteiligung an dem völkerrechtswidrigen Angriffskrieg in Jugoslawien einen furchtbaren Rückfall in ein militärisches Denken, gegen das sie auf der Straße und in Veranstaltungen unbeirrt protestieren. Sie wollen schlicht Zeugnis dafür ablegen, daß ihre persönliche Nazi-Erinnerung sie genau gegen eine Politik in Rage bringt, die wieder Krieg als Ersatz für rechtzeitige und energische politische Kriseninterventionen sucht. Volker Trunk von der Frankfurter Rundschau, der eine ihrer Mahnwachen besucht, schreibt anschließend über die Frauen: „Die Mischung aus Alter, Kompetenz und Unaufgeregtheit verleiht der Gruppe eine eigentümliche Aura. Es wirkt würdevoll, wie die Frauen im Halbkreis stehen, stumm vor entzündeten Kerzen."

*

Der vorstehende Beitrag von Horst-Eberhard Richter ist eine Zusammenstellung von Exzerpten aus seinem im Frühjahr 2000 im Verlag Kiepenheuer & Witsch in Köln erschienenen autobiographischen Buch „Wanderer zwischen den Fronten. Gedanken und Erinnerungen".
Wir bedanken uns beim Verlag Kiepenheuer & Witsch für die freundliche Genehmigung zum Nachdruck.

Rainer Kah

Zur Geschichte der Ortsgruppe Gießen des Kommunistischen Bundes Westdeutschland (KBW)

Es mag vielleicht verwundern, in einer Aufsatzsammlung über die alternative Bewegung einen Text über die Geschichte einer Ortsgruppe des Kommunistischen Bundes Westdeutschlands zu finden, war der KBW doch ein Teil der sog. dogmatischen Linken, die sich durchaus in Widerspruch zur den sog. „Alternativen" befand und mithin versuchte, Teile der „Alterna-tiven Bewegung" zu instrumentalisieren.

Der KBW war jedoch unbestreitbar Teil einer Erbschaft der 68er, aus der sich heraus auch die anderen Strukturen der Neuen Linken entwickelt haben. Gewissermaßen als Antipode zur Spontaneistischen Bewegung (Basisgruppen, Anarchisten ...) und der sich später entwickelnden Bürgerrechtsbewegung und den Neuen Sozialen Bewegungen (Anti-AKW-Bewegung, Startbahn-West, Bürgerinitiativen ...) ist die Betrachtung des dogmatischen Teils der Bewegung dennoch von Interesse, hat doch dieser Teil eine gewisse Faszination auf große Teile der linken Bewegung ausgeübt. In der Hochphase des KBW betrug die Auflage des Zentralorgans des KBW, der Kommunistischen Volkszeitung (KVZ), immerhin 48.000 Exemplare, die Auflage des Programms des KBW erreichte Millionenhöhe.

Obwohl seit der Auflösung des KBW erst knapp zwanzig Jahre vergangen sind, vermittelte das Studium des Archivmaterials das Empfinden, in eine völlig andere Zeit einzutauchen. Ein anderer Sprachstil, ein Politjargon, der eher an die Weimarer Zeit als an die 70er und 80er Jahre erinnert und die kämpferische Selbstgewißheit des KBW, Inhaber der richtigen politischen Linie zu sein und eine historisch-politische Mission zu erfüllen, machen im folgenden Text einige Erläuterungen zum besseren Verständnis notwendig.

Selbstverständnis und Ziel: zwei Zitate aus dem Programm des KBW

„Die westdeutschen Kommunisten betrachten sich als eine Abteilung der Weltarmee des Proletariats. Sie verfolgen dasselbe Endziel, das die Kommunisten aller Länder anstreben: die klassenlose Gesellschaft, die mit der Ausbeutung im inneren der Nationen auch die feindlichen Gegensätze zwischen ihnen überwinden wird. Dieses Endziel ist bestimmt durch den Charakter der kapitalistischen Gesellschaft und den Gang ihrer Entwicklung." [1]

„Unerläßliche Voraussetzung dieser sozialen Revolution ist die Zerschlagung des bürgerlichen Staatsapparates und die Errichtung der proletarischen Diktatur, d.h. die Eroberung der politischen Macht durch das Proletariat und ihre Ausübung in einer solchen Form, die es ihm ermöglicht, auf der Basis umfassender und direkter Demokratie für die arbeitenden Massen den Widerstand der Ausbeuter bei der Vollendung der sozialen Revolution zu brechen. Solange die Bourgeoisie über bewaffnete Formationen zur Verteidigung des kapitalistischen Eigentums verfügt, wird das Proletariat die politische Macht mit Waffengewalt erkämpfen müssen." [2]

Ideologische Hintergründe

Schon personelle Kontinuitäten machen auf die Wurzeln des KBW aufmerksam. So hat der spätere Sekretär des Zentralen Komitees des KBW etwa im Jahre 1969 in einer Dokumentensammlung über den Pariser Aufstand 1968, dem damaligen linken Zeitgeist entsprechend, geschrieben: *„Die russische Revolution ist an der Tatsache gescheitert, daß sie sich nicht unmittelbar nach Europa fortsetzen konnte und daß damit ihrem Aktionsradius auch im Innern enge Grenzen gesetzt wurden. Die revolutionäre Theorie verfestigte sich zur Ideologie des Sozialismus in einem Land. Diese Ideologie ... verhindert nicht nur, die wirklichen Revolutionen in den Ländern der dritten Welt tatkräftig zu unterstützen, sondern erst recht, die revolutionären Möglichkeiten in den kapitalistischen Metropolen auch nur zu sehen."* [3] Mit der Ablehnung des „traditionellen" (russischen) Weges zur kommunistischen Gesellschaft und damit „traditionellen" Parteien wie der KPF oder der DKP und der durch den Pariser Mai scheinbar offenen revolutionären Situation in den Metropolen und der Möglichkeit von „wirklichen" Revolutionen in den Ländern der dritten Welt, wurde ein Kennzeichen der Neuen Linken offenbar, das dem damaligen Vokabular entsprechend, mit „revolutionärer Ungeduld" beschrieben werden könnte.

Das Scheitern der russischen Revolution allerdings wurde später von den sog. K-Gruppen zeitlich zurückverlegt in die 50er Jahre nach dem Ableben von Stalin und dem Beginn der Chrustschow-Ära.

Seitens der „Neuen Linken" machte lediglich der KABD den Versuch einer historischen Erklärung. Willi Dickhut beschieb die Veränderungen der Politk der KPdSU nach den XX. Parteitag (Verurteilung Stalins durch Chrustschow) bis zu dem XXII. Parteitag als revisionistischen Staatsstreich.[4] Von Seiten des KBW fehlte eine Analyse vollständig. Im Grunde bedeutete insbesondere dieser Punkt ein Zurückfallen hinter eine alte Diskussion der Linken in der Weimarer Republik. Schon damals wurde eine vom linken Standpunkt aus fundierte Kritik an den Zuständen im revolutionären Rußland nach der Oktoberrevolution formuliert. Lenin sah sich genötigt, auf diese Kritik in seinem Buch „Der 'Linke Radikalismus', die Kinderkrankheit im Kommunismus"[5], zu antworten. Zu diesem Werk Lenins führte der KBW Gießen im Oktober 1977 eine Schulung (nach heutigem Sprachgebrauch ein Seminar) durch.[6] Die Kritik der Linken aus der Weimarer Zeit wurde von den 68ern in zahlreichen neu aufgelegten Publikationen neu thematisiert.[7]

Der Verdacht liegt nahe, daß das Fehlen einer fundierten historischen Kritik der Geschichte der KPdSU eher anderen Ursachen, und zwar den außenpolitischen Bedürfnissen Chinas und dem ideologischen Alleinvertretungsanspruch (der sog. Mao Tse Tung-Ideen) der KP Chinas geschuldet war. Damit jedoch war einer Wiederholung der (Parteien-) Geschichte als Farce Vorschub geleistet. Mit diesem Defizit in der Theoriebildung waren schwerwiegende praktische Folgen angelegt. Die Ausschaltung der innerparteilichen Opposition[8] wurde durch das Prinzip des „demokratischen Zentralismus" erleichtert (damit waren spätere organisatorische Spaltungen vorprogrammiert) und der wenig glimpfliche Umgang mit dem politischen Gegner sind Teile dieses politischen und moralischen Determinismus.

Der KBW wurde 1973 gegründet und war damit als Parteigründung die letzte der sogenannten K-Gruppen. Die erste Nummer der Zeitung des KBW, die Kommunistische Volkszeitung (KVZ), erschien im Juli 1973 und erschien zunächst in unregelmäßiger Abfolge, nach einigen Nummern in zweiwöchentlichem Rhythmus.

Als erste Parteigründung der Linken nach dem KPD-Verbot 1956 in Westdeutschland erfolgte die Gründung der DKP (der Sowjetunion nahestehend, damit im Sprachgebrauch der K-Gruppen dem revisionistischen Flügel der traditionellen Linken zugehörig). Danach gründeten sich im Lager der sogenannten neuen Linken, der Sowjetunion kritisch gegenüberstehend, die KPD/ML, die KPD, der KABD (später in MLPD umbenannt) und der KB. Mit der Gründung des KBW wurden verschiedene lokale kommunistische Gruppen zusammengefaßt und damit im wesentlichen die Sammlungsbewegung innerhalb der dogmatischen Linken abgeschlossen. In der Gründungserklärung des KBW vom 12.6.1973 wurde zunächst der Kreis der beteiligten Gruppen, sowie die grundlegenden Absichten des KBW kurz skizziert.

Mit dieser Skizzierung werden sogleich einige der grundlegenden Probleme der Neuen Linken offenbar: das Avantgarde-Bewußtsein (die sogenannte revolutionäre Vorhut der Arbeiterklasse) und der Dogmatismus gegenüber dem Rest der Linken, mit der der KBW das Sektierertum in einer neuen Qualität von der lokalen auf die bundesweite Ebene hob.

„Delegierte des Bundes Kommunistischer Arbeiter Freiburg, des Kommunistischen Bundes Bremen, Göttingen, Osnabrück und Wolfsburg sowie der Kommunistischen Gruppe (NRF) [Neues Rotes Forum, d.A.] Mannheim/Heidelberg, haben mit Verabschiedung von Programm und Statut, der Beschlußfassung über die wichtigsten taktischen Fragen und der Wahl einer zentralen Leitung den Kommunistischen Bund Westdeutschland (KBW) gegründet. ... Der Kommunistische Bund Westdeutschland sieht seine Aufgabe darin, die klassenbewußten Arbeiter und Revolutionäre aus anderen Teilen des Volkes zusammenzuschließen und so die Voraussetzungen für die Neugründung der Kommunistischen Partei in Westdeutschland zu schaffen. In den Kämpfen der Arbeiterklasse und des Volkes setzt er seine ganze Kraft daran, sie zu organisieren, über ihren Inhalt aufzuklären und zum Sieg über die Bourgeoisie und ihren Staat zu führen. ... Innerhalb dieser Bewegung [der westdeutschen kommunistischen Bewegung, d.A.] verfolgt der Kommunistische Bund Westdeutschland das Ziel, das von ihm beschlosssene Programm und die von ihm für richtig erkannte Linie durchzusetzen, um alle Kommunisten auf dieser Grundlage zur einheitlichen Partei zusammenzuschließen." [9]

Auf der Gründungskonferenz anwesend waren außerdem Gastdelegierte verschiedener kommunistischer Gruppen (insgesamt 20), darunter die Kommunistische Gruppe Wetzlar. Aus Gießen selbst gab es keine Gastdelegation, die Gründung der Sympatisantengruppe Gießen des KBW erfolgte erst später aus der KSO (Kommunistische Studentenorganisation) heraus.

Die Gießener Ortsgruppe - Analyse der Lebensverhältnisse in Gießen

Die Sympathisantengruppe Gießen des KBW ist im Februar 1974 gegründet worden. Ziel war eine Sammlung der *„fähigsten Studenten und werktätigen Intellektuellen"* in der Sympathisantengruppe (SG). Im ersten Rechenschaftsbericht der Leitung der Sympathisantengruppe Gießen (bis zur Anerkennung als vollwertige Ortsgruppe des KBW sollte noch einige Zeit verstreichen) an die erste ordentliche Delegiertenkonferenz im März 1975 wird nach einer kurzen „Analyse der Lebensbedingungen in Gießen" über „die Lage im Klassenkampf in Gießen" folgendes ausgeführt:

„Die Lebensverhältnisse der Massen sind vor allem bestimmt durch die Arbeitsbedingungen in den Fabriken, die Wohnsituation, die Lage in der Ausbildung und im Gesundheitswesen. Über die Verhältnisse in den Fabriken sind unsere Kenntnisse sehr gering." [10] Im folgenden wird ausgeführt, daß die Verhältnisse in den Fabriken durch die derzeitige Krise geprägt seien, in der Region Gießen über 9.000 Menschen ohne Arbeit seien und ebenso viele kurzarbeiten müssen. Obwohl die Arbeitsproduktivität angestiegen war, sei es in Gießen zu einer überdurchschnittlichen Verschlechterung der sozialen Lage der Arbeiterklasse und des Volkes gekommen.[11]

Auch die Wohnsituation habe sich zusehends verschlechtert, Mietwohnungen seien zerstört worden für Kaufhäuser und Parkflächen. Durch das verstärkte Verkehrsaufkommen habe sich die Bedrohung für die Gesundheit verschärft.

„Das Volksbildungswesen verrottet immer mehr. .... Die Klassen werden nicht kleiner, sondern größer. Unterrichtsmaterial fehlt an allen Ecken. Gleichzeitig werden 120 Lehramtsanwärter in Gießen nicht eingestellt." [12]

Im Gesundheitswesen sei eine ausreichende Versorgung der Patienten in den Kliniken nicht mehr sichergestellt.

Auch die Lage der 15.000 Studenten an den Gießener Universitäten sei durch eine ständige Verschlechterung ihrer Ausbildung geprägt. Die Beschreibung der Situation in Gießen führt im Rechenschaftsbericht des KBW zu dem Schluß, daß die Lage der „Arbeiter- und Volksmassen in Gießen" Beweise in Fülle liefere, „daß die kapitalistische Gesellschaft und die ihr zugrunde liegende Produktionsweise keineswegs in der Lage ist, den Arbeitern und dem Volk eine gesicherte Existenz zu gewähren." [13]

Die Gießener Arbeiterklasse und die Arbeit der Gießener Ortsgruppe des KBW

Dem Rechenschaftsbericht zufolge sei die Arbeiterbewegung in Gießen noch stark zersplittert und ideologisch weitgehend unter dem Einfluß der bürgerlichen Politik. Dennoch habe sich gezeigt, daß die Arbeiterklasse die führende Kraft sei, die Kraft habe, die Kapitalistenklasse und deren Staat zu zerschlagen. Die Arbeiterbewegung habe zwar in Auseinandersetzungen mehrere Niederlagen hinnehmen müssen und der KBW habe in diesen Auseinandersetzungen keinen fühlbaren Einfluß nehmen können. Es seien jedoch Erfahrungen gemacht worden, die weitere Klarheit darüber schaffen würden, „daß von den Kapitalisten und ihrer Regierung nichts zu erwarten ist." [14] Die Stadtregierung in Gießen sei durch Beteiligung in den städtischen Unternehmen direkt an der Ausplünderung der Volksmassen beteiligt. Diese Personifizierung des politischen Übels führte 1977 in der Bezirksbeilage Mittelhessen zur Kommunistischen Volkszeitung zu einem kaltschnäuzigen Nachruf auf den verstorbenen Oberbürgermeister Wilhelm Runtsch. Dort hieß es: „Der Oberbürgermeister der Stadt Lahn Wilhelm Runtsch ist gestorben. Mit diesem Tod hat die Bourgeoisie einen Verlust zu beklagen. ... Im Gewande des Biedermannes schien er der Bourgeoisie der geeignete Mann zu sein, das Programm des Wachstums der Profite gegenüber der Arbeiterklasse und den Volksmassen durchzusetzen. ... In den Todesanzeigen der nächsten Tage und den Nachrufen wird die Bourgeoisie viel jammern über den 'unersetzlichen Verlust' und die Qualitäten des Verblichenen." [15]

Der politische Gegner aus dem eigenen Spektrum wurde im Rechenschaftsbericht ebenfalls einer „Analyse" unterzogen. Zur DKP (Deutsche Kommunistische Partei) wurde ausgeführt: „Auf der Ebene der Stadt kann man gut sehen, daß die DKP meist dem Gang der Auseinandersetzung hinterherzockelt und ihre Vorschläge wenig Anklang finden. ... Die DKP erschwert oft selbstständige Bewegungen der Massen und bemüht sich, Bewegungen zu spalten; an sich binden kann sie die Massen aber nicht." [16]

Die KPD (Kommunistische Partei Deutschlands) und KPD/ML (Kommunistische Partei Deutschlands/Marxisten-Leninisten) werden erst gar nicht namentlich erwähnt. Diese beiden Parteien wurden vom KBW als GRF (Gruppe Rote Fahne) und GRM (Gruppe Roter Morgen), nach dem jeweiligen Namen des betreffenden Parteiorgans, bezeichnet. In dieser Umbenennung drückt sich die Haltung des KBW aus, den Parteianspruch der beiden Konkurrenzgruppen nicht anzuerkennen. Die zu gründende kommunistische Partei galt es für den KBW ja erst aufzubauen und damit waren für den KBW die Namen KPD und KPD/ML irreführend und schädlich.

Der Gießener KBW definierte allerdings selbstkritisch einen wesentlichen Mangel seitens seiner eigenen Mitgliederschaft bei der Umsetzung und der Agitation seiner Ziele: „Die Hauptursache für diese Mängel besteht darin, daß wir mit der Intellektuellenmentalität noch nicht haben brechen können." [17] Ein Ausdruck davon sei eine falsche politische Linie gewesen, mit der der KBW an viele Fragen herangegangen sei. Dies drückte sich nach Meinung der Sympathisantengruppe darin aus, daß oft nicht der Hauptwiderspruch zwischen Arbeiterkasse und Kapitalistenklasse und deren Staat herausgestellt worden sei. Außerdem verhindere die *„Intellektuellenmentalität"* die Herausbildung eines verbindlichen, zügigen Arbeitsstils. *„Keiner unserer Genossen ist gut in der Lage, sich mit den Massen zu verbinden, Empörung zu schüren und Erkenntnisse zu verbreiten; das heißt, die Massen zu führen und auf das Endziel zu lenken."* [18] Der Kampf gegen die *„Intellektuellenmentalität"* indes drückte sich auch in einer Wandzeitung aus, die im Büro des KBW in der Steinstraße in Gießen aushing. Auf dieser Wandzeitung wurden Genossen aufgefordert, sich ihre Haare schneiden zu lassen, da sie immer noch aussehen würden, *„als ob sie mit einem Bein in der Hippiebewegung"* stehen würden.

Einige der Hauptarbeitspunkte sah der KBW in Gießen in der Arbeit innerhalb der ÖTV-Betriebsgruppe an den Uni-Kliniken, in den Schulen (mit dem Aufbau einer Schülerzelle), in der GEW-Schulgruppe und neben dem Aufbau von Betriebszellen die Stadtteilzellen.

Als *„Volkskämpfe"* definiert wurden insbesondere die Auseinandersetzungen um den Bau des Parkhauses am Oswaldsgarten, den Kampf gegen Gebührenerhöhungen durch die Stadt, die Nichteinstellung von 120 Lehramtsanwärtern in Gießen, die Ausbildungsbedingungen an den Schulen und den *„Kampf für die ersatzlose Streichung des § 218"*.

Auch die sogenannte Soldatenarbeit war wichtiger Bestandteil der Propaganda des KBW. Schon im März 1975 war eine Initiative für ein *„Soldaten- und Reservistenkomitee"* gegründet worden. Als Ziel der *„Soldatenarbeit"* sah das Programm des KBW u.a. vor: *„Ersetzung der Polizei und des stehenden Heeres durch die allgemeine Volksbewaffnung; Wahl der Offiziere; die Arbeiter und Angestellten müssen von den Kapitalisten für die Zeit, die sie in der allgemeinen Volksmiliz verbringen, eine Bezahlung in der Höhe ihres bisherigen Lohnes erhalten."* [19] Der KBW, resp. das Soldaten und Reservistenkomitee (SRK) Mittelhessen, gab im Juli 1977 mit der *„Volksmiliz"* immerhin in zweiter Ausgabe eine sog. *„Mittelhessische Militärzeitung"* heraus und konnte im Mittelhessischen Raum zwei Untergruppen des (SRK) bilden. Ein besonders dümmliches Beispiel für den zeitweiligen Militarismus in den Reihen des KBW ist die Berichterstattung über das *„Sportfest Gewehre für die Jugend Zimbabwes"*. Am 17.9.1977 führte der KJB Gießen (Kommunistischer Jugendbund) auf den Lahnwiesen dieses Solidaritätsfest zugunsten der ZANU (Befreiungsorganisation in Zimbabwe) durch. Auch das Soldaten und Reservistenkomitee beteiligte sich. *„Folgende Erfahrungen wurden bei den Spielen gemacht: Bei dem Spiel Kettenbrechen und -halten: bei denjenigen, die die Kette halten sollten, kommt es unbedingt darauf an, daß die Kette zusammenbleibt, auch wenn man selbst angegriffen* *wird. Die Kette muß elastisch sein, gemeinsam muß man vor- und zurückgehen, sonst wird die Kette im ersten Ansturm gleich umgeworfen. ... Bei den Zimbabwe-Spielen wurde insgesamt die Erfahrung gemacht, daß man gemeinsam vorgehen muß. ... So mußte man sich gegenseitig helfen, um auf den Baum zu gelangen."* [20] An dem Fest beteiligten sich ca. 80 Personen und es wurden 200 DM *„für die Jugend Zimbabwes"* gesammelt.

Die *„antiimperialistische Solidarität"* findet im Rechenschaftsbericht des Gießener KBW besondere Beachtung. Auch hier übte die Sympathisantengruppe Selbstkritik. Die antiimperialistische Arbeit sei *„als fünftes Rad am Wagen"* behandelt worden. Der KBW arbeitete fraktionsmäßig in vier Gießener Komitees mit: dem Komitee südliches Afrika, Indonesien AG, Irland-Komitee und Chile-Komitee. Später wurde die Unterstützung der ZANU in Zimbabwe und die Unterstützung des *„Demokratischen Kampuchea"* zu großangelegten Kampagnen des KBW. Die Bedeutung, die der KBW der internationalen Solidaritätsarbeit zuschrieb, wird auch durch eine Broschürenreihe verdeutlicht, die im Verlag Jürgen Sendler, dem KBW nahestehend, veröffentlicht wurde.[21] Mit ihren sogenannten *„Massenorganisationen"* war die Sympathisantengruppe in Gießen nicht zufrieden. Zur KSO (Kommunistische Studentenorganisation) bemerkte der Rechenschaftsbericht: *„Die Arbeit der KSO in der Stadt, die den Zweck hat, sich mit den arbeitenden Massen zu verbinden und jegliche Intelektuellenmentalität abzulegen, um aus der Verbindung*

Z. A. N. U.

Zimbabwe African National Union

LET US FIGHT AND REBUILD
ZIMBABWE

An Genossen
Hans-Gerhart Schmierer
Sekretär des Zentralen Komitee des
Kommunistischen Bundes Westdeutschland

Maputo, 14.3.1979

Revolutionäre Grüße

Laß mich als Präsident der ZANU im Namen meines Zentralkomitees, des Oberkommandos, des Generalstabes, der ZANLA-Streitkräfte und der breiten, kämpfenden Massen Zimbabwes diesen Aufruf zur verstärkten Unterstützung im revolutionären Geist des proletarischen Internationalismus über dich, Genosse Sekretär, an das Zentrale Komitee des KBW, die Arbeiterklasse und das Volk von Westdeutschland richten.

Wir sind ermutigt und erfreut darüber, daß unser jüngster Aufruf unter der Losung „Unterstützt den gerechten Krieg gegen das rhodesische Kolonialregime bis zum vollständigen Sieg" zu solch einem großen Erfolg in ganz Westdeutschland geführt hat. Wir unterstützen entschieden eure beiden Forderungen „Anerkennung der Patriotischen Front durch die Bundesregierung" und „Die Bundesregierung muß die Anträge der Dritten Welt an der UNO" akzeptieren.

Wir freuen uns darüber, daß die Arbeiterklasse und das Volk von Westdeutschland uns unterstützt haben und daß diese neue Möglichkeit uns zu ermöglichen, uns eine Druckausrüstung im Wert von 500000 bis 600000 DM zu schicken. Bis jetzt sind 200000 DM gesammelt worden. Das ist ein bemerkenswertes Ergebnis, wenn man bedenkt, daß diese große Summe in so kurzer Zeit zusammengetragen worden ist.

Wir rufen euch und über euch die Arbeiter, Angestellten, Bauern, Schüler und Studenten auf, von jetzt an bis zum 1. Mai ihre Anstrengungen zu verdoppeln, dem Zeitpunkt, an dem die Kampagne abgeschlossen werden soll. Es ist angemessen, diese Kampagne am Kampftag der internationalen Arbeiterklasse abzuschließen. Wir unterstützen den festen Überzeugung, daß ihr übertreffen werdet.

Die Druckausrüstung wird einen großen Schritt vorwärts in unserem Kampf gegen das Kolonialregime in Zimbabwe bedeuten. Sie wird uns eine neue Möglichkeit und mehr Geschosse geben, um den Feind zu bekämpfen. Wir werden unsere wachsen, durch die Produktion von Büchern, Broschüren und anderen Druckerzeugnissen unseren ideologischen und Erziehungsaufgaben gerecht zu werden. Der Feind ist angeschlagen und weiß deshalb auf dem Land bereits verloren hat, verstärkt er gegenwärtig seinen Propagandakrieg. Wir müssen ihn auch auf diesem Gebiet schlagen und unschädlich machen.

Wir hoffen, daß die Ausrüstung bis zum Chimurengatag hier sein kann. Durch eure Anwendung des proletarischen Internationalismus werden wir beständig daran erinnert, daß unser Kampf zur Befreiung unseres Landes nicht nur unser Krieg ist. In ihm wir den Krieg, den alle Arbeiter und Bauern, Studenten und Schüler gemeinsam führen können und müssen. Diese Ausrüstung wird in diesem großen Kampf zu verlieren als das imperialistische Joch und die kapitalistischen Ketten, die uns der Sklaverei und der Ausbeutung unterwerfen?

Die ZANU greift an in diesem Jahr des „Sturms des Volkes", um die feindlichen Kräfte auf immer und ewig zu vernichten. Wir sind stolz, sehr stolz auf eure unerschütterliche Unterstützung.

Der Sieg ist sicher!
Lang lebe der proletarische Internationalismus!
Pamberi ne chimurenga!
Lang lebe die Solidarität zwischen der ZANU und dem KBW!

Robert Mugabe
(Präsident der ZANU)

Der Präsident der ZANU bedankt sich beim KBW für geleistete Unterstützung. Nachdruck aus der Kommunistischen Volkszeitung *mit den arbeitenden Massen die Arbeit unter den Studenten richtig ausrichten zu lernen, die Erfahrungen und Erkenntnisse zellenmäßig zu nutzen für die Arbeit unter den Studenten, ist keineswegs gut. Weder ist es so, daß jeder Genosse der KSO die SG bei ihrer Tätigkeit am Ort unterstützt, noch ist es so, daß die in der Tätigkeit unter der örtlichen Arbeiterklasse gewonnenen Erfahrungen genutzt werden, um wirklich als Parteigänger der Arbeiterklasse unter den Studenten zu arbeiten"*.[22] Trotz dieser arbeitertümelnden Einlassungen war der Verkauf der Kommunistischen Volkszeitung mit ca. 350 Exemplaren an der Universität der weitaus erfolgreichste in Gießen und der Einfluß an der Universität mit ca. 450 Stimmen bei den Wahlen zum Studentenparlament nicht unbedingt gering. Zum Berichtszeitraum im März 1975 hatte die KSO ca. 80 Mitglieder und arbeitete innerhalb von 11 Fachbereichen.

Die dem KBW nahestehenden sogenannten *„werktätigen Intellektuellen"* waren in der Gesellschaft zur Unterstützung der Volkskämpfe (GUV) zusammengeschlossen. Zur GUV wurde vor allem bemängelt, daß aufgrund mangelnder Zielbestimmung und der Tatsache, daß es sich bei der GUV um ein bunt zusammengewürfeltes Häufchen aus allen Teilen Mittelhessens gehandelt habe, nur vereinzelt zu Unterstützungen der Volkskämpfe gekommen sei (z.B. beim Kampf gegen das Parkhaus am Oswaldsgarten oder bei der Nichteinstellung von Lehramtsanwärtern).

Die Sympathisantengruppe hatte im März 1975 18 Mitglieder, davon waren 4 Arbeiter und Angestellte, 3 *„werkt. Intelligenz"*, 6 Studenten, 4 Schüler, und 1 Arbeitsloser. Es gab 5 Zellen und eine Zelleninitiative (darunter die Stadtteilzelle Nord, die Zelleninitiative West und die Schülerzelle).

Die Anzahl der tatsächlichen Größe der KBW-Gemeinde ergibt sich jedoch eher aus der Zahl der in Gießen verkauften Auflage der Kommunistischen Volkszeitung. Von Januar 1975 bis März 1975 sind in Gießen durchschnittlich 570 Nummern der Kommunistischen Volkszeitung verkauft worden. Seit März 1974 sind in Gießen regelmäßig Ortsbeilagen zur KVZ erstellt worden, jedoch waren die verfaßten Artikel, nach Einschätzung des Rechenschaftsberichts, in recht unterschiedlicher Qualität.

Organisatorische Entwicklung in Gießen (Teil 1)

Die Gestaltung der Ortsbeilage Gießen zur Kommunistischen Volkszeitung gibt gleichzeitig Aufschluß über organisatorische Entwicklungen der Gießener Gruppe, dem Stand der Professionalisierung, sowie Veränderungen im Aufbau des KBW auf Bundesebene und ist infolgedessen ein Spiegel des Organisationsgrades insgesamt.

Seit März 1974 erschien die Ortsbeilage, entsprechend dem Erscheinungs-
datum der KVZ, in einem Rhythmus von 14 Tagen. Es fungierte vor allem
als Information über die Aktivitäten des KBW, machte auf Veranstaltungen
aufmerksam, gab Termine weiter und bot Literatur der „Revolutionären
Bücherei" des Buchvertriebs Hager an. Das Titelblatt wurde durch den
Schriftzug *„Kommunistische Volkszeitung"* und die Leninistische Parole
„Proletarier aller Länder und unterdrückte Völker, vereinigt Euch!" geziert.
Redaktionelle Anschrift war die Adresse einer Wohngemeinschaft in der
Ludwigstraße in Gießen, die gleichzeitig der Wohnsitz des Leiters der
Sympathisantengruppe war. 1974 wurde eine KVZ-Leserversammlung zu
verschiedenen Themen angeboten.

Im Februar 1975 veränderte sich das Erscheinungsbild der Ortsbeilage. Es
wurde der regionale Charakter der Beilage stärker in den Vordergrund
gerückt, die Leninistische Losung verschwand völlig aus dem Titelbild und
das Lay-Out machte einen etwas sortierteren Eindruck.

Im Juli 1975 wechselte der presserechtlich Verantwortliche der Ortsbeilage.
Als Herausgeber-Adresse wurde nun eine Adresse im Gießener Burggraben
genannt.

Im Dezember 1975 verwandelte sich die bisherige Sympathisantengruppe
Gießen des KBW in eine Ortsgruppe. Sie zog damit mit der Ortsgruppe
Wetzlar gleich, die schon länger den Titel Ortsgruppe trug, da sie den höhe-
ren Arbeiteranteil in ihren Reihen hatte, gleichwohl kleiner als die Sympathisantengruppe gewesen ist.

 Ab Februar 1976 veranstaltete die Stadtteilzelle Ost Mittwochs einen politischen Stammtisch zu ausgewählten Themen. Das erste Thema lautete:
„Tarifrunde bei Metall und im öffentlichen Dienst." (Ortsbeilage Nr.7 vom
19.2.1976)

Ab März 1976 konnte die Ortsgruppe ein Büro ihr Eigen nennen. Es befand
sich in der Steinstraße 27 und war werktags von 16:00 h bis 17:00 h geöffnet. Kurz nach dem Einzug in das Büro wurde auch die Herausgeberschaft
der Ortsbeilage verändert: nunmehr in Personalunion von dem Sekretär der
Ortsgruppe.

Der Wahlkampf zur Bundestagswahl 1976 machte es möglich: Zur Unterschriftensammlung für die Wahlbeteiligung an der Bundestagswahl wurden
in Gießen vier sogenannte Agitationszentren ins Leben gerufen. In der
Nordsstadt und in der Innenstadt wurden diese Informationsstände sogar
zweimal in der Woche abgehalten (Ortsbeilage Nr. 20 vom 20.5.1976).

Im Juli 1976 wurden die Ortsbeilagen Gießen und Wetzlar in einer Regionalbeilage Mittelhessen vereinigt. Dies war eine der ersten Zentralisierungsmaßnahmen, die wohl auf zentrale Vorgaben zurückgingen, denn die beiden Ortsgruppen hatten trotz der Nähe eher selten politischen Kontakt. Der wichtigste regelmäßige politische Bezug bis dahin waren die 1. Mai-Demonstrationen des DGB in Wetzlar. Herausgeber der gemeinsamen Beilage war die Ortsleitung Gießen. Mit einem neuen presserechtlich Verantwortlichen der Bezirksbeilage verbunden war auch eine neue organisatorische Struktur: *„Am Sonntag, den 10.10.1976 wurde auf einer Mitgliederversammlung der beiden Ortsgruppen Gießen und Wetzlar der Bezirksverband Mittelhessen gegründet. ... Diese Reform war notwendig, damit wir Kommunisten uns besser mit den Massen verbünden können und unsere Fähigkeiten erhöht werden, auf einer einheitlichen Linie die Massen zu führen."* [23] Mit dem Ende des neuen presserechtlich Verantwortlichen und damit auch des Sekretärs des Bezirksverbandes hatten sich die Aktivitäten des KBW auf das *„Land ausgedehnt"*. In der Bezirksbeilage Nummer 26/1977 der KVZ, mit einem neuen Lay-Out versehen, wurde auf die Existenz von Leserkreisen in Wetzlar, Dillenburg, Gießen-Nord, Gießen-Ost, Gießen-West und Gießen-Süd hingewiesen. Außerdem gab es drei sogenannte Agitationszentren (Informationsstände) in Gießen, je eines in Lollar, Grünberg, Herborn, Dillenburg und Wetzlar.

Zwei Beispiele der politischen Tätigkeit des Gießener KBW

1. Die Kampagne gegen den § 218 in Gießen

Eine erste Erwähnung einer Initiativgruppe *„Für ersatzlose Streichung des §
218"* fand sich am 6.3.1975 in der Ortsbeilage Nr. 9 vom 6.3.1975.
Mit der Nr. 26 vom 3.7.1975 (Ortsbeilage der KVZ) wurde die Gründung des ersten Komitees gegen den § 218 verkündet. Als Arbeitsgrundlage des Komitees wurden die Forderungen *„Ersatzlose Streichung des § 218!; Weg mit dem Urteil des Bundesverfassungsgerichtes!; Das Volk selber soll entscheiden!; Volksentscheid gegen § 218!"* genannt. Das Komitee traf sich Dienstags in der Licher Bierstube in der Grünberger Straße in Gießen.
Ein Mobilisierungsziel des Komitees war die zentrale Demonstration am 21.9.1975 gegen den § 218 in Bonn. So wurden bspw. am Samstag, dem 6.9.75 gleich an vier Stellen in Gießen Informationsstände aufgebaut (Ortsbeilage vom 4.9.1975).
Eine Unterschriftensammlung gegen den § 218 entwickelte sich zu einem politischen Selbstläufer. Am 3.7.1975 wird in der Ortsbeilage berichtet, daß bis dahin 1.866 Unterschriften gesammelt worden seien. Nach einer

Nr.2 / 3.6.76
Preis 0,30DM

Weg mit dem §218

Volksentscheid gegen den §218!

ZEITUNG der GiESSENER
KOMITEES gegen den
§218

V.i.S.d.P.Johannes H
6300 Gießen
Grünbergerstraße 11

Kopf der Zeitung der Gießener Komitees gegen den § 218

Presseerklärung des Gießener Komitees (Ortsbeilage vom 24.9.1975) habe sich die Unterschriftenzahl in dem Zeitraum vom 4.6.1975 bis zum 21.9.1975 auf immerhin 5.134 alleine im Gießener Raum erhöht. Im Bundesgebiet seien insgesamt 502.000 Unterschriften gesammelt worden.

An der Bonner Demonstration der Komitees, für die auch in Gießen massiv geworben wurde, hatten sich 25.000 Menschen beteiligt.

Im Oktober 1975 gab es derweil vier Komitees: ein Zentrales Komitee, ein Stadtteil-Komitee Ost, ein Uni-Komitee und ein Stadtteil-Komitee West. Eine Arbeitsgruppe an der Friedrich-Feld-Schule existierte nur einige Wochen.

Am 31.7.1975 waren 3.767 Unterschriften gegen den § 218 in Gießen gesammelt (Ortsbeilage Nr. 30 vom 31.7.1975).

In der ersten Nummer der Zeitung der Gießener Komitees gegen den § 218 wird über eine Veranstaltung der Komitees am 19.2.1976 berichtet. An dieser Veranstaltung waren 116 Personen anwesend. In der Resolution wurden mit einer geplanten Demonstration am 21.2.1976 in Gießen (die bundesweit in vielen Städten durchgeführt wurde) und der Beteiligung der Komitees an den 1.Mai-Demonstrationen die nächsten „Höhepunkte" der Kampagne beschrieben. In der Resolution heißt es weiter: „Weiterhin gilt es, jeden Prozeß auf der Grundlage des neuen Paragraphen 218 ausfindig zu machen, Öffentlichkeit herzustellen, den Charakter des Paragraphen zu enthüllen und dem Staat die Möglichkeit zu nehmen, den Paragraphen 218 in Anwendung zu bringen." [24]

Des weiteren wurden in der Ausgabe Abtreibungsgründe analysiert. So wurden unzureichende Wohnverhältnisse und Arbeitslosigkeit und Inflation genannt. Insbesondere der „Unterdrückungscharakter" und der Paragraph als

Mittel der staatlichen Bevölkerungspolitik wurden besprochen.

In der zweiten Nummer der Zeitung der Gießener Komitees wurde, als Gegenpart zu den deutschen Verhältnissen, die Geburten- und Kinderpolitik in China lobend erwähnt. Das Titelblatt selbst mit einem chinesischen Bild verziert, heißt es in der Rubrik „Beispiele aus China": „...in den Betrieben werden die Frauen regelmäßig ärztlich untersucht. - jede Fabrik hat eine Kinderkrippe für Säuglinge und einen Kindergarten - in der Regel kostenlos. - die Mutter hat zusätzlich 2,5 Std. am Tag Zeit um die Kinder während der Arbeit zu betreuen und zu stillen..." [25]

Ein ganz anderes Bild der Geburtenpolitik und der chinesischen Verhältnisse zeigte sich allerdings in der weniger ideologisch gefärbten Frauenzeitschrift Courage. 1977 berichtet sie über repressive Familien- und Verhütungspolitik in China: „Wenn in den Einheiten jemand gegenüber dem anderen Geschlecht nicht genügend reserviert auftritt, dann wird er von seiner Umgebung sehr schnell als leichtfertig, ausschweifend und also tadelnswert eingestuft, vor allem, wenn es eine Frau ist. ... Ein Mädchen, das schwanger ist, hat einfach Angst ins Krankenhaus zu gehen, um abtreiben zu lassen, selbst wenn sie es noch so gern möchte, weil dann ja ihre Leitung, ihre Familie, die Partei davon erfahren würde, was unver-

Demonstration gegen den § 218

meidlich Repressionen nach sich zieht. Deshalb gibt es wenig in den Krankenhäusern erfaßte Abtreibungen bei ledigen Müttern und sehr viel mehr heimliche." [26]
Im Februar 1976, das Komitee Ost war inzwischen sanft entschlafen, wurde ein Stadtteil-Komitee Nord gegründet.
Eine öffentliche Mitgliederversammlung der Komitees gegen den § 218 fand am 21.5.1976 im Deutschen Michel statt.
Die Komitees führten in Gießen auch Beratungen über Schwangerschaftsabbrüche und Konfliktsituationen durch. Nach einem Bericht in der Bezirksbeilage (Nr. 32/76) gab es in Gießen weiterhin drei Komitees, in Wetzlar ein Komitee.
In der Bezirksbeilage Nr. 33/1977 Mittelhessen wird über eine Sprühaktion berichtet: *„Die Komitees gegen den § 218 führen den Kampf gegen das Kernstück des reformierten Strafparagraphen, die Beratungsstellen. Hier ist eine Gießener Beratungsstelle gekennzeichnet worden, als das was sie ist."* Auf dem abgebildeten Photo ist die Beratungsstelle der Pro Familia zu sehen mit dem Spruch *„Spitzelstelle § 218"*. Außerdem berichtet die Bezirksbeilage über die Treffen zweier Komitees in Gießen und eines Komitees in Dillenburg.
Über mehrere Jahrgänge hinweg gab es auch eine zentrale Zeitschrift der Komitees gegen den § 218 mit Druckort in Frankfurt. Die Auflage einer Ausgabe betrug 1977 15.000 Exemplare. Im März 1977 wird die Arbeit der „Pro Familia" als Bespitzelung der Frauen bezeichnet. Berichte über ähnliche Sprühaktionen wie die in Gießen deuten darauf hin, daß es sich um eine zentrale Aktion gehandelt hat.[27]
Im Frühjahr 1979, nachdem die Aktivitäten und die Anzahl der Komitees kontinuierlich gesunken waren, wurden die Komitees gegen den § 218 bundesweit aufgelöst.

2. Der Kampf gegen das Parkhaus am Oswaldsgarten

In den frühen siebziger Jahren war der geplante Parkhausbau am Oswaldsgarten einer der wichtigen innerstädtischen Konfliktpunkte. Die Bürgerinitiative gegen das Parkhaus und die Schüler und Lehrer der anliegenden Friedrich-Feld-Schule wehrten sich, zum Teil mit großer Unterstützung anderer Schulen und großer Teile der Bevölkerung, letztendlich erfolgreich gegen diese Planung.
Das Parkhaus wurde nicht gebaut, dafür allerdings wurde als Ausweichstandort die Tiefgarage in der Schanzenstraße realisiert. Die SPD als Hauptbefürworterin des Baus des Parkhauses am Oswaldsgarten mußte nach ihrer Wahlniederlage mangels Machtbefugnis von der Realisierung Abstand nehmen. (Der Bau der Tiefgarage wurde in der Folge durch vielfältige

Demonstration gegen das Parkhaus Oswaldsgarten im Gießener Seltersweg

Einsprüche der Bürgerinitiative Mühlstraße/Schanzenstraße modifiziert und mit Sozialwohnungen versehen). Der KBW in Gießen unterstützte v.a. durch die politische Arbeit seiner Schülerzelle und die Tätigkeit der Gesellschaft zur Unterstützung der Volkskämpfe Gießen (GUV), neben anderen Gießener Organisationen, aktiv diese Bewegung.

Die Ortsbeilage Gießen zur Kommunistischen Volkszeitung vom 16.4.1974 berichtet über eine Bürgerversammlung, auf der die Bürgerinitiative gegen das Parkhaus am Oswaldsgarten ins Leben gerufen wurde. Die Bürgerinitiative hatte bis zu diesem Zeitpunkt 1.400 Unterschriften gegen den Parkhausbau gesammelt. Für den 17.10.1974 war eine erneute Bürgerversammlung in der Turnhalle der Friedrich-Feld-Schule geplant, zu der Magistratsmitglieder eingeladen waren. Der Bürgerinitiative ging es vornehmlich gegen die befürchtete zunehmende Belastung durch „Dreck und Gestank" und den Erhalt einer Grünfläche mit Spielplatz.

In einem Offenen Brief der Bürgerinitiative wird folgender Fragenkatalog aufgestellt: „1. *In welchem Entwicklungs- bzw. Planungsstadium befindet sich der*

Parkhausbau am Oswaldsgarten?
2. Welche Beschlüsse welcher Gremien bezüglich des Parkhausbaus liegen bis zum
18.11. vor? Welche Beschlüsse (welcher Gremien) stehen noch aus? ...
6. An welchen Plätzen der Innenstadt sind weitere Parkhäuser geplant, welche
Beschlüsse liegen dazu schon vor?
7. Welche Maßnahmen wurden eingeleitet - um, entsprechend dem Willen von über
2.000 Bürgern - den Parkhausbau zu verhindern? ..." [28]

Ende 1974 erschien eine 20-seitige Broschüre der Bürgerinitiative gegen das Parkhaus am Oswaldsgarten (mit finanzieller Förderung der GUV). Neben einer Chronik des Widerstandes finden sich in dieser Broschüre vor allem Berichte betroffener Bürger und Schüler, mitunter haben ganze Klassen Artikel verfaßt. Versehen mit Stellungnahmen der drei Parteien im Stadtparlament (von der Bürgerinitiative folgendermaßen kommentiert: Alle Parteien im Stadtparlament sind in irgendeiner Form für den Bau von Parkhäusern) und Artikel über Lärmbelastung und Luftverschmutzung ist diese Broschüre ein umfangreicher Beleg der frühen Bürgerinitiativenbewegung in Gießen.[29]

Am 14.2.1975 demonstrierten 800 Schüler der Friedrich-Feld-Schule gegen

den geplanten Parkhausbau am Oswaldsgarten. Die Demonstration war verbunden mit einem Warnstreik der Schüler am gleichen Tag. An der Gesamtschule Gießen-Mitte wurde von den Klassen 11-13 mit großer Mehrheit eine Solidaritätsresolution verabschiedet.[30]

Am 6.5.1975 kam es erneut zu einem Warnstreik (über drei Stunden) an der Friedrich-Feld-Schule. In einer Presseerklärung unterstützten die Lehrer der Friedrich-Feld-Schule die ablehnende Haltung der Schüler und der Bürgerinitiative.[31]

Die Ortsbeilage Gießen Nr.34 vom 28.8.1975 zitiert ein Gutachten, in dem die Gesundheitsgefährdung durch den Parkhaus-

Ortsbeilage der KVZ zum Thema „Parkhaus Oswaldsgarten

bau bestätigt wurde. Im September streikten die Friedrich-Feld-Schüler für mehrere Tage. Im Verlaufe des Streiks demonstrierten die Schüler zum Stadthaus. Über 800 Demonstranten waren in der Innenstadt.[32] Aus einer Einladung zu einer KBW-Veranstaltung am 27.11.1975: *„Der Kampf gegen das Parkhaus ist gerecht und kann gewonnen werden".* Die Veranstaltung wurde von 90 Personen besucht. Dazu gab es eine gleichlautende Broschüre der Sympathisantengruppe zum Preis von 30 Pfennigen. In der informativen Broschüre wird neben den konkreten Auswirkungen des Parkhausbaus näher

auf die Innenstadtsanierung in Gießen und die Gebietsreform mit der „Stadt Lahn" eingegangen. Der Parkhausbau ist für den KBW nur Teil einer Strategie, die sich insgesamt gegen die Arbeiter in Gießen und der Umgebung richtet. Die Broschüre endet folgerichtig mit einem Kapitel über die glückliche Entwicklung des Landes, die der Sozialismus bringen wird.[33]
Am 22.1.1976 berichtet die Ortsbeilage des KBW über einen Offenen Brief der Bürgerinitiative Oswaldsgarten. Bis zu diesem Zeitpunkt waren bis zu 14.000 Unterschriften gegen das Parkhaus gesammelt worden.
Die Nr. 21 der Ortsbeilage des KBW vom 27.5.1976 berichtet in einem ausführlichen Artikel über eine Stadtverordnetenversammlung, auf der der Bau des Parkhauses trotz Einwänden und Protesten von ca. 16.000 Menschen beschlossen wurde. Da die abgezählten Einlasskarten nur eine beschränkte Menge an Öffentlichkeit zuließ, druckte die Vieroh-Druck (die örtliche KBW-Druckerei) in der Hammstraße einige Einlaßkarten nach. Ca. 140 Menschen

protestierten während der Stadtverordnetenversammlung.
Mit der Nr. 23 der Ortsbeilage Giessen vom 10.6.1976 ruft der KBW zur
Unterstützung des Sommerfestes der Bürgerinitiative gegen das Parkhaus
am Oswaldsgarten am 12.6.1976 ab 13.00 h auf dem Oswaldsgarten auf.
Der KBW schlug die Vorbereitung der Platzbesetzung als Kampfmittel vor,
da Stadtverordnete und Magistratsmitglieder gezeigt hätten, daß *„sie anderen Argumenten nicht zugänglich sind."*

Organisatorische Entwicklung in Gießen (Teil 2)

Im Februar 1978 stand wiederum eine organisatorische Neugliederung des
KBW an. Der Bezirk Mittelhessen wurde zugunsten des Bezirkes
Gießen/Sieg-Lahn aufgelöst. Dies bedeutete zum einen ein wesentlich
größeres Aktivitätsfeld der Gießener Mitglieder des KBW, auch waren einige
„Umsiedlungen" der Mitglieder seitens des Bezirksverbandes erwünscht.
Auch ein neuer Verantwortlicher des nunmehr als Bezirksbeilage

Separate Abschlußkundgebung des KBW nach der 1. Mai-Demonstration des DGB
in Wetzlar

262

Gießen/Sieg-Lahn firmierenden kommunalen Teils der KVZ wurde benannt. Der Sekretär der Bezirksleitung Mittelhessen wurde von seinem Vorgänger abgelöst. Die Bezirksbeilage hatte in dieser Form allerdings nicht lange Bestand. Ab der Nummer 10 im März 1978 fiel der Titel einer neuerlichen Umstellung zum Opfer.

Bis zur Nummer 14 vom 3. April 1978 erschien die KVZ mit den gewöhnlichen 16 Seiten und dem örtlichen Einlegeblatt mit regionalen Informationen. Die Bezeichnung Bezirksbeilage allerdings war schon im Titel nicht mehr vorhanden. Mit Nummer 15 wurde die letzte Seite dem überregionalen Teil zugeordnet, wohl um ein einheitliches Gesamtbild der Zeitung zu gewährleisten. Die Zeitung Nummer 16 des gleichen Jahrgangs war dann die erste vollständig einheitlich gesetzte und mit einem einzigen Schriftbild versehene Zeitung mit einem Umfang von 20 Seiten. Die regionalen Schwerpunkte fanden sich auf den letzen Seiten. Eine zentrale Produktion der ganzen Zeitung in der Druckerei in Frankfurt war Voraussetzung für dieses Vorhaben. Eingeläutet wurde damit freilich auch der immer geringer werdende regionale Teil der Kommunistischen Volkszeitung und ein immer höherer Grad der Zentralisierung.

Der Verfassungsschutzbericht für das Berichtsjahr 1979 kommentierte diese Entwicklung folgendermaßen: *„Der KBW hat sich nach Einschätzung seines ZK-Sekretärs (Zentralsekretärs) trotz des 'Zersetzungs- und Verfaulungsprozesses' der 'Neuen Linken' konsolidieren können. Seine Mitgliederzahl ist auf 2.400 angestiegen (1978: 2.300), die Mitglieder verteilten sich auf Weisung des ZK´s in der ersten Hälfte des Berichtsjahres gleichmäßig auf des Bundesgebiet; sie sind in 37 Bezirksverbänden organisiert, die in zwölf Bezirksgruppen und drei Regionalverbänden (Nord, Mitte, Süd) zusammengefaßt sind. ... Im Frühjahr löste der KBW seine Nebenorganisationen 'Gesellschaft zur Unterstützung der Volkskämpfe' (GUV) und 'Soldaten - und Reservistenkomitees' (SRK) sowie die 'Komitees und Initiativen gegen den § 218' auf und faßte die Mitglieder in einer neuen Nebenorganisation 'Vereinigung für revolutionäre Volksbildung - Soldaten und Reservisten' zusammen."* [34]

Am Kommunalwahlkampf im März 1981 nahm die Gießener Ortsgruppe als solche nicht mehr teil. Vielmehr gründete der KBW und Sympathisanten des KBW´s eine „Demokratische Liste Gießen", die mit einem vergleichsweise anspruchsvollen Programm zur Kommunalwahl in Gießen antrat. In einem achtseitigem Programm sollte der Gießener Bevölkerung im Kern die *„Vorstellungen einer Demokratischen Kommunalverfassung mit der Rechenschaftspflicht und jederzeitigen Abwählbarkeit der gewählten Vertreter und der Finanzhoheit der Kommunen"* [35] vorgestellt werden. Das Projekt wurde jedoch von den Grünen als „KBW - U-Boot" enttarnt und war nicht wesentlich erfolgreicher als die vorangegangenen Wahlbeteiligungen des KBW. Der KBW stellte seine politische Aktivität im wesentlichen Ende 1982 ein. Das neue Zeitschriften-Projekt trägt den Titel „Kommune" und erscheint seit Januar 1983 in Frankfurt. Mitherausgeber und presserechtlich Verantwortlicher der neuen Zeitschrift war der alte Sekretär des KBW.

Der Niedergang der Marxistisch-Leninistischen Bewegung

Einigen Aufschluß über die Halbwertzeit der ideologischen Theoriebildung der sog. K-Gruppen und damit einer wachsenden theoretischen Verunsicherung geben zwei Artikel aus dem Jahre 1976. In der Kommunistischen Volkszeitung vom Mai 1976 findet sich unter der Überschrift „Der strahlende Glanz der Kulturrevolution wird immer leuchten" aus Anlaß des 10. Jahrestages der chinesischen Kulturrevolution Auszüge eines Rundschreibens des Zentralen Komitees der KP Chinas.[36] Etwa ein Jahr später war der Glanz der Kulturrevolution nach innerparteilichen Machtkämpfen in China und der Entmachtung der sog. „Viererbande" bereits erloschen und ein vormals wichtiger ideologischer Stützpfeiler der Theoriebildung entfallen.

Kein anderes Schicksal erfuhr der „ewige Ruhm" des Genossen Mao Tse Tung. Mao starb im September 1976. Die Zeitschrift „Roter Morgen" (Zentralorgan der KPD/ML) erschien mit einem Extrablatt unter dem Titel „Ewiger Ruhm dem Genossen Mao Tse Tung".[37] Das Titelblatt des Roten Morgen zierten bis zu diesem Zeitpunkt die Ikonen des Marxismus-Leninismus Marx, Engels, Lenin, Stalin und Mao Tse Tung. Nach dem Ableben Maos entwickelten sich Differenzen zwischen der KP Chinas und der PAA (Partei der Arbeit Albaniens). Im Gefolge der Auseinandersetzungen, die zum Abbruch der ideologischen Beziehungen der PAA mit der KP Chinas führten, verschwand der Kopf Maos sang und klanglos aus dem Titel des Roten Morgen.

Mit der Solidaritätsbewegung mit der Gewerkschaft Solidarnosc in Polen Ende 1981 kam endgültig Bewegung in die kommunistischen Parteien in Europa. Mit Unterstützung und Mitarbeit des KBW erschien im Januar 1982 die Nr. 2 eines Informationsbulletins, an dem sich auch führende KBWler beteiligten.

Auch die Recklinghauser Thesen des „Forums Demokratischer Sozialisten" wurden in einer KVZ-Dokumentation ausführlich kommentiert. In der Dokumentation fanden Positionen der Sozialistischen Studiengruppen, der Alternativen Liste für Demokratie und Umweltschutz (Westberlin), eines

Bundesvorstandsmitgliedes der Grünen (Dieter Burgmann) und eines Göttinger Kreises marxistischer Sozialdemokraten Eingang (Beilage zur KVZ 12/1982).

In den Heften für Demokratie und Sozialismus (1'80), einer „rechten" Abspaltung des KBW um Wilfried Maier und Ralf Fücks wird eine Existenzkrise der sozialistischen und kommunistischen Bewgung konstatiert. Die KPD hatte sich mit der Ausgabe Nr. 6 vom 19.3.1980, der letzten Ausgabe der „Roten Fahne" und der Selbstauflösung der KPD von der politischen Bühne verabschiedet, der KB war durch eine Abspaltung der „Gruppe Z", die innerhalb der Partei der GRÜNEN politisch arbeiten wollten, geschwächt und die Komitees für Demokratie und Sozialismus warteten mit einem Vorschlag für die Bildung eines revolutionären Blocks auf. Auch diese Entwicklung ging, ebenso wie die spätere Abspaltung BWK (Bund westdeutscher Kommunisten), der die „ehemals revolutionäre" Politik des KBW auf seine Fahnen geschrieben hatte und das alte KBW-Programm verteidigte, an der Gießener Ortsgruppe vorbei. Der BWK gründete sich im September 1980 und nahm als Programm das Programm des KBW in der Fassung von Juni 1973 an. Seine Zeitschrift nannte sich „Politische Berichte".

Nach der „linken" Abspaltung des BWK waren offene Programmdiskussionen im KBW möglich. In den Heften Nr. 7/81 und 8/81 der Zeitschrift „Kommunismus und Klassenkampf" wurde intensiv über das KBW-Programm debattiert und wesentliche Züge davon zur Diskussion gestellt.[38] Im Oktober 1981 erschien eine Sondernummer von „Kommunismus und Klassenkampf", in der ausführlich das Sinken der Auflagen der verschiedenen Zeitschriften dokumentiert wird. Das Sonderheft gibt auch Aufschluß über den Vermögensstand des KBW. Der geschätzte Verkaufswert des gesamten Anlagevermögens betrug demnach über 5.300.000 DM. An Mitgliedsbeiträgen und Spenden erhielt die zentrale Kasse des KBW im ersten Halbjahr 1981 etwa 500.000 DM.[39] Mit diesem Fundus war ein inhaltlicher Neuanfang kommod zu gestalten.

In der letzten Nummer der KVZ indes (das theoretische Organ „Kommunismus und Klassenkampf" wurde ebenfalls eingestellt), hieß es lapidar: „In Zukunft die Kommune".[40] Zum Niedergang des KBW wird dort ausgeführt: „Das Ende ist unfreiwillig, und darin drückt sich aus, daß uns die Erneuerung nach 1980 nicht in dem Maße gelungen ist, wie wir uns dies damals erhofft hatten."[41] Der Hauptteil der letzten Nummer der KVZ bestand aus einem Abdruck des Wirtschaftsprogramms der GRÜNEN, damit war im Grunde auch die politische Entwicklungsrichtung des neuen Projektes skizziert.

Anhang:
Ein Auszug aus dem umfangreichen Veranstaltungsprogramm des KBW in Mittelhessen (1978 und 1979)

1.9.19.. : Die Gesetzmäßigkeit der Niederlage des Hitlerfaschismus durch die Rote Armee in Wetzlar, „La Toscana"

Veranstaltungsreihe „Kritik des Reformismus":
3.11.19.. : Reformistische Theorie zur Verewigung der kapitalistischen Ausbeutung, Gießen, „Zum Treppchen" (Ulrich Laber)

10.11.19.. : Bernsteins Revision des Marxismus, Gießen „Zum Treppchen" (Bernd Lang)

17.11.19.. : Naphtalins Programm zur „Mitwirkung" der Arbeiteraristokratie an der Ausbeuterordnung der Monopole, Gießen „Zum Treppchen" (Rainer Kries)

24.11.19.. : Der „demokratische Sozialismus" entpuppt sich als humanistischer Imperialismus. Das Godesberger Programm der SPD" Gießen, Kongreßhalle Schwedenzimmer (Burkhard Hahn)

Veranstaltungen des KBW zum 1.Mai 1979 „Was die Beourgeoisie unterdrückt und Reformisten und Revisionisten fürchten, wofür die Arbeiterklasse kämpft":
8.4.79, 10 Uhr: Für die Arbeiter und Angestellten im Lohnkampf - Festgeldforderungen!
In Gießen, Wetzlar, Siegen, Marburg, Limburg, Lauterbach

15.4.1979, 10 Uhr: Die Einheit der Arbeiterklasse im Kampf für Arbeiterrechte, Verbot der Akkordarbeit, Verbot der Überstunden, Verbot der Nacht und Schichtarbeit, Verbot der Teilzeitarbeit, 7 Stundentag an fünf Werktagen. In: Gießen, Wetzlar, Siegen, Marburg, Limburg, Lauterbach

22.4.79, 10 Uhr: Die Einheit der Arbeiter mit der industriellen Reservearmee. Selbstverwaltung der Sozialversicherung. Bezahlung der Versicherungsbeiträge durch die Kapitalisten!. In: Gießen, Wetzlar, Siegen, Marburg, Limburg, Lauterbach

29.4.1979, 10 Uhr: Die Einheit der Arbeiterklasse und des Volkes. Einheitschule unter Volkskontrolle! In: Gießen, Wetzlar, Siegen, Marburg, Limburg, Lauterbach

1.5.1979: Die Einheit der Arbeiterklasse mit den unterdrückten Nationen. Selbstbestimmungsrecht! Staaten wollen Unabhängikeit, Nationen wollen Befreiung, Völker wollen Revolution. Gießen, „Zum Treppchen" Heuchelheim

16.11. (1978) 19 Uhr in Gießen (Studentenhaus, Mensa): Einführung in die Kritik der Kritischen Theorie. 1. „Arbeit macht eindimensional" - Die Theorie des Herbert Marcuse. Eine Veranstaltung des KSB

30.11.1978, 19 Uhr in Gießen (Studentenhaus, Mensa): Einführung in die Kritik der Kritischen Theorie. 2.„Dialektik der Aufklärung" oder wie die Entwicklung der Produktivkräfte in den Abgrund führt. Veranstaltung des KSB

5.10.1979, 20 Uhr: Gründung der Stadt Lahn, Auflösung der Stadt Lahn, „Kommunale Selbstverwaltung" von Geldsacks Gnaden. Veranstalt. des KBW in Gießen, Kl.-Linden und Wetzlar, Haus der Jugend

Veranstaltung der „Demokratischen Liste Gießen":
110 Jahre Pariser Commune. Welche Lehren können heute aus den Erfahrungen der Pariser Commune gezogen werden? 18.3.1981, 20 Uhr Wienerwald
Veranstaltung zur Unterstützung der Wohnungskämpfe, Anschließend die Theatergruppe Gutenbergstraße 6 „Sommerlads Traum", 15.3.1981, „Zur Deutschen Eiche", 20 Uhr

20. 7.19.. :Abriß des „Immelmann"-Denkmals in Staufenberg! 20.Juli: BRD Rechtsnachfolger der Nazis und sonst nichts? Die Tradition des Widerstands gegen den Faschismus ist die Tradition der Arbeiterbewegung. Heuchelheim, „Zum Treppchen", 20 Uhr

Anmerkungen

[1] Programm und Statut des Kommunistischen Bundes Westdeutschland. Hg.: Zentrales Komitee des Kommunistischen Bundes Westdeutschland. Mannheim 1975. S. 7

[2] ebenda, S. 16

[3] Hans Gerhardt Schmierer, Jochen Noth: Vorwort zu: La Chienlit. Dokumente zur französichen Mai-Revolte. Hg. Von Jean-Jaques Lebel u.a. Darmstadt 1969. S. 9

[4] Willi Dickhut: Die Restauration des Kapitalismus in der Sowjetunion. Stuttgart 1974

[5] W.I. Lenin: Der „linke Radikalismus", die Kinderkrankheit im Kommunismus". In: W.I. Lenin: Ausgewählte Werke, Bd. 3. Berlin 1978. S. 389f

[6] siehe Kommunistische Volkszeitung. Bezirksbeilage Nr. 41/1977 Mittelhessen

[7] vergleiche etwa: Parlamentarismusdebatte. Pannekoek Lukás Rudas- Friedländer (Reuter). Underground Press Berlin 1968; Partei und Revolution. A. Pannekoek, W.Huhn, H.Canne Meier, P. Mattik. Berlin o.J.; Friedrich Georg Herrmann: Otto Rühle. Ein deutscher Revolutionär. Hannover 1978; H. Roland Holst: Die revolutionäre Partei, Berlin 1972; Pannekoek: Die taktischen Differenzen in der Arbeiterbewegung. Hamburg 1909 (Nachdruck o.O., o.J.); aber auch ausführliche Dokumentensammlungen wie: Arbeiterbewegung oder Parteidiktatur. Hg. Frits Kool u. Erwin Oberländer, Olten 1967; Die Linke gegen die Parteiherrschaft. Hg. Frits Kool, Olten 1970

[8] bspw. von der maoistischen KPD als Bolschewisierung verteidigt. Siehe: Die Bolschewisierung der KPD (2 Teile). Berlin 1973

[9] Aus: Kommunistische Volkszeitung, Nr. 1, Juli 1973, S.9

[10] Rechenschaftsbericht der Leitung der Sympathisantengruppe Gießen des Kommunistischen Bundes Westdeutschland, verabschiedet am 6.3.1975. S.2 (Quelle: Privatarchiv Rainer Kah)

[11] ebenda

[12] ebenda. S. 3

[13] ebenda. S. 4

[14] ebenda. S. 11

[15] ·Fürchterlich" wird es auch für den Nachfolger werden. In: Bezirksbeilage Mittelhessen zur Kommunistischen Volkszeitung Nr. 34/22. August 1977

[16] Rechenschaftsbericht ... S. 8

[17] Rechenschaftsbericht ... S. 13

[18] ebenda, S. 43

[19] Programm und Statut des Kommunistischen Bundes Westdeutschland, a.a.O., S. 25

[20] Bezirksbeilage Mittelhessen zur Kommunistischen Volkszeitung. Nr. 38. 19. Sept. 1977. S. 3

[21] siehe u.a.Verlagsprogramm des Sendler Verlages, Reihe Nationale Befreiung. Erschienen sind Broschüren zu Guinea-Bissau und Kapverdische Inseln (1974), Indonesien (1973), Laos (1974), Kambodscha (1975), Zimbabwe (1974 und 1976), Chile (1975), Oman (1975 und 1976), Namibia (1976), Republik Sahara (1976) und nochmals Zimbabwe (1976)

[22] Rechenschaftsbericht ... S. 38

[23] Bezirksbeilage Mittelhessen zur Kommunistischen Volkszeitung. Nr. 41 vom 14.10.1976. S.1

[24] WEG MIT DEM § 218. Zeitung der Gießener Komitees gegen den § 218, Nr.1. Gießen 1976. S.10

[25] Weg mit dem § 218. Volksentscheid gegen den §218. Zeitung der Gießener Komitees gegen den §218. Nr. 2 vom 3.6.1976. S. 10

[26] Zweite Rückkehr aus China. Aus: Berliner Frauenzeitung COURAGE. Oktober 1977. S. 34f

[27] Weg mit dem § 218. Zeitung der Komitees gegen den § 218. Nr. 7/10.März 1977. Frankfurt. S.8

[28] Kommunistische Volkszeitung. Ortsbeilage Gießen vom 14.11.1974. S. 4

[29] Kein Parkhaus am Oswaldsgarten. Kein weiteres in der Innenstadt. Hg. Der Ausschuß der Bürgerinitiative gegen das Parkhaus am Oswaldsgarten. o.O. (Gießen) o.J. (1974)

[30] Ortsbeilage Gießen zur Kommunistischen Volkszeitung Nr.7 vom 20.2.1975

[31] Ortsbeilage Gießen zur Kommunistischen Volkszeitung Nr.19 vom 15.Mai 1975

[32] Ortsbeilage zur Kommunistischen Volkszeitung Nr. 39 vom 2.10.1975

[33] Das geplante Parkhaus am Oswaldsgarten ist Teil des umfassenden Angriffs auf die Lebensbedingungen des Volkes. Hg. Sympathisantengruppe des Kommunistischen Bundes Westdeutschland. Gießen o.J.

[34] betrifft: Verfassungsschutz 1979. Hg. Der Bundesminister des Inneren. Bonn August 1980. S.93

[35] Wahlprogramm der Demokratischen Liste Gießen. o.O., o.J. (Gießen 1981) S.1

[36] Der strahlende Glanz der Kulturrevolution wird immer leuchten. In: KVZ Nr. 21 vom 27.Mai 1976. S. 16

[37] Roter Morgen. Extra Blatt vom September 1976. Dortmund 1976

[38] vergl.: Willfried Maier: Wenn der Berg nicht zum Propheten kommt, muß der Prophet zum Berge gehn. Über die Erfahrung „der westdeutschen Kommunisten" mit ihrer Programmdebatte.in: Kommunismus und Klassenkampf 7/1981. Frankfurt 1981, S. 22f.
Ebenso: Hans-Gerhart Schmierer: Elemente einer programmatischen Diskussion. In: Kommunismus und Klassenkampf 8/1981. Frankfurt 1981, S. 11f

[39] Organisations- und Wirtschaftsbericht. In: Kommunismus und Klassenkampf. Sonderheft Oktober 1981. S. 17

[40] Kommunistische Volkszeitung Nr. 51, 10.Jg., Frankfurt 1982. S. 1

[41] ebenda

*

Über die Autoren

Gunter Klug, geb. 1953, war von 1978 bis 1987 Redakteur der Alternativzeitung „Elephantenklo". Soziologie- und Politikstudium, danach Ausbildung als Drucker, arbeitet heute als DTPler und Druckformhersteller in dem Betrieb, der damals diese Zeitung druckte.

Rainer Kah ist Gärtner und Soziologe mit den Arbeitsschwerpunkten „Historische Sozialforschung" und „Medizinische Soziologie". Verschiedene Veröffentlichungen zur Regionalgeschichte und Geschichte der Psychiatrie. Berufliche Tätigkeit im psychosozialen Bereich in Wetzlar. Betriebsratstätigkeit und Mitglied in der Geschichtswerkstatt Gießen/Wetzlar.

Reimer Hamann, seit 1970 in Gießen, Studium der Heil- und Sonderpädagogik, Stellvertretender Projektkoordinator im Projekt „Entwicklung und Erprobung von sozialen Krankenversicherungen in Entwicklungsländern" (Kooperation von AOK-Bundesverband und GTZ), seit 1986 bei den GRÜNEN, 8 Jahre Kreistagsabgeordneter, von 1995 - 1997 Landesvorstandssprecher Hessen, seit 1993 Stadtverordneter in Gießen.

Hajo Köppen, Assessor. jur., arbeitet als Datenschutzbeauftragter und Planungsreferent an der Fachhochschule Gießen-Friedberg und ist dort auch Lehrbeauftragter für Datenschutzrecht am Fachbereich Sozial- und Kulturwissenschaften; er ist Mitglied im Vorstand der Deutschen Vereinigung für Datenschutz e. V. (DVD).

Hans-Jürgen Wirth, Dr. rer. soc., Dipl. Psych., Psychoanalytiker (DPV), geb. 1951, Studium der Psychologie und Soziologie, dreijährige Weiterbildung in psychoanalytischer Familien- und Sozialtherapie. 1982 - 1987 wiss. Mitarbeiter in einem Forschungsprojekt über Jugendprotest. 1985 - 1991 Hochschulassistent am Zentrum für Psychosomatische Medizin der Universität Gießen. Zur Zeit selbständig als Psychoanalytiker, Verleger und Autor.

Horst-Eberhard Richter, Prof. Dr. med. et phil., geboren 1932. Psychoanalytiker, Psychiater und Sozialphilosoph, ehemaliger Geschäftsführender Direktor des Psychosomatischen Universitätszentrums in Gießen und heute Direktor des Sigmund-Freud-Instituts in Frankfurt am Main, Theodor-Heuss-Preis 1980, Autor zahlreicher Buchveröffentlichungen.

Oliver Decker, Johannes Kiess, Elmar Brähler

Rechtsextremismus der Mitte

Eine sozialpsychologische Gegenwartsdiagnose

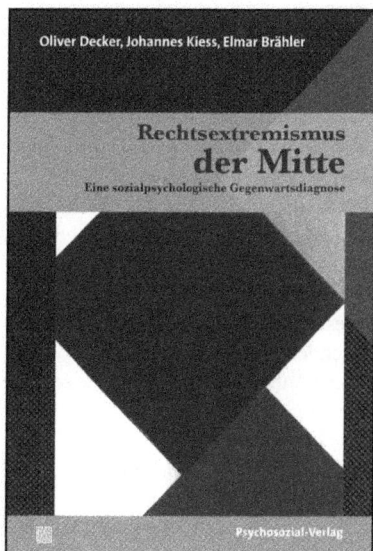

2013 · 227 Seiten · Broschur
ISBN 978-3-8379-2294-3

Es werden Daten aus zehn Jahren Rechtsextremismusforschung vorgestellt und mit einer tiefgehenden Analyse der Gegenwartsgesellschaft verbunden.

Seit 2002 untersucht die Leipziger Arbeitsgruppe um Elmar Brähler und Oliver Decker die rechtsextreme Einstel-lung in Deutschland. Im Rahmen dieser bekannten »Mitte«-Studien werden im Zwei-Jahres-Rhythmus repräsentative Erhebungen durchgeführt.

Der vorliegende Band präsentiert Ergebnisse aus den letzten zehn Jahren. Getrennt nach Altersgruppen werden so Entwicklungstendenzen sichtbar, die für die demokratische Gesellschaft von höchster Relevanz sind. Von zentraler Bedeutung ist dabei der Strukturwandel der Öffentlichkeit: Wo befindet sich heute der Ort demokratischer Auseinandersetzung? Mehr und mehr im virtuellen Raum des Internets? Welche Konsequenzen hat das für die gesellschaftliche Partizipation?

Darüber hinaus wird eine Theorie der Gesellschaft vorgestellt, die aktuelle Diskurse der Sozialpsychologie mit einer Gegenwartsdiagnose verbindet und Herausforderungen für die Demokratie im 21. Jahrhundert formuliert.

Unter Mitarbeit von Janine Deppe, Immo Fritsche, Norman Geißler, Andreas Hinz und Roland Imhoff

Walltorstr. 10 · 35390 Gießen · Tel. 0641-96 99 78-18 · Fax 0641-96 99 78-19
bestellung@psychosozial-verlag.de · www.psychosozial-verlag.de

Christa Müller

Schatten des Schweigens, Notwendigkeit des Erinnerns

Kindheiten im Nationalsozialismus, im Zweiten Weltkrieg und in der Nachkriegszeit

August 2014 · 379 Seiten · Broschur
ISBN 978-3-8379-2354-4

»In vielen Menschen, die die Jahre vor und nach 1945 im Kindesalter durchlitten haben, sind latent oder manifest lebenslang Belastungen virulent. Christa Müllers qualitative Untersuchung spürt diese Altlasten mittels narrativer Interviews bei 72 Befragten akribisch auf.«
Kurt Witterstätter

Die deutsche Erinnerungskultur zum Nationalsozialismus und zum Zweiten Weltkrieg ist bis heute einem stetigen Veränderungsprozess unterworfen. Die komplexen und belasteten Erinnerungswelten der Kriegskinder sind Teil dieses Prozesses, der durch eine Kultur des Schweigens und Verdrängens geprägt ist. Knapp 70 Jahre nach Kriegsende besteht ein großes interdisziplinäres Interesse an den Erinnerungen der letzten lebenden Zeitzeugen.

Die Autorin stellt die Ergebnisse ihrer breit angelegten wissenschaftlichen Untersuchung zum Schicksal von Kriegskindern des Zweiten Weltkrieges vor. Auf der Grundlage von Interviews mit Zeitzeuginnen und Zeitzeugen skizziert Christa Müller komplexe Erinnerungswelten, deren vielschichtige Auswirkungen sich bis in die Gegenwart hinein als unverarbeitete innerpsychische Repräsentanzen aufzeigen lassen. Durch die Darstellung persönlicher Positionierungen wendet sich die Autorin gegen eine abstrahierende Herangehensweise an die nationalsozialistische Vergangenheit und vermeidet undifferenzierte Täter-Opfer-Dichotomien.

Walltorstr. 10 · 35390 Gießen · Tel. 0641-969978-18 · Fax 0641-969978-19
bestellung@psychosozial-verlag.de · www.psychosozial-verlag.de

Psychosozial-Verlag

Karin Flaake

Neue Mütter – neue Väter
Eine empirische Studie zu veränderten Geschlechterbeziehungen in Familien

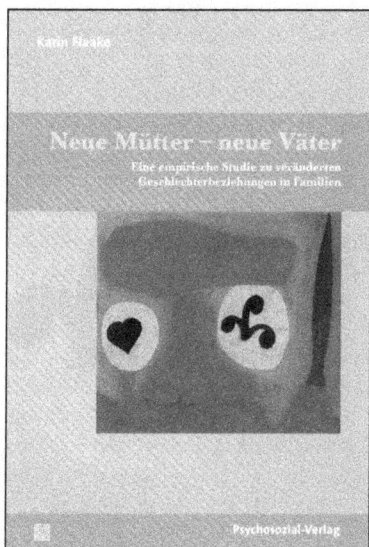

November 2014 · 312 Seiten · Broschur
ISBN 978-3-8379-2335-3

Hausmänner und Rabenmütter? Veränderungen der Geschlechterverhältnisse stellen junge Familien vor neue Herausforderungen.

Trotz Aufklärung und Emanzipation stellt sich in vielen Familien mit der Geburt des ersten Kindes ein »Traditionalisierungsschub« ein – die Frau bleibt zu Hause, der Mann verdient das Geld. Gemeinsam für Kinder, Hausarbeit und Einkünfte zuständig zu sein, ist eine Herausforderung für Eltern. Dennoch profitieren oft sowohl die Eltern als auch die Kinder davon. Wie verändern sich Geschlechterbilder dadurch? Wie sehen typische Konflikte in der Paarbeziehung und in der Familie aus? Die gleichberechtigte Arbeitsteilung der Eltern kann zur Bereicherung der Rollenverständnisse der Kinder führen: Der Entwurf von Männlichkeit wird um Aspekte wie Fürsorge und familiale Verantwortung erweitert, Mütterlichkeit und kontinuierliche Berufstätigkeit stellen keinen Widerspruch mehr dar.

Die Autorin legt eine differenzierte psychoanalytisch orientierte empirische Studie vor, in der sowohl Eltern als auch Kinder zu Wort kommen. Innere, oft unbewusste Bindungen an traditionelle Geschlechterbeziehungen werden ebenso deutlich wie die Bedingungen, Möglichkeiten und Grenzen ihrer Neugestaltungen.

Walltorstr. 10 · 35390 Gießen · Tel. 0641-969978-18 · Fax 0641-969978-19
bestellung@psychosozial-verlag.de · www.psychosozial-verlag.de

David Tuckett

Die verborgenen psychologischen Dimensionen der Finanzmärkte

Eine Einführung in die Theorie der emotionalen Finanzwirtschaft

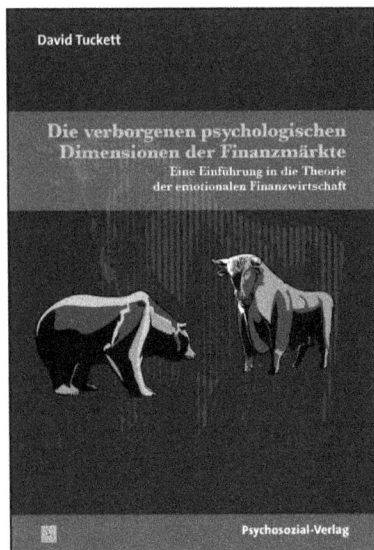

Die jüngste Finanzkrise hat gezeigt, dass die Wirtschaftstheorien einen wichtigen Aspekt bisher unberücksichtigt gelassen haben: den Einfluss menschlicher Emotionen auf die Finanzmärkte. Das Unvermögen, destruktive Auswirkungen irrationaler Verhaltensweisen im Wirtschaftsgeschehen zu regulieren, bildete einen Kernpunkt dieser schwerwiegenden Krise.

Die junge Fachrichtung der »emotionalen Finanzwirtschaft« bedient sich psychoanalytischer Prinzipien für ein grundlegend neuartiges, tiefer gehendes Verständnis der Finanzmärkte. Unbewusste Bedürfnisse und Ängste, der Einfluss von Gruppen und die jeder Investmentaktivität eigene Ungewissheit spielen eine entscheidende Rolle.

David Tuckett legt zeitgemäße Konzepte vor, wie die Märkte durch Anerkennung dieser Unsicherheiten stabilisiert werden können. Auf der Basis offener Tiefeninterviews mit über 50 Fondsmanagern aus aller Welt entwickelt er eine neue wissenschaftliche Theorie und deckt auf, was in der realen Welt des Finanzhandels geschieht.

2013 · 331 Seiten · Broschur
ISBN 978-3-8379-2210-3

»Dieses Buch ist eine Fundgrube wegweisender und bislang unerforschter Ideen.«

Dennis J. Snower,
Präsident des Instituts für
Weltwirtschaft an der
Universität Kiel

Walltorstr. 10 · 35390 Gießen · Tel. 0641-969978-18 · Fax 0641-969978-19
bestellung@psychosozial-verlag.de · www.psychosozial-verlag.de

Elisabeth Rohr, Mechtild M. Jansen, Jamila Adamou (Hg.)

Die vergessenen Kinder der Globalisierung
Psychosoziale Folgen von Migration

Transnationale Kindheit stellt ein in der internationalen Migrationsforschung weitestgehend vernachlässigtes Thema dar. Während die Lebens- und Arbeitsverhältnisse von migrierten Elternteilen in der neuen Heimat relativ gut erforscht sind, bleiben die Schicksale zurückgelassener, allein geflüchteter und remigrierter Kinder und Jugendlicher nahezu unberücksichtigt.

Die BeiträgerInnen gehen der Frage nach, was es für Kinder bedeutet, wenn Eltern über Jahre abwesend sind. Wie bewältigen sie ihre Trennungs- und Verlusterfahrungen? Greifen sie dabei auf gender-spezifische Coping-Strategien zurück? Welche psychosozialen Folgen zieht die erzwungene Autonomie der Kinder nach sich? Mit lebendigen Geschichten von Kindern vermittelt das Buch einen tiefgründigen Einblick in kindliche Lebensrealitäten und erlaubt Erkenntnisse jenseits der bisherigen transkulturellen Migrationsforschung.

September 2014 · 202 Seiten · Broschur
ISBN 978-3-8379-2352-0

Gut versorgt und in ständigem Kontakt mit den Eltern? Das tabuisierte Schicksal zurückgelassener und allein geflüchteter Kinder eindrucksvoll dargestellt.

Mit Beiträgen von Joseba Achoteguí, Christine Bär, Elisabeth Beck-Gernsheim, Anca Gheaus, Elisabeth Rohr, Sarah Schackert, Nausikaa Schirilla, Simon Moses Schleimer, Angela Schmidt-Bernhardt und Gülcin Wilhelm

Walltorstr. 10 · 35390 Gießen · Tel. 0641-969978-18 · Fax 0641-969978-19
bestellung@psychosozial-verlag.de · www.psychosozial-verlag.de

Psychosozial-Verlag

Ilka Quindeau

Sexualität

»Nirgends sind die Schwierigkeiten, denen sich der Arzt gegenübersieht, so groß wie auf sexuellem Gebiet. Sobald er mit irgendeinem damit in Beziehung stehenden Problem zu tun hat, kann er nicht umhin, seine eigenen Ansichten und Überzeugungen darüber zu enthüllen.«
Michael Balint, 1964

Seit Beginn gilt das Sexuelle als Schlüsselbegriff der Psychoanalyse und ist nach wie vor von zentraler Bedeutung für jede therapeutische Beziehung. Ausgehend von Freuds Drei Abhandlungen stellt Quindeau die Grundlagen der psychoanalytischen Sexualtheorie dar und diskutiert folgende Fragen: Wie kommt die Lust in den Körper und was versteht man heute unter männlicher und weiblicher Sexualität? Ist die Unterscheidung von Hetero- und Homosexualität überhaupt sinnvoll? Wie kann in Therapien über Sexualität gesprochen werden und wie kann man sexuelle Störungen verstehen und behandeln? Das Buch vermittelt Grundlagenwissen und lädt dazu ein, die eigenen Ansichten zu hinterfragen und sie in Auseinandersetzung mit dem psychoanalytischen Theoriebestand zu konturieren.

2014 · ca. 140 Seiten · Broschur
ISBN 978-3-8379-2155-7

Walltorstr. 10 · 35390 Gießen · Tel. 0641-969978-18 · Fax 0641-969978-19
bestellung@psychosozial-verlag.de · www.psychosozial-verlag.de